U0905540

《江苏省志》丛书

江苏省地方志编纂委员会　编

江苏省民防志

江苏省民防局　主编

珍藏版

南京大学出版社

图书在版编目(CIP)数据

江苏省民防志:珍藏版/江苏省民防局主编.—
南京:南京大学出版社,2018.6
(《江苏省志》丛书)
ISBN 978-7-305-19994-3

Ⅰ.①江… Ⅱ.①江… Ⅲ.①民防—概况—江苏
Ⅳ.①E256

中国版本图书馆 CIP 数据核字(2018)第 052849 号

出版发行 南京大学出版社
社　　址 南京市汉口路 22 号　　邮　编 210093
出 版 人 金鑫荣

丛 书 名 《江苏省志》丛书
书　　名 江苏省民防志(珍藏版)
主　　编 江苏省民防局
责任编辑 范　瑜　谭　天　陈　佳　束　悦　　编辑热线 025-83686308

照　　排 南京紫藤制版印务中心
印　　刷 南京爱德印刷有限公司
开　　本 889×1194　1/16　印张 27.75　字数 684 千
版　　次 2018 年 6 月第 1 版　2018 年 6 月第 1 次印刷
ISBN 978-7-305-19994-3
定　　价 218.00 元(精装)

网　　址 http://www.njupco.com
官方微博 http://weibo.com/njupco
官方微信 njupress
销售热线 025-83594756

一、人民防空指挥

人民防空指挥，是各级人民政府和军事机关组织人民群众进行防空袭准备和实施防空袭斗争的领导活动，是达到防空袭斗争胜利的重要保证。在“集中统一、军政结合、系统配套、平战兼容”原则指导下，江苏省建成了地面与地下结合、固定与机动并用的各级人防指挥场所，平时组织的城市防空演习、人口疏散演习、重要经济目标防护演习有效提高了指挥员和指挥机关的组织协调能力和应急处置能力。

江苏省人防地下指挥所指挥大厅和控制室

江苏省人防机动指挥车及车内配套设备设施

南京市人防地下指挥所
指挥大厅

徐州市人防地下指挥所
指挥大厅

连云港市人防地面指挥
中心指挥大厅

苏州市人防地下指挥所指挥大厅

无锡市人防地下指挥所指挥大厅

常州市人防地下指挥所指挥大厅

南通市人防地下指挥所指挥大厅

扬州市人防地下指挥所指挥大厅

镇江市人防地下指挥所指挥大厅

淮安市人防地下指挥所指挥大厅

盐城市人防地下指挥所指挥大厅

泰州市人防地下指挥所指挥大厅

宿迁市人防指挥所指挥大厅

2004年8月30日，江苏省委、省政府、省军区在南京联合举行省暨南京市城市防空演习

2005年11月23日，江苏省军区司令部、省人防办组织"苏防—2005"应急作战城市防空袭指挥所研究性演习

2007年9月29日，召开江苏省人民防空指挥部成立大会

2005年10月17日，徐州市举行城市防空实兵演习

2005年10月25日，连云港市举行城市防空袭演习，对重要经济目标广电大楼进行烟雾遮障防护

徐州市组织重要经济目标防护演习，采取迷彩伪装手段对大型粮库进行防护

2008年11月5日，苏州市人防专业队进行防化救援洗消演习

2007年5月建成的扬州市人防应急疏散基地

2008年5月19日，徐州市人防办组织市区人口疏散演习

2008年5月，徐州市人口疏散演习中的运输车队

二、通信警报

人民防空通信警报，是人防战备建设的重要组成部分，是保障各级政府和人防部门迅速准确地传递和发放空袭警报信号、指挥城市人民防空袭斗争和组织消除空袭后果的基本手段，是赢得防空袭斗争胜利的重要保证。江苏省加强通信警报系统建设，建成有线与无线相结合，人防专用通信网和军队、国家通信网相结合的人防通信系统，实现省、市人防语音、数据、图像联网运行，保证了人民防空通信的畅通。形成固定与机动、音响和图文、专用器材与简易器材、有线与无线传递相结合的具有连续报警能力的防空警报报告体系。

20世纪80年代，江苏省人防部门使用的磁石电话交换机

20世纪80年代，镇江市人防办进行“小八一”和10瓦单边带通话联络试验

1986年，镇江市人防办值勤人员正在进行无线电通信联络

1995年启用的无锡市人防办头茅峰通信信号发射塔

2008年9月，连云港市人防办安装的通信卫星天线

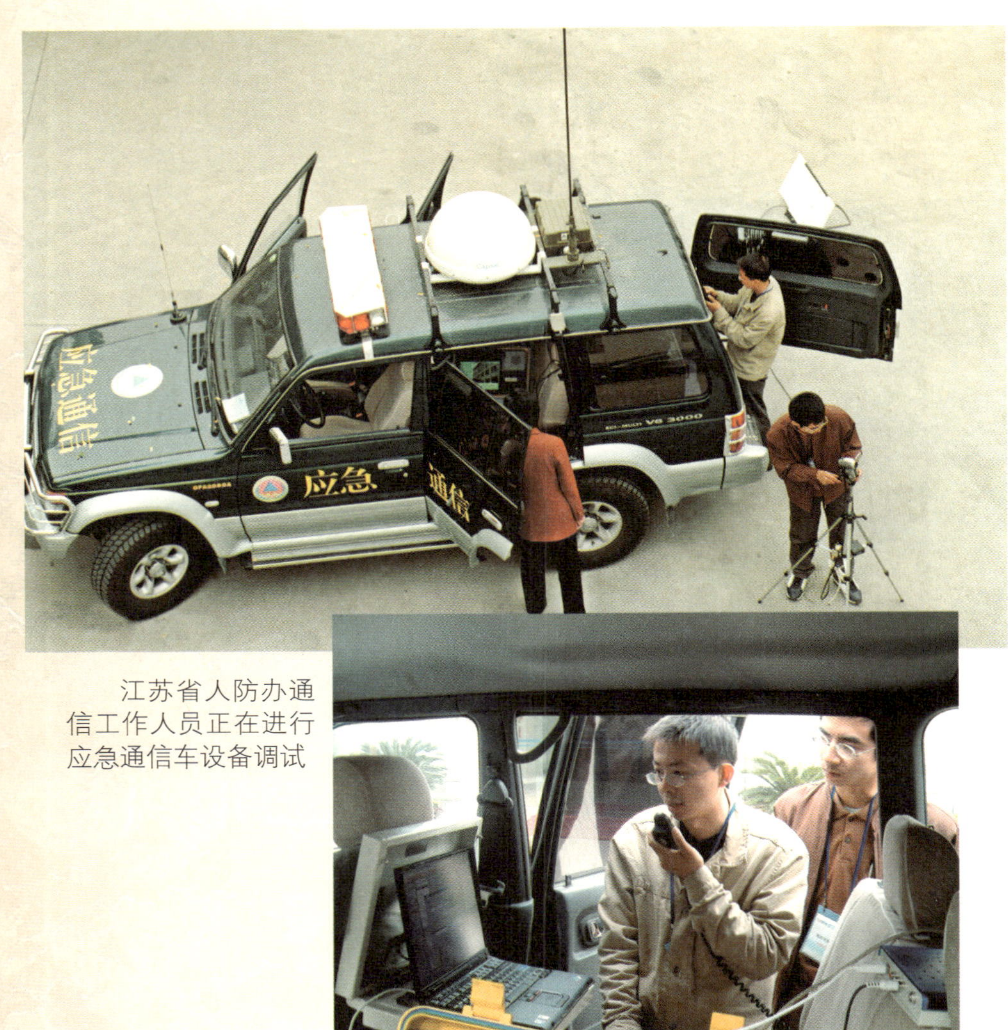

江苏省人防办通信工作人员正在进行应急通信车设备调试

演习中的应急通信保障车队

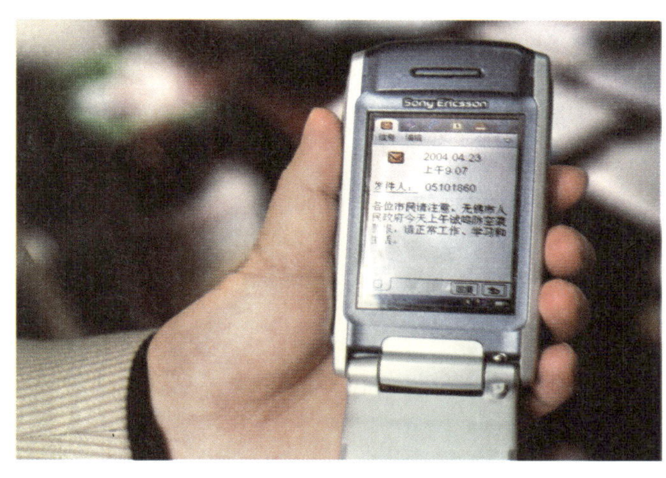

2004年4月，无锡市人防办通过手机向市民发送防空警报信息

2004年8月，徐州市人防指挥所空情室投入使用

苏州市人防通信保障分队在演习现场

中学生进行手摇警报鸣放训练

2008年11月24日，江苏省人防办举行首次全省机动指挥通信系统检验性演习

JSD-G400W全向固定电声警报器

双鸣轮电动警报器

JDS移动升降大功率警报系统

2006年，张家港市人防办研制成功的升降警报器

2005年4月23日，无锡市成立出租车警报车队

警报器维护

演习中的警报车队

三、人民防空工程

人民防空工程包括为保障战时人员与物资掩蔽、人民防空指挥、医疗救护等而单独修建的地下防护建筑，以及结合地面建筑修建的战时可用于防空的地下室。改革开放以来，江苏省各级政府和社会投入大量的人力、财力、物力，修建了一大批质量高、效益好的人防工程，基本形成布局合理、功能配套、具有较强抗毁能力的防护工程体系。2000年后，人防工程建设的各项指标均位于全国人防系统的前列。

1978年，无锡市环城河人防工程施工现场

20世纪80年代初建成的无锡市惠山人防坑道工程

20世纪80年代初使用的人防地下工程通风除湿设备

1978年，徐州市民主路干道工程施工现场

1981年，徐州市户部山人防坑道加固改造工程施工现场

1983年建成的盐城市盐阜商场地下仓库

1993年12月28日,连云港市云台山隧道建成通车

2001年8月建成通车的徐州市云龙山隧道

1989年7月，无锡市五爱广场人防工程(一期)施工现场

1996年8月，南京市正洪街人防工程施工现场

2002年12月，宜兴市人防指挥所工程施工现场

2004年，南京市河西中央公园人防工程建设工地

2004年8月，建设中的连云港市人防指挥所工程

2005年4月，建设中的泰州市人防指挥所工程

2005年7月，盐城市解放南路人防工程施工现场

2007年4月建成并投入使用的常州市钟楼广场地下过街道

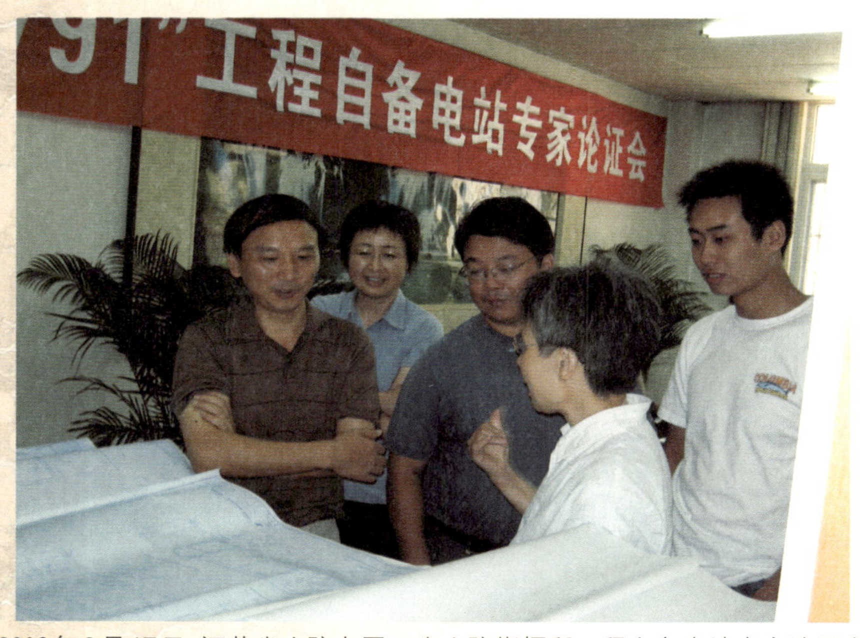

2006年8月17日，江苏省人防办召开省人防指挥所工程自备电站专家论证会

2005年建成的江阴市人防指挥所地下通风除湿机房

四、人防工程平战结合

平战结合是人民防空建设的重要方针。在确保战备效益的前提下，兼顾社会效益和经济效益，是人民防空发展的必由之路。人防工程平战结合，既为国家创造了财富、节省了开支，又促进了人防建设的可持续发展。1978~2008年，江苏省人防工程平战结合一直位于全国前列。

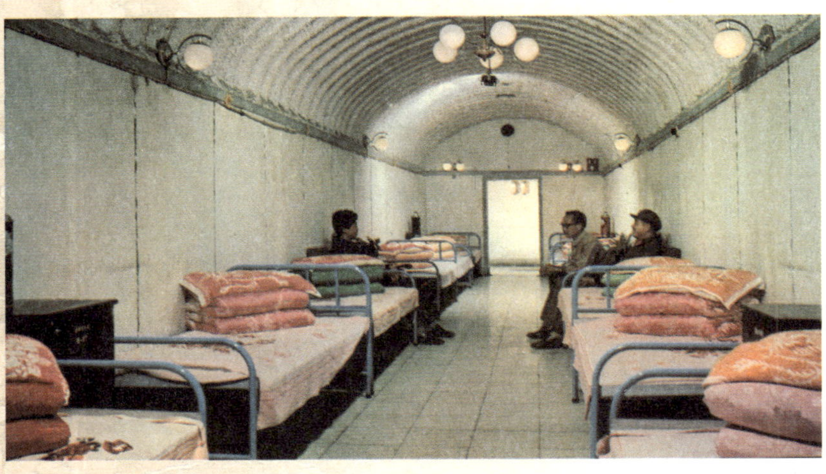

1978年12月开业的南京市
五台洞天人防地下招待所

1979年9月设置的徐州市
云龙山坑道地震监测台

1978年建成使用的镇江市地下粮库

1979年建成的扬州市苏北人民医院地下病房

1980年，南通市人民印刷厂的地下车间

1980年，南通市利用人防工程开办的地下餐厅

20世纪80年代初，南京市五台山人防坑道的蘑菇种植

1980年，南通市利用人防工程开办的地下商场

1982年4月开业的无锡市环城河地下商场

1982年，无锡市少年宫利用人防工程开办的儿童游乐场

1984年1月建成交付使用的常州市地下靶场

1984年使用的南京催化剂厂地下会堂，是南京市两所拥有千人以上座位的地下会堂之一

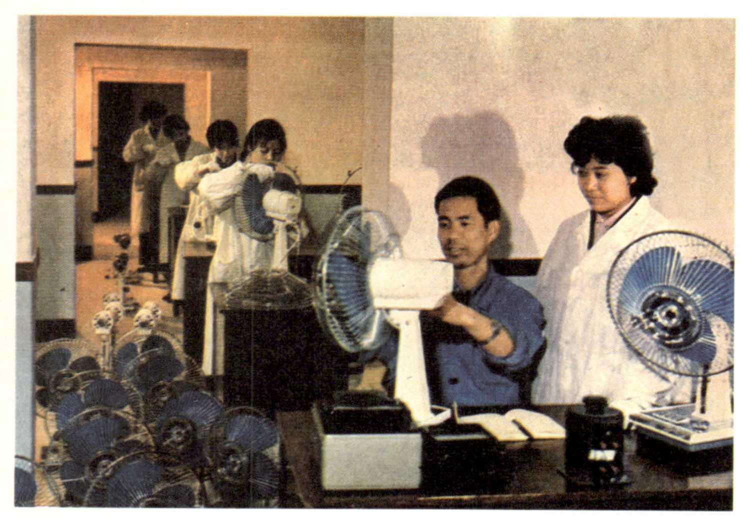

常州市电机厂地下生产车间

1986年1月建成的淮安市地下电站

1988年6月，南京市北极舞厅开业

1989年，徐州市利用云龙山坑道人防工程储存香蕉

1988年2月开业，被誉为江苏省人防工程平战结合“五朵金花”之一的徐州市古彭地下商场

1988年10月开业，被誉为江苏省人防工程平战结合“五朵金花”之一的常州市江南商场

1989年2月开业，被誉为江苏省人防工程平战结合“五朵金花”之一的南京市夫子庙地下商场

1989年9月开业，被誉为江苏省人防工程平战结合“五朵金花”之一的苏州市察院场地下商场

1990年9月开业，被誉为江苏省人防工程平战结合“五朵金花”之一的无锡市西门地下商场

1992年8月，淮阴市(今淮安市)利用人防工程开设的戴维斯演艺大舞台开业

1997年5月开业的连云港市龙河广场地下家具城

1997年5月开业的淮阴市(今淮安市)淮海广场人防地下商场(上为地下大厅,下为地面雕塑和喷泉)

1996年,苏州市公园路人防工程改建为奇乐梦高尔夫球场

1998年，无锡市利用五爱广场人防工程(二期)开设的健身房

2000年1月开业的南京市新街口地下商城

2000年开业的扬州市双桥路地下家具城

2002年10月，盐城市利用人防工程开设的泳浴中心开业

2005年7月，盐城市政府地下停车场建成使用

2005年12月竣工使用的南京火车站地下停车场

2006年11月，淮安市淮萃商场地下网吧开业

2001年10月，泰兴市利用市民广场人防工程开办的地下休闲购物中心开业

2002年1月1日，丹阳市利用市民广场人防工程开办的时代超市开业

2006年，启东市利用人防工程开设的地下餐饮店开业

五、人防训练

人民防空训练是对负有平时和战时人民防空职责的干部、专业队伍成员进行的专业培训。江苏省平时加强人民防空专业队伍的训练，使其了解工作程序，熟悉职责任务，确保具备战时遂行任务、平时参与抢险救灾的能力；加强人防办机关“准军事化”建设，培养一支“政治坚定、业务精湛、纪律严明、作风过硬、廉洁高效”的人防干部队伍。

消防专业队灭火演习

2005年10月17日，徐州市人防专业队集结参加城市防空袭演习

2005年10月25日，连云港市人防专业队集结参加防空袭演习

2008年2月，灌南县召开人防专业队整组点验大会

2008年10月16日，南京市成立民防应急救援志愿大队

2008年11月4日，南京军区人民防空训练试点观摩会议在苏州市召开

通信专业队应急通信演习

医疗救护专业队进行救护演习

环保专业队进行空气流动监测

演习中的防化防疫专业队

演习中的治安专业队

演习中的供水抢修专业队

演习中的防化抢险救援专业队

演习中的供电抢险抢修专业队

演习中的燃气抢修专业队

演习中的城市道路抢修专业队

演习中的南京民防应急救援专业队

2005年7月,江苏省人防办机关全体人员赴连云港警备区开展首次“军事日”活动

2005年11月，无锡市滨湖区人防办组织专业知识学习

2006年10月，江苏省人防办机关赴海军某部进行“军营日”活动

2007年7月，江苏省人防办组织机关干部参观空军航空兵某部

2007年10月，无锡市新区成立民防救援队

六、核应急管理

江苏省政府将连云港田湾核电站场外核事故应急管理任务赋予省人防办。按照“常备不懈、积极兼容、统一指挥、大力协同、保护群众、保护环境”的核事故应急管理总方针，建立健全组织，制定、完善应急预案，实施场外核应急设施建设，组建核应急专业队伍，开展训练演习，广泛宣传教育，核事故应急管理基本步入科学、规范、制度化的轨道。

田湾核电站外景

2001年9月25日，“《江苏省田湾核电站事故场外应急计划》专家审评暨省核应急专家咨询组成立会议”在南京召开

2002年2月27日，总参兵种部防化局、南京军区、省军区有关部门领导考察调研田湾核电站应急工作

2003年10月30日，江苏省田湾核电站事故场外应急综合演习指挥大厅

2003年10月30日，应邀参加演习的外国专家考察江苏省核应急值班室

2003年10月30日，江苏省核应急专家组对演习进行评估

2003年10月30日，连云港市核应急海上撤离演习

核应急野战洗消站

演习中的人员沾染检查点

田湾核电站环境监测点

田湾核电站气象监测点

2008年5月，连云港市核应急办开展场外核应急知识宣传

田湾民兵防化营装备的专用车辆

七、依法行政

人防依法行政，是人防机关依据法律法规，运用法定权限和程序，对人防建设进行组织和管理的活动。改革开放30年，江苏通过加强立法，严格执法，强化法制监督，不断推进人防依法行政。到2008年，初步形成具有江苏特色的人防法规、规章、规范性文件体系，公正、透明的人防行政管理体系，权责明确、行为规范的人防执法体系，渠道畅通的人防法制监督体系。依法行政促进了江苏人防事业的快速发展。

1997年9月18～19日，江苏省人防行政执法培训班在无锡市举办

1999年4月22日，江苏省人防办在南京市召开“贯彻《江苏省实施〈中华人民共和国人民防空法〉办法》座谈会”

1999年11月25日，江苏省人防办在无锡市组织全省人防行政执法培训班学员观摩模拟听证会

2001年11月28日，“江苏省人民防空依法行政工作会议”在无锡市召开

2005年5月，江苏省人防办组织执法检查组检查南通市人防行政执法工作

2005 年 6 月 14 日，江苏省人大执法检查组听取“南京市贯彻实施人防法律法规情况汇报”

扬州市人防办行政执法大队

2006 年 4 月 21 日，江苏省人大常委会法工委在省人防办召开有关人防议案办理汇报会

2007年7月，江苏省政府法制局领导在南通市进行《江苏省实施〈中华人民共和国人民防空法〉办法》修订工作调研

2007年12月21日，江苏省人大常委会领导在常州市检查人防工作，并听取对《江苏省实施〈中华人民共和国人民防空法〉办法》的修改意见

2008年4月，江苏省人大常委会法制工作委员会领导在常州市进行《江苏省实施〈中华人民共和国人民防空法〉办法》修订工作调研

2008年9月4日，江苏省人大、省政府、省军区召开“贯彻实施《江苏省实施〈中华人民共和国人民防空法〉办法》座谈会”

八、宣传教育

全省人防系统着眼于增强全民国防观念和人防意识，扎实推进人防宣传教育。逐步形成宣传与教育互补、教育与培训并举、传统手段与现代手段结合，形式多样化、对象社会化、内容系统化的具有江苏特色的人防宣传教育格局。广泛深入的宣传教育，形成了各级领导干部重视、支持人防建设，全社会了解、理解、依法参与人防建设的氛围，促进了人防事业的健康发展。

1994年7月，南京市开展纪念《人民防空条例》颁布十周年活动

1999年2月25日，“江苏省宣传贯彻《江苏省实施〈中华人民共和国人民防空法〉办法》电视电话会议”在南京市召开

1999年10月29日，江苏省人防办在南京举行纪念《中华人民共和国人民防空法》颁布三周年人防法律法规知识竞赛抽奖仪式。省人防办主任抽出一等奖

1999年，南通市街道的人防知识宣传栏

2005年6月，苏州市人防办开展人防宣传工作进社区、进厂区、进校区活动

2005年12月，苏州市人民防空展示厅建成并向社会开放

2006年4月20日，南京市人防办开展“纪念南京解放57周年人民防空知识宣传”活动

2006年8月，徐州市人防办设置在居民小区的人防—民防宣传画廊

2007年3月，南通市人防办开展人防知识广场宣传活动

2007年5月19日，徐州市人防办、徐州人民广播电台联合举行“5•19”防空警报试鸣日主题宣传活动

2006年10月31日，扬州市举行纪念《人民防空法》颁布十周年文艺演出

江苏省部分市人防办组织编写的人防知识宣传手册

2008年5月30日，苏州市人防办在平江区举行“创建民防工作示范社区启动仪式”

1986年8月5日，江苏省教育厅、人防办联合举办全省中学生“三防”夏令营在无锡市开营

1996年7月23日，“江苏省县级市‘人防知识’教育师资培训班”在徐州市举办

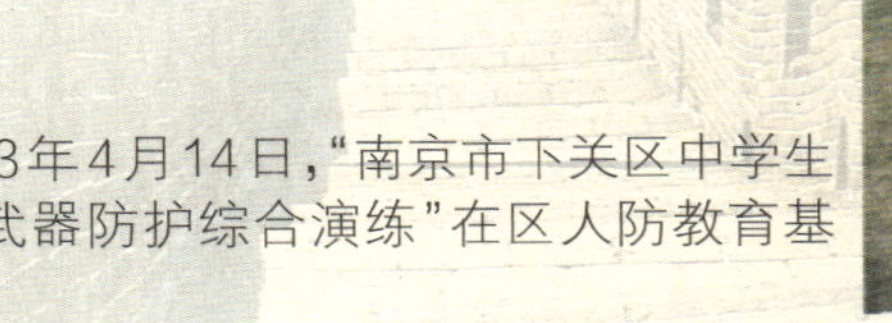

2003年4月14日，“南京市下关区中学生核生化武器防护综合演练”在区人防教育基地举行

2004年4月，无锡市洛社中学开展人防知识专业课理论与实践相结合教学

2007年6月28日，徐州市人防办举办“爱我中华，强我人防”大学生演讲比赛

2005年，南京市人防知识教育基地建成并向社会开放

2008年9月11日，徐州市人防办在徐州建筑职业技术学院举办人防(民防)知识教育讲座

镇江市在小学生中开展防空防灾常识教育

2008年9月16日，镇江市举办首届防空防灾知识竞赛(决赛)

1983年，著名书画家萧娴为南京人防题词

1990年2月，著名书画家黄养辉为南京人防题词

2006年，江苏省人防办刘雪宁的《民防应急救援演练》获全国人防书画摄影作品大奖赛一等奖

2006年，南京市人防办刘宁的《空袭警报响起之后》获全国人防书画摄影作品大奖赛一等奖

2006年，无锡市人防办雷刚文的《洛阳牡丹》获全国人防书画摄影作品大奖赛绘画作品二等奖

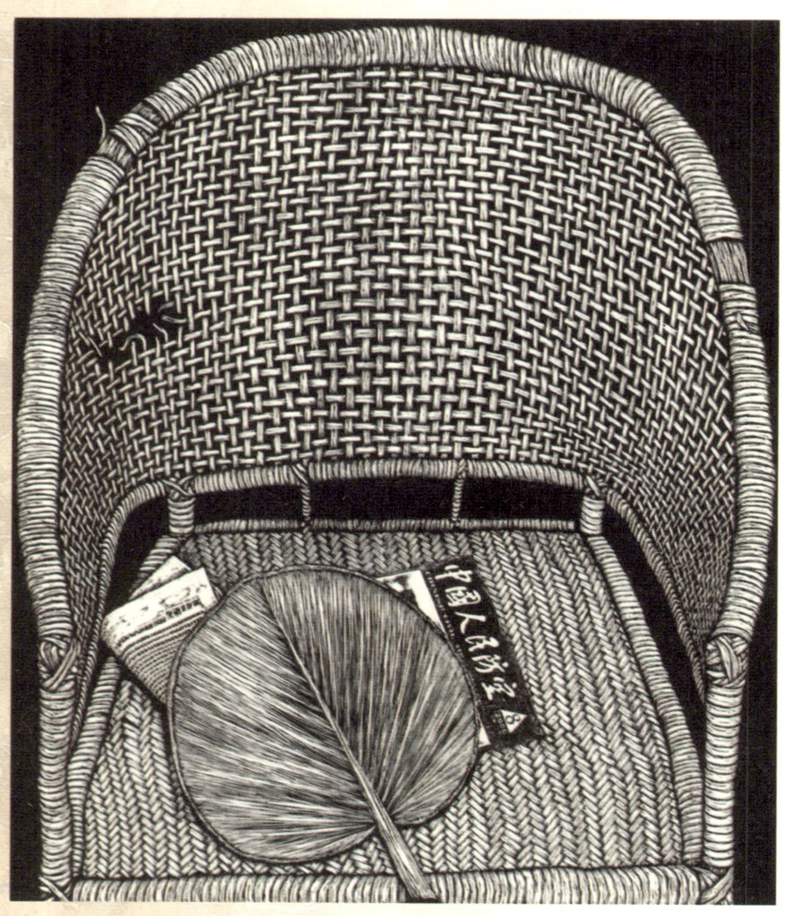

2006年，由海门市人防办提供的朱建辉、章水雄的《和平年代》获全国人防书画摄影作品大奖赛绘画作品三等奖

九、友好往来

改革开放以来，江苏省人民防空对外交往有了很大发展，通过与有关国家和地区民防部门互访，开展民防信息交流，学习先进经验和技术，推动江苏人防与国际民防接轨。

1985年9月7日，巴基斯坦军事代表团团长、工兵司令舒加特少将，巴基斯坦驻华使馆武官塔里克准将等一行4人，参观南京市北极会堂人防工程

1996年4月4日，中国香港民众安全服务队访问江苏省人防办，在办公楼前合影

1996年5月11日，瑞典国家民防局副局长一行参观无锡火车站广场人防工程

1997年6月11日，江苏省人防办主任考察瑞典民防建设。瑞典民防总局向江苏省人防办赠送瑞典民防标志

2001年4月上旬，国际民防组织(LACDE)秘书长一行，访问苏州市人防办，宾主对民防防备及抗突发性事件等共同关心的问题进行交流

2002年7月31日，以法国部际核安全委员会秘书长为团长的核应急考察团一行6人，参观江苏省核应急指挥中心

2004年2月2日，国际原子能机构专家对田湾核电站场外应急计划和准备工作进行检查评估

2004 年 12 月 13 日，韩国全罗北道民防灾难管理课访问团参观江苏省核应急指挥中心

2005 年 11 月 26 日，瑞士民防局访问苏州市人防办

2008年5月29日，古巴总参工程兵局局长一行访问南京市人防办，进行工作交流

2017年8月8日，《江苏省民防志》终审会议在江苏省民防局召开

2017年8月28日，《江苏省民防志》编辑人员按照终审会议专家意见，对志书进行讨论修改

编纂委员会

编纂人员

编纂委员会办公室

主　　任　袁崇德　邓卫东　李洪忠

成　　员　管晓伟　赵亚非　高　炜　蒋素梅　张　琦

资料采集人员

管晓伟　赵亚非　高　炜　蒋素梅　张　琦　陈　薇　朱爱华

孙秀才　周妙妙　赵　旭　朱世拔　辛　科　耿宗航　陈伟时

向　军　侯文才　成海明　鲁　平　顾光耀　金勇兵　袁学飞

李笑晖　吴仲辉　程贤红　李修林　高　雯　卢泉岩

凡　　例

一、本志为《江苏省志》丛书之一，由江苏省地方志编纂委员会统一规范，定名为《江苏省民防志》。

二、本志主体内容是1978～2008年江苏民防事业在改革开放中的发展变化以及取得的巨大成就。为弥补首轮省志和二轮省志因篇幅所限带来的不足，在附录部分增加了《1949～1977年江苏防空大事记》《江苏遭空袭史实》《江苏抗日防空袭记事》。

三、本志按章、节、目层次排列。各章设无题小序。内容按专业横分门类，竖写史实。

四、本志主要以述、记、志、图、表、录等体裁形式表述。彩页照片集中在前面，黑白照片随文分散于各章节之中。图、表则根据内容插于志文之中。

五、本志内容以资料为主，用记述体表述，不作主观评论，融观点于资料中。概述与章下无题序作适当归纳议论。

六、本志不设专门章节记述有关党、团和妇联、工会等组织及其活动的内容。

七、本志资料来源于中国第二历史档案馆、江苏省档案馆、南京军区档案馆、江苏省民防局档案室、《江苏省志・军事志》《南京人民防空志》《徐州人民防空志》、中共江苏省委党史办编《江苏见证——抗日时期人口伤亡和财产损失》、各省辖市人防办收集的资料等。此外，编辑人员通过调查、走访、查阅报刊等办法收集了大量史料。所有资料均经核实后载入。书中相关统计数字，以江苏省民防局统计数据为主。

八、本志数字、计量单位及语言等的使用，按《江苏省志（1978～2008）行文细则》规定表述。

序

古诗有云“千淘万漉虽辛苦，吹尽狂沙始到金”。经过编纂人员十载努力，《江苏省民防志》终于付梓问世了。这是江苏民防发展史上的一件大事。

《江苏省民防志》较为完整地记述了江苏地区民防发展的历史和现状。作为遭遇空袭较早的省份，江苏自日本侵华战争、解放战争乃至中华人民共和国成立初期，一直笼罩在空袭阴云之下。早在1932年，江苏省即组织了初步的防空活动，成为开展防空工作最早的省份。中华人民共和国成立后，全民防空意识在党和政府的重视下迅速高涨，全省各地先后成立人防组织，建设人防工程，开展防空知识宣传教育。1969～1977年，全省人民积极响应毛泽东的号召，“深挖洞、广积粮、不称霸”，广泛开挖防空洞。同时，人防通信与警报建设、部分重点工业疏散和“三防”知识普及教育三管齐下，掀起了人民防空建设的高潮。

1978～2000年，全省认真贯彻第三次全国人民防空会议精神，积极适应改革开放新形势，解放思想，深化改革，服从和服务于经济建设总目标，实现人民防空指导思想的战略性转变，即由准备“早打、大打、打核战争”转变到和平时期现代化建设轨道上来，由主要抓人民防空工程建设转变到人民防空工程、指挥通信、教育科研综合推进和协调发展上来，由单一注重战备效益转变到战备、社会、经济三个效益相互兼顾上来。2001～2008年，江苏人防系统不断健全领导体制和组织机构，积极探索由人防到民防的转变。进一步完善人防建设管理机制，实现由单一行政管理到行政、经济、法治等多手段综合运用的转变，形成具有江苏特色的民防建设发展模式。组织指挥、通信警报、防护工程、平战结合、宣传教育、法制建设、核应急管理及机关准军事化建设成绩显著，全国领先。

回顾江苏民防发展历程，从无到有，从小到大，几度沧桑，几多辉煌，可歌可泣。我们不畏艰辛，在探索中更加成熟；不断深化改革，在奋斗中日益坚强；突出发展主题，在创新中铸就辉煌。实践证明，人民防空建设发展离不开中国共产党的正确领导，离不开全社会的共同参与，离不开人防人的拼搏奉献。

盛世修志，传承文明。这部融思想性、科学性、资料性于一体的志书，是江苏民防发展的历史见证，是一份较为完整、极其珍贵的史料，对民防事业科学、协调、可持续发展具有积极意义和深远影响。站在新的历史起点，衷心希望发挥志书“存史、资政、教化”的作用，使广大人民群众进一步了解民防发展，支持民防工作，共同续写江苏民防创新发展的新篇章。

编纂委员会

2018 年 6 月

目　　录

概　述

江苏地跨长江南北，东濒黄海，地势平坦，交通便捷，人口稠密，经济发达，战略地位十分重要，为兵家必争之地。历史上，江苏是全国遭受空袭早、次数多、伤亡大、损失惨重的地区，也是开展防空工作最早的省份。

一

1927年，南京、徐州首遭空袭。1932年2～4月，苏州、昆山、常熟等地多次遭日本军队飞机（以下简称“日机”）轰炸。1932年9月，国民政府参谋本部制定《南京临时防空计划》。1934年12月，江苏省防空学会成立，开始研究防空设备、宣传防空知识、提倡防空运动。1935年3月，省防空学会改名为省防空协会，成为防空执行机关。通过组织防空演习、防空展览、组建防护团、防空监视哨等，开展防空工作。1937年抗日战争全面爆发后，日机对江苏实施大规模狂轰滥炸，各地通过对空监视、发放警报、构筑防空壕、避难所、救护等措施予以应对。解放战争期间，国民党军飞机不时对解放区轰炸，造成人员伤亡和财产损失。

中华人民共和国成立后，江苏各地先后成立防空司令部或防空治安委员会、防空筹备委员会，组织开展人民防空工作。重点采取发放警报、构筑防空壕与掩体、进行防空教育等应急性防空措施，开展反轰炸斗争。1954年，省及南京、徐州、新海连（今连云港）等市建立人民防空委员会，办事机构设在公安厅（局）。1955年，无锡、苏州、常州、南通、镇江等市先后成立人民防空委员会及办事机构。各市组织开展人防工程建设、掌握空情、防空知识教育等人防工作。1958年，人防机构撤销。1965年，省和部分市恢复人防机构。1966年“文化大革命”开始后，人防工作中断。1949～1968年，江苏人民防空建设带有传统的战术性防空特征，既有处于临战状态，保持经常、持久发展趋势的一面，又有受国际国内安全形势和国家工作中心调整影响，时断时续、发展极不稳定的一面。

1969～1977年，以苏联在中苏边境陈兵百万为背景，江苏人防进入应急建设阶段。

1969年春，中苏两国爆发边境冲突。面对战争特别是核战争的威胁，根据中共中央决定，人防工作由公安部门移交军队管理，形成军地双重领导体制。全省建立健全人防组织体系，贯彻毛泽东“备战、备荒、为人民”“深挖洞、广积粮、不称霸”的战略思想，进入全面备战阶段，出现全省总动员、男女老少齐上阵的全民性人防工程建设高潮。在突出人防工程建设的同时，组建防空专业队伍，开展“三防”知识教育和人民防空宣传，实施通信与警报系统建设，进行部分重点工业的疏散，组织防空演习。这个时期形成的组织体系和有关政策，对人民防空发展产生了深远影响。但是，由于缺乏科学规划和技术指导，应急建设的大部分人民防空工事质量较差，遗留许多隐患，这是历史的教训。

二

1978～1990年，以适应国家发展战略转变为背景，江苏人民防空进入调整、改革、整顿、提高阶段。

江苏人民防空认真贯彻党中央“调整、改革、整顿、提高”和人民防空建设“全面规划、突出重点、平战结合、质量第一”的方针，解放思想，改革创新，全省逐步实现人防建设指导思想的战略性转变。由准备“早打、大打、打核战争”转变到和平时期现代化建设轨道上来；由主要抓人民防空工程建设转变到人民防空工程、指挥通信、教育科研综合推进和协调发展上来；由单一注重战备效益转变到战备、经济、社会三个效益相兼顾上来。以平战结合为导向，以人防工程建设和通信警报建设为重点，稳步推进人防建设。

人民防空工程建设开始由注重数量向注重质量转变，质量、效益成为人民防空工程建设的核心。组建专业设计队伍，提高人防工程设计质量。先后获国家人防工程优秀设计10项，南京军区优秀设计12项，省级优秀设计46项。通过对已建工程的加固改造、口部处理、维护管理，扭转了人防工程建设摊子大、战线长、质量差的局面。改革人民防空工程施工组织体制，由主要靠抽调企业职工和发动群众义务参加人防工程施工，发展到组建专业施工队伍，按规划有计划地结合民用建筑修建防空地下室和结合城市建设修建大型永久性人民防空工程。先后制定实施人民防空工程计划管理、技术管理、施工管理、维护管理、使用管理、经营管理等规定，人防工程建设、使用与管理逐步规范。省政府先后决定4个三类城市按二类城市标准结合民用建筑修建防空地下室，促进了全省人防工程总量的较快增长。全省修建40余万平方米平战结合骨干工程，加固改造已建工程20万平方米，处理口部1649个，对30余万平方米报废工程做了善后处理，人防工程的完好率从1977年年底的28%，提升到1991年的62%。江苏人民防空工程开发利用走在全国前列。1980年11月，全国人防平战结合会议专门安排会议代表用6天时间，参观南京、无锡、南通市的30余个平战结合人防工程。1987年7月，无锡市、常州市被国家人防委表彰为“全国人防建设平战结合先进城市”。到1990年，人民防空工程开发利用面积占工程总数的51.9%，年创产值和营业额7.5亿元，安排就业人员超过8000人。与此同时，对人防通信警报保障体系进行重大改革，组建省、市人防通信站。启动指挥通信与警报通信相兼容的综合性人防专用通信网建设，更新技术装备，初步建成以统控为主、自控为辅的音响警报网，反应能力和可靠程度明显提高。通信警报建设迈入全国先进行列。

组织指挥、经费筹集、宣传教育、防空专业队伍建设等方面都取得突破性进展。① 通过培训、演习，组织指挥能力得到提升；② 人防建设经费渠道全面拓展，从主要由政府负担，转向政府、社会共同承担，从政府投资走向多元化投资；③ 强化宣传教育，全面开展以“三防”知识教育为重点的城区初中生人防知识教育；④ 规范全省人防专业队伍建设；⑤ 人防事业单位推行企业化管理，实行一业为主，多种经营；⑥ 人民防空科研成果有4项获省部级科技进步奖。

三

1991～2000年，以海湾战争爆发战争形态改变、贯彻新时期军事战略方针、施行《中华人民共和国人民防空法》(以下简称《人防法》)和《江苏省实施〈中华人民共和国人民防空法〉办法》(以下简称《省实施〈人防法〉办法》)为背景,江苏人防事业进入快速发展阶段。

江苏人防工作积极贯彻新时期军事战略方针和"长期准备、重点建设、平战结合"的方针,深化改革,不断探索与"战场"需求相适应、与经济建设相协调、与城市建设相结合的新路径、新方法。人防建设由准备应对一般条件下的局部战争向准备打赢高技术条件下的局部战争转变,由数量规模型向质量效益型转变,由人力密集型向科技密集型转变。在组织指挥建设上,着力建设符合高技术战争要求的指挥体系和指挥平台,提高指挥通信保障能力,实现指挥自动化。在警报通信建设上,着力建立以城市为重点的具有防杀伤和抗毁能力的网络体系。在防护工程建设上,着力按照高技术战争要求落实防护标准和防护要求。在经费保障上,实现政府和社会共同负担。在机构建设上,着力拓展职能,探索向民防转变,省和连云港市人防部门承担核事故场外应急管理工作。

江苏人防工作实现指导思想上从防核空袭到防核威慑条件下高技术常规兵器精确打击的转变。顺应高新技术广泛应用于军事领域带来的作战理论、作战样式、作战指导的变化,指挥、通信建设全面发展。完成城市防空袭预案修订。建立省、市人防指挥局域网,开发指挥应用软件;建成有线与无线相结合的人防专用通信网,并实现人防专用通信网与地方电信网、军队通信网的相互联通,沿江8个省辖市建成人防微波通信网。31个县级市和3个县先后建立了人防机构并展开工作。全省市、县(市)都确定防空警报试鸣日,落实防空警报试鸣制度,建成防空警报网络,城市防空音响警报信号覆盖率在80%以上,实现无线集控发放警报信号和利用电信、广播、电视、无线寻呼、公众信息网等现代媒体发放防空警报信号。形成组织落实、训练有素的专业队伍体系。人防工程建设进入依法建设轨道。城市新区、开发区和新建住宅小区人防工程建设取得突破性进展。结合城市基础设施建设,建成南京正洪街、苏州察院场、无锡西门商场、常州文化宫广场和淮安淮海广场等一批重点人防工程,人防工程竣工总量是改革开放前28年总和的176.8%。人才支撑作用凸显。先后获国家人防科技进步奖4项,获国家级人防工程优秀设计奖6项,省级人防工程优秀设计奖28项。平战结合成效显著。全省开发利用人防工程创办旅馆(招待所)44个,商场54个,餐厅15个,文娱活动场所155个,教学、办公、会议室170个,医院13个,仓储库、车间560多个,种植养殖场所47个;1998年产值(营业额)达11.2亿元,创利税6000多万元,比1981年产值(营业额)增长224倍,利税增长200倍;全省累计创产值(营业额)73亿多元,创利税近6亿元,安置社会待业人员万余人。南京、苏州、徐州、无锡市人防移动通信系统为本级政府指挥应对1991年特大洪涝灾害发挥了重要作用,受到从中央到地方各级领导的肯定。全面推进依法行政,实现管理机制从行政手段到法制化的转变。突出抓人民防空法制建设,突出人民防空法制宣传,突出人民防空行政执法。江苏省九届人大常委会第八次会议审议通过《省实施〈人防法〉办法》,省政府和省军区、省人防办先后出台人防规章和规范性文件57件。每年组织大规模的人民防空法制宣传,把人防法律法规教育纳入普法教育内容,做到制度化、经常化。公民国防观念和人民防空意识不断加强。狠抓人防行政执法,建立行政执法责任制,行政管理公示制等制度,332人领取了行政执法证,49人领取行政执法监督证,49人取得行政复议应诉资格。狠抓人民防空行政案件查处,1997～2000年,全省各级人防机关共查处违法案件250起,责令补建人防工程1.4万平方米,追缴人防经费5069万元。

四

2001～2008年,以顺应新军事变革需求,全面贯彻第四次和第五次全国人民防空会议精神为背景,江苏人防建设进入全面协调发展阶段。

江苏根据中共中央、国务院、中央军委关于“大力推进人民防空整体平战结合,逐步与国际民防接轨”的要求,在3个城市进行人防向民防转变试点,取得成效。省、市人防办增挂“民防局”牌子,着力推进防空防灾一体化建设和人防建设与经济社会融合发展。构建规范有序的依法行政体系、统一高效的组织指挥体系、布局合理的防护工程体系、灵敏可靠的通信警报体系、精干过硬的专业队伍体系、保障有力的人口疏散体系和广泛深入的宣传教育体系,提高了人防的整体抗毁能力、快速反应能力、应急救援能力和科学发展能力。

江苏人防战备建设水平、城市整体防护能力和应对突发公共事件能力明显提升。建成平时用得上、战时靠得住的人防指挥体系。落实省、市、县三级战时人防指挥所实名制,规定转入战时体制的程序规则,明确职责任务;完善各级防空袭预案、应急行动方案、专业队伍抢险抢修方案、重点目标防护方案和各项保障计划;按照“能指挥、能防护、能生活”要求建成省、市人防战时指挥所。人防信息化建设成效显著,建成省、市、县三级互联互通、完善配套的人防通信警报和信息化网络系统,实现指挥、控制、情报、通信、警报、监视、定位系统的综合集成;建成防空警报报知网络,实现警报报知手段的多元化、多样化,城市音响警报覆盖率达到98%。防空专业队伍建设进一步加强,遂行任务能力大幅提升。重要经济目标防护工作取得突破性进展,走在全国前列。人防工程建设实现跨越式发展,竣工人防工程1400余万平方米,是前50年总量的2倍多,人防工程总量居全国第三。基本形成布局合理、功能配套,具有较强抗毁能力的防护工程体系,大大提升了城市的整体防护能力。健全田湾核电站核事故场外应急准备管理机构和专家咨询组,明确职责分工,规范工作规则和制度,经过8年的努力,软硬件建设整体步入科学化、规范化、制度化的轨道。人防平战结合,创造了较好的社会效益和可观的经济效益。全省工程开发利用率超过81%,平战结合净收入超过7亿元,吸纳就业人员超过4万人。人防经费筹集总量居全国第一。人防建设走上法制化、规范化的轨道。形成较为完善配套具有江苏特色的人防法规、规章、规范性文件体系,公开公正、高效透明的人防行政管理体系,权责明确、行为规范的人防行政执法体系,制度健全、渠道畅通的人防法制监督体系和配套完善、全民覆盖的人防法制宣传教育体系。到2008年年底,全省人防机关依法查处违法案件1336起。获赔偿6740万元,罚款71万元,追缴各类人民防空经费3.945亿元,补建人防工程27.214万平方米。人防知识教育、技能培训和人防宣传实现手段上的多样化、内容上的系列化、对象上的全民化、组织上的一体化。电视常有像,广播常有声,报纸常有文。形成全社会参与人防建设的良好氛围。人防机关“准军事化”建设取得明显成效,10个省辖市、11个县级市和1个区人防办通过达标考核,队伍素质全面提升。全省人防科研的深度、广度不断加大,普通地下室应急加固措施、重要目标毁伤分析与对策、人防建设投资主体多元化、人防工程产权制度改革、防空防灾一体化建设等项硬科学和软科学研究成果,在促进全省人民防空事业科学发展、可持续发展中,发挥重要作用,科技兴业走在全国人防系统前列。实现人防指挥信息化、通信警报网络化、防护工程配套化和防空疏散体系化,基本形成具有鲜明江苏特色的现代人防体系。

江苏人防工作坚持以科学发展观为指导，以军事斗争准备为牵引，积极适应国家安全和富民强省、“两个率先”的新形势新要求，加大力度，加快改革，加速推进，敢试敢闯敢创新。先后在人防建设纳入国民经济和社会发展规划、纳入政府任期工作目标、人防经费纳入财政预算、主要指标列入各级政府年度考核管理内容、融入区域经济一体化发展、防空袭区域联动、重要经济目标防护、推进防空防灾一体化建设、人防工作向乡镇街道社区延伸、人防工程实地标注标示、人防工作进社区、人防应用科研创新、人防队伍全面建设、实现投资主体多元化和筹资渠道多样化等重点难点问题上实现突破。南京、苏州、常州等 3 个城市被评为“全国人民防空建设先进城市”，省人防办等 15 个单位被评为“全国人民防空建设先进单位”，有 21 人被评为“全国人民防空先进工作者(个人)”。受国家表彰的城市、单位、个人数量居全国领先地位。江苏人防实现了整体上的率先发展。

五

改革开放 30 年，在各级党委、政府、军事机关的亲切关怀与坚强领导下，依托经济发展和综合国力增强的巨大推动，江苏人防事业以加快发展为第一要务，以改革创新为主要推动力，实现历史性大发展、大跨越，展示了江苏人防与时俱进的鲜明特征。

30 年的发展进程中，江苏人防始终坚持抢抓机遇、乘势而上的工作思路。注重把握经济社会发展的阶段性特征和规律，把握党的执政理念、发展观念的重大转变和深刻内涵，积极推动发展模式的突破和创新，把抢抓机遇作为持续发展不可或缺的战略抓手，明确提出人防建设与城市建设同步发展，与国防需求相适应的奋斗目标，屡创时代发展的新亮点。始终保持解放思想、积极探索的精神状态和突出服务大局、争创一流的工作要求。自觉地把思想认识从那些不合时宜的观念、做法和体制中解放出来，从主观主义和形而上学的桎梏中解放出来，不断找寻发展的新思路，拿出工作的新举措，推进改革的新突破。努力站在国家安全和国家战略的高度，准确把握时代特征和历史机遇，把眼光向重点工作聚集，把精力向中心工作集中，把力量向关键环节、关键部位、关键时段投放，实现战备效益、社会效益、经济效益有机统一，各项建设事业协调发展。始终遵循长期准备、重点建设、平战结合的发展导向。把握人防建设规律，紧贴江苏实际，坚持思想大解放，目标高定位，推动发展大跨越。正因为如此，江苏人防事业始终充满活力，焕发出勃勃生机。

人防为应对战争而存在。作为国家主要战略方向的江苏，面对台海、东海、南海、黄海、渤海等多个方向的现实威胁和挑战，必将进一步凝聚共识，把军事斗争人民防空准备推向更高目标、更深层次、更广领域。以进取之心、创业之志、开拓之勇、昂扬之气，全面推进人民防空现代化建设，为实现强国梦做出应有的贡献！

第一章　组织机构

20世纪70年代，在各级党委一元化领导下，设立人民防空领导小组(以下简称“人防领导小组”)及其办事机构，组织落实各项人防战备工作。1981年12月，江苏省人防领导小组改为省人民防空委员会(以下简称“省人防委”)。1982～1994年，各级政府和同级军事机关领导人防工作，由人防委及其办事机构，组织开展人防工作。1994年，人防机构设置由12个重点防空城镇扩展到所有县级市。1995年9月，省委、省政府、省军区决定成立省国防动员委员会(以下简称“省国动委”)，组织领导人防工作是其主要职责之一。各级人防办为同级国动委人防办。1999年11月，成立江苏省核事故应急协调委员会，领导核事故场外应急工作，其办事机构设在省人民防空办公室(以下简称“省人防办”)。2001年，全省各县依法开展人防工作，原未开展人防工作的县，全部成立人防办事机构。2006年，省人防办增挂“省民防局”牌子，各省辖市人防办(以下简称“市人防办”)相应增挂“市民防局”牌子。

第一节　领导机构

一、省级领导机构

(一) 江苏省人民防空领导小组

1977年9月，中共江苏省委员会(以下简称“省委”)决定调整省人防领导小组成员。省人防领导小组由省委、省革命委员会(以下简称“省革委会”)、省军区及有关部门的主要负责人共17人组成。1978年12月，省委决定增补4人为省人防领导小组成员，免去1人。

1978年11月以前，省人防领导小组的基本职责为4项：① 根据中共中央的指示，组织机关、部队和人民群众进行战备思想教育和防空常识教育。② 拟制对空防御计划，并组织实施。③ 拟制城市人口疏散计划，并组织实施。④ 组织和训练群众性的消防、救护、抢修、治安等队伍。1978年12月起，人防领导小组的具体职责，平时为10项：① 对广大群众进行防空常识教育，协助有关部门搞好战备思想教育。② 制定和组织实施人民防空战备建设规划，并协同军事部门搞好有关的城市防卫建设。③ 制定城市防空袭预案，并组织必要的演练。④ 制定和组织实施人防工程建设计划，协同有关部门审查防空地下室的扩初设计，并检查其实施情况。⑤ 拟制战时人口疏散计划，组织有关部门做好必要的准备工作。⑥ 制定人民防空通信和防空警报网建设计划，组织有关部门抓好落实。⑦ 组织有关部门搞好人防专业队伍的训练和建设。⑧ 组织有关部门拟制战时医疗救护、物资储备、水电供应和其他后勤保障方案,并检查落实。⑨ 组织有关部门培训各种人防专业技术干部,开展人民防空的科研工作。⑩ 负责人防经费、物资的管理。战时为 5 项:① 组织、指挥群众进行疏散和隐蔽。② 根据当地党委和有关的军事指挥机构的决定,发放空袭警报。③ 组织实施灯火管制。④ 负责组织指挥人防专业队伍的战斗行动,积极配合城市防卫作战。⑤ 指挥人防专业队伍和群众消除空袭后果,协助有关部门恢复正常的生产和生活秩序。

(二) 江苏省人民防空委员会

1981 年 12 月,省委根据中共中央、国务院、中央军委《关于调整各级人民防空组织体制有关问题的通知》精神,决定将省人防领导小组改为省人防委。主任由副省长周泽担任,副省长周一峰、省军区司令员林有声任副主任;委员由省政府办公厅、省计委、省经委、省建委、省委宣传部、省人防办、省公安厅、省交通厅、省卫生厅、省物资局、省邮电管理局、省军区司令部等部门的领导担任。其后,省人防委人员组成有多次调整。1981 年 12 月,省委、省政府、省军区规定各级人防委的主要任务,平时有 11 项:① 对广大群众进行防空教育。② 制定和组织实施人防战备建设规划。③ 制定防空袭预案。④ 制定和组织实施人防工程建设计划。⑤ 拟制人口疏散计划。⑥ 制定和落实人防通信和防空警报网建设计划。⑦ 组织有关部门搞好人防专业队伍训练。⑧ 组织拟制和落实战时医疗救护、物资储备、水电供应和后勤其他保障方案。⑨ 组织有关部门培训各种人防专业技术干部和开展人民防空的科研工作。⑩ 负责人防经费、物资管理。⑪ 开展人防工程的平战结合。战时有 5 项:① 组织指挥群众疏散和隐蔽。② 发放空袭警报。③ 实施灯火管制。④ 指挥人防专业队伍的战斗行动。⑤ 消除空袭后果。

1987 年 3 月,根据中共中央关于精简机构、提高效率的要求和国务院《关于清理非常设机构的通知》精神,省委、省政府决定撤销省人防委,有关工作由省人防办会同省军区和有关部门负责办理。1989 年 7 月,根据国务院、中央军委通知精神,省政府、省军区决定恢复省人防委。组成单位有:省政府办公厅、省军区司令部、省委组织部、省委宣传部、省计经委、省建委、省人防办、省财政厅、省公安厅、省广播电视厅、省轻工厅、省卫生厅、省邮电管理局、省物资局、省税务局等。1991 年 12 月,增补省教委、省人事局、省化工厅、省电力局、省环保局等为组成单位。1994 年 3 月,省人防委组成单位有:省政府办公厅、省军区司令部、省委组织部、省委宣传部、省计经委、省建委、省人防办、省财政厅、省教委、省公安厅、省人事局、省广播电视厅、省轻工厅、省卫生厅、省交通厅、省石化厅、省邮电管理局、省电力局、省物资局、省税务局、省物价局、省环保局、省地震局等。

1995 年 9 月,省委、省政府、省军区决定成立江苏省国防动员委员会,省人防委名称不再保留。

表 1-1　1977～1995 年江苏省人民防空领导机构领导人名录

机构名称	任职时间	职　务	姓　名	行政职务
省人防领导小组	1977 年 9 月～ 1981 年 11 月	组　长	许家屯	省革委会主任
		副组长	胡　宏 钟国楚 李国厚 顾定祥	省革委会副主任 省军区第二政委 省军区副司令员 省计委副主任
省人防委员会	1981 年 12 月～ 1983 年 11 月	主　任	周　泽	副省长
		副主任	周一峰 林有声 李执中 李国厚 董常云	副省长 省军区司令员 副省长 省军区副司令员 省军区副司令员
	1983 年 11 月～ 1985 年 5 月	主　任	周　泽	省委副书记
		副主任	金　逊 陈焕友 李执中 甄　申 刘奎基	常务副省长 副省长 省政府顾问 省军区司令员 省军区副司令员
	1985 年 5 月～ 1989 年 7 月	主　任	顾秀莲	省长
		副主任	陈焕友 李执中 甄　申 刘奎基	常务副省长 省人大常委会副主任 省军区司令员 省军区副司令员
	1989 年 7 月～ 1991 年 12 月	主　任	陈焕友	省长
		副主任	章昭薰 张绪武 陈月星	省军区司令员 副省长 省军区副司令员
省人防委员会	1991 年 12 月～ 1993 年 2 月	主　任	陈焕友	省长
		副主任	章昭薰 季允石 陈可吼	省军区司令员 副省长 省军区副司令员
	1993 年 2 月～ 1994 年 3 月	主　任	陈焕友	省长
		副主任	郑炳清 季允石 陈可吼	省军区司令员 副省长 省军区副司令员
	1994 年 3 月～ 1995 年 9 月	主　任	陈焕友	省长
		副主任	郑炳清 季允石 徐鸣皋	省军区司令员 副省长 省军区副司令员

（三）江苏省国防动员委员会

1995年9月，江苏省国防动员委员会成立，共由32人组成。省委书记陈焕友任第一主任，省长郑斯林任主任，省军区司令员郑炳清、省军区政治委员魏长安、副省长姜永荣任副主任。组织领导全省人民防空工作是其主要职责之一，省人防办为其办事机构之一。省人防办主任颜伟任委员，兼省国动委人民防空办公室主任。1996年10月，省国动委规定：省国动委由第一主任、主任、副主任和若干委员组成。第一主任由省委书记担任，主任由省长担任，省军区司令员、政治委员和分管国防动员工作的副省长任副主任。

截至2008年，省委、省政府、省军区对省国动委成员有多次调整（参见《江苏省志·军事志》第五章国防动员）。省政府副省长季允石、王荣炳、黄卫、张卫国等先后分管人防工作。

（四）江苏省核事故应急协调委员会（详见本书第六章P122）

二、市县领导机构

（一）市县人民防空领导小组

1978年，南京、徐州、连云港、苏州、无锡、常州、南通、扬州、镇江、清江、泰州、盐城12个人防重点城镇和镇江、扬州、淮阴、盐城4个地区以及城市的区、局一级，设立人防领导小组。在各级党委一元化领导下，统一领导，全面规划，并具体组织落实本地区各项人防战备工作。到1982年3月，全省各级人防领导小组全部改为人防委，人防领导小组名称不再保留。

（二）市县人民防空委员会

1981年12月，省委、省政府、省军区下发《关于各级人民防空委员会及其办事机构和有关部门的主要任务及体制编制调整的通知》，决定将各级人防领导小组改为人防委。镇江、淮阴地区不设人防委。规定各人防重点城镇，扬州、盐城地区以及市辖区的人防委主任由同级政府主要领导担任，副主任由同级政府、军事部门的领导担任，委员由同级政府和军事有关部门的领导担任。到1982年3月，全省各级人防领导小组全部改为人防委。

1983年，全省实行市领导县新体制，扬州、盐城地区人防委撤销，组建新的扬州、盐城市人防委；清江市更名为淮阴市，1984年6月成立淮阴市人防委。

1987年，南京、连云港、南通、盐城各市人防委相继撤销。1989～1990年，先后恢复。

1993年11月，省政府、省军区批准将全省县级市定为省级人防重点城市，开展人防工作。1994年3月，省军区司令部、省人防办发出《关于在县级市开展人防工作的通知》，规定县级市设人防委，在同级政府和军事部门的领导下，负责组织实施本地区的人防工作，并接受上级人防委的领导；人防委下设人防办，负责承办人防日常工作。人防委的组成人员由人武部军事科牵头提出意见，报县级市人民政府、人武部批准。县级市人防委及其办事机构的职责：① 贯彻和监督执行国家关于人防的方针、政策和法规，制定本市人防建设规划和有关规定。② 组织人防建设与城市建设相结合规划的编制与实施，负责结合民用建筑修建防空地下室工作。③ 对公民进行人防知识教育训练。④ 组织战时城市人口疏散和接收安置工作。⑤ 上级赋予的其他任务。1995年6月，省军区司令部、省人防办规定，县级市人防委由市长任主任，副市长和人武部部长任副主任。委员由市政府办公室、计划、经济、组织、人事、城建(规划)、宣传、教育、交通、卫生、财政、税务、工商、物价、公安、供电、邮电、化工、环保、土管、金融、人防等有关部门主要负责人担任。规定县级市人防办的主要职责为8项：① 贯彻和监督执行人防建设的方针、政策和法规，组织制定本市人防建设规划和规定。② 组织制定人防建设与城市建设相结合规划，组织实施人防工程的建设、维护与管理。③ 组织实施人防建设经费、物资的筹集、使用与管理。④ 组织实施与管理人防平战结合工作。⑤ 开展人防宣传和人防知识教育。⑥ 组织制定城市防空袭预案，包括人口疏散计划和各项保障方案。⑦ 组织训练人防专业队伍，参与城市抢险救灾。⑧ 完成上级交办的其他事项。到1996年8月，全省有邳州等31个县级市和江宁、淮阴2个县成立人防委。

（三）市县国防动员委员会

1995年年底，全省市、县(市、区)国动委相继成立。组织领导本级人防工作是其主要职责之一。市、县(市、区)国动委的设立，参照省国动委的原则办理。

1996年，县级泰州市、宿迁市升格为省辖市，组建省辖泰州市、宿迁市国动委。2001年2月，淮阴市国动委更名为淮安市国动委，原县级淮安市、淮阴县的国动委分别更名为楚州区、淮阴区国动委。

第二节　办事机构

一、省级办事机构

（一）江苏省人民防空办公室(江苏省民防局)

图1-1　1991年之前，江苏省人防办位于南京市宁夏路马鞍山1号的老办公楼

1975年2月，省人防办由镇江市搬迁至南京市宁夏路马鞍山1号办公。

1978年，省人防办下设秘书、作训、工程、设计、物保5个组。根据国务院、中央军委规定，省人防办的职责同省人防领导小组的职责，平时为10项，战时为5项(详见第一节人防领导小组职责P6)。

1979年6月，省人防办设指挥、工程、财务物资、政宣、设计及秘书6个处，定编50人(其中地方干部40人，军队干部10人)。8月，省人防办实有37人(其中地方干部27人，军队干部10人)。

1980 年 4 月，省人防办内设机构调整为秘书、指挥、工程、财务物资、政宣 5 个处。1981 年 12 月，增设通信处，另设 791 工程管理处(定编 5 人)。

1984 年 3 月，省机构编制委员会(以下简称“省编委”)重新核定省人防办人员编制为 30 人，列行政编制。4 月起，省人防办设指挥、工程、通信、财务物资及秘书 5 个处。7 月，成立省人防通信站。11 月，省人防办工程处和财务物资处合并为综合处。

1996 年 1 月，江苏省省级党政机构改革实施，省人防办内设秘书处、指挥与通信处、工程管理处、计划财务处、平战结合管理处、人事处 6 个职能处室。机关行政编制为 33 人，行政附属编制 8 人。省政府规定，省人防办是省政府主管人防工作的职能部门，负责统一管理全省人防工作。主要职责为 11 项：① 贯彻执行人防工作的法律、法规和方针、政策，制定全省人防工作的法规、规章、政策措施和技术规范。② 编制全省人防建设规划和计划，检查指导全省人防工作。③ 组织制定防空袭方案，检查督促战时各项保障方案和重要经济目标防护方案的落实，组织指导人防专业队伍建设和训练。④ 制定全省人防通信、警报建设规划，组织指导人防专用通信、警报网建设和管理。⑤ 组织实施全省人防工程建设与管理，监督指导全省人防工程建设，参与城市地下空间开发利用与规划，监督检查城市建设、基本建设贯彻人民防空要求的执行情况。⑥ 开展人防宣传教育，组织人民防空演练。⑦ 制定全省人防科技发展规划，管理人防技术研究和科技成果的推广运用。⑧ 管理、监督人防经费的筹集、使用，负责人防资产管理，指导监督人防专用设备、器材的生产。⑨ 制定平战功能转换规章、措施，建立平战结合的管理监督机制，推进人防工程、设备设施的开发利用。⑩ 负责省人防指挥所的建设和管理。⑪ 战时保障省委、省政府有效实施人民防空的组织指挥，负责发放空袭警报和实施灯火管制，组织防空疏散和隐蔽，配合要地防空和城市防卫作战，协助有关部门做好生活供应和其他保障工作，组织消除空袭后果，协助有关部门恢复正常的生产和生活秩序。8 月，省编委调整省人防办行政编制，由 33 人增加至 40 人。

1996 年 11 月，省国动委规定省人防办 8 项工作职责：① 贯彻执行人防工作的方针、政策和法律、规章，组织拟订全省有关人防工作的条例、规章、措施和技术规范。② 制定人防建设规划、计划，提出有关国防要求的意见和建议、指导检查规划、计划的落实，协调处理相关问题。③ 负责全省人防指挥业务建设，协调人防通信警报和科研工作，组织有关部门进行课题论证和科研成果鉴定，推广应用新技术。④ 统一组织实施全省单独修建或结合地面建筑修建人防工程建设和管理工作，参与城市地下空间开发利用与规划，监督检查城市建设、基本建设，贯彻人民防空要求的执行情况，负责大、中型人防工程的立项、建设和验收、使用等有关事宜。⑤ 开展人防宣传和“三防”知识教育，组织人民防空演练。⑥ 依据政策组织筹集全省人民防空经费，并加强监督、管理，做到专款专用，不准挪作他用。负责人民防空资产管理。⑦ 指导各市人防办开展工作，督促人防重点城市区(县)按规定单独设立与省、市相应的人民防空机构，保持人防机构和队伍的稳定。⑧ 战时组织指挥本省人民防空斗争。

1997 年 4 月，省人防办成立党组纪检组、监察室。

1998 年，新一轮党政机构改革启动。改革力度大，拟撤并机构多。省人防办党组多次向省委、省政府、省军区主要领导汇报，与省编办反复沟通，建议保持人防机构的稳定健全。4 月，省人防办与上海、浙江、安徽、福建、江西等省市人防办会签《关于保持省以下人防机构稳定的报告》，报国家人防办，并呈送中央军委副主席迟浩田。建议国务院、中央军委在机构改革中保持人防办不撤不并不降格。1999 年 4 月，中央编制委员会办公室三司副司长李晓全等在国家人防办副局长李扬陪同下到江苏调研。调研组就人防机构保留问题，召开有南京军区副参谋长苏京及南京军区人防办、省军区、省政府办公厅、省编办、省人防办领寻参加的座谈会。会议后，李晓全与省编办主任姚晓晴单独交换意见。

2000 年 9 月，省级党政机关机构改革实施，省人防办作为省政府人防工作主管部门，也是省国动委的常设办事机构，列入省政府直属机构序列。省人防办内设秘书处、指挥与通信处、工程处、计划财务处、政策法规处、机关党委（人事处）。行政编制为 30 人，另核行政附属编制 8 人。省政府调整省人防办职能，将防护等级 5 级以下、建筑面积 1000 平方米以下的小型人防工程建设审批权下放给省辖市人防办。增加承担省国动委办事机构和省核应急协调委核应急办的日常工作 2 项职能。主要职责为 13 项：① 贯彻执行人民防空的方针、政策；组织实施《人防法》《省实施〈人防法〉办法》等法律、法规，制定颁发全省人防工作的规章、措施和技术规范。② 负责拟定本省人防发展规划，编制年度人防工作计划，并组织实施；负责拟定上报国家的人民防空重点城市防护类别调整方案，提出省人防重点市、镇防护类别方案，经批准后组织实施。③ 负责拟定省人防指挥机构转入战时体制方案；指导制定和修订城市防空袭预案和重要经济目标防护方案，并监督检查执行情况。④ 检查指导人防专业队伍建设，组织防空演习，指导全省人防指挥设施建设；指导制定战时城市人口疏散计划，检查指导疏散区域建设；完成省政府赋予的有关抢险救灾任务。⑤ 负责全省人防指挥通信网、警报通信网建设的规划、技术和质量管理，协调军队通信、地方电信和其他部门专用通信网，保障战时和应急情况下全省人防通信、警报畅通。⑥ 负责全省人防工程（含结合民用建筑修建的战时可用于防空的地下室）大中型项目的报（审）批和竣工验收；监督人防工程建设计划、设计、质量、技术和造价管理，负责已建人防工程的维护、安全管理，核准人防工程的报废、拆除，参与城市地下空间开发利用中与人防相关工程的规划、建设和管理。⑦ 负责指导全省人防工程、指挥、通信设备设施开发利用及平战功能转换，为经济建设和社会发展服务，提高战备效益、社会效益和经济效益。⑧ 依法筹集人防建设经费，编制人防经费预算，审批决算，对使用情况实施监督检查；监督检查人防财务管理规定和制度执行情况；负责人防国有资产管理；开展内部审计。⑨ 负责制定全省人防宣传、教育计划，督促贯彻实施；组织全省人防干部和专业技术人员的教育、培训。⑩ 负责全省人防科学技术管理工作，组织、开展人防科学技术研究，负责人防科技情报、项目、成果管理，指导人防科学技术研究院（所）建设。⑪ 负责省委、省政府人防指挥所建设和管理；战时保障省委、省政府、省军区组织指挥全省城市防空袭斗争，组织群众防空疏散隐蔽，组织构筑应急人防工程，接收、传递、发放空袭警报，实施灯火管制，组织消除空袭后果，协助有关部门组织城市恢复生产和生活秩序。⑫ 承担省国动委、省核应急协调委办公室日常工作。⑬ 承办省政府、省军区和国家人防办交办的其他事项。

图 1-2　2006 年 5 月 15 日，江苏省人防办举行增挂“江苏省民防局”牌子仪式

2006 年 3 月，省编委根据 2005 年 12 月 31 日省政府第 60 次常委会议决定，下发通知，省人防办增挂“省民防局”牌子。是年 5 月，省民防局举行挂牌仪式。

表 1－2　1978～2008 年江苏省人防办公室历任领导人名录

机构名称	职　务	姓　名	任职时间
省人防办	主　任	车洪声	1974.10～1985.5
		颜　伟(兼)	1993.6～1996.3
		李向群	1996.3～2000.5
		张永康	2000.5～
	副主任	盛冠华	1974.10～1983.9
		王　锐	1974.10～1978.8
		汪盛俊	1979.3～1988.6
		杨国华	1983.9～1991.4
		丁新全	1983.9～2003.6
		邵夏光	1987.8～1996.11
		张　军	1988.6～1990.7
		邹敖孙	1990.7～1994.9
		陈能文	1994.7～2000.5
		酆祥林	1994.12～1996.6
		从遵昌	1996.3～2000.2
省人防办	副主任	程智培	1999.8～2003.6
		宋玉友(兼)	2000.5～2008.11
		王明君	2001.1～
		刘传梓	2003.11～
		尚华宁	2004.12～
		庞士勇(兼)	2008.11～
	纪检组长	周蒲生	2003.6～
	巡视员	邵夏光	1996.11～1998.3
		从遵昌	2000.1～2002.9
		程智培	2003.6～2004.8
		丁新全	2003.6～2004.12
	副巡视员	李巍巍	2008.6～

续表 1-2

机构名称	职　务	姓　名	任职时间
省人防办 省民防局	主任(局长)	张永康	2006.12～
	副主任 (副局长)	刘传梓	2006.12～
		王明君	2006.12～
		尚华宁	2006.12～
		宋玉友(兼)	2006.12～2008.11

(二) 江苏省核事故应急协调委员会办公室(详见本书第六章 P126)

(三) 江苏省人民防空办公室(民防局)直属单位

791 工程管理处　1981 年 12 月,根据省委规定,省人防办设立 791 工程管理处,定编 5 人。负责省委指挥所工程管理。1988 年,省人防办将全省平战结合工作交该处承担,对外称平战结合管理处,两块牌子一套班子。1996 年机构改革,省人防办设平战结合管理处后,该处不再履行全省平战结合管理职能。1998 年 1 月,省编委同意省人防办 791 工程管理处为事业编制,由 5 人增至 13 人。截至 2008 年,该处编制增至 19 人。

江苏省第二建筑设计研究院　1980 年 4 月,江苏省人防工程设计科研所成立,为省人防办直属处级事业单位,定编 40 人。承担全省人防工程设计、科研任务。1983 年 10 月,省财政停止该所事业费拨款,使之成为实行企业化管理、自收自支、自负盈亏的事业单位。1985 年 6 月,省人防工程设计科研所取得乙级设计资质。1986 年 12 月,更名为江苏省人防工程科研设计院。1993 年 1 月,再次更名为江苏省第二建筑设计研究院。同年,取得甲级人防工程、乙级建筑工程设计资质。2005 年 12 月,整体国有产权转让,改制后称江苏省第二建筑设计研究院有限责任公司。经营范围:甲级人防工程设计、甲级建筑工程设计,室内外装饰、工程咨询、技术服务。2006 年 2 月,省编委通知撤销江苏省第二建筑设计研究院,核销其自收自支事业编制 40 名。

江苏省人民防空通信站　1984 年 7 月,省人民防空通信站成立,为省人防办直属副处级事业单位,定编 40 人。设站部、修理所、总机班、警报台。主要承担省级人防系统的指挥通信和警报通信保障任务。1997 年,通信站内设通信、技术和信息 3 个业务科。截至 2008 年,该站编制减至 34 人。

国家人防工程标准定额站(江苏省人防工程标准定额站)　1988 年 8 月,省编委批复省人防办,同意国家人防委在江苏设立“国家人防工程标准定额站”,同时挂江苏省人防工程标准定额站的牌子,相当于处级事业单位,编制 5 人,实行国家人防办和江苏省人防办双重领导,所需经费由人防事业费支出。11 月,该站成立。承担全国人防工程建设标准定额管理工作,对国家人防办公室负责,同时承办江苏省人防工程定额管理工作。1996 年 11 月,编制由 5 人增至 10 人。

国家人防工程造价咨询中心(江苏省人防工程造价咨询中心)　1999 年 7 月,省编委同意国家人防办在江苏设立“国家人防工程造价咨询中心”,为全民事业单位,同时挂“江苏省人防工程造价咨询中心”的牌子,编制 10 人,所需经费通过自收自支办法解决。承担人防工程可行性研究投资估算、工程概算、预算编制、审查、工程造价监控、造价管理人才培训等业务。2005年8月,该中心撤销。

江苏省人防工程质量监督站(江苏省人防事业单位退休人员服务中心) 2002年4月,省编制办公室批准成立“江苏省人防工程质量监督站”,为事业单位,编制5人,所需经费通过自收自支办法解决。5月,该站成立。业务范围:① 贯彻国家有关人防工程质量监督的方针、政策和法律法规,拟定全省人防工程质量监督工作的实施细则。② 负责本省人防工程质量监督和检测工作的规划及管理,协调处理重大人防工程质量问题争端。③ 检查受监督工程的勘察、设计、施工、监理单位和防护设备生产厂的资质等级和营业范围。④ 负责审查人防工程施工图设计文件。⑤ 总结质量监督工作经验,掌握工程质量状况。2005年9月,增挂省人防事业单位退休人员服务中心牌子,编制增至8人,新增编制用于省人防办生产经营类事业单位改革后退休人员的服务工作。

江苏省人防综合服务中心 1994年2月,省编委同意成立“江苏省人防招待所”,为全民事业单位,编制5人,所需经费通过自收自支办法解决。4月,省人防招待所正式成立。1998年8月,更名为“江苏省人防综合服务中心”。

江苏省人防科技发展中心(江苏省人防科技发展中心有限公司) 1996年4月,省编委同意成立“江苏省人防科技咨询经营服务中心”,为全民事业单位,编制10人,所需经费通过自收自支办法解决。经营范围:① 承担人防工程、工业与民用建筑工程的建设监理。② 提供对地下工程建设的科技咨询。③ 承担工程项目可行性研究、评估。④ 开展人防专用设备的科研生产、检测、销售服务。⑤ 开展人防科技人员培训。⑥ 负责建筑工程承包等。1999年7月,更名为江苏省人防科技发展中心,人员编制增加为25人。2006年10月,省人防科技发展中心撤销,成立省人防科技发展中心有限公司,为省人防办直属企业单位,负责实施:① 对地下工程科技咨询、开发、应用等转让。② 工程项目可行性研究、评估。③ 开展人防专用设备和科研生产、检测、销售和服务,开发地下空间,具体实施平战结合项目。④ 人防科技人员培训。⑤ 建筑工程承包等。

江苏三益建设监理有限公司 1996年11月,省人防办决定,由江苏省人防科技咨询经营服务中心与江苏省第二建筑设计研究院共同组建“江苏三益建设监理有限公司”。1997年1月,该公司成立。当年取得暂定乙级资质,1999年被认定为乙级资质,2003年取得甲级资质,2006年改制为民营企业。

(四)江苏省军区等部门人防办事机构

1978年12月,省军区就各级人防办编配军队干部问题发出通知,规定省军区司令部增设人防处,编制10人(处长1人,副处长2人,参谋7人);各军分区、南京警备区及县、市人武部指定1名领导干部主管人防工作。南京警备区司令部增设人防科,编制10人(科长1人,副科长2人,参谋7人);扬州军分区司令部作训科增编人防参谋2人。无锡、苏州、徐州市人武部各增设人防科,编制均为5人(科长1人,副科长1人,参谋3人);常州、南通、连云港、扬州、镇江、泰州、清江市和盐城县人武部各增设人防科,编制均为3人(科长1人,参谋2人)。军队干部在各级人防办所任职务,由军队和地方党委共同任命。县级市和市辖区人武部由军队改隶地方后,继续承担有关人防工作任务,协助人防部门做好工作。1985年军队精简整编后,省军区、军分区原承担的人防工作任务不变,撤销人防处、科,改为省军区1名副参谋长兼任省人防办领导职务，司令部作训处设 2 名专职干部参加省人防办工作。军分区各 1 名干部参加所在市人防办工作。1986 年 5 月，省军区成立由省军区副参谋长冯志道任组长的人防工作组，其主要任务是：① 熟悉人防工作的政策规定，掌握全省人防建设情况，从军事方面提出意见和建议。② 协调人防建设与城市建设的关系，承办有关事宜。③ 在省人防部门的主持下，参与研究全省人防建设规划和工作计划，参与制定和审查城市防空袭预案及各种保障计划，参与组织城市防空袭演习。④ 帮助省人防办搞好人防指挥业务、通信警报和人防防化建设。⑤ 协助有关部门组织和训练人防专业队伍，培训人防指挥、通信、防化工作人员。⑥ 负责省军区系统军队人防战备建设和工程维护管理。开展人防工作研究。该工作组先后参与防空袭预案审查，人防建设与城市建设相结合规划制定的组织，城市防空袭演习的组织，人防改革措施的研究等重大活动。1988 年 5 月，在对人防工作进行调研的基础上，提出《关于江苏省人防工作情况的报告》，省政府批转全省。是年年底，该工作组撤销。2000 年后，只有省军区 1 名副参谋长兼任省人防办副主任职务。

1979 年 1 月，设省级机关人防办，定编 7 人。省建委设人防处，定编 8 人。1981 年 12 月，省级机关人防办和省建委人防处均改定编为 5 人，省轻工业厅设人防处，定编 3 人。1996 年，省建委撤销人防处，组建抗震人防办。

二、市县办事机构

1978 年，市(县)人民防空领导小组办公室列入市(县)革委会编制，为部委一级机构。南京市人防办定员 60 人，徐州、无锡、苏州、常州市人防办各定员 30～40 人，连云港、南通、镇江、扬州市人防办各定员 25～30 人，泰州、清江市(今淮安市)和盐城县人防办各定员 15～20 人。军队干部按 1/6 配备。镇江、扬州、淮阴、盐城地区以及城市的区、局人防办定员 3～5 人。

1979 年，根据第三次全国人防会议精神和国务院、中央军委以及省革委会的规定，全省加强人防办事机构建设。至是年 8 月，南京、徐州、连云港、苏州、无锡、常州、南通、扬州、镇江、清江、泰州市、盐城县和扬州、盐城地区的人防办事机构落实。定编 437 人(其中地方干部 386 人、军队干部 51 人)，实有 393 人(其中地方干部 342 人、军队干部 51 人)。南京市人防办另设设计处，定编 50 人；市规划局设人防工程规划科，定编 8 人。连云港市建委设人防科，定编 4 人；城建局设人防科，定编 3 人。镇江、清江市和盐城地区建委设人防科，各定编 3 人。

1981 年 12 月，省委、省政府、省军区规定各级人防办事机构地方干部编制。南京市人防办定员 55 人，设指挥、工程、通信、财务物资、政宣、秘书科。另设市人防工程设计所，定员 40 人；区人防办各定员 13 人；市建委人防处定员 7 人；市一轻、二轻局人防科各定员 3 人；市有关委办局各定员 1～5 人。徐州、苏州、无锡、常州市人防办各定员 40 人，设指挥、工程、通信、财务物资、政宣、秘书处。另设市人防工程设计室，各定员 20 人；区人防办各定员 10 人；市建委人防科各定员 5 人；市轻工局(一轻、二轻)人防科各定员 3 人；市有关委办局各定员 1～4 人。连云港、南通、扬州、镇江市人防办各定员 30 人，设指挥、通信、设计、工程、财务物资、秘书科。所属区人防办各定员 5 人；市建委人防科各定员 3 人。市轻工局(一轻、二轻)人防科各定员 3 人；市有关委办局各定员 1～3 人。清江(今淮安市)、泰州市人防办各定员 25 人，设指挥通信、工程设计、财务物资、秘书科。市建委、市轻工局人防办各定员 1～2 人；市有关委办局定员 1～2 人。扬州地区人防办不设科，定员

5 人。盐城地区人防办定员 25 人。地区建委、地区轻工局各定员 1～2 人；地区有关委办局分别定员 1～2 人。同时规定驻人防重点城镇地区、县机关各定员 1～3 人。大专院校人防办各定员 1～3 人。5000 人以上厂矿企业人防办定员 3～5 人。1000 人以上厂矿企业人防办定员 2～3 人。1000 人以下厂矿企业定员 1～2 人。各级人防办的公勤人员和运输、维修、机械分队的编制，可根据任务需要自行确定。各级人防机构所编工作人员，分别列入行政或企业、事业正式编制。

1982 年 3 月，全省完成人防办事机构调整。省与各重点城市人防办共定编地方干部 455 人，实有 375 人；军队在人防办工作的干部编制由 61 人缩减至 49 人。

1983 年 3 月，全省实行市领导县的新体制，原设地区撤销。镇江市、扬州市改为省辖市。新设盐城市为省辖市。清江市更名为淮阴市，为省辖市。镇江市人防办确定为市一级局机构，设人秘、指挥、财务物资、工程 4 个科。扬州地区人防办与扬州市人防办合并为省辖扬州市人防办，1984 年 2 月升为一级局。盐城地区人防办更名为盐城市人防办。1983 年 6 月，盐城县人防办与盐城市人防办合并。淮阴地区人防办与清江市人防办合并。1984 年 5 月，成立淮阴市人防办。内设人秘科、工程管理科、指挥通信科、财务物资科，编制 17 人。另设淮阴市人防工程设计室。

1983 年 4 月，省政府、省军区规定省和重点城市人防办成立人防通信站。全省人防通信站定编 505 人。通信站为事业编制，主要担负本级人防系统的指挥通信和警报通信保障任务。区以下除南京市城区组建人防通信站外，其他各市主要由同级人防通信专业队进行保障。

1994 年 3 月起，根据省军区司令部、省人防办《关于在县级市开展人民防空工作的通知》精神，全省各县级市先后成立人防委，下设人防办。1995 年 6 月，省军区司令部、省人防办进一步规范县级市人防机构、职责。至 1996 年 8 月，邳州、新沂、常熟、太仓、吴县、昆山、吴江、张家港、江阴、宜兴、锡山、武进、金坛、溧阳、通州、如皋、海门、启东、仪征、高邮、江都、扬中、句容、丹阳、淮安、东台、泰兴、姜堰、靖江、兴化、宿迁等 31 个县级市和江宁、淮阴 2 个县成立人防办。主任由市人武部部长兼任。人武部收归部队建制后，县级市人防办逐步纳入政府序列。

1996 年，县级泰州市、宿迁市升格为省辖市。11 月，原县级泰州市人防办整建制上划省辖泰州市管理。1997 年 2 月，市人防办被定为委托市建设委员会管理的市政府直属副处级事业单位，核定事业编制 16 名。2001 年 9 月，改为市政府工作部门，仍为副处级。2003 年 10 月，调整为正处级。1997 年 11 月，省辖宿迁市成立人防办。

2001 年 3 月，省政府、省军区决定全省各县依法开展人防工作，成立县级人防办事机构。至年底，全省原未开展人防工作的县，全部成立人防办。

2002 年 10 月，省委组织部、省人防办对市县(市)人防部门领导干部管理有关问题作出规定，市、县(市)人防部门领导干部以地方党委管理为主，上级人防部门和同级军事机关协助管理。市、县(市)人防办主任、副主任的任免，由地方党委组织部事先征求上级人防办和同级军事机关(军分区、人武部)的意见，按照干部任免的有关程序和规定办理，任免结果同时报上级人防部门备案。

2004 年 12 月，经省委、省政府批准，苏州市人防办增挂“苏州市民防局”牌子。同月，连云港市编委批准在市人防办增挂“民防局”牌子，在市人防通信站增挂“市民防应急指挥中心”牌子。2006 年 3 月，省编委发出通知：各省辖市人防办增挂“市民防局”牌子。至年底，各省辖市人防办均增挂“市民防局”牌子。

截至2008年，全省13个省辖市民防办事机构健全、稳定，均为一级局。其中，南京市人防办为副厅级。52个县(市)均设立民防机构，其中44个县(市)民防机构单设，独立开展工作。44个县(市)民防机构落实行政编制，8个县(市)参照公务员管理。51个县(市)民防机构定为正科级，1个县定为副科级。

三、人防机关“准军事化”建设

江苏人防机关“准军事化”建设起步于1998年。是年，无锡、南通、宿迁市人防办率先启动人防机关“准军事化”建设。主要通过加强思想政治、作风纪律、战备业务、办公秩序的建设，增强人防机关的凝聚力、战斗力和影响力。

2001年3月，省政府、省军区首次提出：各级人防办是本级政府人防工作的主管部门，要认真贯彻落实“三个代表”重要思想，努力加强组织建设、思想建设、业务建设和作风建设，做到政治坚定、业务精湛、纪律严明、作风过硬、廉政高效，达到“准军事化”要求。

2002年1月，全省人防工作会议对抓好人防机关“准军事化”建设提出具体要求。至5月，全省13个国家人防重点城市人防办的“准军事化”建设全部启动。参照中国人民解放军有关条令、条例、标准和要求，在政治建设、组织建设、业务建设、纪律建设、管理模式等方面，加强人防机关建设。

2002年6月，国家人防办副局长李扬率领调研组到省和无锡市人防办，调研人防机关“准军事化”建设情况。调研组听取省、市人防机关“准军事化”建设情况汇报，观看无锡市人防办“准军事化”建设的录像片，实地检查人防基本指挥所和应急指挥中心的作战室、战备值班室、战备器材室、会议室、资料室、学习室、综合档案室、机关各办公室以及“职工之家”的配套建设，查看“准军事化”建设的各种台账、资料。李扬指出，江苏的人防机关“准军事化”建设取得较好成绩，积累了许多好的经验。无锡市人防办将机关“准军事化”建设与人防建设任务目标相结合，与创建文明机关相结合，与考核公务员相结合，以任务目标化、管理制度化、行为规范化、设施配套化为载体，建立正规的人防战备、训练、工作和生活秩序，促进人防建设事业的全面发展，有创新、有成果、有经验，可操作性强，要认真加以总结。

2003年9月23～26日，国家人防办在沈阳召开全国人防机关“准军事化”建设工作会议。无锡市人防办作《以“四化”为载体，全面推进“准军事化”建设》的经验介绍。其“任务目标化、管理制度化、行为规范化”的“准军事化”建设经验受到国家人防办领导的肯定。省人防办和无锡市人防办被表彰为全国人防机关“准军事化”建设先进单位。会后，江苏把“准军事化”建设作为人防机关“内强素质、外树形象”的基础工程，摆上更加重要的位置。全省全面推进人防机关“准军事化”建设。

2004年12月，省人防办在无锡召开全省人防机关“准军事化”建设工作会议。表彰苏州、常州、扬州、连云港市人防办和南京市玄武区、张家港市、昆山市、无锡市滨湖区、江阴市、常州市武进区、扬中市、启东市、兴化市、邳州市人防办等14个全省人防机关“准军事化”建设工作先进单位。

2005年起，省人防办每年制定和实施军事训练计划，内容包括军事知识、外军研究、人防法律法规、计算机网络知识、射击、防火器材使用、网上综合演练等。4月，省人防办成立“准军事化”建设领导小组，负责全省人防机关“准军事化”建设的整体设计、统筹规划、全面推进、督促落实。同月，省人防办、省军区司令部下发《关于加强全省人防机关“准军事化”建设的意见》，明确全省人防机关“准军事化”建设的指导思想、原则、总体目标、实施步骤、建设重点和要求，提出“准军事化”建设的主要措施。要求：① 把思想政治建设摆在“准军事化”建设的首要位置，保证政治坚定。② 把能力素质建设作为关键环节，实现素质优良。③ 把战备训练建设作为特殊要求，力求技术精湛。④ 把作风纪律建设作为重要内容，确保作风过硬。⑤ 把办公秩序建设作为基础工作，做到办事严谨。5 月，省人防办开始实行战备值班及交接班制度。6 月，省人防办下发《全省人防机关“准军事化”建设达标考核实施办法》。各省辖市人防办相继成立“准军事化”建设领导小组，结合各自实际，分解建设目标，细化工作任务，建立检查督促、考核验收、激励约束工作机制和建设、管理、保障体系。全省人防机关“准军事化”建设步入规范化轨道。2005 年 12 月，省人防办考核组进行全省首批人防机关“准军事化”建设达标考核，徐州、无锡、苏州市和无锡市滨湖区、江阴、扬中、张家港、昆山市人防办等 8 个市、县(市、区)通过“准军事化”建设达标验收。

图 1-3　2004 年 12 月 2 日，全省人防机关“准军事化”建设工作会议表彰先进单位

2006 年起，省人防办狠抓人防机关“准军事化”建设达标普及工作。3 月，决定对各省辖市人防机关“准军事化”建设情况实行每月通报制度，重点通报“思想政治、战备训练、业务素质、作风纪律、办公秩序”5 个方面的情况，形成全省性的人防机关“准军事化”建设创建高潮。

2007 年 1 月，南通、常州、南京市人防办通过全省人防系统第二批“准军事化”建设达标考核。5 月，省人防办召开机关“准军事化”建设动员会，对省人防办机关“准军事化”建设做出具体部署。2008 年 1 月，泰州、扬州、镇江市人防办和常熟、句容 2 个县级市人防办通过第三批人防机关“准军事化”达标考核。2008 年 12 月，连云港市及溧阳、大丰、高邮、如皋、泰兴 6 个县级市人防办机关通过“准军事化”建设达标考核。至此，全省有 10 个省辖市、11 个县级市和 1 个区人防办机关通过达标考核。

图 1-4　2007 年 5 月 16 日，江苏省人防办召开机关“准军事化”建设动员会

江苏人防系统的“准军事化”建设得到国家人防办和南京军区人防办的充分肯定。2007 年 11 月省人防办和无锡、南通、徐州、南京、苏州、常州市人防办被表彰为“全国人防机关准军事化建设先进单位”，江苏受表彰单位数量居全国各省、市、自治区之首。

第三节 社团组织

一、江苏省人防大中型地下商场联合会

1989 年 10 月 31 日，江苏省人防大中型地下商场联合会成立，共有会员单位 4 个，黄岑任理事长，张大圣任秘书长。1992 年 5 月换届，庄建南任理事长，龚坤明任秘书长，会员单位增加到 5 个。1996 年换届，庄建南任理事长，闻福进任秘书长，会员单位增加到 8 个。1999 年换届，庄建南任理事长，闻福进任秘书长，会员单位增加到 13 个。2004 年换届，王世阔任理事长，闻福进任秘书长。2007 年换届，姚士彩任理事长，戴家良任秘书长，会员单位增加到 17 个。该会的业务范围：① 研究、探讨有关地下商场发展和深化改革等重大问题，及时向业务主管部门反映情况，提出建议。② 为会员服务，帮助会员提高经营管理水平和经济效益。③ 交流经营管理经验以及财务管理、设备管理的有效做法和信息。④ 组织业务技术和操作技能培训，开展劳动竞赛，提高职工队伍素质。该会成立后，通过交流经营理念、经营管理模式、队伍建设、财务管理、地下商场防火经验，探讨地下商场发展对策，开展操作技能竞赛，开展对亏损企业的会诊咨询等活动，增强会员凝聚力和会员单位的经济实力。

二、江苏省人民防空协会

2000 年 7 月 21 日，江苏省人民防空协会成立。共有会员单位 53 个。南京军区原司令员向守志担任协会顾问。经选举，李向群任理事长，陈能文、丛遵昌、孙德南任副理事长，龚运凤任秘书长。该协会的宗旨：贯彻执行党和国家的方针、政策，研究在社会主义市场经济条件下，人民防

图 1-5　2000 年 7 月 21 日，江苏省人民防空协会成立大会在南京市举行，南京军区原司令员向守志为协会揭牌

空如何为经济建设服务，探索在未来高技术局部战争条件下，人防设施建设、使用和管理方面的新课题、新技术，为人防建设事业献计献策，推动人民防空事业不断发展。业务范围：① 开展对人民防空法律法规和方针、政策执行情况的调查研究，总结会员单位经验，反映执行中的困难和问题，提出对策建议，供主管部门决策参考，促进人防法律法规和方针、政策的贯彻落实。② 开展学术理论研究，编辑出版行业刊物和资料，向主管部门和会员提供国内外人防发展动态信息。③ 为会员单位提供工程建设、通信技术、平战结合等科技服务。④ 承担主管部门委托的其他任务。

2005 年 9 月，协会换届，会员单位发展到 75 个。向守志和省军区原司令员蒋文郁任顾问，李向群任理事长，丁新全、陈能文、从遵昌任副理事长，龚运凤任秘书长。

三、江苏省核应急协会

2008 年 11 月 28 日，江苏省核应急协会成立。有社会安全管理、核技术、应急管理等方面的专家学者和会员单位 96 人(个)。省民防局局长、省核应急办主任张永康兼任协会理事长，申彦锋、宋玉友、蒋军成、童星任副理事长，秘书长由宋玉友兼任。聘请吴瑞林、李全林为协会名誉理事长，国家核应急办原主任徐玉明，中科院院士、南京航空航天大学教授陈达为顾问。协会业务范围：① 从事与核事故等突发公共事件相关的统计分析、决策咨询与管理研究。② 开展应急科普宣传、非营利性教育培训和服务。③ 加强国内外应急交流、研讨与合作。④ 省政府以及主管部门委托的其他任务。

图 1-6　2008 年 11 月 28 日，江苏省核应急协会成立大会在南京市召开

第二章 防空指挥

改革开放30年，江苏人防指挥建设不断加强，逐步形成适应信息化战争要求的防空预案体系，健全的战时指挥体系和地面与地下结合、固定与机动并用的指挥场所体系，组织落实、训练有素的防空专业队伍体系，城乡共建、保障有力的人口疏散体系。截至2008年，省和13个省辖市的人防组织指挥建设，基本具备应对较大规模军事斗争人民防空应急能力。

第一节 指挥体制

1978～2008年，江苏省平时实行由省、市、县人民政府和同级军事机关及其人防办事机构构成的三级防空指挥体制，负责组织实施本行政区人防建设；战时实行条块结合、以块为主的省、市、县、街道四级防空指挥体制。国家发布战争动员令，人防工作转入战时指挥体制，各级人防指挥部(所)，履行其指挥职能。

一、战时防空指挥机构及其职责

(一) 战时防空指挥机构

20世纪80～90年代，依据防空袭预案，在组织防空演习时组建各级人防指挥部(所)，省人防指挥部由副省长任指挥长，省人防办主任任常务副指挥长。市人防指挥部在市人防委的基础上组成，指挥长由市委书记或市长担任，市人防办主任任常务副指挥长。

2000年3月，省政府、省军区规定：省辖市、县(市、区)均建立人防指挥部，成员由本级政府和同级军事机关及相关部门领导组成。

2002年10月，省人防办进一步明确人防指挥部指挥关系、指挥程序、指挥方式、协同办法，明确基本指挥所、预备指挥所、机动指挥所(组)位置和开设时机。

2006年，《江苏省战时人防指挥部编成》规定：战时建立省人防指挥部，履行防空袭斗争指挥职能。

2007年9月，省战时人防指挥部成立。到年底，13个省辖市和97个县(市、区)建立实名制战时人防指挥机构。

2008年，加强省人防指挥部建设，进一步明确指挥部各成员单位的职责和任务。

（二）战时防空指挥机构职责

20世纪70～90年代，战时人防指挥机构职责有5项：① 组织、指挥群众疏散和隐蔽。② 根据当地党委和有关军事指挥机构的决定，发放防空袭警报。③ 组织实施灯火管制。④ 负责组织指挥人防专业队伍的战斗行动，积极配合城市防卫作战。⑤ 指挥人防专业队伍和群众消除空袭后果，协助有关部门恢复正常的生产、生活秩序。

进入21世纪后，随着应急准备工作的加强，战时各级人防指挥部(所)的职责有8项：① 进行战争动员，建立战时体制，完善指挥和通信系统，扩编人防专业队伍，组织临战训练，做好战前准备工作。② 按计划组织市民疏散。③ 组织空情报知和警报报知网络，按指挥长命令，发放防空袭警报。④ 整修防空设施，划分群众隐蔽地域和分配隐蔽工事，及时组织防空隐蔽。⑤ 指挥人防专业队伍消除空袭后果。⑥ 实施灯火、交通和治安管制。⑦ 保障城市居民生活必需品的供应。⑧ 配合要地防空和城市防卫作战。

二、防空袭区域联动

2007年年初，随着军事斗争人防应急准备工作的深化，为使全省人防应急准备工作适应信息化战争的要求，逐步形成全省防空袭整体合力，省人防办提出防空袭区域联动设想，确定南京、扬州、镇江为防空袭区域联动试点。6月，省人防办组织南京、扬州、镇江市人防办领导和有关人员召开防空袭区域联动研讨会，交流人防应急行动方案，针对防空袭区域联动的必要性、可行性，探讨可能遇到的重点、难点问题，以及解决问题的办法和组织实施的方法。会议认为，构建防空袭区域联动体制和机制，打破以往各城市独立组织防空的做法，有利于扩大中心城市防御纵深，有利于区域内相邻城市的相互协同与支援，有利于防空资源的充分利用，有利于区域综合防护能力的提高，是对战时防空体制和机制的创新，不仅必要，也是可行的。同时，在徐州组织战时实施区域联防和交通管制、灯火管制、危险品管制等方面问题的研究。9月，在“苏防—2007”演习中，围绕区域联动展开研讨，进一步明确区域联动的内涵外延、区域之间的联动需求、实施区域联动必须把握和解决的主要问题以及联动协同关系等，形成推进区域联动方案。全省防空袭区域联动工作开始全面启动。

2008年4月，省人防办在扬州市召开南京方向防空袭应急行动区域联动工作座谈会。会议认为，区域联动工作要在上级的统一组织协调下，紧紧围绕需求拟制区域联动预案，预案要具体、缜密、可行，确保联动工作落到实处。8月中旬，沿江方向防空袭区域联动工作座谈会在无锡市召开。下旬，徐州、连云港方向防空袭区域联动工作座谈会在宿迁市召开。会议就区域联动建设的重点内容、组织准备的协同、人口疏散的协同、重要经济目标防护的协同、消除空袭后果的协同以及区域联动预案的拟制进行座谈，并达成共识。至此，全省构成具有江苏特色的战时防空袭三大区域联动体制，全面启动制订区域联动预案。

第二节 指挥所建设

1978年，全省只有无锡、南通、南京市人防指挥所在建。1979年年初，省人防基本指挥所开工建设。1984年完成部分工程后停建。截至1989年，有南京、徐州、无锡、常州、南通、淮阴(今淮安)6个市建成人防指挥所。南京市指挥所指挥设施设备相对完备。从1996年起，全省加强人防基本指挥所、地面指挥中心等指挥场所建设。从2007年11月起，开始推进全省人防机动指挥通信系统建设。截至2008年，全省13个国家人防重点城市全部建成基本指挥所、地面指挥中心；省和徐州、连云港、苏州、常州、南通市完成人防机动指挥通信系统建设。初步形成地面与地下结合，固定与机动互补的人防指挥平台。

一、省人防指挥所

1979年1月，省人防基本指挥所开工建设。1984年1月，省人防委会议决定，本着不危及安全、节约和有利于维护的原则，完成掘进和喷锚支护工程后，暂停建设。至1984年8月，完成出入口竖井、井壁浇注和主体工程掘进、喷锚支护等收尾工程，并于是月停建。1996年8月8日，省政府常务会议决定省财政投资3200万元恢复指挥所建设。9月28日开始续建。2002年10月，通过竣工验收，投入使用。时为全国防护能力强、功能齐全、技术先进的省级人防指挥所。

2005年4月，省人防预备指挥所经国家人防办批准立项。8月，由省有关部门批准开展前期工作。12月，省政府常务会议同意建设省人防预备指挥所。2007年3月，开工建设。

2007年，省人防办完成机动指挥通信系统建设可行性研究。2008年1月，中国电子科技集团第28研究所中标承接省人防机动指挥通信系统项目。康盈公司承接车辆改装。10月完成操作人员培训，交付省人防办。

二、市人防指挥所

南京市人防指挥所 1978年开工，1982年竣工。2008年对指挥所功能结构和通信信息系统进行升级改造。

无锡市人防指挥所 1973年开工，1988年竣工。2000年开始升级改造，2002年8月竣工。

徐州市人防指挥所 1980年1月开工，1984年12月竣工。2002年扩建改造，2004年8月竣工投入使用。

常州市人防指挥所 1986年5月开工，1989年6月竣工。2003年9月完成改扩建。2005年建成预备指挥所。2008年12月，机动指挥通信系统建成。

苏州市人防指挥所 1996年9月，经上级批准，将某国防工程扩建为市人防指挥所，2000年10月竣工。2008年12月，机动指挥通信系统建成。

南通市人防指挥所 1976年开工，1980年竣工。2003年12月，新的人防指挥所工程开工，

2004 年土建项目竣工，2005 年通信工程竣工并投入使用。2007 年 4 月，启动人防（民防）机动指挥通信系统建设，2008 年 10 月 30 日开通使用。

连云港市人防指挥所　2004 年 8 月开工，2008 年 4 月竣工。2008 年 12 月，机动指挥通信系统建成。

淮安市人防指挥所　1981 年开始建设，1982 年竣工。1998～1999 年，对指挥所功能结构和通信系统改造升级。2001 年，完成新建淮安市人防指挥所选址论证工作。2006 年 6 月开工，2008 年竣工投入使用。

盐城市人防指挥所　2006 年 9 月开工，2008 年 4 月建成投入使用。

扬州市人防指挥所　2003 年 12 月开工，2005 年竣工。

镇江市人防指挥所　2002 年 5 月开工，2005 年年底竣工，2006 年投入使用。

泰州市人防指挥所　2005 年 4 月开工，11 月工程主体封顶。2006 年 7 月完成通信系统建设，2007 年 5 月通过竣工验收，交付使用。

宿迁市人防指挥所　2006 年 3 月开工，2008 年建成投入使用。

三、县（市、区）人防指挥所

截至 2008 年年底，全省有张家港、昆山、常熟、太仓、吴江、江阴、宜兴、扬中、东台、泰兴、邳州、江都、铜山等 13 个县（市）和南京市鼓楼区、浦口区、栖霞区、雨花台区、六合区、江宁区，徐州市贾汪区、鼓楼区、九里区，常州市武进区、新北区，无锡市锡山区、北塘区、惠山区、滨湖区、崇安区、南长区，扬州市邗江区等 18 个区建成人防指挥所。另有溧水、高淳、睢宁、赣榆、东海、溧阳、金坛、启东、海门、如东、靖江、涟水、金湖、通州、仪征、丹阳、东海、东台、盱眙等 19 个县（市）和南京市建邺区、秦淮区，无锡市新区，常州市天宁区、钟楼区，苏州市吴中区、工业园区等 7 个区人防指挥所在建。

图 2-1　2001 年建成的无锡市滨湖区人防地下指挥所大厅

第三节　防空袭预案

20 世纪 70 年代，根据毛泽东关于提高警惕、保卫祖国、要准备打仗的指示和第二次全国人防会议精神，全省国家人防重点城市，着眼于准备“早打、大打、打核大战”，拟制《人防战备工作规划》《人防战备计划》等，具有预案性质。

从 1983 年开始，全省先后组织制定、修订城市防空袭预案、城市区级防空袭预案、县（市）防空袭预案、城市防空袭应急行动方案。至 2008 年，初步形成适应信息化条件下局部战争人民防空行动要求的防空袭预案体系。

一、江苏省人民防空袭方案

2002年12月，完成《江苏省人民防空袭方案》的拟制。这是首部全省性防空袭预案。此方案从江苏所处的经济、军事地位出发，明确“干群一体，整体防护，防抗结合，以防为主”的指导思想。立足自身力量、立足现有装备、立足最困难情况，动员全省民众，采取疏散防护与隐蔽防护、工程防护与技术防护、“群防”与“专防”相结合等综合防护手段，有效应对战争，粉碎敌人空袭企图，保证重要目标的安全，及时恢复城市生产、生活和工作秩序，最大限度地减少各种损失。

二、城市防空袭预案

1982年2月，省人防委、省军区下发《关于研究拟制徐州市战时防空袭预案的意见》，决定由徐州市人防委进行城市防空袭预案拟制试点。3月，南京军区人防办、省军区司令部、省人防办组成联合工作组到徐州具体指导。4月12日，徐州市人防委召开扩大会议，专题研究预案拟制。确定由市人防办、市人武部负责防空预案的总案和图表的拟制，各项保障方案按业务对口，分别由相关部门负责。6月底，完成初稿拟制。8月10日，省人防办就徐州市拟制防空袭预案的试点情况，向南京军区人防办作专题报告。报告提出拟制预案必须遵循的基本原则，明确预案的组成和内容，并对预案中人口疏散、消除空袭后果、人防工程准备以及组织指挥等问题进行探讨。9月，南京军区人防办将试点情况报送国家人防办。这是全省首部较为完备的城市防空袭预案。

1983年5月，省人防委、省军区转发省人防办《关于制定战时城市防空袭预案的意见》，部署制订战时城市防空袭预案工作，规定防空袭预案的主要内容、文本格式、标图要求、完成时限。省人防办下发《制订城市防空袭预案的方法》。此后，各市相继组成防空袭预案拟制班子，进行业务培训，全面展开预案拟制。

1984年11月，无锡、连云港、南通、淮阴市完成防空袭预案基本方案的拟制。12月4～8日，省人防委在南通召开《南通市城市防空袭预案》审查会议。会议认为，《南通市城市防空袭预案》基本方案及保障计划，贯彻人民战争思想和积极防御的战略方针，较好地处理现状与发展、需要与可能、平时与战时的关系，人防与城防的关系，待作进一步补充修改，报省政府、省军区批准后，可以作为南通市平时人防战备建设、战时防空袭斗争的基本依据。1985年8月，省人防办在连云港、泰州、镇江市分别召开一类城市、苏北片、苏南片防空袭预案的审定会议。9月，《南京市防空袭预案》经南京市人防委审定，报送省政府、省军区。11月，徐州市、连云港市的防空袭预案报送省政府、省军区。至此，全省城市防空袭预案拟制工作基本完成。

1987年3月，省长顾秀莲主持召开省人防委会议。同意将南京、徐州、连云港市的防空袭预案报南京军区人防委审批；同意将苏州、无锡、常州、南通、扬州、镇江、淮阴(今淮安市)、盐城、泰州市的防空袭预案报省政府、省军区审批。此后，省政府、省军区分别批复各市人防委，原则同意所报预案，并提出具体修改意见。7月27日，南京军区人防委批复江苏省人防委，原则同意南京、徐州、连云港市城市防空袭预案的基本方案和保障计划，并分别提出修改意见。

1993年，中央军委确定新时期军事战略方针，强调把军事斗争准备的基点放在打赢现代技术，特别是高技术条件下的局部战争上。1994 年 3 月，省政府、省军区依据新时期军事战略方针的要求，决定在南京、徐州、南通市进行防空袭预案及各种保障计划修订试点。10 月，省人防办根据南京市人防办《修订防空袭预案有关问题的请示》，对试点城市在预案修订中涉及的国际形势和敌情的分析判断、人口疏散、物资储备、常规兵器毁伤分析等提出指导性意见，抄送试点城市徐州市、南通市。1995 年，全省其他国家人防重点城市全面展开防空袭预案修订工作。1997 年，各市完成送审稿并报省里审批。1998 年，各市根据审批意见进一步修改完善。

截至 2000 年，全省国家人防重点城市完成城市防空袭预案修订。修订后的预案，进一步突出人防建设是一项长期的战略性防御措施。依据形势变化和高技术常规武器空袭的特点，结合城市建设的发展、区域的扩展和重要经济防护目标的变化，采取应对措施，增强了预案的针对性和可操作性。

2002 年 10 月，省人防办在无锡市召开全省防空袭预案修订研讨会。会议针对现代战争的特点，围绕城市防空袭预案体现“以人为本”的新理念问题，从有利于统一指挥、有利于部门协调、有利于军地协同、有利于实施操作，就战时指挥体制、部门职能、指挥权限、修改内容和格式等进行研究。形成全省城市防空袭预案修订分步实施方案，展开新一轮城市防空袭预案修订。

三、城市区级防空袭预案

1986 年 3 月，省人防委转发省人防办《制订城市区级防空袭预案的意见》，部署区级防空袭预案制订工作。全省各人防重点城市所辖城区由区人防办牵头组织制订防空袭预案，经区人防委、区政府审定，报市人防委、市政府批准，报省人防委备案。

省人防办选择南京市下关区、无锡市南长区进行区、街道两级制订防空袭预案的试点。各设区的市根据省人防办意见，选择 1～2 个区试点。全省共有 15 个区、21 个街道试点。9 月，省人防办在南京市召开城市区级防空袭预案试点座谈会，听取南京市下关区、无锡市南长区拟制预案的经验介绍，总结交流各市情况，提出推进预案制订的要求和措施。各市在试点基础上，全面展开区、街道防空袭预案的拟制。

至 1987 年年底，全省国家人防重点城市的 25 个区及 164 个街道完成防空袭预案的制订。

四、县(市)防空袭预案

20 世纪 80 年代初，全省只有县级泰州市和盐城县(国家人防重点城镇)制订防空袭预案。1993 年 11 月，省政府、省军区决定将县级市定为省级人民防空重点城市，开展人防工作。1995 年 6 月，省军区司令部、省人防办要求各县(市)人防办在同级政府统一领导下，组织制订防空袭预案。到 1999 年年底，全省有 25 个县(市)完成预案制订。

2001 年 11 月起，全省各县(市、区)根据省人防办、省军区司令部《关于县(市、区)开展人防工作的意见》，组织制订或修订防空袭预案。

五、城市防空袭应急行动方案

2005 年 3 月，根据南京军区关于做好军事斗争应急准备的指示，省人防办、省军区司令部制订《全省应急作战城市防空袭预案(框架)》。全省各市、县开始拟订城市防空袭应急行动方案。

2006年1月,南京军区人防办组织会审南京、徐州、连云港市《城市人防应急行动方案》。3月,省人防办组成会审组会审苏州、无锡、常州、南通、扬州、镇江、淮安、盐城、泰州、宿迁市的《城市人防应急行动方案》。4月,根据会审情况,省人防办发出《关于做好城市人防应急行动方案修改完善的通知》。

2007年,全省13个省辖市全部完成人防应急行动方案的制订,并先后通过南京军区、省军区审批。各市应急行动方案的基本特点是:① 坚持"全民动员、重点防护、疏散隐蔽、消除后果、保存潜力"的指导思想。② 敌情判断与当地军分区(警备区)保持一致。③ 对空观察成果和通信联络与军事机关信息共享。④ 采取疏散防护与隐蔽防护、工程防护与技术防护、"群防"与"专防"相结合,落实各项保障措施,及时消除空袭后果,保障人民生命财产和重要经济目标的安全,保存战争潜力,全力支援战区应急作战。⑤ 人口疏散比例结合各市实际及重要经济目标的分布和数量灵活确定。⑥ 重要经济目标防护根据不同类别和分布状况划分防空区域,明确防护和抢险抢修措施。⑦ 人防专业队伍的组(扩)编,按团、营、连、排的建制编组(并编有预备队)。⑧ 秩序管控以灯火、交通、治安管控为主。⑨ 指挥机构的编成,指挥长一般由分管副市长担任(根据实际情况也可由市长担任,但分管副市长必须担任副指挥长),政委由市委副书记担任。战备等级转进时限、附图数量、名称、标号按《南京战区人民防空应急行动指导手册》执行。

2008年,全省县(市)完成防空袭应急行动方案的制订。

第四节 防空疏散

20世纪70年代,全省统一划分疏散区域。人防重点城镇先后制订人口、物资疏散计划和工业搬迁计划。1979～1982年,各重点城镇完成新一轮人口疏散方案的拟制和修订。从1983年起,全省将人口疏散方案纳入防空袭预案同步修订。进入21世纪,全省全面展开疏散地域和疏散基地建设,推进疏散体系建设。截至2008年,初步形成城乡共建、保障有力的防空疏散体系。

一、方　　案

1978年,全省各市沿用此前制订的人口、物资疏散计划,不再单独实施工业搬迁计划,工业搬迁主要结合城市建设进行。

1979年,省人防办根据省革委会、省军区《关于抓紧拟制和修改城市城防、空防、人防战备计划》的指示,组织扬州市进行拟制战时城市人口疏散方案试点工作。10月,省人防领导小组向全省推广试点经验。到1980年年底,全省12个人防重点城市完成人口疏散方案的制订和修订。

1981年,12个人防重点城市人防办,根据各市的战略地位和城市防卫作战方案及城市人口的现状,在当地军事部门和有关单位的配合下,结合人口普查工作,重新勘察疏散地域和路线,确定疏散、留城人员比例。按照先人员、后物资,先要害单位、后一般单位,先老弱病残、后一般人员的顺序修订战时城市人口疏散方案。

1982年，省人防委先后对各市战时城市人口疏散方案做出批复，规范疏散的比例、地域、通道。各市按省人防委的意见修改后，形成正式文本，作为防空袭预案的基本方案之一。

疏散方案主要确定疏散比例，明确早期疏散、临战疏散、紧急疏散的对象以及疏散时机，明确疏散指挥体制和职责分工，合理划分疏散地域，做好疏散必需的交通运输保障计划，明确疏散路线和保障疏散通畅的措施，落实疏散人员的生活及所需物资保障等。疏散方案形成后，各市定期组织演练，检验方案的科学性、合理性与可行性。通过演练实践，对疏散方案和保障计划进行完善和补充。

疏散比例　按照“坚持作战、坚持生产、坚持工作”的需要，结合城市战略地位、城市规模等具体情况，由各省辖市提出疏散比例报省人防领导机关审批。

疏散时机及对象　20世纪80年代，疏散时机分为早期疏散、临战疏散和紧急疏散。早期疏散为老弱病残人员、儿童、中小学学生，以及需随机构搬迁的中高级知识分子等。临战疏散为没有坚持战斗、坚持生产、坚持工作任务的干部和工商人员等，一旦形势缓和或需要，可将所需人员调回。紧急疏散的对象主要是坚持作战、坚持生产、坚持工作的人员和其他留城人员。2008年各市人口疏散方案修订后，南京、徐州、连云港、苏州、无锡、常州市以早期疏散和临战疏散为主；南通、扬州、镇江、泰州市以临战疏散为主；淮安、盐城、宿迁市以紧急疏散为主。疏散必须根据国家发布的命令实施，任何组织不得擅自行动。

疏散指挥　实行省、市、县(市、区)、街道四级指挥体制，坚持条块结合、以块为主原则，实施疏散指挥。各级战时人防指挥部(所)内，设置人口疏散组织。各重点城市，以区对县、街道对乡、居委会对村、居民小组对生产队(村民小组)、疏散户对村民户进行疏散与接受安置对接。

疏散地域　20世纪70年代，南京、徐州、无锡、苏州、常州、南通市的疏散区域由省革委会规定。镇江、扬州、泰州、清江(今淮安市)、盐城的疏散区域由地区和市(县)革委会规定。2007年，全省一、二类人防重点城市基本完成与疏散方案相配套的疏散地域划分任务。2008年，各重点城市修订疏散方案，疏散地域均作适当调整。

疏散路线　充分利用公路、水路、铁路等交通工具，采用多方向、多路线，呈扇形或辐射形向预定地域疏散。

二、疏散体系建设

1990年12月，全省人口疏散基地建设城乡挂钩试点现场会在常州市召开，推广常州市《搞好城乡挂钩工作，落实人口疏散方案》的试点经验。2005年，常州市人防办结合应急行动方案的制定，建成5个基本人口疏散基地、2个应急疏散基地、2个预备疏散基地。

2005～2007年，扬州市人防办投入3600多万元，在市经济开发区建成占地134亩、建筑面积2.3万余平方米的人口应急疏散基地，作为防空和公共突发事件人员紧急避难场所，平时作为大型物流中心。

2006年11月3日，全省人口疏散地域建设现场会在无锡市召开。会议总结推广无锡市的经验，研究部署全省人口疏散地域建设工作。“十一五”期间全省规划建设疏散基地15个。

2007年1月，省人防办印发《关于加强全省人口疏散体系建设的意见》和《江苏省人口疏散地域建设暂行标准》。明确人口疏散体系建设的内容和思路，规定疏散地域和疏散基地建设标准。

疏散体系建设主要内容　建立健全人口疏散组织指挥机构，根据需要，在街道(乡、镇)、重要

图2-2 2006年11月3日,江苏省人口疏散地域建设现场会在无锡市召开

经济目标单位设置疏散领导小组,负责组织指挥,完善行动方案,明确疏散的比例、对象、人员编组、疏散时机、路线、方法、措施和行动的保障等,细化到乡(镇)、村、组,对口到户。按照便于隐蔽、便于机动、便于防护、便于生存的标准,建设人口疏散地域(基地),达到道路交通便利,具备供电、供水、供热、供气以及医疗卫生等基础设施,并有良好的隐蔽条件。保障战时党政机关临时办公、生活和特殊人员应急疏散需要。结合疏散地域,大力开展防空林建设,落实人口疏散保障措施。制订完善人口疏散保障计划,并落实到具体单位、人员,确保在应急情况下的顺利实施。根据疏散方案和保障计划,各级人防部门会同有关部门有计划地组织演练。

2007年,省人防办指导南通、常州等市、县人口疏散体系建设工作。13个省辖市进行人员集结、登车、输送、接收、安置全过程的人口疏散演练。在疏散地域建设中,与疏散地域政府开展城乡挂钩,改造疏散道路和安置地域基本设施,促进疏散地域建设落实。

2008年9月,省人防办颁发《江苏省疏散基地建设管理暂行办法》。规范疏散基地建设程序、选址、定位要求、建设规模、设计施工、疏散基地平战结合方案、平战转换预案等内容。至年底,全省基本完成与疏散方案相配套的疏散地域划分任务,建成56个疏散地域和10个疏散基地。

疏散体系建设规划 纳入城乡总体建设规划,系统建设。疏散地域建设与新农村建设,城乡卫生、教育改革和公共事业等基础建设有机结合。南京、徐州、连云港和沿江城市的疏散体系建设重点投入,其他城市逐步投入、分阶段实施。

人口疏散地域建设标准 疏散人员居住使用面积人均7～10平方米,并具有基本的生活和卫生设施。城市至疏散地域县(市、区)的道路达到二级公路以上(含二级)标准。县(市、区)至疏散地域所在地镇(乡)的道路达到三级公路以上(含三级)标准,镇(乡)至接收安置村通公路。备有疏散迂回道路。建立疏散安置接收机构,建立接收安置、水电保障、粮油盐、副食品供应、储备等资源数据库,有条件的建立疏散地域数字化地图管理系统。电力基础设施按疏散地域总人数每人每日不少于1千瓦时用电量的标准建设。疏散地域内有比较完善的通信设施,达到固定和移动通信相结合。生活用水、粮油盐、副食品、生活燃料等按供应标准储备。按疏散地域总人数的5‰标准设置病床。可保证战时疏散学生的学习。疏散单位和疏散地域有关部门定期沟通协调,熟悉疏散计划,2～3年组织一次疏散演练。平时标示应急疏散的住宅区、医院、粮油供应站、仓库等场所。建立健全管理台账,指定相关单位负责日常维护。

人口疏散基地建设标准 基地住房建筑面积达到基地村民加疏散人口平均每人不少于10平方米。生活用水、电、燃料、主副食品等按供应标准和要求建设储备仓库。教育基础设施,确保疏散人员中的学生就近入学。市区至基地所在县之间的疏散干道达到二级(含)以上公路标准,基地所在县至基地所在镇的道路达到三级(含)以上公路标准,镇至接收安置点(行政村)能通大客车。除疏散干道外,有迂回疏散道路。有线电话和移动通信相结合,确保疏散指挥通信顺畅。

第五节 防空专业队伍

1978年，防空专业队伍由军事部门负责组建，列民兵建制。主要有对空射击、消防、救护、抢修、治安等专业队。1984年，《人民防空条例》规定：人民防空重点城市应组建抢险抢修、医疗救护、消防、防化、通信、运输、治安等防空专业队伍。从1985年起，全省加强并规范防空专业队伍建设。1997年，《人防法》施行后，防空专业队伍改称群众防空组织。有关部门负责组建抢险抢修队、医疗救护队、消防队、治安队，防化防疫队、通信队、运输队。群众防空组织战时担负抢险抢修、医疗救护、防火灭火、防疫灭菌、消毒和消除沾染、保障通信联络、抢救人员和抢运物资、维护社会治安等任务；平时协助防汛、防震等部门担负抢险救灾任务。是年起，全省开始依法整组与训练群众防空组织。进入21世纪后，在依法组训群众防空组织的同时，探索组建新型防空专业队伍，取得成效。到2008年，全省群众防空组织基本形成组织落实、训练有素的人防专业队伍体系。

一、组　　建

1978年，防空专业队伍由人防部门提出计划，由军事部门负责组建。是年，全省有对空射击、消防、救护、抢修、治安、通信、防化、运输等防空专业队伍，计126899人，其中对空射击队伍98101人。

1979年10月，省人防领导小组、省军区在扬州市召开防空演习现场会，推广该市根据专业对口的原则，由民兵成建制改任各种防空专业队，实行队不跨厂，班、排不出车间，各单位行政领导兼任防空专业队负责人的组建办法。提出人防专业队伍组建以军事部门为主，人防部门协助，做到平时便于管理，战时便于指挥，每年在民兵整组的同时，进行防空专业队整组。至年底，全省对空射击、工程抢险、医疗救护、防化、消防、通信、运输、治安等防空专业队调整为51075人，其中对空射击队伍26963人。

1981年，省人防办在常州市进行防空专业队整组和训练试点，按照平战结合、专业对口、条块结合的原则，组建市属、区属和基层综合人防专业队伍。将原建制的民兵组织改编为人防专业队。通信、防化、高炮(机)分队与民兵分队统一使用，既为民兵组织，也为人防专业队。12月，全省人防工作会议在常州市召开，推广试点经验，要求各市加强防空专业队建设。

1982年2月，在总结常州经验的基础上，省人防委、省军区做出《关于人民防空专业队伍建设有关问题的规定》，明确防化、通信、对空射击专业队由军分区(警备区)、人武部组建，其他专业队由各市人防办归口，协助有关部门组建。专业队按照平战结合、专业对口、条块结合、便于执行任务的原则组建。南京、徐州、连云港按留城人口的8%～10%组建，苏州、无锡、常州、南通、扬州、镇江、淮阴、盐城、泰州按留城人口的3%～5%组建，抢险抢修专业队约占40%，医疗救护专业队约占15%，消防专业队约占10%，防化、通信、运输、治安专业队分别占5%～10%。是年，徐州、苏州、泰州、连云港先后组建市属消防、治安、交通运输、医疗救护、抢险抢修、防化、通信等7种专业队伍，授予防空专业队队旗，任命专业队干部。

图 2-3　1984 年 4 月，无锡市召开人防专业队成立大会

1983～1984 年，南通、淮阴、无锡、扬州、盐城相继组建市属防空专业队。是年起，根据《人民防空条例》规定，全省人防专业队训练由各市人防委拟制计划，由组建单位实施。

1985 年，省人防办在无锡市进行人防专业队伍改革试点，压缩专业队伍数量，减少训练时间，提高训练质量，理顺民兵、人防、交通战备三者专业队伍之间的关系。在总结试点经验的基础上，省政府、省军区发出《加强人民防空专业队伍建设有关问题的通知》，明确人防专业队伍纳入民兵体系，实行专业对口、平战结合的组建原则。组建规模改为南京按市区人口的 1‰，徐州、苏州、无锡、常州按 1.5‰，连云港、南通、扬州、镇江、淮阴、盐城、泰州按 2‰执行。消防、治安、交通运输专业队分别由公安和交通战备办公室归口管理；防化、通信、公用设施抢险抢修、医疗救护专业队由人防部门归口管理。人防部门管理的防化、通信专业队占 18%、医疗救护专业队占 24%、抢险抢修专业队占 40%。专业队整组和训练由省军区、军分区（警备区）统一规划和组织部署。至年底，全省各市均统一组建 7 种人防专业队。

1986 年 4 月，省人防委、省军区规定人防专业队伍由市人防办按照平战结合、专业对口，便于领导，便于指挥和减少数量、提高质量的原则，提出组建计划，经市政府和军分区（警备区）批准，由城建、电力、广播电视等部门负责组建抢险抢修专业队，卫生、医药等部门负责组建医疗救护专业队，公安部门负责组建消防、治安专业队，卫生、化工、环保等部门负责组建防化专业队，邮电、电子、仪表部门负责组建通信专业队，交通、港务部门负责组建运输专业队。组建规模调整为：南京、徐州、连云港按市区人口 1‰，苏州、无锡、常州、南通、扬州按 2‰，镇江、淮阴、盐城、泰州按 3‰的比例组建人防专业队。至年底，全省各市完成人防专业队组建与调整。调整后，全省 12 个人防重点城市的 7 种人防专业队共有 17430 人。

1989 年，各市本着健全组织、配齐干部、稳定骨干的思路，调整抢险抢修、医疗救护、防化、通信、消防、运输、治安专业队伍。11 月，省人防办全面调查和重点抽查全省人防专业队伍建设情况，对在组织建设、精神文明建设、战备训练、平战结合、参加抢险救灾等方面做出显著成绩的南京电信局人防通信连无线排、徐州市第一人民医院医疗救护连、连云港市化工公司人防防化连化工厂防化排、苏州市化工局人防防化连树脂厂防化排、无锡市供电局人防供电抢险抢修连、常州市自来水公司人防给排水抢险抢修连、南通供电局人防供电抢险抢修连、扬州市人防工程公司道桥抢险抢修排、镇江市人防医疗救护连第一人民医院救护排、淮阴市化工医药公司人防防化连电化厂防化排、盐城市人防医疗救护连第一人民医院救护排、泰州市电子工业公司人防通信排等 12 个人防专业分队给予通报表彰。同时，发现存在与民兵分队混编、一兵多职、职能交叉、整组制度不健全、训练不够落实等问题。1990 年 4 月，省政府、省军区规定人防专业队伍纳入城市民兵统一组织计划，实行单独编组，自成建制，一兵一职，互不交叉。实行年度整组制度，组建规模调整为均按市区总人口的 2‰左右执行（不含消防、治安、运输专业队）。公安、武警部门平时不另行组建治安、消防专业队。运输专业队由交通战备部门组建，对担负人防任务的专业队进行编组。为担负城市重大突发事故应急救援的需要，各市开始组建以化学事故应急救援为主的市级应急抢险救灾分队。各市根据省政府、省军区的规定和要求，加强人防专业队伍的规范化、标准化、制度化建设，先后建立健全整组、建档、干部任免、训练、检查评比、报告等制度。

1994～1998 年 9 月，全省有 12 个县级市组建人防专业队伍。

1997 年《人防法》实施后，全省依法加强群众防空组织建设。1999 年 1 月，《省实施〈人防法〉办法》规定：建设、公用、电力等部门组建抢险抢修队，承担公用设施的抢险抢修，以及抢救人员、物资等任务；卫生、医药部门组建医疗救护和卫生防疫队，承担医疗救护和防疫灭菌等任务；公安消防部门组建消防队，承担消防和洗消等任务；公安部门组建治安队，承担治安保卫、交通管理、灯火管制等任务；卫生、化工、环保等部门组建防化防疫队，承担对核、化学、生物武器袭击的监测、侦察、化验、消毒、洗消等任务；邮电部门组建通信队，承担通信保障等任务；交通运输部门组建运输队，承担运输人员、物资等任务。平时，群众防空组织应当协助政府完成抢险救灾任务。

2001 年，全省 13 个国家人防重点城市和所有县、县级市全部依法组建和训练群众防空组织。同时，各市开始探索组建适应信息化战争需要的新型人防专业队伍。

2004 年 5 月，徐州市政府、军分区决定，人防专业队由过去 7 种增加到 12 种。新增防疫、环保、伪装示假、清爆和电子对抗(信息网络)防空专业队伍。

2007 年 3 月，根据省军区司令部、省人防办《关于加强人防专业队建设的意见》，各市在依法组建 7 种人防专业队的同时，展开组建平战转换、伪装设障、引偏诱爆、信息与网络防护、人口疏散和心战宣传等新型人防专业队伍。10 月底～11 月初，省人防办在扬州市召开人防专业队建设试点工作会议，总结交流南京、常州、南通和扬州市人防专业队建设试点工作情况，研讨巩固和扩大试点成果、进一步加强人防专业队伍建设的问题。

2008 年 4 月 10 日，省人防办、省军区司令部在常州市召开人防专业队伍整组试点成果观摩会，推广常州市人防专业队与民兵同步整组的经验。7 月，省人大常委会颁布新修订的《省实施〈人防法〉办法》中规定：设区的市、县(市、区)政府应当根据有关规定，按照专业对口组建人防专业队伍，并根据需要组建人防志愿者队伍。相关部门和单位应当根据任务需要组建平战转换、引偏诱爆、伪装设障、信息与网络防护等新型专业队伍。各新型专业队承担人民防空工程平战功能转换、信息防护等任务。10 月，南京市成立民防应急救援志愿大队，队员 126 人。这是全省第一支民防志愿者队伍。至年底，全省人防专业队伍共有队员 30118 人。

二、训　　练

1978 年，人防专业队伍训练，主要由军事部门组织，人防、公安、城建、卫生、化工、供电、通信等部门派人协助相关专业训练。

1979 年 10 月，省人防领导小组、省军区规定，人防专业队的训练，以军事部门为主，人防办协助。人防专业队的训练列入民兵训练计划。训练所需经费、器材分别列入民兵事业费和民兵训练器材计划统一解决。公安、卫生、邮电、交通、城建、基建、电业等部门应结合自身业务，组织治安、消防、救护、抢修、运输等防空专业队伍训练。

1981 年，省人防办在常州市进行人防专业队伍训练试点，分别组织邮电通信线路抢修队、警报广播线路抢修队、房屋抢修队、医疗救护专业队、防化专业队、供电线路抢修专业队和自来水管网抢修专业队，进行专业培训和自救互救、穿戴简易防护器材、对空射击等共同科目训练。

从1982年2月起，根据省人防委、省军区规定，人防专业队属于民兵建制的防化、通信、高炮(机)专业队，按照民兵训练大纲训练。其他人防专业队针对专业任务需要进行训练。训练经费按归口管理的原则，从民兵事业费和人防业务费中开支。

1983～1985年，全省人防专业队训练，按省人防委、省军区颁发的《人民防空专业队训练纲目》实施。训练内容分为共同科目和专业科目。共同科目主要进行军事知识、人民防空和“三防”知识教育训练。专业科目主要进行技术、战术训练。市属防空专业队每年参训队员不少于专业队总人数的1/3，时间20天(计140小时)；区属人防专业队训练时间由各市自行确定。干部训练是整个人防专业队训练的重点，每年集训1次，时间7～10天。至1985年年底，全省集训人防专业队队员8998人次，干部835人次。

1986年4月，按照省人防委、省军区《关于贯彻城市人民防空专业队伍建设的规定的实施办法》，各市人防委组织军事部门和组建单位拟制训练计划，各组建单位组织实施。采取在职训练为主，结合适当的集中训练和综合性演练。抢险抢修、医疗救护、通信、运输专业队伍，结合生产、工作，每年有目的地安排5～10天专业训练，不组织集中脱产训练。防化专业队伍适当组织集中脱产训练，每年度不超过7天。各市人防部门组织防空专业队伍的排以上干部集训，至1990年，排以上干部全部轮训一遍。为检查训练效果和组织协同动作，各市每2年组织1次考核评比，每5年组织1次综合性训练。防空专业队伍的装备、器材，由组建单位利用平时生产、工作所使用的专用设备、器材。非生产性的专用设备、器材由人防、军事部门提供。人防专业队伍的训练经费，人防部门组织的人防专业队干部集中脱产训练所需的训练补助费、生活补助费、办公费，由人防部门参照民兵集中训练补助办法，从人防业务费中给予补助。参加集中训练的人员工资、奖金和福利待遇仍由原单位发放。

1990年6月18日，依据省政府、省军区指示，省人防办组织无锡市供电局人防抢修专业队、常州市自来水公司人防抢修专业队、镇江市第一人民医院人防医疗救护专业队共99人，动用车辆19台，参加全省民兵、预备役部队军事技术汇报表演。各参演队伍按实战要求，圆满完成输电线路、地下输水管抢修及伤员救护等课目。

1990～2000年，全省各市人防部门和军事机关，根据省政府、省军区《关于加强人民防空专业队伍建设有关问题的通知》，组织实施人防专业队伍训练，执行国家人防委下发的训练大纲和教材。共同科目结合民兵训练进行，专业训练由区(局)人武、人防部门组织实施。训练以在职为主，结合生产、工作、岗前培训、突击性任务、抢险抢修以及本系统、本单位的检验性演习等多种途径进行；战时需要而平时与工作生产不易结合的项目，组织短期集训。干部训练由各市人防办和军分区(警备区)组织，以人防部门为主。

从2000年3月起，各市采取短期集训、岗位练兵、综合演练等形式训练，做到年初有计划、年中有检查、年底有考核，实现训练人员、时间、内容、效果基本落实。

2005年1月，省人防办规定：加强群众防空组织本专业的基础理论和基本功训练，按照大纲规定的共同科目和专业内容完成相应的训练任务。共同科目训练完成32小时，专业技术训练完成168小时(每3年为一周期，1年或分3年完成)。防化专业队基础训练采取集中训练，其他专业队采取结合生产、工作完成专业训练。

从2007年3月起，根据省军区司令部、省人防办《关于加强人防专业队建设的意见》，人防专业队训练，贯彻“训战一致、突出重点”原则，严格按训练大纲和省人防办年度要求组织实施。共同科目训练，重点抓好学习现代军事理论和人防（民防）知识，信息化战争防空袭特点、基本原则及现代城市抢险救灾的主要内容、程序、方法等。专业科目训练，重点结合各专业队实际，突出专业技术和战术运用。组训形式以在职训练为主。防化专业队以集中训练为主。在职训练主要结合生产、工作、岗前培训、突击性任务、抢险抢修等多途径进行。列入年度训练任务的专业队员，每年集中训练时间不少于3天。专业队干部训练以集中训练为主，在军分区（警备区）的协同下，由人防部门组织。

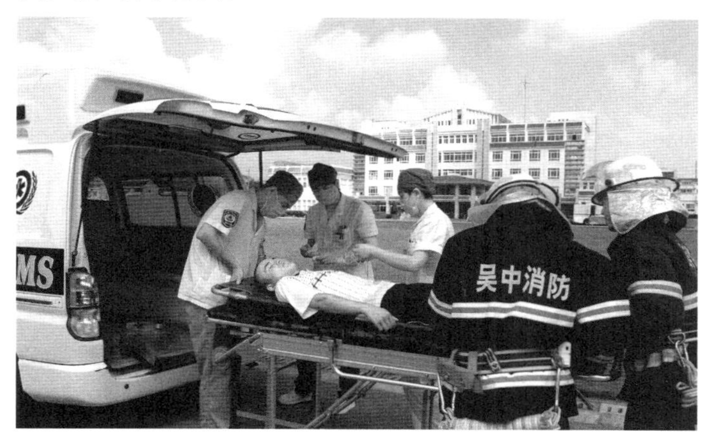

图2-4　2008年11月5日，苏州市人防办组织部分人防专业队进行应急救援演练

2008年，四川汶川地震发生后，各市结合抗震救灾的经验教训，加大对防空防灾应急组织指挥、消防、救援、医疗救护、通信和道路桥梁抢修等内容的培训力度。应急救援增加目标搜寻、生命探测、破障和切割等训练内容。7月，南京警备区司令部与市人防办组织人防通信、消防、医疗救护专业队模拟汶川大地震抢险救灾的战术技术动作演练。是年，南京军区国动委在苏州市进行人防训练试点，取得4项成果：一套训练纲目、标准；一部规范的教学法；一个规范的训练场地；一个指导训练的实施意见。11月4～5日，南京军区人民防空训练试点观摩会议在苏州市召开。国家人防办组织兰州、成都军区等10省（市、区）人防办领导观摩。与会人员听取苏州市人防办组织训练的经验，观看《苏州市人防训练和建设》《人防训练示范教学》录像片，参观苏州市人防训练场所，观摩“姑苏—2008”城市防空袭研究性演习。12月，南京军区国动委在总结试点经验的基础上形成《加强人民防空训练的意见》，印发5省1市人防部门执行。

第六节　演　　习

一、领导、机关室内防空演习

南京市市、区指挥所研究性演习　1984年9月18日，南京市根据省人防委指示，组织市、区人防指挥所研究性演习。演习重点研究探讨市、区两级在核化条件下的指挥体制、手段和防核袭击准备、防核袭击、消除核袭击后果阶段的主要工作内容、程序与方法。方案由《企图立案》《基本想定》和《推演实施方案》三部分组成，按3个阶段9个课题实施。① 临战准备阶段，确定战时人防指挥部编成与指挥关系，开设市、区两级指挥所，组织人防专业队伍扩编与训练。② 防核袭击阶段，分析判断敌情，估算核爆炸参数，定下处置决心，组织留城人员疏散隐蔽。③ 消除核袭击后果阶段，查明受损情况，开设现场指挥所，组织合成专业队伍消除核袭击后果。此次演习，首次综合运用人防指挥自动化系统，信息传递快，分析处理快，组织实施快。对提升市、区人防指挥干部战时组织指挥水平和人防专业队协同作战能力，具有重要的借鉴作用。

抗登陆战役中的防空袭演习 1987 年 7 月 5～7 日，省人防办组织全省 12 个人防重点城市人防办及部分区级人防办机关，携带通信工具参加江苏省军区、军分区（警备区）和县（市、区）武装部三级首长、机关抗登陆战役演习中反空袭作战阶段的防空袭演习。演习为室内图上作业，不带实兵。演练人防机关由平时转入战时、组织人防专业队伍组（扩）编、组织城市居民临战疏散和人防专业队消除空袭后果等课题。检验省、市两级人防办机关组织指挥能力和城市防空抗毁能力，掌握城市防空袭斗争组织指挥工作程序、方法和规律，验证城市防空袭预案的可行性。演习分 3 个阶段进行：① 临战准备阶段，建立市人防指挥部、转入战时体制，下达防空袭斗争命令，拟制防空袭保障计划，组织临战人口疏散和组（扩）编人防专业队伍等。② 反空袭斗争阶段，发放防空预备警报、防空紧急警报，组织留城人员就地紧急疏散隐蔽，评估、分析敌实施核袭击的毁伤情况。③ 消除空袭后果阶段，指挥部下达消除敌空袭后果命令，明确人防专业队具体任务、地点，在专业队人员、设备不足的情况下，请部队给予支援等。

全省人防系统带通信工具防空演习 1997 年 9 月 15～17 日，省人防办组织省、市及部分县（市、区）人防办领导和工作人员（人数占全省人防系统总人数的 60%以上）参加省军区组织的军师两级首长机关、省市人防系统带通信工具的防空袭演习。演习分两个阶段：① 城市防空袭作战组织，主要演练组建人防指挥部、修订完善防空袭预案、完成人防工程平战功能转换、抢建人防工事、扩编人防专业队并组织临战训练，拟制人防工程、通信、物资、医疗、救护等保障计划，发布人口疏散命令。② 防空袭实施，主要演练发放防空警报，组织人口疏散，恢复指挥与通信，消除敌空袭后果，准备抗击敌再次空袭，表彰防空袭斗争有功单位和个人，组织向烈士和先进人物学习等。

“东线—2000”联合反空袭战役网上演习 2000 年 11 月 13～18 日，省人防办 25 人在驻地参加南京军区“东线—2000”联合反空袭战役网上演习。演习分战役筹划、整体抗防和联合反击三个阶段。第一阶段为定下防空袭决心，修订完善防空袭预案，修订完善防空袭各种保障计划，调整部署人防专业队伍等。第二、第三阶段为组织人民群众疏散隐蔽，抗击敌信息攻击，加强对空观察和重点目标防护、伪装，消除空袭后果等。演习围绕 5 个重点，“练指挥、练程序、练方法”。① 由平时转入战时体制。成立战时人防指挥部，在省政府和省军区的直接领导下，对人民群众进行宣传教育，配合战争动员，开展战备教育、临战训练，组建扩编和调整部署人防专业队伍，修订相关计划，组织对空观察和重点目标伪装防护。② 定下防空袭决心。省人防指挥长根据省军区的命令，结合实际定下防空袭决心，明确任务。各业务处按照所下决心，制订人口疏散、专业队伍组扩编、人防通信警报保障、人防工程平战功能转换、政治工作、后勤供应、消除空袭后果等行动计划，下达各市人防指挥部，并上报省军区，抄报东南战区联指司令部。③ 组织人口疏散隐蔽。贯彻省军区的决心，针对敌可能空袭的强度和方向，确定不同城市相应的疏散样式、方法、对象和比例，在不影响战役重兵集团部署和机动的前提下，选择疏散地域和疏散路线，组织通信、运输、生活、医疗、观察、宣传教育等保障。④ 对重点目标的防护。针对敌军企图，把重点目标的防护和伪装贯穿每个训练课题。⑤ 消除空袭后果。根据遭敌空袭的程度，合理使用人防专业队伍，及时消除空袭后果，迅速恢复城市的生产、生活秩序，保证交通顺畅，确保战役重兵集团的机动。演习探讨战时省人防指挥部的任务、空情观察哨（所）的配置、城市人口的疏散比例、人防专业队的编成、部署及兵力使用等问题；明确战时省人防指挥机关的基本任务及组织指挥程序、内容和方法；检验熟悉防空袭预案，检验和促进指挥自动化建设，为修订全省防空袭预案创造条件。演习还发现和解决了一些平时不易暴露、难以解决的网上指挥、信息传输等问题。

“天网—2001”城市防空袭网上演习　2001年9月19～24日，省人防办派员参加省军区“天网—2001”城市防空袭网上演习的导演部工作。13个省辖市人防办共220人参演。演习分两个阶段：① 防空袭准备阶段，包括敌情通报，建立城市人防指挥部，由平时转为战时体制，拟制人口疏散、防空袭政治动员计划和防空袭通信警报保障、工程保障、重要经济目标防护等方案。② 防空袭实施阶段，包括发放防空警报、实施城市防空管制、组织留城“三坚持”人员紧急疏散隐蔽、保障信息网络安全及通信联络畅通、组织指挥人防专业队消除空袭后果行动等。演习采取网上实施、异地同步，上导下演，导演分开，计划导调与随机导调相结合，进入情况演习、退出情况研究等方法，围绕重点问题，组织网上交流。组织《局部战争高技术空袭的主要特点与反空袭的主要经验教训》和《城市反空袭作战指导》的理论辅导，研练6个问题，安排4次网上交流，演习充分利用电视会议系统，全面监控、临时抽点，探讨防空袭作战的对策，及时、全面地掌握指挥员临机处置情况和机关快速反应能力。① 在指挥方式上，集中指挥与分散指挥相结合，“指定式”指挥与“指导式”指挥相结合，通常情况下的“按级”指挥与特殊情况下的“越级”指挥相结合。② 在人防专业队伍遂行任务上，实现“预有准备，快速反应；多法并举，综合实施；专群结合，分工负责；整体保障，突出重点；协调一致，相互支援”。③ 在兵力编成上，成立合成专业队，混合编组，便于现场指挥、各专业队行动的配合与协调、综合性消除空袭后果。④ 在兵力部署上，以保护重要经济目标为主线，重点部署、多层配置，并留有适当预备队。⑤ 在组织人口疏散中，利用城市地形、植被、地下空间，就近就地隐蔽与远距离疏散相结合。⑥ 防护重要经济目标作为重中之重，以散求存、以藏求存、以骗求存。

“苏防—2005”应急作战城市防空袭指挥所研究性网上演习　2005年11月23～25日，省军区司令部、省人防办组织“苏防—2005”应急作战城市防空袭指挥所研究性网上演习。演习以新时期军事战略方针为指导，以应急作战为背景，依据防空袭作战预案的指挥编组，进入指挥位置，按实战进程，全要素、全过程推演，指挥员熟悉指挥位置，掌握指挥内容和程序，检验指挥自动化建设成效，论证、完善作战预案和指挥编组方案，提高组织指挥和协同能力。演习采取上导下演，计划导调与随机导调相结合，以计划导调为主的方法进行。演习针对敌实施远程精确打击、敌巡航导弹临空、部分目标遭敌轰炸和恐怖袭击，演练转入战时体制、做好临战准备，组织作战协同，进行整体抗毁、反恐维稳、消除空袭后果等科目。省军区、省人防办在网上听取各市人防办情况处置汇报。演习锻炼和提高人防机关组织、筹划和指挥城市防空袭作战的能力，检验省、市人防指挥平台建设和信息通信平台建设、指挥自动化建设的效能，达到预期目的。

“苏防—2006”防卫作战研究性网上演习　2006年9月20～28日，省人防办组织省辖市和部分县级市人防办参加省军区“苏防—2006”防卫作战研究性网上演习。演习以新时期军事战略方针为指导，应急作战准备为背景，以提高实战能力为牵引，着眼人防系统应急行动能力建设，依据应急预案，按照实际作战任务、作战编成、职务身份、指挥位置、指挥手段、作战进程，检验机关的组织筹划和指挥能力，检验作战预案、指挥机构编成和流程、指挥信息系统和指挥所工程保障能力。第一阶段完成由平时转入战时体制、战备等级转进、完善人防指挥所编成、人防工程和人防专业队平战转换、修订应急行动方案、加强信息防护、定下防空行动决心、设立对空观察站(哨)、调整各类保障措施、编制人防专业队伍组（扩）编及临战训练计划和人口疏散计划、加强重要经济目标防护等临战准备工作。第二阶段完成判断敌空袭情况、敌空袭预警、发放空袭警报、组织留城人员就地疏散隐蔽、组织人防专业队抢险抢修、抢救伤员等消除空袭后果行动等。

图2-5　2007年9月22～28日，“苏防—2007”演习在江苏省人防指挥所举行

“苏防—2007”演习　2007年9月22～28日，省人防办组织省、市两级人防办共626人参加省军区“苏防—2007”网上演习。演习以省军区为总导演，省人防指挥部组织省、市两级人防指挥部（所），以上带下、自导自演、计划导调与随机导调相结合，进入情况演习，退出情况研究交流。网上交流的课题有：人防区域联动的研究、重要经济目标的防护、城市人防管制的组织与实施、核电站防护的组织与实施、对空观察的组织与实施、城市人口疏散的组织与实施、人防专业队伍组（扩）编的组织与实施、战时指挥通信保障的组织与实施、对人防专业队伍战时部署的研究、对化工类经济目标防护的组织与实施等。演习分3个阶段进行。① 统一组织网上收看省军区、省人防办电子课件，进行理论学习。② 组织平战转换，演练转入战时体制、情况判断、定下防空袭决心，组织协同和保障、组织重要经济目标防护和城市人民防空管制、消除空袭后果，组织网上交流。③ 总结讲评。各参演单位在地下人防指挥所或地面指挥室，通过人防通信系统、指挥自动化系统和电视会议系统，在网上异地同步、昼夜连续实施。演习以形成应急作战能力为目标，按照应急行动方案和指挥编组，重点演练重要经济目标防护和人民防空城市管制的组织、指挥。

“徐防—2008”应急行动指挥网上演习　2008年11月19日，徐州市人防办组织“徐防—2008”应急行动指挥网上演习。市人防办机关、邳州市、铜山县、沛县、贾汪区、云龙区、鼓楼区、泉山区人防办参加演习。市人防指挥所编成单位的联络员及各县（市）区人防办领导等68人观摩演习。演习以信息化条件下应急作战联合防空为背景，着眼应对敌空袭和信息干预，演练人防应急准备行动指挥与实施。演习采取上导下演、自导自演和计划导调与随机导调相结合方法，在全网络环境下进行。实施筹划防空袭临战准备、开设人防指挥所、组织人防工程平战转换和重要经济目标防护、组织空情信息接收和防空警报发放、组织临战疏散、组织防空管制、组织人防指挥信息系统防护和应急通信手段转换、组织空袭条件下的抢险抢修抢救、组织跨区域应急救援行动和应对再次空袭准备等课题的演练。演习过程中，医疗救护、卫生防疫专业队同步进行野战条件下的场所开设、战伤救护等科目的实兵演练。通过演习，进一步理清市、县（市）区不同层级人防应急指挥的程序和方式方法，各级人防机关的应急指挥能力得到提升。同时实现对人防应急行动预案和各项保障计划可行性、合理性、科学性的检验，为修订预案提供依据。

二、领导、机关带实兵防空演习

扬州市防空演习　1979年10月13～15日，省人防领导小组、省军区在扬州市召开防空演习现场会议。其间，扬州市组织 2000 余人演练人口疏散、对空射击和消除空袭后果等课题。南京军区人防领导小组组织上海及浙江、安徽省人防办领导参加会议，观摩演习。

常州市防空演习　1981 年 12 月 19 日，常州市举行反空袭演习，586 人参演。演练疏散隐蔽、对空射击、消防、防化、救护、抢修、通信等课目。演习分 3 个阶段。① 防空袭准备阶段，主要演练人民群众接到防空袭预警后，进行疏散隐蔽；对空射击队伍快速占领阵地，做好战斗准备；人防专业队伍由集结地域向待机地域开进，遂行消除空袭后果任务。② 反空袭组织阶段，着重演练组织对空火力，抗击敌机空袭，保卫城市和人民生命财产安全，在遭敌化学武器袭击时，各人防专业分队采取简易防护措施，降低杀伤效果。③ 消除空袭后果阶段，主要演练遭敌轰炸扫射后，人防专业队伍在市人防指挥部的统一指挥下，抢修遭敌破坏的公共设施，消防灭火，及时消除空袭后果，恢复正常秩序。

苏州市"狮山—2000"城市防空演习　2000 年 11 月 29 日，苏州市国动委组织"苏州市'狮山—2000'城市防空演习"。演练分室内和室外两个阶段进行。① 室内部分在市人防地下指挥所进行，演练临战前的各项准备和组织人员疏散隐蔽。演练运用多媒体手段演示人防组织指挥程序：指挥长下达防空作战命令；各县级市人防指挥中心通过无线网络报告临战准备情况；发放防空警报信号（同时播出警报发放画面）；通过指挥所大屏幕显示人员疏散隐蔽场面等。② 室外部分主要完成实兵演练。包括民兵应急分队和人防专业队实施抢险抢修、伪装防护目标、电子干扰、救护伤员、对被炸目标组织救援及抢修通信光缆和供电、供水、供气设施及开通无线通信等。

苏州市"0427"防空演习　2004 年 4 月 27 日，苏州市国动委在观前街举行城市防空演习，检验城市防空袭预案的可行性和人防建设成果，探索组织城市防空的有效办法与对策。有 10 支队伍参加演练，参演人员 1626 人（含参演群众 940 人）。苏州市人防办参与演习全过程，实时鸣放防空袭预先警报、空袭警报、解除警报信号。演习分序幕、组织应急疏散（含向市民发放《城市居民防空袭指南》）、对空抗击、消除空袭后果 4 个阶段，先后演练鸣放空袭警报、城市管制、防空兵占领阵地、紧急疏散、伪装防护、对空抗击、搜救人员、医疗救护等科目。演习达到提高市、区两级国动委组织指挥能力和城市防空力量遂行任务能力的预期目的。

图 2-6　2004 年 4 月 27 日，苏州市举行"0427"防空演习

江苏省暨南京市城市防空演习　2004 年 8 月 30 日，江苏省委、省政府、省军区在南京举行江苏省暨南京市城市防空演习。演习紧密结合省和南京市战时可能面临的作战任务，立足现有条件和未来发展，依据作战进程分临战准备、防空作战和组织防护、消除空袭后果 3 个阶段，按照实战背景，根据实际预案，在实地展开实兵，全内容、全要素演练城市防空作战和组织人民防空的重、难点课题。省和南京市人防办组织 18 个单位 5300 人，动用专业车辆 55 台，演练应急疏散隐蔽和消除空袭后果的全过程，圆满完成城市人口疏散、防空警报发放、人员应急隐蔽、消防灭火、医疗救护、"生命线"工程抢修等课题，检验和论证各种行动方案的可行性，规范省、市两级战时组织城市防空作战的组织指挥程序，提高人防专业队遂行防空作战的能力，提升市民的防护技能，增强全民的防空意识和国防观念。

图 2-7　2004 年 8 月 30 日，江苏省委、省政府、省军区在南京联合举行江苏省暨南京市城市防空演习

扬州市城市防空袭作战演习　2004 年 11 月 5 日，扬州市人防办协同扬州军分区成功举办扬州市城市防空袭作战演习。驻扬部队、武警、民兵、职大学生和 7 支人防专业队共 28 个单位千余人参演。演习以未来城市防空袭战斗为主题，重点演练防空警报鸣放，重要目标伪装，机动指挥通信枢纽开设，城市管控，人员隐蔽，电子对抗，对空抗击，消防灭火与高层建筑救援，供电、供水、通信光缆和道桥抢修，防化救援，战地救护，反恐维稳等 30 个科目。

图 2-8　2005 年 4 月 27 日，镇江市组织城市防卫作战综合演习

镇江市城市防卫作战综合演习　2005 年 4 月 27 日，镇江市在丹阳进行城市防卫作战综合演习。演习按未来城市防卫作战要求，分为防空袭准备、对空作战、消除空袭后果、反恐维稳等四个阶段。19 支民兵分队和人防专业队 1100 余人演练 26 个科目。动用车辆近 100 台。人防专业队演练开设地面卫星接收站、战地救护、消防灭火、防化侦毒、供电和自来水等“生命线”工程抢修等科目。丹阳市 4 支人防专业队 160 余人参与消防、防空警报鸣放及部分群众疏散隐蔽等项目演习。演习取得预期效果。

无锡市城市防卫作战和反恐维稳演习　2005 年 9 月 9 日，无锡市国动委组织城市防空作战和反恐维稳演习。演习分临战准备、防空作战与反恐维稳、消除空袭后果三个阶段，演练 7 个课题。军、地 4000 余人参演。人防系统 16 个单位共 1753 人携车辆、装备 48 台(套)承担应急疏散隐蔽、消除空袭后果演练及演习指挥所、演习现场和演习通信保障任务。演习达到检验预案可行性，提高市、县(市)区、镇(街道)三级机构组织指挥能力，增强队伍遂行防空作战和反恐维稳能力的效果。

宿迁市“宿防—2005”城市防空和反恐维稳演习　2005 年 9 月 16 日，宿迁市举行“宿防—2005”城市防空和反恐维稳演习。军分区司令员担任演习总指挥，分管副市长担任演习指挥部政委。上午 9 时许，随着防空警报的拉响，宿城区近千名居民有组织、有秩序地前往金陵名府小区地下人防工程内疏散隐蔽。医疗救护队、治安巡逻队、食品供应站有条不紊地进入地下人防工程内的群众服务站。又一阵防空警报响起，宿豫区 1000 多名居民利用千鸟园广场的地形地物，按规定动作卧倒和自我防护。9 时 30 分许，4 辆消防车迅速驶向因遭空袭而起火的市电信大楼，消防员们有的拿起水枪灭火，有的搭起救生气垫，有的升起登高平台消防车云梯。120 救护车上的医护人员抬起担架迅速接近起火现场，对从火场救出的伤员进行紧急包扎。10 时 36 分，2 名“歹徒”携带枪支和爆炸物企图乘敌“空袭”之机窜入市区某储蓄所实施抢劫并劫持人质，公安特警迅速出击制服“歹徒”并成功解救人质。演习历时 3 小时，取得圆满成功。

泰州市城市防空和反恐维稳演习　2005 年 9 月 20 日，泰州市组织城市防空和反恐维稳演习。演习分临战准备、整体抗防、消除空袭后果三个阶段，演练 15 个科目 37 项内容。演习指挥部与所属 4 市 2 区防空指挥部联动，设 17 个现场。人防机关、人防专业队、民兵专业队、交通战备专业队、武警部队及市民 4000 余人参演。人防系统根据演习进程进行战前宣传动员、鸣放警报、组织人员疏散、移动通信保障、消除空袭后果等科目的演练。

徐州市城市防空和反恐维稳演习　2005 年 10 月 17 日，徐州市国动委在古彭广场举行城市防空、反恐维稳演习，省军区领导观摩并指导演习。全市党政军机关、学校、企事业单位等 3000 余人参加演习。演习分城市防空和反恐维稳两部分。城市防空演习按临战准备、对空抗击、消除空袭后果三个阶段。市人防办在演习中承担开设指挥所、防空警报鸣放、组织人员疏散隐蔽、消除空袭后果等任务。参与疏散演习的居民及中、小学生 1800 余人。治安、伪装、医疗救护、消防、抢险抢修、防化、通信等人防专业队的 781 名队员参加演习。演习中动用运输车辆 26 台、专用车辆 85 台。

图 2-9　2005 年 10 月 17 日，徐州市举行城市防空和反恐维稳演习

连云港城市防空袭演习　2005 年 10 月 25 日，连云港市以实案牵引、实地展开、实兵部署、实战检验的方式，在火车站广场实施城市防空袭演习。全市 50 多个党政军机关和企事业单位 5600 余人参演，动用各型车辆 200 余台。省军区领导、连云港市委书记、市人大常委会主任等观摩演习。演习以现场演练、实况传输、录像播出相结合的方法，着重围绕城市防空涉及的“疏、抗、防、管、清”等内容，演练信息化条件下电子防空、火力防空、城市人口疏散与隐蔽、重要目标防护和消除空袭后果等 27 个科目，体现“全市动、重点演、要素全、求突破”的思路，取得良好效果。

图 2-10　2006 年 11 月 28 日，常州市举行人防通信研究性演习

常州市人防通信研究性演习　2006 年 11 月 28 日，常州市人防办实施“畅通—2006”通信研究性演习。人防系统和相关 10 个单位 150 余人参演，动用通信车辆、设备 60 台(部)。演习采用自导自演、计划导调与随机导调、室内与室外相结合的方式，组织人防通信平战转换、开设人防指挥所野战通信枢纽，警报信

号发放、接收空情、掌握敌情、启动全市重要经济目标监视和防护系统、征集战时地方通信资源，运用地理信息系统辅助决策等。

三、防空专业队演习

图2-11 1999年10月27日，南京市防空专业队消除敌空袭后果综合演习现场指挥部

南京市消除空袭后果综合演习 1999年10月27日下午，南京市在江宁县方山举行防空专业队消除敌空袭后果综合演习。18个单位的防化、消防、卫生、电信、供水、供电、煤气、道路等专业队成员400人参演。演习在城市遭受中等程度的常规空袭下，开设指挥所、消防灭火、防化侦测、消除化学污染、人员疏散、救护伤员、抢修道路、清除路障、抢修“生命线”工程等科目。消防队员采用高倍数泡沫灭火，仅用2分钟就扑灭一个18平方米油池燃起的大火，电力队12分钟更换1台变压器，煤气队7分钟扑灭煤气大火并修复管道，道路队5分钟填平1个直径5米的弹坑，医疗救护队熟练对伤员止血、包扎、固定、搬运和野战手术，通信队快速开通卫星电话、数字通信、短波电台，及时保障指挥所通信畅通。

盐城市消除空袭后果综合演习 2002年9月18日，盐城市组织人防专业队进行消除空袭后果综合演习。6支人防专业队、150人参演，动用车辆21台。演练鸣放防空袭紧急警报，开设应急通信站，组织防化侦测、安全警戒、医疗救护、消防灭火、抢修桥梁、抢修输(变)电设施等科目。

南京北河口水厂防空袭演习 2002年12月13日上午，南京市人防办和鼓楼区人防办在北河口水厂组织防空袭演习。以北河口水厂的人防专业队为主，市消防支队、市120急救中心等市属人防专业队给予支援，共96人参演。演习以水厂遭敌空袭为背景，进行指挥所开设、警戒保卫、紧急疏散、伪装防护、消防灭火、伤员救治、供电和供水设备设施抢修7个科目，增强重要经济目标防护单位干部、职工的防空意识，锻炼各级指挥员的组织指挥能力和检验人防专业队的快速反应能力，完善高技术条件下重要经济目标防护方案，指导和推动全市重要经济目标单位做好防护工作。

图2-12 2003年11月20日，南通市防空专业队综合演习

南通市防空专业队综合演习 2003年11月20日，南通市人防专业队实兵综合演习在狼山紫琅山庄西侧举行，10个单位9支防空专业队，共计200余人和29台车辆参演。盐城军训器材研究所、中国电子科技集团公司

第28研究所等单位提供保障协助。演习历时75分钟，围绕城市防空袭的组织指挥、重要目标防护和消除空袭后果3个课题，演练防空警报发放（含施放防空袭预先警报、防空袭紧急警报和警报解除），重要经济目标的伪装防护（含对重要目标伪装变形，采用布设空中雷场、空中角反射器等手段和施放空飘雷、箔条干扰弹、红外诱饵弹和设置烟幕遮障，清理易燃易爆危险品等，是突破人防"走、藏、消"的基本防护手段的一种探索），消除空袭后果（含组织警戒、维持秩序，侦毒、标定沾染地域，实施洗消和清除沾染，对遭袭储油罐进行消防灭火，开设应急通信站，抢修输气管道、输变电设备、供水设施，抢救伤员等），瞄准前沿、贴近实战、真防实消、锻炼队伍、完善预案。

淮安市城区人防专业队综合演习　2004年9月21日，淮安市城区人防专业队综合演习在淮安军分区民兵训练中心进行。各区人防专业队及保障人员等253人参演。演练围绕消除空袭后果展开。清河、清浦、淮阴、楚州各区人防专业队分别演练消防灭火、光缆抢险抢修、自来水抢险抢修、变压器抢险抢修、防化救援、燃气管道抢险抢修、战伤救护等科目。演练达到锻炼队伍、提高人防机关组织指挥能力和人防专业队遂行任务能力的目的。

图2-13　2004年9月13日，淮安市城区人防专业队综合演习

苏州市民兵、人防专业队实战化综合演习　2007年7月23日，苏州军分区司令部和市人防办联合组织800余名民兵和人防专业队员，实施民兵、人防专业队实战化综合演习。演习有平时应急、战时应战两个阶段计13个科目。平时应急：演练防化救援、反恐维稳和抗洪抢险行动；战时应战：演练对重要目标防护、对空抗击行动和消除空袭后果等。

四、人口疏散演习

南通市临战人口疏散演习　1987年11月中旬，南通市组织市、区、街道（镇）三级人防指挥所带通信工具的临战疏散演习，着重研究人防办机关和区、街（镇）机关由平时转入战时体制后，城市人口疏散的组织指挥问题。演习立足现行防空体制和装备，学习理论，研究战例，拟制演习想定和导演文书，传达、受领任务，进行战争动员，熟悉并修订城市人口疏散方案，召开作战会议，按想定排练，部署疏散工作，组织人员、物资疏散，检查疏散情况，总结疏散工作。

扬州市人口疏散演习　2003年7月25日，扬州市人防办指导广陵区汶河街道实施人口疏散演习，检验人口疏散预案的可行性，提高街道疏散组织指挥能力和居民疏散适应能力。社区200名男女老幼，携带日常生活用品，驱车20多千米，转移至市人口疏散地域，两地街道、（镇）政府交

图2-14 2007年8月1日，南通市举行城市人口疏散演习

换共建疏散地域的意见。居民走访疏散接收村民家庭，并与当地村民开展联谊活动。随行医护人员给部分村民检查身体、宣传防病卫生知识。

南通市人口疏散演习 2007年8月1日，南通市根据城市防空袭预案和城市防空袭应急行动方案，结合防空警报试鸣，组织唐闸镇街道和如皋市九华镇进行城市人口疏散演习。市政府、军分区及市人防办领导担任正副总指挥，市人防办（民防局）、市委宣传部、市经贸委、公安局、民政局、财政局、交通局、卫生局、建设局、教育局、广电局、粮食局、供电公司等部门参与组织协调工作。唐闸镇街道300名居民、九华镇100余名村民参加演习，动用车辆22台。演习按照实兵、实地、实装、实案的要求，各级成立指挥部（组），由港闸区政府对如皋市政府，唐闸镇街道办事处对九华镇政府，居委会对行政村，疏散方确定指挥位置、指挥关系、疏散对象、疏散编组、疏散地域、疏散路线、疏散方法、疏散中的信（记）号规定和各种保障措施。接收方拟定相应的接收安置方案，明确指挥位置、指挥关系、任务分配、集结地域、疏散引导、生活生产、就学入托、防疫就诊、返城安排等保障措施。演习中明确规定空情（灾情）监测、报知、通信、交通治安、运输、医疗、生活、宣传教育等各项保障，并落实到人。

图2-15 2008年2月22日，南京市人口应急疏散演习

南京市人口应急疏散演习 2008年2月22～23日，南京市人防办组织人口应急疏散演习。鼓楼区、秦淮区和高淳县共720人参演。22日，根据市人防指挥所命令，鼓楼区人防指挥所对天福园小区人防工事实施平战转换，恢复工事用水、用电、通风设备，设置医疗救护室、后勤保障站和公共卫生设施等；组织该小区300名居民和学生，按应急行动方案至小区人防工事及周边有利地形紧急隐蔽，进行自救互救教育，加强对隐蔽区域的治安警戒。23日，根据市人防指挥所命令，秦淮区人防指挥所组织350名居民和学生，携带生活必需品，按照集结、动员、登车、开进、交接等组织程序疏散至高淳县古柏镇。高淳县人防指挥所接收疏散居民后，迅速组织安排他们进农户，老人进养老院、“病人”进医院、学生复课等工作，同时对疏散群众进行应急疏散知识教育。

图2-16 2008年5月19日 徐州市战时人口疏散演习

徐州市战时人口疏散演习 2008年5月19日，徐州市人防办按照人口疏散预案，组织战时人口疏散演习，检验防空袭预案的可行性，疏散地的接收安置能力，交通运输的保障能力和指挥

人员的指挥协调能力。上午9时,防空警报响起,泉山区王陵街道办事处的200名居民携带简单行装,向12个登车点快速集结登车至铜山县柳新镇,实行户对户接收安置。

五、化学事故应急救援演习

盐城市防化工事故研究性演习　1988年4月,盐城市人防办和城区人武部组织防化专业队和医疗救护专业队,在该市电化厂进行防化工事故研究性演习。演习分突发化工事故的报警与指挥、受威胁群众疏散和转移、事故现场的处理、急救中毒受伤人员等4个课题,研究和探讨防化和医疗救护专业队平时处理化工突发事故的方法和程序,达到提高专业队的平战结合技能和协同能力的目的。

苏州市化学事故应急救援研究性演习　1988年12月22日,苏州市举行化学事故应急救援研究性演习。市公安、消防、化工、卫生、机械、工艺系统及各区人防办参加演习。演习以市郊一化工厂为假设背景,依据该厂化学产品、工艺流程、客观环境可能产生事故的环节及连锁反应所造成的后果,参照印度博帕尔农药厂、中国温州化工厂等国内外突发的化学事故,由化工专业的专家反复推敲研究,以厂外事故引起的爆炸,造成有毒气体泄漏,在其下游2千米范围内遭受污染等假定情况,立足本市人防专业队现有编制、装备的条件,运用自动化指挥手段,组织有关部门实施交通管制、人员疏散、消防灭火、救治伤员、消除污染等行动,探索和演练化学事故应急救援的组织指挥程序和快速反应能力。

图2-17　1988年12月22日,苏州市化学事故应急救援研究性演习

南通市农药厂化学事故应急救援检验性演习　1992年6月13日,南通市人防办、市化工局在市农药厂实施化学事故应急救援检验性演习。该厂干部、职工100余人参演。演习本着确保企业安全生产及职工和厂区周围群众生命安全的目的,一旦发生化学事故,能按照应急救援预案,迅速准确地控制和处理,把危害和损失减小到最低限度。演习从下午3时15分开始,按照事故的发生与发展,分析事故、定下决心,事故的控制,全厂应急,消除后果、恢复生产的次序推演,至3时55分结束。整个过程在厂长的统一指挥下,防化、消防、治安、抢修、医疗救护、运输等专业分队密切协调,有条不紊,符合实情,动作逼真,紧张有序,达到预期目的。

图2-18　2007年7月17日,南京市化学事故综合救援演习

南京市化学事故综合救援演习　2007年7月17～27日,南京市人防办组织人防专业队146人,动用车辆17台,

实施化学事故综合救援演习。演练鸣放防灾警报、消防灭火、控制泄漏源、回收泄漏物、毒气侦检、安全警戒、抢救伤员、洗消人员设备、环境监测等科目，演习场地建高9米、宽30米的大型化工企业背景墙，制作直径6米、高6米的2个化学储罐，制作模拟化学储罐遭雷击起火装置，形象逼真。参演人员冒着高温酷暑，加班加点，进行4次分练、5次合练、2次预演。演练达到熟悉程序和方法，掌握行动的重点和关键环节，提高处置化学事故应急救援能力的目的。

第七节　重要目标防护

20世纪80年代初，江苏将重要目标防护列入防空袭预案的基本方案之一，设置人防机构的大型企业开始拟制防护方案。20世纪90年代起，为适应高技术局部战争作战手段和作战样式的变化，省政府、省军区决定全面启动重要经济目标防护工作。各市完成重要经济目标的调查登记。2004年12月，省政府办公厅转发省人防办《江苏省重要经济目标防护暂行规定》，2005年2月，省人防办、省军区司令部制定《江苏省重要经济目标分类分级标准》，全省重要经济目标防护工作取得突破性进展，走在全国前列。

一、防护目标确定

20世纪80年代，重要防护目标包括党政军机关和指挥所、交通枢纽、通信枢纽，大中型水库，电厂(站)、水厂，重要的工厂、桥梁，大型油库、粮库和物资库。90年代，将重要军事设施、机场、港口码头、新闻信息中心及"生命线"工程增加为重要防护目标。

2001年3月，省政府、省军区下发的《关于进一步加强全省人民防空工作的意见》中，要求已建的重要工矿企业、科研基地、交通枢纽、通信枢纽、电站、桥梁、港口、机场等，所在单位必须制定防护方案，落实防护和应急抢险抢修措施。加强水、电、气等城市"生命线"工程防护，有计划组织防护技术改造。今后在规划建设重要经济目标时，应充分考虑防护需要，征求人防和军事机关意见。对容易产生次生灾害的经济目标，选址应远离城市和人口稠密区。严格可行性论证和审批，确保防护措施落实。2004年12月，省政府办公厅转发省人防办《江苏省重要经济目标防护暂行规定》，将重要经济目标分为新闻通信、能源动力、交通枢纽、军工基地潜力、"生命线"工程、次生灾害源、金融管理等7类。依据重要经济目标在战时的地位作用，对战争的支持能力，对人民生命、生产、生活的影响程度，以及生产规模和价值，分为一级、二级、三级。规定一、二级目标由省政府、省军区批准，三级目标由各省辖市政府和同级军事机关批准。2005年2月，省人防办、省军区司令部印发《江苏省重要经济目标分类分级标准》，全省开始新一轮重要经济目标确定工作。截至2006年11月，经省政府、省军区批准，全省一、二级目标372个。其中一级目标105个、二级目标267个。

二、防护预案拟制

20世纪80年代初，各市在拟制防空袭预案中，部分重要防护目标单位开始制定防护方案，主要包括防护措施、抢险抢修、有关保障等内容。由于人才、资金等因素的制约，形成的方案较为粗略。

1999 年，无锡市拟制完成供电、电信、道桥等 30 个重点目标防护方案。至 2000 年年底，全市重要经济目标单位全部完成防护方案的拟制。方案由目标概况、空情分析、毁伤判断、防护措施、抢险抢修等部分组成。

2000 年，省人防办确定在苏州市、扬州市开展制定重要经济目标防护方案试点。两市先后确定并指导 22 个试点单位拟制防护方案。

2002 年，省人防办增加南京市为试点单位，组织全市重要经济目标单位制定防护方案。南通市组织 11 个目标单位制定应急预案。常州市组织戚墅堰机车车辆厂制定防护方案试点。

2004 年 9 月 7～9 日，全省重要经济目标防护会议在南京市召开。会议专题研究和部署重要目标防护方案、防护措施、防护手段、防护队伍等问题。确定大型重要经济目标防护，按区域负责的原则，由军队和地方统一指挥，企业发挥主体作用；重要目标的防护手段，则根据防护目标的地理、地形等不同情况，分别采取迷彩、遮障、变形、烟雾、水雾、设置假目标、佯动等伪装措施，隐真示假；利用角反射器、GPS 干扰机等措施干扰各种侦察和制导系统；设置空飘雷、空中气球，架设绳索、钢索、铁丝网等障碍物，形成防护墙；适应高科技发展，重视网络防护。南京电信局、扬州第二电厂等 7 个试点单位介绍防护方案。10 月，省人防办规范防护预案，以基本情况、情况设想、任务和决心、防护措施、抢险抢修行动、组织指挥、各种保障为主要内容。此后，全省重要经济目标防护预案制定工作全面展开。

图 2－19　2004 年 9 月 7～9 日，全省重要经济目标防护会议在南京市召开

2006 年，根据军事斗争和人防应急准备的要求，全省展开制定一、二级重要经济目标防空袭应急行动方案，至 2007 年年底全面完成。

三、防护指导和监督

2005 年起，根据《江苏省重要经济目标防护暂行规定》和《关于贯彻执行〈江苏省重要经济目标防护暂行规定〉的意见》，各级人防部门加强对重要经济目标防护的指导和监督，对重要目标普遍进行防护安全、防护措施落实情况的检查。目标单位实行法人负责制，制定防护预案及实施计划、组训专业队伍、配备防护装备器材等。将防护经费列入企业运行成本，保障经费来源，加强防护建设。在改建、扩建或维修时，按照防空需要，增加工程技术防护设施，落实和完善防护措施，提高抗毁能力。

图 2-20　2006 年 7 月 18 日，江苏省重要经济目标防护工作现场会在南京市召开

2006 年 7 月 18 日，江苏省人防办召开全省重要经济目标防护工作现场会议。会议围绕贯彻落实《江苏省重要经济目标防护暂行规定》，深入分析形势，查摆现状与信息化条件下局部战争要求的差距，对工作方法、重点和措施加以探讨，对全省重要经济目标防护建设做出部署。会后，防护工作试点单位开始制定防护建设规划，并纳入企业发展规划。南通市举办重要经济目标防护业务培训，以提高专业防护知识和技能。防护工作刚启动的单位，调整完善防护预案及实施计划，建立健全专业队伍，落实防护经费和器材。防护工作未开展的单位，开始制定防护预案。按照建立完善的指挥体系、落实指挥场所和专业队伍隐蔽场所、信息化建设等目标实施防护建设。省人防办开始将重要经济目标防护纳入工作目标考核的内容。

2007～2008 年，省、市人防办加强对重要经济目标防护工作的指导、协调和督查，落实《江苏省重要经济目标防护暂行规定》和《江苏省重要经济目标分类分级标准》，健全防护机制，落实单位企业法人防护责任制。督促拟制省一、二级重要经济目标防护应急预案，建立健全防护组织和开展防护专业队的训练。组织南京、扬州、南通、镇江等市人防部门检查目标单位防护措施落实情况，指导目标单位开展伪装防护、技术干扰、设置障碍物、抢险抢修等实兵演练。2007 年，徐州、苏州、无锡、常州、扬州等市建成部分一类重要经济目标视频监控系统。2008 年，各省辖市和部分县(市、区)完成重要经济目标信息采集，并进入人防指挥系统数据库。

徐　州

南　京

连云港

图 2-21　徐州、南京、连云港等市重要经济目标单位组织的演习

第八节　防空林建设

2006 年 9 月，省人防办召开专家咨询会，围绕防空林建设的可行性、地位作用，建设的办法和

措施等，从国际到国内，从理论到实践广泛探讨。专家一致认为，防空林建设，使传统的自然伪装方式与现代科学手段相结合，造林与防护相结合，在一定程度上丰富和发展人民防空理论，是拓展人民防空的新途径，对促进重要经济目标防护、城市人口疏散、提高防护效能，不仅可行，也很必要，具有实践和推广价值。为满足城市人口疏散要求，地方绿化规划、林业发展规划充分考虑人防(民防)的需要，人防(民防)部门积极参与编制和修订城市绿化规划和林业发展规划，在城郊接合部建若干平方千米的防空林区，在城市街区间视情利用既有地形建造林带，用于人口集结或紧急疏散。重要经济目标单位，负责建造绿化带、隔离带，实现伪装隐蔽与生态防护相结合。结合人口疏散地域，建设一定规模的防空林，平时用于休闲和旅游开发，应急时用于安置指挥机关和社会公众。利用高速公路两侧规划林带，在高速公路服务区规划建造成片林，形成以公路为纽带的“片”“带”结合的防空林网。

2006 年 12 月，省人防办、省绿化委员会办公室下发《关于开展防空林建设的意见》，明确防空林建设要政府主导，全民参与，分类指导，分工负责，坚持防空防灾与生态保护并举，统一规划，分步实施，科技建林，科学管理，先行试点，逐步推开。总体目标任务为:经过一个时期的努力，逐步建设起一定规模的，既满足防空、防灾要求，又有利于生态保护的防空林，使省辖市新老城区间有隔离林区，交通干线沿线有防空隐蔽林带，城市人口密集区有绿地形成的成片林，城市人口疏散地域(基地)建有配套林地，重要经济目标单位建有伪装防护和生态保护林地，满足城市防护需求。

2007 年 3 月，省人防办下达《关于抓紧开展防空林建设的紧急通知》，要求全省人防系统立即动员起来，全力以赴，不失时机地推进防空林建设试点。各省辖市认真规划，组织实施，摸索不同地区、不同地域，建设不同类型防空林的办法和措施。省人防办会同绿化、林业、城建、园林和交通部门拟制防空林建设规划。各省辖市和各县(市)开展试点。7 月，省人防办邀请南京林业大学有关专家组成调研组，对南通、盐城、连云港等市的防空林建设进行调研。调研组听取各地的情况介绍，实地考察部分防空林建设面积、位置、类型、生长条件及现状。对防空林的功能作用、基本要求、管理方式、防空与伪装效果及战备、经济和社会效能等与各市进行研究交流。

截至 2008 年年底，全省规划建设防空林 18.53 万亩，落实试点建设 5815 亩。

第三章　通信警报

1978年，省人防办由作训组负责通信警报工作。各市人防办分别由作训组、作训处、指挥组、指挥科、指挥与通信科负责通信警报工作。1979年6月起，省人防办设指挥处，通信警报工作是其主要职能之一。1979～1983年，各市人防办先后调整内设机构名称，由指挥与通信处、指挥科、指挥与通信科负责通信警报工作。1984年3月省人防办设通信处，负责通信警报工作。1996年机构改革后，省人防办指挥与通信处负责通信警报工作。南京、徐州、苏州、无锡、常州、南通、扬州、镇江、淮安、盐城、泰州等市人防办由指挥与通信处(科)，连云港市由通信科，宿迁市由综合科负责通信警报工作。到2008年，省和13个省辖市人防办均由指挥与通信处负责通信警报工作。主要职能是负责拟定并组织实施指挥通信、警报通信网建设规划、计划，负责执勤管理和通信、警报设施的维护管理与监督检查。

图3-1　2006年11月28日，全省人防通信建设座谈会在常州市召开

1978～2008年，江苏人防通信和警报建设按规划和计划实施。逐步建成有线与无线相结合、人防专用通信网和军队、电信通信网络相结合，具有抗毁、抗干扰能力的人防指挥通信系统。形成固定与机动相结合，音响和图文相结合，专用器材与简易器材相结合，有线与无线传递相结合的具有连续报警能力的防空警报报知体系。通信设施设备维护管理，逐步由邮电部门承担转向由人防部门承担。警报设施设备维护管理，逐步由人防部门承担转向实行社会化维护管理，使其保持良好的战备状态。

第一节　通　　信

一、有线通信

1978年，租用邮电部门11对长途专线，由省人防办直达徐州、连云港、苏州、无锡、常州、镇江、扬州、南通、清江(今淮安市)、泰州等市及盐城县人防办，各市租用邮电部门中继线33对、普通专线73对，自设通信电缆13条千米，构成全省人防有线警报通信网，平时兼作省、市人防办业务工作电话网。省人防办对国家人防办、南京军区人防办及友邻省、市人防办的通信通过军线保障。7月，省人防办购置100门共电式电话交换机4台、50门共电式电话交换机12台、共电式电话单机616部下发各市人防办使用。到12月底，全省人防系统开通100门电话交换机12部、50门电话交换机15部。1982年，全省人防系统有200门电话交换机2部、100门电话交换机12部、50门电话交换机14部、50门以下电话交换机4部，电缆87771米、轻型被覆线54000米、钢芯塑胶线4700米。

1983～1985年，全省有线通信在继续租用邮电线路的同时，重点实施部分市指挥所通信枢纽建设。南京市人防地下指挥所通信枢纽与下关区人防地下指挥所通信枢纽，通过敷设地下电缆达到互通；徐州、连云港、无锡、南通、淮阴(今淮安市)等市指挥所完成电缆敷设和总机安装，沟通对省人防办和本地有关单位的通信联络；其他市维持现状。

1986年1月，全省调整租用的邮电线路。保留省人防办至无锡、扬州、淮阴市的人防长途直达专线。撤销省人防办至徐州、连云港、苏州、常州、南通、镇江、泰州、盐城等市人防办的长途专线和各市人防办至所辖区人防办的市话专线。省人防办至徐州市、连云港市人防办经淮阴市人防办总机接转，省人防办至苏州、常州、南通等市人防办经无锡市人防办总机分别接转，省人防办至镇江市人防办经扬州市人防办总机接转。省人防办到泰州市、盐城市以挂拨长途电话或利用省军区线(电)路取得联系。各市人防办与市政府、军分区、驻军雷达部队、市长途机务站(不含盐城和泰州市)，各租用1对专线。凡有条件自己架设或已经架设线路的，不再租线。市、区人防办与重要目标单位和防空专业队伍组建单位之间的通信，通过市话通信网和人防自建通信网沟通。调整后，压缩年租金32万元。

1986～1990年，全省有线通信建设基本实现“七五”规划目标。省人防办和南京、徐州、连云港、常州、南通、扬州、镇江、淮阴、盐城等市人防办，实施人防办至指挥所、党政机关、驻军、邮电、广播等部门的线缆敷(架)设及新建和调整机房；徐州、无锡、南通、镇江、盐城等市人防办更新人工与自动交换机；南京、连云港、苏州、常州等市人防办购置安装数字程控交换机；新建、改造设备设施用房1538平方米。全省新安装交换机16台，单机1292部，敷(架)设线缆37.3条千米。总投资894.28万元。全省基本形成省、市、区三级有线电通信网络。

1991～1995年，全省人防有线通信建设加大经费投入，突出有线通信程控化建设。1994年，省人防办1000门程控交换机入网开通使用。到1995年年底，全省用于人防通信建设投资2037万元，比“七五”时期增长3.45倍。省和12个重点城市全部实现人防有线通信程控化，总容量4300门。建成省对8个重点城市长途电话的通信网，实现网内用户一次拨号。实现全省以自动交换为主、人工交换为辅的人防有线通信网。1996～2000年，全省人防有线通信建成省人防地下指挥所通信枢纽，省和12个市建成人防专用程控电话网，省与8个市实现人防专用长途电话直拨，并加入全军程控电话网。

“十五”期间，全省人防系统开始实施光纤通信建设。2001年，建成省人防办至苏北5市人防办的光纤通信系统。2002年和2003年，租用电信光纤电路，建成省人防办至南京、苏南、苏中8市人防办的光纤通信系统，改造省和13个省辖市人防办程控电话通信网，实现省人防办至省辖市人防办的网络互联、图像互通、电话直拨。到2005年年底，初步建成以指挥所通信枢纽为中心，以光纤电路为主要传输手段，集网络、图像、语音于一体，地面与地下相结合、有线与无线相结合、固定与机动相结合的人防综合通信网络。“十一五”期间，全省人防继续加强光纤传输网络建设。2006年，省人防办至13个省辖市人防办光纤电路由1条2M电路扩容到3条2M电路，分别用于省与省辖市人防办的电话程控交换机的联网、计算机数据通信、高清视频会议系统。2007年，省至省辖市人防办光纤信道扩至6M，苏州、无锡、常州3市人防办建成至县(市、区)人防办光纤电路。2008年，完成省人防办至省辖市人防办有线通信网络和视频会议系统的扩容、升级改造，做到互联互通、高速清晰，全面建成全省统一的有线指挥通信网。

二、无线通信

1978年，全省人防办配备电台42部、收讯机63部、无线对讲机87部，省人防办和南京、徐州、连云港、苏州、无锡、常州、南通7市人防办设无线电警报接收台，分别加入统帅部和南京军区警报通播网，接收防空警报信号。不设警报接收台的人防重点城市，由各军分区接收防空警报信号。1986年3月，省和7市人防办无线电警报接收台，遵统帅部命令停止工作。

图3-2　20世纪80年代使用的81—C电台

1982年，全省人防办配有无线电交直流收信机65台、15瓦电台40部、硅2瓦电台62.5对。1983年11月23日～12月5日，南京市人防办受南京军区司令部通信部委托承担部分通信设备选型的试验任务，进行“小八一”和10瓦单边带通话联络试验。1985年，全省有电台(15瓦及以下)120部，收信机58部，超短波电台14部。

从1986年起，全省开始加强无线电通信建设。1987年10月，连云港市人防办在南京、徐州、扬州3市人防通信站协助下，在全市3县4区94个点进行无线电指挥电话网试验，先后进行定点和运动通信、通信距离、无线电话通播性能、转接进入市话、各种地形的通话效果、组网功能、遥控等试验，试验成果为连云港地区特定地貌下的无线通信建设提供了依据。1987年，省人防办开始对省域范围内远程微波接力通信进行构思和调研，实施路由勘测、设备选型和试验。1988年7月，省人防办在镇江、扬州、泰州3市间组织无线接力机组网试验，完成通话、传真、计算机远程通信实验。1989年，建成扬州、镇江、泰州3市人防小微波接力通信网。1990年，在总结3市小微波建设经验的基础上，利用省广播电视微波干线，实施省至徐州、连云港、淮阴、盐城4市微波接力终端建设，1991年1月1日开通使用。到1990年年底，全省短波无线电通信设备有单边带电台14部、短波电台40部、交流收信机24部、直流收信机

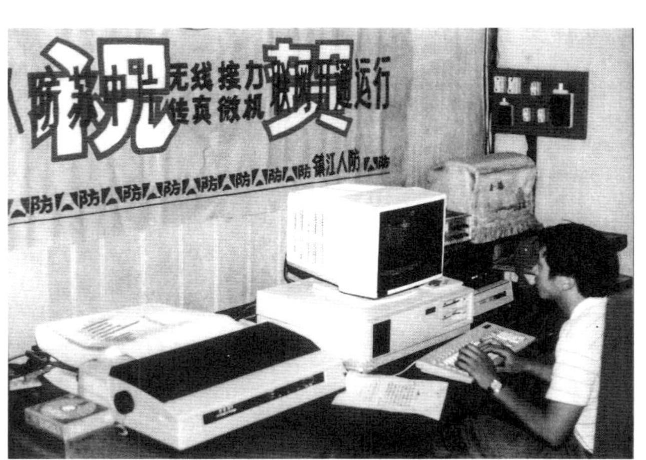

图3-3　1989年7月，苏中片小微波开通运行

1部、交直收信机28部。超短波无线电通信设备有单信道基地台3个、移动台车载19部、手持机4部、多信道基地台8个、固定台13个、移动台车载电话38部、手持机14部、BP机45部、接力机4部、开路电视转播系统1套。南京、徐州、连云港、无锡、淮阴市建成市、区(县)及防空专业队之间的无线电通信网。

“八五”期间，全省人防无线指挥通信网建设致力于建立省级无线电通信网和微波通信网。1991年，苏州、常州、无锡3市加快移动通信的设备选型和组网试验；省人防办会同省广播电视厅进行微波干线路由勘察和设备选型。10月，徐州、连云港、淮阴、盐城4市利用省广播电视微波干线建成微波接力终端，并开通使用。省人防办至苏州、无锡、常州、南通4市人防微波干线与省广播电视厅合建，微波设备选用日本NEC公司8GC频段数字微波。增加电路14条，其中省人防办至常州、无锡、苏州、南通4市人防办各2条，省人防办至镇江市6条。另增加镇江至常州、常州至南通、无锡至苏州各2条局间电路，组成局部通信网。1993年9月，苏州市人防警报寻呼台开通(对外称苏州市神通寻呼台)。12月，省人防办利用省广播电视微波电路与省广播电视厅合建的人防通信警报网启用，省与南京、苏州、无锡、常州、南通市人防系统长途自动通信网开通，网内用户实现一次拨号，通信容量扩大了12倍。1995年，南京、苏州、无锡、常州等市完成移动通信建设，南京、苏州、无锡等市还建成市、区(县)、专业队三级移动指挥通信网。

1996年，省与苏州、无锡、常州、镇江、南通、扬州、泰州等市开通点对点数字微波通信。1998年8月，苏州市新建450兆移动通信网，完成市人防办至6县(市)人防指挥通信的联网，实现二级指挥。1999年，投资建设省人防办—栖霞山—镇江，镇江—丹阳，丹阳—常州，常州—无锡，无锡—苏州，无锡—南通，镇江—扬州，扬州—泰州，泰州—姜堰，姜堰—东台—大丰—盐城的微波干线通信工程。2000年，省人防办至苏州市和南通市微波通信系统开通；苏州市完成至所属县(市、区)人防办无线通信网组网工作；无锡市人防办完成对县级市人防办的微波通信系统建设。2001年，整治苏南、苏中7市人防办微波电路。

“十五”期间，全省人防系统加强无线应急机动通信建设。2002年，全省基本建成省至省辖市的数据、图像、语音“三网”通信系统并部分投入使用。2003年，全省“三网合一”的通信系统基本建成，启动7个市无线应急机动通信系统建设。2004年，11个城市建设了无线应急机动通信系统。2005年，扬州、镇江、淮安、盐城、泰州5市应急机动通信系统全面建成投入使用。

2006年5月15日9时，全省无线电短波通信网开通，省人防办明确规定网络组织、工作方式、联络时间、电报代码和有关要求。是年，省本级和盐城、泰州2市人防办建成125瓦短波自适应电台固定站，南京等10个人防重点城市建成125W短波自适应固定和机动电台，常州市所有县级市(区)也建成机动电台，并以省人防办为中心，建成3个无线电台应急通信网，落实电台培训和联络制度。

2007年，镇江市人防办建成车载无线图像跟踪系统。该系统通过超短波信号，经过电视编解码技术，将清晰的远程图像、音频信号实时传输至指挥所。指挥员可实时判读半径20千米范围内的现场实况，增强了对突发事件现场综合数据分析的精准度。是年11月，省人防办在南京市召开卫星通信建设方案论证会，对全省卫星通信可行性研究方案进行论证。会议一致通过全省卫星通信可行性研究方案并提出改进建议。2008年，全省统一组织卫星通信系统建设，省人防办地面卫星站建成。

三、指挥所通信枢纽

20 世纪 80 年代初，江苏的指挥所通信枢纽建设与指挥所、室的建设同步实施。1981～1985 年，南京、徐州、连云港 3 市人防地下指挥所通信枢纽初步建成。“七五”期间，3 市指挥所通信枢纽设施进行技术改造、调整和配套建设。

1991～1995 年，省人防办建成指挥、控制、情报一体化模拟指挥所，与南京、苏州等市指挥所(室)微机联网，南京、苏州、南通、徐州、镇江、盐城等市指挥所(室)部分通信设施更新。1996～2000 年，省与南京、徐州、连云港、苏州、无锡、常州、南通、镇江等市人防指挥所(室)实现专用长途电话直拨，加入全军程控电话网；省与南京、徐州、连云港、苏州、无锡、常州等市人防指挥所(室)建成图像通信系统。

从 2000 年起，随着省及省辖市和部分县级市、县人防指挥工程的改建、扩建和新建，人防指挥所通信枢纽建设不断得到加强。是年 6 月，省人防办决定在苏州、扬州 2 市进行人防通信建设试点，明确指挥所通信设施建设包括计算机通信系统、图像通信系统、空情信息接收与处理系统、程控电话通信系统、无线电通信系统、防空警报控制系统、地空通信系统等。指挥所工程没有建成的，先实施指挥室建设。系统建成后，与省人防办、市政府、军分区以及县(市、区)人防办联网，一时不能联网的要预留接口。

2002 年 8 月，省人防办印发《江苏省人防指挥工程通信建设有关规定》，进一步规范人防指挥工程(包括新建、扩建、续建、改建)通信建设的内容(包括有线、无线、网络、空情、警报、音响、影像、监控、广播、电源、天线等系统)。自此，省和省辖市以及有条件的县(市、区)，开始按照有关规定，展开平战两用的指挥通信枢纽建设。10 月，省人防基本指挥所及通信枢纽全面建成，通过验收。到 2004 年 7 月，省和 13 个省辖市初步建成指挥所(室)通信枢纽。2006 年 4 月，省人防办要求县(市、区)人防指挥所信息系统建设，按照省人防办《人民防空指挥所通信工程设计要求》与土建工程同步设计与施工。机动指挥所必须具有宽带信息传输、信息显示与处理及图像、数据语音接入功能，重点配置宽带通信卫星、计算机网络平台和图像综合显示系统。

2007 年，省人防办和南京、无锡、南通、镇江 4 市人防办对基本指挥所通信枢纽进行局部调整，徐州、泰州 2 市人防办建成地面指挥中心通信枢纽，苏州市人防办对基本指挥所通信枢纽进行全面改造，扬州市完成人防地下指挥所和地面应急指挥中心的指挥通信枢纽建设。2008 年，连云港、淮安、盐城、宿迁 4 市的基本指挥所通信枢纽建成。常州市建成预备指挥所通信枢纽。省和其他市基本指挥所通信枢纽完成视频改造升级和新建视频会议系统的安装调试。至此，省和省辖市以及 17 个县(市)人防指挥所通信枢纽已建成语音(程控电话)通信系统、图像通信系统、视频会议系统、数据通信系统、计算机网络系统、空情信息接收和处理系统、无线电通信系统、防空警报控制系统。省和连云港、苏州、常州、南通 4 市实现地下指挥所、地面应急指挥中心、机动指挥所互联互通。

四、机动通信

1978～1990 年，全省人防机动通信主要通过摩托车和通信警报车达成，时称“运动通信”。至

1990 年，全省有摩托车 16 辆，通信警报车 18 辆。1991～2000 年，机动通信主要通过指挥通信车实现。

2000 年 6 月，省人防办作出规定：省辖市人防办配置 1 台应急指挥通信车及相应的基站设施，车上配备机动警报无线集中控制发放设备、短波自适应电台（可与无线应急通信网合一）、无线对讲基地台、计算机终端、有线及无线转接设备、GPS 定位仪、电源设备和相关的指挥作业器材等。2002 年 1 月，省人防办决定南京、连云港、苏州、无锡 4 市进行机动通信建设试点。2003 年，全面启动全省人防机动通信系统建设。省人防办在组织南京、徐州、连云港、苏州、无锡、常州、南通等市人防办开展机动通信系统建设方案论证和设备选型的基础上，委托中国电子集团第 28 研究所、郑州欧丽电子集团股份有限公司（原电子部 4057 厂）、解放军理工大学通信工程学院进行方案设计，并请有关专家和建设单位进行论证和评审。6 月，省人防办委托中国电子集团第 28 研究所研制人防应急机动通信样车系统。11 月，全省人防应急机动通信系统建设会议在南京召开，现场观摩应急机动通信系统样车演示，会议认为：人防应急机动通信样车系统功能定位准确、设计方案合理、设备配置完善、性能稳定可靠，具有“唯一通、动中通、高速通、网上通、免油机、省空间”的优点，体现了当今机动通信领域的先进技术水平，系统对战时组织城市防空袭斗争和平时组织应急抢险救援，起到重要的不可替代的作用。按照会议确定的全省人防应急机动通信系统建设“统一规划、统一设计、统一装备”的原则，是年，南京、徐州、连云港、苏州、无锡、常州、南通 7 个市的应急机动通信系统建设开始实施。2004 年 6 月，省人防办组织南京、徐州、连云港、苏州、无锡、常州、南通各市人防办，在中国电子集团第 28 研究所举办应急机动通信系统技术培训和应急机动通信系统交付接收手续。

图 3-4　2004 年 6 月，徐州市人防应急机动通信车投入使用（右下为邳州市人防指挥车）

2006 年 4 月，省人防办要求无线应急机动通信系统应具有短波通信、超短波对讲、程控交换、卫星电话、GPS 定位等功能，并对保密系统建设以及建设程序提出要求。5 月，扬州市委托中国电子集团第 28 研究所完成机动通信车的设计、安装、调试，机动通信车装备了程控电话、海事卫星、GPS 卫星定位系统、手提式电脑、多功能传真打印机和自备通信电源等应急通信设备。是年，邳州市人防办购置移动警报指挥车 1 辆，装备有多媒体传输系统等先进扩频通信技术、调制解调技术、信道编码技术、差错控制技术等，能够实施定点或移动环境下视频、语音、数据等通信保障。2007 年，省和苏州、常州、连云港、南通市人防办启动新一代人防机动指挥通信系统建设。

2008 年 11 月 24～28 日，省人防办在南通市举行首次全省机动指挥通信系统检验性演练。省人防办和连云港、苏州、常州、南通市人防办新建成的机动指挥通信系统、省辖市人防办领导及技术保障人员共 100 余人参加演练。演练对 5 套机动指挥通信系统和 3 台保障车辆进行 15 千米集中拉练，演练机动指挥所现场开设、图像动中通传输、苏通大桥等重要目标视频传输等课题，运用 VSAT 卫星、超短波图传、集群和光纤通信以及北斗卫星定位等多种通信手段。演练证明，5 套机动指挥通信系统的通信手段比较齐全，设备操作比较简单，人机界面比较友好，基本满足人民防空和防灾救灾应急行动的需要。

图 3-5　2008 年 11 月 24～28 日，江苏省人防办在南通市举行首次机动指挥通信系统检验性演练

第二节　人防指挥信息系统

20 世纪 80 年代，江苏人防指挥自动化建设开始起步。90 年代，人防指挥自动化建设较快发展。进入 21 世纪后，全面推进人防指挥信息系统建设。人防系统结合政府电子政务建设，接入党政、公安、消防、港航、空情等单位信息或视频系统，组成综合信息平台。指挥信息系统（信息化）建设，硬件部分由中央控制系统、多媒体信息显示系统、音响扩音系统、内部监视系统、标准时钟系统、图板和灯光系统组成。软件部分由计算机系统软件、人防指挥专业软件组成。指挥专业软件有预案管理软件、空情接收和处理软件、警报发放控制软件、人口疏散辅助决策软件、人员隐蔽辅助决策软件、群众防空组织指挥软件、消除空袭后果辅助决策软件、重点目标防护软件、防空袭指挥模拟训练软件、公文处理软件、文电传输软件、作战交接班软件、应急救援辅助指挥软件和模拟训练软件等。至 2008 年，全省人防系统推进人防通信和信息化建设全面协调可持续发展，加强固定指挥所信息平台建设，实现省、市及部分县（市、区）指挥场所的信息联通。机动指挥通信系统建设，实现短波电台单一通信手段向卫星、短波、超短波等多种通信手段综合应用的跨越。

一、指挥自动化

1984 年 9 月，南京市人防办首次使用微型计算机、多笔绘图仪、闭路电视、传真机、复印机等现代化的指挥作业工具，成功地进行市、区两级核化条件下的防空袭演习。江苏人防指挥自动化建设开始起步。1985 年 4 月，省人防办制定《江苏省人防指挥自动化建设计划》，确定“七五”期间建立以微型机局部网络为核心、以通信网络为基础、配以多种信息处理设备的人防指挥自动化，明确系统计算机网络的组成及建设步骤，全省人防指挥自动化建设开始全面启动。

1986年1月，国家人防委下发《全国人防通信“七五”建设计划纲要》，要求江苏省完成人防通信、警报自动化试点任务。是年年底，南京市被国家人防办列为人防通信和自动化建设试点城市之一。

1986～1990年，全省以逐步建成通信与警报兼容、地上与地下结合、多种手段综合运用、技术比较先进、抗毁能力较强、平战两用的人防指挥通信网为目标，加强指挥自动化建设。全省12个人防重点城市购置“长城”系列微机，配置必要的附属设备，培训微机操作人员，开发部分指挥、工程、财务、文档和通信管理软件，为指挥、办公自动化奠定了基础。结合微波接力通信网建设，省人防办与南京、扬州、镇江、泰州4市人防办开通高速文字传真通信，在镇江、扬州、泰州3市人防办之间进行微机点对点试验，提高通信自动化程度和快速反应能力。南京市人防办作为全国人防系统指挥自动化建设试点单位，在原有设备设施基础上，引进无线电话系统和200门数字程控交换机，配置高分辨率大屏幕投影、开路电视系统和通信警报车，更新微机，将开、闭路电视系统、微机、录像机、投影设备融为一体，经过微机处理，使各种数据、文档资料、报表图像和警报空情信号直接在大屏幕上显示，加快了自动化建设步伐。

1991年11月，南京市人防办研制的DCCC－Ⅰ人防指挥中心控制台通过技术鉴定。该控制台能将人防指挥中心自动化体系中各子系统（程控电话子系统、无线移动通信子系统、计算机子系统、有无线遥控警报子系统、开闭路电视传输子系统、投影电视监视子系统及对讲扩音子系统）的语音、图像、数据等信息集中控制，为指挥中心提供实时信息服务，同时还具有编辑、储存、复制和传输等综合功能，能满足平时和战时的需要。

1993年10月，全省按国家人防办印发的《城市人防通信技术体制》实施指挥通信网建设。城市人防指挥通信，主要由有线通信、超短波移动通信、微波通信、中长波通信以及机动应急通信等手段，构成能覆盖全市以及战时城市人口疏散地域的人防指挥通信网络。

1996年8月，省人防办对指挥自动化建设设备配置提出要求，明确指挥自动化硬件设备基本配置，包括主机系统、显示系统、多媒体设备、网络及通信设备、视讯系统、扫描仪、彩色打印机、大屏幕投影。各市购置设备时，应与省人防办联系，以避免省、市两级设备不匹配，造成浪费。

1997年年初，无锡市拟定《人防指挥自动化建设总体方案》，投资83万元进行指挥自动化硬件建设，组织开发以辅助决策为目标、防空防汛两用的综合数据库和部分专用数据库。1998年，投资130余万元，完善人防指挥自动化系统。通过多媒体制作平台、地理信息系统平台，搜集整理敌情、地形等方面的数据8万多条，基础数据达24万多个。制作全球、太平洋地区、台湾海峡、长江三角洲地区的数字化地图以及台湾海峡、无锡城区的电子沙盘，开发道路自动查询、人口疏散仿真等演示和辅助决策软件。

图3－6　1997年4月29日，无锡市召开人防指挥自动化系统方案论证会

2000年，南京、徐州、连云港、苏州、无锡、常州、南通、扬州、镇江、淮阴、盐城、泰州等市人防办购置微机，配置必要的接口设备，培养技术人员，进行软件开发。南京市配置高分辨大屏幕投影、小微波开路电视、移动通信系统和程控交换系统，加快指挥自动化建设。

2002年5月，省人防办在全省推广应用人防指挥自动化系统软件(2.0版)。该软件共有4个部分，包括3个基础软件、13个专用软件和7个底层支持软件及14套地图。由中国电子集团第28研究所承担现场安装、调试、修改和培训等技术工作。到年底，全省13个省辖市全部安装使用该软件。该软件使用到2005年。从2006年起，使用国家人防办配发的指挥自动化软件系统。

2003年，盐城市人防办建设人防应急指挥中心，安装投影显示、音频视频会议、安防监控、电源供电等指挥通信控制系统，并对设备及系统进行有效整合，形成一套比较完备的中央集中控制指挥通信系统，实现高速信息处理和视频通信传输。2004年5月底投入使用。

图3-7　2004年3月12日，江苏省人防指挥工作会议在南京市召开

2004年3月，全省人防指挥工作会议要求，人防指挥通信自动化系统建立与使用要注重地理信息等资料的更新，结合人防转民防需要，建立和完善人防与民防通用的数据库，用好国家人防办和本省自行研制的两套指挥自动化软件，严格按照标准代码操作，以指挥自动化建设为抓手，促进全省指挥工作上台阶、上水平。6月，全省市、县(区)国动委工作机构规范化建设试点现场观摩会在无锡市人防指挥所召开。现场演示承担市国动委战时指挥所职能，与市国动委所属8个办公室、江阴市指挥所、滨湖区指挥所以及滨湖区蠡湖街道指挥所进行联通，通过市政府信息中心展现全市社会动态综合情况等。

2005年2月，省人防办成立人防信息化建设领导小组，力求适应时代需要，把信息化建设提高到建设现代化人防体系的高度，通盘规划，整体推进人防信息化建设。是年开始，省和南京、徐州、苏州、无锡4市人防办着手开发新的人防综合信息管理系统和民防信息系统。

2006年4月，省人防办下发通知，要求各市人防信息化建设必须在国家和省人防信息化规划的框架下进行。6月，省人防办决定在无锡市人防办进行人防信息化建设工作试点。试点内容包括制订市级信息化建设规划，科学筹划“十一五”时期人防信息化建设的目标和任务；建立由国家人防办和省人防办组织研制的，基于统一的数据库和GIS平台，集人防指挥、日常办公、民防应急、训练模拟于一体的人防信息系统的试点和运用；研究建立覆盖县(市)区人防办、防空专业队、重要经济目标的信息网络，逐步推动数据、语音、视频的三网合一；探索成立人防信息专业队伍，包括情报、通信、指挥自动化、计算机应用、网络、电子对抗等各种分队，在统一的组织下成为人防实施信息化防空袭斗争的中坚力量。是年年底，省和12个人防重点城市(宿迁市除外)建成指挥自动化计算机网络，并统一安装国家人防办配发的指挥自动化软件系统。此系统包括文电收发、人防数据库、图形标绘等功能。苏州、无锡、常州3市人防指挥自动化计算机网络延伸到所属县(市、区)，镇江市延伸到3个县级市，南通市延伸到2个县级市。苏州、无锡、常州3市所属的部分县(市)全部或部分延伸到乡镇和街道。至此，全省人防系统初步建成由信息采集、信息传输网络、信息管理中心构成的基础信息系统，由人防业务应用系统构成的人防业务信息系统，由人防信息化标准体系、安全体系、技术和运行管理机制、相关政策、投资和人才队伍等构成的人防保障环境信息系统。

2007 年，全省大部分省辖市人防办建成并开通外网网站，接入电子政务网。徐州、苏州、无锡、常州、扬州市人防办开始建设部分重要经济目标视频监控系统，南京、南通、镇江等市人防办着手规划建设方案。扬州市安装移动图像通信系统，实现半径 16 千米内的实时图像传输。初步建立人防综合基础数据库系统，并录入人防指挥相关基础数据。

2008 年，全省基本建成以指挥所为依托的具备通信、控制、监控等功能的指挥自动化信息平台，初步实现人防指挥网络化、宣传教育网络化、公众互动网络化、公文流转网络化、战备值班和交接班网络化。

二、数据库

2002 年 8 月，省人防办印发《江苏省人防指挥自动化系统数据采集规范》，对指挥自动化系统数据采集中的标准代码和人防系统本身代码进行规范。标准代码包括地名、人员分类、文化程度、人口类型标准、目标装备代码、企业性质标准、门类标准、抗力等级、级别代码、军标颜色代码、军标代码、专业队类型、专业代码等基础代码表，人防系统本身代码包括人防机构、专业队、人口疏散隐蔽、重点目标、标图代码、警报器、人防工程、工事防护、物资装备等代码（内码）及序号。自此，全省按该规范实施相关数据采集。到 2007 年年底，全省人防信息系统第一次基础数据采集完成，省人防办建成数据中心，建立外军资料、人防重点乡镇、重要经济目标、疏散地域等数据库。

2008 年，全省展开综合数据库第二次数据采集，更新综合数据库，完善人防综合信息管理系统。至年底，人防指挥自动化系统、重要经济目标毁伤分析软件、人事、财务、档案、固定资产管理、工程信息数据库等专业软件系统得到普及。部分市、县（市、区）建成供电、供水、供气、危险源、水利、治安、消防、卫生、新闻、通信及人防工程、专业队、指挥所、重要目标、警报、疏散、隐蔽地域等人防专业信息的城市基础地理空间数据库。

三、空情信息

1978 年，省人防办和南京、徐州、连云港、苏州、无锡、常州、南通 7 市人防办设无线电警报接收台，分别加入统帅部和南京军区警报通播网，收听防空警报信号，接收南京军区的空情通报。不设警报接收台的人防重点城市，由各军分区收听防空警报信号和接收空情通报。

1986 年 1 月 1 日，遵照南京军区指示，南京、徐州、连云港、常州、无锡、苏州、南通 7 市人防办无线电防空警报信号接收台停止工作。3 月 1 日，遵统帅部命令，江苏省人防办无线电防空警报信号接收台停止工作。

2000 年，经南京军区空军司令部批准，南京军区空情信息接入省和南京市人防基本指挥所。2004～2008 年，各省辖市人防基本指挥所建成空情发放与接收系统，到 2008 年年底，省和省辖市的基本指挥所通信枢纽全部建成空情引接系统。南京军区空军只向省和南京市开放空情数据，对其他城市开放空情数据的时间待定。

第三节　警　　报

一、警报信号

1978～1981 年,全省警报信号分空袭警报信号和空袭解除信号两种。空袭警报信号为一长声、连续短声;空袭解除信号为一长声。

1982 年 1 月 23 日,省人防委对防空警报信号作出规定。空袭预报信号:三长声,每长声 40 秒,间隔 20 秒;空袭警报信号:连续短声,每短声 6 秒,间隔 6 秒,持续 3 分钟;空袭解除信号:一长声,持续 2～3 分钟。

从 1983 年 12 月起,江苏省统一执行国家人防委关于人防音响警报信号的规定。警报信号分为预先警报、空袭警报、解除警报三种。预先警报:鸣 36 秒,停 24 秒,反复三遍为一个周期(时间 3 分钟);空袭警报:鸣 6 秒,停 6 秒,反复 15 遍为一个周期(时间 3 分钟);解除警报:连续鸣 3 分钟。

二、警报网

1978 年,全省人防系统设有电动警报器 175 台、汽油机警报器 3 台。备有 25 瓦高音喇叭 245 只、50 瓦高音喇叭 8 只,手摇警报器 7 台,小喇叭 32 只。1979 年 7 月,省人防办批准扬州市人防办与有关厂家联合研制车载机动音响警报器。11 月,省人防办拨款 36 万元,委托南京第二制泵厂、南京电机厂生产 7.5 千瓦电动警报器 300 台。省人防办下拨南京 40 台、徐州 42 台、连云港 13 台、苏州 23 台、无锡 16 台、常州 18 台、南通 14 台、扬州 14 台、镇江 14 台、泰州 6 台、清江 13 台、盐城 5 台,83513 部队 2 台(价拨),库存 80 台。同时,由南京市人防办进行液压升降警报器研制。

图 3-8　20 世纪 80 年代使用的 7.5 千瓦电动警报器

1980 年 2 月,省人防办在镇江市召开 7.5 千瓦电动警报器安装现场会,统一安装标准和要求,调整各市音响警报点布局和数量。会议要求,警报器的安装要统一规划、合理布局;充分利用制高点,发挥最大效果;安装要牢固、维修要方便;要精心设计、注意节约;力求做到统一控制、起动灵活。至 1982 年年底,全省共安装 7.5 千瓦电动警报器 238 台,淘汰部分小功率警报器,停止使用高音喇叭报警。经检测,12 个国家人防重点城市城区音响覆盖率达 90%。

从 1983 年 12 月起,全省警报网建设执行国家人防委《城市人民防空音响警报设备使用体制》。城市人防音响警报网由控制设备、传输信道、警报器和电源等部分组成。警报控制设备包括主控设备、中间设备和执行设备三部分。主控设备装设在市人防指挥所,起中心控制作用。中间设备装设在电信局或区人防指挥所,起汇接和增益作用。执行设备装设在各警报点,接收主控设备的遥控指令，控制警报器动作。警报控制采用有线电和无线电控制两种手段。主控设备具有有线电和无线电双重控制功能，既可同时使用，也可分别使用。无线电控制，采用一发多收、单向控制的方式（即组成通播网），主控设备对执行设备的有效控制距离大于 30 千米。有线电控制，采用一点控多点、开环控制的方式，主控设备控制执行设备（或中间设备）的数量分别为 16 个、32 个、64 个三种，控制有效距离大于 20 千米。中间设备具有汇接 16 个执行设备的功能。执行设备具有接收经有线电和无线电两种信道传来的控制指令的功能。平均无故障间隔时间：主控设备不低于 1000 小时，中间设备和执行设备不低于 3000 小时。具有较好的抗干扰和防错误报警的措施，保障控制设备的工作准确可靠。主控设备和中间设备环境温度为－15～＋40 摄氏度，相对湿度为 95％。执行设备的环境温度为－15～＋50 摄氏度，相对湿度为 98％。传输信道的有线电控制信道，主控设备与中间设备之间，用一个标准音频话路；主控设备、中间设备至执行设备之间，用专线线路或用强拆线路的方式保障。无线电控制信道采用人防警报通信控制设备的专用频率。警报器音响覆盖标准高于收听点噪音电平 5 分贝。主控设备、中间设备和执行设备均采用交、直流两种供电方式。到 1985 年年底，12 个国家人防重点城市城区的警报器音响覆盖率保持在 90％。

1986～1990 年，全省音响警报网建设主要是调整音响警报网布局，使音响覆盖范围达到最佳效果。同时淘汰部分小功率警报器，更新为 7.5 千瓦电动警报器，新安装 7.5 千瓦电动警报器 14 台，国家人防办配发江苏省人防办通信警报车 4 辆。全省有各型警报器 327 台。12 个国家人防重点城市城区的警报器音响覆盖率达到 95％。

1991～1995 年，全省进一步调整警报设点，尽可能消除警报盲点，提高警报音响覆盖率。各城市统一配置车载电声警报器，提高抗毁能力和连续报警能力。南京市建成 1 套液压升降警报设施。连云港、南通等市制定《利用邮电、广播、电视优先传递防空警报信号方案》。在此期间，全省城市化进程加快，城区面积扩大，防空警报音响覆盖率由 95％降低到 75％。

1996 年 10 月，省人防办发出《关于调整城市防空音响警报网的通知》，要求各市做好音响警报布局调整规划和分年度实施计划。规划在城区音响警报盲区增设新点；原设点符合战备和传播技术要求的予以保留；对原设点位置过低，影响警报音响传播的作调整。规定城市音响警报覆盖区内的警报音响信号最低标准为 55～65 分贝。调整以电动警报器为主，条件好、有管理能力的单位，可计划安装电声警报器，与电动警报器穿插分布。新建点选择要注意与指挥中心有线、无线遥控路由不被高层建筑阻挡。同月，省人防办发出《关于规划建设县级市防空音响警报网的通知》，对县级市防空音响警报网的规划建设提出具体要求：规定县城音响警报网先规划、后建设；警报网建设以市政府或市人防办为中心四面辐射，以便集中控制；警报点应设在 5000 人以上的小区，省级以上经济技术开发区，重点防护的工矿、企业、大型仓库，交通枢纽等地。警报音响覆盖区边缘信号强度不低于 55～65 分贝。全省县级市防空音响警报网建设开始启动。

1996～2000 年，全省国家人防重点城市新增警报点 90 个，31 个县级市和 2 个县安装 144 台警报器。全省国家人防重点城市音响警报覆盖率达 80％，连云港、常州、苏州、南通等市均超过 90％，苏州市实现利用广播、电视优先发放警报信息。

2001～2005 年，全省新增与更换警报器 1250 台。国家人防重点城市音响警报覆盖率达 95％以上。县（市）城区音响警报覆盖率达 80％。苏州市制定《苏州市移动通信公司、联通公司优先发放防空警报信息方案》和《苏州市电信局优先发放防空袭警报信息方案》，实现电视、广播、电信、手机、寻呼机联动发放警报信号。无锡市区通过广播、电视媒体同步播放警报试鸣信息，移动公司、联通公司利用手机的“小区广播”和“短信息”功能向注册的手机用户播发警报试鸣信息，扩大警报信号的报知范围；成立由30辆“爱心车”(帮助困难者的出租车)组成的全省首个义务机动防空警报车队。常州市实现利用广播电台、电视台、电信、移动、联通和人防应急通信联合发放警报。南通市通过防空警报中央控制中心控制电视台警报分中心、广播电台警报分中心发放防空警报音频、语音和视频信号，利用手机群发短信发布防空警报信息，实现多媒体综合报警；组织机动防空警报志愿者车队参与警报试鸣活动。无锡、常州市警报覆盖范围向乡镇拓展。

图3－9　2007年使用的电声警报器

2006～2008年，全省新增和更新固定音响警报器395台、车载移动警报器60台。全省防空警报实行统一组网、统一技术体制。实现市与县(市、区)联网，市与防空责任区指挥中心联网，市与省人防指挥中心联网。13个省辖市普遍实现利用广播电台、电视台、电信、移动、联通和人防应急通信联合发放警报。到2008年年底，全省共设警报器2202台。南京、徐州、连云港、常州、南通、淮安6市城区警报音响覆盖率达到100%，无锡、苏州、镇江、扬州4市达到98%以上，盐城、泰州、宿迁3市及全省县(市)城区达到95%。全省基本形成固定与机动相结合、户外音响与媒体同步、有线与无线兼备、语音与视频并举的报警格局。

表3－1　2008年年底全省人防警报器及音响覆盖率统计

市别	警报器(台)					小计(台)	控制情况	覆盖率(%)
	7.5千瓦	4千瓦	2.2千瓦	电声	其他			
南京市				254	144	398	集中控制	100
徐州市	57			85	31	173	集中控制	100
连云港市	23			32	3	58	集中控制	100
苏州市	23		42	209	195	469	集中控制	99
无锡市	33	15		134	60	242	集中控制	99.8
常州市	10			142		152	集中控制	100
南通市	33	66	1	62	21	183	集中控制	100
扬州市	13	29	14	68	19	143	集中控制	98
镇江市	19	23	16	46	11	115	集中控制	99
淮安市	9	64	5	12	5	95	集中控制	100
盐城市	10	31		56		97	集中控制	95
泰州市	5	43	2	13		63	集中控制	95
宿迁市	1		1	12		14	集中控制	95
合　计	236	271	81	1125	489	2202		

三、警报控制

1978～1980 年，全省警报控制以有线和手动控制为主。1981 年 2 月，省人防办根据人防工作调整方针决定：不再增加租用警报控制线路数量，新安装的电动警报器，在既有线路内调剂解决或自架线路，如有困难，暂由警报器设点的单位或地区分别控制。

1981 年 8 月，无锡市人防办与无锡市电子应用技术研究所联合研制的 JKZ－81－1 型人防警报遥控装置形成初步成果。该装置具有有线和无线双重控制、固定和移动相容、接收机信号回示等功能，主发射机可控 40 部接收机，实际遥控距离 57 千米。同年 12 月，省人防办在常州市举行反空袭演习，应用该成果在无锡市人防指挥所进行遥控，准确无误地启动了常州市的防空警报器（无锡市人防指挥所距常州市人防专业队演习场直线距离 40 千米）。这是全省第一部有线和无线双重手段控制音响警报发放的遥控系统。

1983 年，省人防办在全省推广应用徐州市人防办研制的 YJJ－2 型警报控制器。该控制器由中心控制台、终端控制箱组成，可利用市内电话线路集中控制全市所有、部分或单个发放警报信号，可自动控制，也可手动操作发放，中心控制台具有接收每台警报器回示信号功能，可与任何一个终端通话。操作方便，动作可靠。

1984 年，全省有无锡、徐州、连云港、苏州、南通、淮阴（今淮安）、泰州等 9 个城市人防办先后自行研制或改制、安装音响警报集中控制器，全省防空音响警报集中控制率达 57.5％。

1986 年 1 月，省人防办决定各市保留 1/3 警报控制线，实行集中控制，其余线路撤销，全省人防系统撤销 35 对警报控制线。1986～1990 年，在全省推广徐州、苏州、南通 3 市人防办警报终端控制设备的研制成果。

1991～1995 年，全省进一步调整警报设点，尽可能消除警报盲点，提高警报音响覆盖率。各城市统一配置车载电声警报器，提高抗毁能力和连续报警能力。南京市建成 1 套液压升降警报设施。连云港、南通等市制定《利用邮电、广播、电视优先传递防空警报信号方案》。1993 年 10 月以后，全省按国家人防办印发的《城市人防通信技术体制》加强警报控制建设。城市人防警报通信网由警报信息处理控制中心和警报报知网两大部分组成。警报信息处理控制中心负责对来自各方面警报信息的接收、处理以及对全市警报报知网的控制和监测；警报报知网，则是在控制中心的控制下，通过户外音响警报报知网、无线电寻呼报警网、广播报警网以及配备的机动警报车实施警报信号发放。1994 年 5 月，省人防办要求人防重点城市，逐步建设警报报知（寻呼）台，替代部分音响警报有线控制设备，提高通信传输能力。警报报知寻呼机要设置到音响警报设置单位，以保障报知空情和灾情警报。南京、苏州、常州、无锡 4 市在实现有线通信程控化的同时，建立警报寻呼台和市人防无线警报寻呼专用网，专用网由市人防办、警报设点单位组成，平时警报信号发放由人防无线警报寻呼人工控制，战时警报信号发放通过有线、无线相结合的方法实施。

1996～2000 年，全省推广应用南京和常州市人防办研制生产的寻呼台遥控音响警报设备、音响警报自动控制箱。南京、苏州、常州 3 市实现县（市、区）警报器全部由寻呼遥控发放。无锡市人防办与中国航天工业部第 607 研究所共同研制有线与无线相结合、自动控制与信息反馈配套的警报控制系统，使警报控制实现多手段、智能化。2000 年 6 月，省人防办规定，省辖市人防办要有 1 台应急指挥通信综合车及相应的基站设施，车上要配备机动警报无线集中控制发放设备。

是年，省人防办组织苏州市、扬州市进行警报集中控制建设试点。

2001～2005年，常州、无锡市实现对所属县（市、区）警报发放的集中控制。南通市人防办对防空警报管理控制系统进行升级改造，实现利用多媒体综合报警（包括中央控制中心、电视台分中心、广播电台分中心和无线遥控终端）和智能化集中控制，可对市区警报器进行全控、组控、区控和单控形式发放防空警报和防灾警报，并采用车载式警报控制中心在运动中控制施放防空警报。泰州市建成警报无线遥控系统，与原有的有线控制系统相兼容，形成高可靠性、多手段的防空警报控制体系。

2006年后，随着防空指挥体制的逐步建立，防空警报发放按照新的防空责任区划分要求，实现市与县（市、区）、市与防空责任区指挥中心、市与省人防指挥中心联网控制体系。13个省辖市全部实现音响警报集中控制。苏南大部、苏中部分、苏北少数县（市）实现音响警报集中控制。2008年，开始按照国家人防办关于警报集控系统技术规范要求，开展警报集中控制系统改造试点。

四、警报试鸣

1978～1996年，全省防空警报试鸣主要结合重大节日或防空演习进行。试鸣的目的主要是增强全民国防观念和人民防空意识，同时检验警报设备、设施的完好程度。1997年《人防法》施行后，地方各级政府先后确定防空警报试鸣日，使警报试鸣制度化。试鸣由县级以上人民政府组织，并在试鸣的5日前发出公告，通告市民。

2008年5月19日14时28分，根据国务院公告和省政府要求，为寄托对四川汶川“5·12”大地震死难者的哀思，全省2130台警报器准时鸣响（其中固定警报器1654台，移动警报器476台），这是江苏人防史上第一次组织全省统一鸣放防空警报。

表3-2 江苏省省辖市防空警报试鸣日

市别	时间	备注
南京市	12月13日	
徐州市	5月19日	2003年5月，徐州市政府常务会议决定，从2003年起，将1938年5月19日徐州沦陷日定为防空警报试鸣日
连云港市	11月7日	
苏州市	4月27日	2002年7月8日苏州市政府警报管理通知
无锡市	10月25日	无锡市政府常务会议决定
常州市	9月18日	
南通市	8月1日	1998年6月10日南通市政府常务会议决定
扬州市	10月29日	
镇江市	9月18日	2003年镇江市政府决定
淮安市	9月18日	
盐城市	7月14日	
泰州市	10月29日	
宿迁市	5月19日	

第四节　值勤与维护

一、值　　勤

1978～1979 年，全省通信警报值勤工作处于起步阶段，主要负责电话接转和收听警报信号。1980 年 8 月，江苏省人防办印发《关于使用人防长途线路和总机工作制度的暂行规定》，明确人防长途专线主要用于保障省人防办和各地、市人防办之间的指挥通信、警报信号传递以及各人防部门的工作联系，各人防重点城镇领导因工作需要，与省或其他人防重点城镇联系工作也可使用。9 月，各市先后建立并实行总机昼夜值班制度、长途电话登记制度、交接班制度，执行话务员和报务员守则。从 1981 年 10 月 1 日起，全省人防警报收信台恢复使用原报务制度，各设台市按省人防办《人防报务员守则》和《人防警报收信台报务员业务考核评分标准暂行规定》执行。

图 3-10　1985 年 11 月 5 日，全国人防通信工作会议在南京市召开，江苏省人防办介绍通信值勤管理经验

1983～1984 年，省和各市人防通信站成立后，各通信站逐步建立《值勤岗位职责》《值勤质量指标》《事故、差错处理规定》等。至 1985 年，全省人防系统共培训通信骨干 226 人次，并先后总结推广徐州市开展一专多能训练、无锡市人防话务班开展“文明礼貌”服务、泰州市组织警报设备维护管理等做法。1985 年 11 月，总参通信部和邮电部联合在南京市召开全国人防通信工作会议。省人防办作题为《我们抓通信值勤管理的几点做法》的经验介绍。与会人员观看南京市人防通信、警报自动化控制演示，参观南京市和下关区人防指挥所及其通信枢纽。

从 1986 年 1 月起，省人防办在全省人防通信话务员、机线维修员中开展优质服务竞赛活动。竞赛条件分为劳动纪律好、服务态度好、执行制度好、环境卫生好和设备维修好 5 个方面。是年 11 月 10 日～12 月 2 日，省人防办组成两个检查组，分别对全省 12 个重点城市和省人防通信站开展优质服务竞赛活动情况进行检查，检查内容包括规章制度建设、交换机机线设备维护、音响警报设施管理、通信车辆保养状况，通信平战结合情况和话务员服务质量等。总评 90 分以上的有省人防通信站和常州、南京、苏州、无锡 4 市人防通信站；70 分以下的有盐城、淮阴 2 市人防通信站。1987 年 9 月和 11 月，南京市人防通信站先后被南京军区人防委和国家人防委授予“先进人防通信站”称号。

1989 年，全省人防系统首次承担部分防汛指挥通信保障任务。在历时 70 天的保障中，坚持 24 小时值班和领导带班制度。全省 131 人参加通信保障。开设短波、超短波电台 61 部，架设通信线缆 4.7 千米，接转电话 2900 余次，完成保障任务。

1990 年 7 月 13 日～8 月 1 日，省人防办对全省 13 个通信站的组织思想建设、通信保障能力、设备维护管理、值勤与训练、平战结合、行政管理和创建“先进人防通信站”等进行全面检查。检查结果：省和各市人防通信站在搞好组织思想建设，保证各项任务的完成；加强设备维护管理，提高设备完好率和利用率；抓好值勤与管理，不断提高通信人员素质等方面取得明显成绩。省人防通信站和南京、连云港、苏州、常州、南通 5 市人防通信站实行以目标管理为中心的岗位责任制，将目标任务分解到人，使工作落到实处；南京、常州 2 市根据干部制度改革的有关规定，对通信站实行站长、科长、台长聘用制。省和常州市人防话务班被评为先进集体。同时，也存在干部配置不合理、通信要素设置分散、忽视设备检修、社会化管理制度不够落实等问题。11 月，南京军区人防办通报表彰人防通信先进单位和先进个人。南京、连云港、常州 3 市人防通信站被作为先进单位表彰。

1992 年 5 月，全省开始执行国家人防办印发的《关于人防无线电通信值勤管理规定》。无线电报(话)使用统一的报(话)稿纸拟写文稿，文稿必须经人防办领导审批并注明时限等级。经批准的文稿，由电台值班员按时限等级依次、及时、准确发出。接收文稿，由电台值班员用统一收电稿纸书写或打印，送收报(话)单位或保密室签收。电台值勤不得违反通报(话)规则、联络规定和保密规则；私自编用联络规定、勤务用语；在机上进行私人交谈、假冒急电或冒用他台呼号；无故拒绝抄收电报(话)、转收电报(话)或扣押电报收据；因联络困难擅自停止联络和工作；刁难对方不予配合等。电台交班时，要交清联络对象、时间、频率的变更情况；交清本班内发生的重要事情和处理情况；交清电台资料和报表、值班日记的填写情况；交清机线设备和仪表工具的完好情况。接班时要搞清上一班交代的各种情况，逐份检查待发、待收、待转、待送、待退的电报和联络文稿。

1997 年 9 月，省人防办组织全省人防系统带通信工具防空袭演习，全省人防通信系统共开通 13 个通信枢纽，安装设备 281 台套，收发文电 4072 份。2003 年 8 月，省人防办组织全省人防通信系统参与省国动委组织的国防动员综合演练通信保障工作，开设语音通信、传真通信、视频通信、数据通信、广播通信网络，确保演习圆满成功和省委常委议军会议的顺利召开。

2003 年 10 月 30 日，省人防通信系统对省田湾核电站事故场外应急综合演习实施通信保障。演习在南京和连云港两地同步进行。演习前，省人防办会同省军区通信部门和省通信系统进行实地调研，周密制定保障计划，建立通信保障网络，组织参演人员进行业务培训。演习中确保图像、语音等信息数据调度、控制切换准确无误，计算机网络运行正常。有力地保障了北京、南京、连云港等 3 地和国家核应急办、省核应急办、连云港市核应急办、连云港警备区 4 方及 5 个演习现场点之间的语音、视频和数据传输，圆满完成演习通信保障任务。

2004 年 6 月，全省人防通信工作会议提出，为适应军事斗争应急准备和防空防灾一体化要求，发挥人防通信设施的使用效益，提高人防通信保障能力，必须加强通信人员管理、通信设备管理、通信值勤管理和通信建设管理。从 8 月 1 日起，全省各级人防部门和人防通信站，每季度召开一次专题会议，研究和布置人防通信管理工作；定期检查通信设施运行、通信人员工作、通信值勤等落实情况；采取招聘专业对口的大学生充实通信站人员队伍，达到每个省辖市人防通信站有 1 名懂计算机、1 名懂有线电通信、1 名懂无线电通信的专业人员；建立和完善通信值勤制度，每周三15:00～17:30，省人防通信站组织有线电话、计算机网络、会议电视联通检查；省辖市人防办通信部门每日 17 时前向省人防办通信处汇报通信网络运行、通信情况处理、通信人员工作等情况；省人防办每季度对全省通信值勤情况进行通报。

2005 年 11 月 23～25 日，全省人防通信系统参与省军区组织的“苏防—2005”应急作战城市防空袭指挥所研究性演习的通信保障工作。

2006～2008年，随着应急准备工作的加强，全省先后举办光纤通信、信息技术、视频会议系统及线路维护技术、机动指挥通信系统操作维护等培训班，并采取定期进行指挥通信系统联调联试等办法，全面提升值勤能力和水平。到2008年年底，全省通信警报值勤能力和水平基本适应人防应急准备的需要。

二、维　　护

1978～1983年，全省人防指挥通信和警报通信设施、设备的维护以邮电部门为主，人防部门承担少量维护任务，警报设备主要由人防部门维护管理。1984年，省和各市先后成立人防通信站，逐步加大自行维护工作量。到1986年7月，全部由各人防通信站自行维护。

1985年12月，省人防办对警报设备维护管理作出规定。警报器表面清洁、无锈蚀、螺丝无松动、防雨棚牢固不漏雨；接线盒内无积尘，接线牢固无氧化，电源线敷设安全；电机绝缘电阻绕组之间不小于0.5兆欧，绕组对地不小于0.5兆欧；电机轻微转动时鸣轮与罩壳之间应无卡壳、无摩擦、无碰击，运转平稳，加电后工作正常。控制线路电气性能符合要求（一般双线之间绝缘电阻和单线对地绝缘电阻大于0.5兆欧以上），总控制和末端控制动作可靠，熔丝符合规定要求。警报车由专人驾驶并负责保养，保持良好状态。

图3-11　南京市人防办注重人防警报设施的维护管理

1986年1月，省人防办在全省推广泰州市人防办警报器社会化管理办法，按照市、区人防办及警报设点单位、邮电、供电等部门各自承担的任务和责任，将防空警报管理工作纳入目标管理，实行岗位责任制；建立警报人员联系网，把设点单位分工部门及警报管理维护人员按姓名、职务、工种、电话等登记造册，建立定期联系制度；建立警报技术档案，按警报控制、警报线电路、警报器、电源、防护设施、维护管理人员及维护管理记录建档；建立管理制度，确定维护标准、范围；对维护管理人员进行技能培训；定期检查评比，推广典型经验。2月，省人防办批转南通市人防办《关于加强防空警报设施维护管理的意见》，推广南通市防空警报实行市控警报器由市人防通信站维护管理，单位控制警报器由设点单位维护管理，警报器控制线、电路由邮电部门维护管理的做法。全省警报设施维护开始走向社会化管理轨道。到1990年年底，南京、徐州、南通、扬州、泰州5市人防警报设施社会化管理的普及率达100%。

1989年11月，全省开始执行国家《人民防空通信设备维护管理标准》。1990年7月，省人防办组织对全省13个人防通信站贯彻落实《人民防空通信设备维护管理标准》的情况进行检查。省和南京、徐州、连云港、常州4市人防通信站维护管理制度落实，图表、资料和登记比较齐全；南京、徐州、常州、南通、盐城、泰州6市人防警报社会化管理工作落实，维护管理工作扎实。南通市人防警报档案资料管理工作规范统一。各市通信警报设备的维护管理工作、设备的完好率和利用率有明显提高。机房比较整洁,仓库器材放置整齐,账目清楚。省和南京、连云港、苏州、常州、南通5市人防通信站实行以目标管理为中心的岗位责任制,将目标任务分解到人,使工作落到实处。8月,省人防办转发总参通信部《关于车载警报设备使用管理的通知》,要求各市指定专人负责车载警报设备的维护管理,警报器和控制盒不得随意拆卸,要建立使用、维护、档案管理等有关制度。

1993年11月和1995年11月,省人防办先后对全省12个人防重点城市的音响警报器维护管理情况以及全省人防通信电源设备设施维护管理情况进行检查评比。1996年4月,省人防办印发《江苏省人防通信电源设备设施维护管理标准》,对电源配置、电源机房设置、电源设备预检维修项目、周期及完好标准、档案管理等做出规范。

1999年1月开始施行的《省实施〈人防法〉办法》规定:对人民防空通信和警报建设所需的专用线路、无线信道、无线电频率、微波路由等,有关部门应予以保障和保护。禁止擅自搬迁或者拆除、毁坏人民防空通信、警报设施。确因建设需要拆迁的,须报经政府人防主管部门批准,按照规定进行易地重建,拆迁和重建经费由拆迁单位承担。对占用人防通信专用频率、使用与防空警报相同的音响信号或擅自拆除人防通信、警报设备设施的,由人防主管部门对当事人给予警告,并责令限期改正违法行为,可以对个人并处5000元以下罚款,对单位并处1万～5万元罚款。造成损失的,应当依法赔偿损失。

进入21世纪后,随着指挥所通信枢纽、光纤通信、机动通信、计算机网络、视频会议系统、警报集中控制的加强,人防通信、警报设施设备的维护管理任务越来越重。全省人防系统通过加强技能培训、强化制度执行、聘请专业技术人员等办法和措施,切实加强通信、警报设备设施以及相关网络、数据库的维护管理,使其保持良好状态。2004年7月,省人防办在《关于加强人防通信管理工作的通知》中要求,全省各级人防部门将通信、警报管理作为年度工作的重要内容,认真制定计划,科学组织实施。定期检查设施运行和维护管理落实情况。搞好通信设施的登记统计,确保所有通信设备账物相符;严格执行维护保养制度,定期维护保养,确保所有通信警报设备保持良好的技术性能;定人定位,确保所有通信设备处于有效的监控管理状态。2008年,省文明委将人防警报覆盖率、警报完好率纳入文明城市评比指标,有效促进了防空警报建设和管理工作。

第四章 防空工程

1978年，全省竣工人防工程10.3万平方米。1979～1990年，根据第三次全国人防会议确定的“全面规划、突出重点、平战结合、质量第一”的方针和国民经济“调整、改革、整顿、提高”的方针，全省人防工程建设由注重战时使用向注重平战两用转变，由注重数量向注重质量转变，人防工程投资由单纯投入型向增值型转变。全面推进人防工程建设与城市建设相结合。加强对人防工程规划、设计、施工的管理，以结合基本建设修建防空地下室和结合城市建设修建平战两用的人防工程为主，同时对已建工程进行加固改造、配套完善，使之投入使用。新建工程以钢筋混凝土结构为主，质量显著提高。1991～1995年，全省人防工程建设得到较快发展，竣工面积比“七五”时期增长41.9%。1997年《人防法》施行后，全省人防工程步入依法建设的高速发展阶段。各级政府通过转变职能，理顺关系，逐步形成依法管理人防工程建设的合力。人防工程建设由国家人防重点城镇发展到全省县(市)及乡镇。城市新区、开发区和新建住宅小区依法落实人防工程建设。开发利用地下空间兼顾人防要求得到落实。依法修建人防工程的比例逐年提高。人防工程建设由人员掩蔽工程为主，向指挥工程、配套工程全面推进，注重防护体系的完善。1997～2008年，全省重点城市人防工程竣工1247.73万平方米，县(市)竣工332.99万平方米。

第一节 规划与建设管理

一、规　　划

1978年12月，省人防领导小组决定组织拟制1979～1985年人防工程建设规划。1979年7月，各市完成规划拟制。8月，省人防办为体现“全面规划、突出重点、平战结合、质量第一”的方针和“以市区为主，人口稠密区为主，人员掩蔽工程为主”的建设原则，对各市规划提出修改意见。修改后的规划注重人防工程建设与城市建设、基本建设、城市防卫的结合。全省规划建设人防工程260余万平方米。从1980年起，全省贯彻中央“调整、改革、整顿、提高”的方针，调整人防工程建设，缩短战线。是年，全省共停建72个项目，压缩4个项目规模。人防工程建设规划完成的时限相应推迟。

1986年12月，省政府确定由南京市进行人防建设与城市建设相结合总体规划编制试点工作。1987年9月，省建委、省人防办在南京组织召开江苏省人防建设与城市建设相结合总体规划编制工作研讨会。南京市介绍人防建设总体规划编制试点经验。10月，省建委、省人防办印发《江苏省人民防空建设总体规划编制工作的意见》，明确规划编制的依据、指导思想和原则，规划的基本内容,编制规划的工作程序、方法和要求,以及规划成果等。规定:编制规划,必须贯彻平战结合的方针,坚持统筹兼顾,全面安排,因地制宜,突出重点,注重实效,着眼发展,长期坚持的原则,真正做到统一规划,统一建设,统一管理。规划期至2000年。是年年底,全省各市先后展开规划的编制。1989年9月,省人防办、省建委将各市规划报省政府审批。1990年1月,省政府分别对各市政府做出同意的批复。2月,省人防办、省建委将经省政府同意的南京市人防建设总体规划报国家人防委、建设部审批。5月,国家人防委、建设部批复,认为该总体规划指导思想明确,内容切合实际,原则同意。

1995年6月,省军区司令部、省人防办要求各县级市组织制定人防建设与城市建设相结合的规划,组织实施人防工程建设。1997年,省人防办在常熟和太仓市进行县级市人防工程建设规划编制试点。《太仓市人防工程建设规划(1998～2010)》,率先通过专业审查,并经市政府批准实施。1998年5月,省人防办下发《关于组织实施县级市人防工程建设总体规划编制工作的通知》,对规划编制的指导思想、依据和原则,规划分类、内容及重点,实施部署,组织领导等提出要求。规定近期规划期限至2005年,远期规划期限至2010年,远景规划期限至2020年。到2000年年底,全省31个县级市全部完成人防工程建设总体规划的编制。从2001年起,根据省政府决定,全省所有县(市)依法开展人防工作,组织编制人防工程总体规划。

1999年9月,省人防办发出《关于组织编制省辖市人防工程规划的通知》,部署新一轮规划编制工作。近期规划期限为2001～2005年,远期规划期限至2010年,远景规划期限至2020年。规定:人防工程总体规划的编制,要以相关法律、法规、技术规范、标准为依据,以提高城市在高技术局部战争条件下的防空能力为基点,贯彻落实新时期军事战略方针和人防建设方针,坚持立足现状、着眼发展、全面规划、突出重点、配套建设、注重实效的原则,搞好人防工程的配套布局和建设任务的安排,努力提高总体规划的科学性、合理性和适用性,通过总体规划的实施,逐步形成完善配套的城市人防工程防护体系。要求综合协调城市新区、开发区、新建住宅小区和旧城改造的地下空间开发利用规划布局,重点搞好结合新建民用建筑修建防空地下室规划,并紧密结合城市地下交通、购物、仓储、停车场和文化、卫生、公共服务等基础设施建设,规划修建平战两用人防工程,综合开发利用地下空间,节省建设投资,节约城市用地,改善城市环境。要求各市的规划方案在通过专家评审后,报所在市人民政府审批,并报省人防办备案。

2004年,《常州市地下空间开发利用规划(2005～2020)》通过专业审查,并经市政府批准。2005年1月,《南京市人防工程与地下空间开发利用总体规划(2004～2010)》通过专业审查,12月经市政府批准实施。该规划以南京市城市总体规划为依据,根据南京市城市发展战略和建设实际,对地下空间结构、地下空间资源综合利用、人防工程需求预测、地下空间功能形态和布局、城市防护空间体系、地下空间整合和实施策略等方面进行研究,使城市地下空间开发利用逐步形成以单项地下工程为点,以城市各级中心区地下空间为面,以6条地下铁路为线,“点、线、面”相结合的地下空间体系,为全面提高城市综合防护能力提供重要政策依据。2006年11月,《徐州市人民防空工程建设规划(2006～2020)》和《无锡市地下空间开发利用及人防建设规划(2006～2020)》通过专家组论证。无锡市的规划确定以地铁为地下空间结构骨架,以地下交通、商业、文化娱乐、休闲健身、防空防灾等功能为主体,以增加无锡城市容量,提升城市环境品质,提高城市运行效率,建设紧凑城市、节约城市、宜居城市为目标。结合地面规划和旧城改造,实行立体再开发,振兴老城区。重点开发中心城区和5个新城的地下空间资源。12月27日无锡市政府批准实施。2008年，连云港市开始编制地下空间开发利用规划。

2007年7月，省政府办公厅转发《江苏省人民防空建设“十一五”规划纲要》。要求完成新一轮人防工程建设规划编制，启动重点中心镇人防工程建设规划编制，逐步实现规划全覆盖。

二、建设管理

1978～1980年，全省单建式人防工程建设按“以市区为主、人口稠密区为主、人员掩蔽工程为主”实施管理。

1981～1995年，按“结合城市建设新建平战结合人防工程，加固改造，完善配套已建人防工程为主”实施管理。

1996～2008年，按完善防护工程体系实施管理。

（一）单建式人防工程

1978～1984年，全省单建式人防工程按指令性计划实施管理。1985年开始实行指令性计划和指导性计划并重的管理。国家和省安排的经费、材料主要用于完成指令性计划；指导性计划由各市筹集的经费、材料完成。从1986年起，按照投资规模和性质，将人防工程项目划分为大型、中型、小型和零星等4种类型，实行国家、省、重点城市三级管理。250万元以上的大型项目由国家管理，50万～250万元的中型项目由省管理，小型和零星项目由市管理。在实行指令性计划和指导性计划的同时，试行有偿投资计划。主要对经济效益较高的新建、续建项目实行有偿无息投资。从1988年3月起，对不执行计划、擅自变更项目和无故完不成计划任务的，查明原因，追究责任，视情取消项目计划。1989年5月，省人防办在徐州市召开新建人防工程座谈会。会议围绕新建人防工程的指导思想，前期工作，建设规模、速度、效益比较，以及设计思想、质量管理等问题，从理论和实践的结合上广泛探讨。特别是提出反可行性研究的观点，以避免可行性研究变为可批性研究，确保项目的科学性和可操作性。1994年4月，《江苏省人民防空工程建设项目管理若干规定》开始实施。凡利用国家拨款、自筹资金、政策性收费组织修建人防工程，均纳入人防工程建设计划管理。大型项目调整为1000万元以上，中型项目为300万～1000万元，小型项目为50万～300万元，零星项目为50万元以下。停止执行有偿投资政策。

1996～2008年，全面推进指挥通信工程、人员掩蔽工程、防空专业队工程和配套工程建设。2001年，人防工程建设指标纳入省国民经济发展计划，实行目标管理。2003年，大型项目调整为2000万元以上，中型项目为600万～2000万元，小型项目为200万～600万元，零星项目为200万元以下。从2006年起，强化目标管理，采取省与市、市与县签署目标责任状的办法，确保建设目标的实现。

（二）防空地下室

1978～1983年，防空地下室建设由省计委、省建委、省人防办共同管理。1978年，全省防空地下室建设计划由省计委下达，人防部门负责监督检查。5月，各市人防办根据省人防办要求，启用“人防工程审核专用章”，对基建项目结合修建防空地下室实施审核。未经人防部门审核盖章的基建项目，设计部门不承担设计，施工部门不予施工。1979年，修建防空地下室的计划由省计委、建委在有关基本建设计划中下达。计划、基建、人防部门保证计划的落实。1980～1983年，结合基本建设修建防空地下室，实行建设单位按国家规定的标准自建或将相应资金材料交所在城市建委统一安排修建的办法。对按规定应自建防空地下室而不建的，应交纳资金而不交的民用建筑项目，计划部门不批计划，人防部门不签字，设计部门不设计，城建规划部门不办理手续和不发施工许可证，建设银行不拨款。1983年3月，省建委、省人防办在苏州市召开首次全省防空地下室建设会议。

1984～1996年，结合基建修建防空地下室由建设部门与人防部门共同管理，以建设部门管理为主。1984年7月，根据国家人防委、国家计委、城乡建设环境保护部《关于改变结合民用建筑修建防空地下室规定的通知》要求，全省结合民用建筑修建防空地下室，一律由建设单位负责修建，所需资金列入建设项目的设计任务书和概（预）算之内，纳入基本建设投资计划。各级基建管理部门，在审批民用建筑项目的设计和概（预）算时，对防空地下室的部分吸收人防和城建部门参加。凡不按规定修建防空地下室的，城建部门不发施工执照。各级人防部门参与防空地下室的设计审查和竣工验收。1986年3月，省建委、省人防办印发《结合民用建筑修建防空地下室实施细则》，规范防空地下室建设的方针、原则、机构和职责、建设范围和标准、建设规划、计划、设计和设计管理、施工和竣工验收等。4月，省建委、省人防办在常州市联合召开全省第二次防空地下室建设工作会议。5月，为进一步配合做好结合民用建筑修建防空地下室工作，各市人防办选派1～2人到市建委人防管理机构协助工作。1986年5月、10月和1988年6月，省政府先后决定镇江、盐城、泰州、淮阴（今淮安市）4市结合民用建筑修建防空地下室，按二类人防重点城市的有关规定执行。1988年6月，省建委和省人防办在无锡市联合召开全省第三次防空地下室建设工作会议。1991年5～6月，省建委、省人防办组成检查组，检查部分市贯彻落实国家、省有关防空地下室建设政策情况，防空地下室的设计、施工质量情况，以及1984～1990年防空地下室经费的收支及使用情况。1992年3月，全省人防部门加大对防空地下室建设的管理力度，省人防办转发《南京市结合民用建筑修建防空地下室工作程序要点》，要求各地参照实施。这个基本工作程序由书面报告、批复、设计方案审批、施工图报送、施工管理、竣工验收6项组成。1994年6月，国家人防办就防空地下室建设管理问题做出批复，明确结合民用建筑修建防空地下室是人防部门的一项重要工作，是人防工程建设的重要组成部分，各级人防部门必须加强对防空地下室建设的管理和监督。各地对因地质和施工条件等原因不能与地面建筑同时修建防空地下室，按规定收取的防空地下室建设经费，必须纳入人防建设经费管理，由人防部门按照人防工程建设计划管理规定，安排易地建设。

1997年，全省人防系统依法负责防空地下室建设管理。4月至年底，省人防办组织检查全省防空地下室建设情况，发现漏建防空地下室现象严重，特别是城市新区、开发区、新建住宅小区，基本没有依法修建防空地下室。省人防办会同省计经委、建委等相关部门，专题研究改进办法和措施。1999年11月，经省政府批准出台《关于加强城市新区、开发区和新建住宅小区人防工程建设的意见》，开始强化对防空地下室建设的管理。2001年和2005年，省人大组织检查全省执行人防法律法规情况，防空地下室建设为检查重点之一。2008年，修改后的《省实施〈人防法〉办法》施行，各级政府人防、规划、建设部门，形成对防空地下室建设管理合力。

第二节　计划与实施

1978～1980 年，全省人防工程建设按年度计划执行。1981 年以后，按五年计划和年度计划组织实施。1978～1996 年，人防工程建设由人防、建设等相关部门负责计划的管理与实施。1997 年以后，人防部门依法负责人防工程建设计划的管理与实施。

一、计　　划

1978～1980 年，单建式人防工程建设由人防部门负责制定年度计划，人防、计划、基建、财政、物资部门共同对计划综合平衡，提出审查意见，经批准后实施。1981 年，开始按五年计划和年度计划实施。凡列入计划用省拨经费的项目，由省人防办审批，地方经费安排的项目，由各地人防办审批，报省备案。

从 1986 年起，人防工程建设的长、中期计划，分别由省及各市人防委依据国家和省计划，结合本地实际情况制定，经同级人民政府审核后，报上一级人防委审批。年度计划，由各级人防办制定。国家和地方联合投资建设的人防工程，纳入国家计划管理。地方安排资金修建的人防工程，纳入各级地方计划，由同级政府审批，报上一级人防办备案。列入国家计划管理的人防工程项目，大型项目由省人防办审核，报国家人防办审批；中型项目由市人防办审核，报省人防办审批；小型、零星项目由市人防办审批。省和一类人防重点城市的人防指挥所工程，由省人防办征求南京军区人防办意见后，报国家人防办审批；二、三类人防重点城市和一类城市的区人防指挥所工程，由省人防办审批。地方资金安排并列入省、市地方计划管理的建设项目，由省、市人防办审批并报上一级人防办备案。

从 2001 年起，省和各省辖市先后将人防工程建设指标纳入国民经济和社会发展计划。

从 2006 年起，全省人防建设实行目标管理。每个五年计划开始实施前，由省政府领导与 13 个省辖市政府领导签署“人防建设目标责任状”，人防工程建设指标是其主要内容。省辖市政府与所辖县(市)政府每年签署一次。

二、实　　施

1978 年，全省完成新建人防工程 10.3 万平方米，占计划的 103%；完成口部处理 161 个，占计划的 54%。1979 年，完成新建人防工程 10.15 万平方米，占计划的 101.5%。完成加固改造已建工程 0.61 万平方米，占计划的 66%。完成口部处理 77 个，占计划的 75.5%。1980 年，完成新续建人防工程 7.05 万平方米，占计划的 100.7%。

“六五”期间(1981～1985 年)，全省人防工程建设贯彻国民经济“调整、改革、整顿、提高”的方针，按计划展开新续建和加固改造工程建设。南京市北极会堂、无锡市环城河、苏州市公园会堂等一批有影响的人防工程建成并投入使用。

“七五”期间(1986～1990年),全省人防工程建设突出综合治理早期人防工程,改造完善平时和战时都有使用价值的骨干工程;优先安排平时使用经济效益较高的项目,集中资金结合城市建设修建规模较大、质量较好的平战两用骨干工程,直接为城市经济建设和人民生活服务。徐州古彭广场人防工程、常州江南商场人防工程、南京夫子庙人防工程、苏州察院场环道人防工程、无锡西门商场人防工程先后建成。

“八五”期间(1991～1995年),全省人防工程建设坚持与城市建设相结合、平时与战时相结合,全面完成计划任务。相继建成一批较有影响的人防工程:南京洪武路地下车库、大钟亭人防工程、虎贲仓地下车库,连云港云台山隧道,苏州嘉富—乐桥立交,无锡火车站广场A、B区人防工程,扬州石塔路人防工程,镇江南门大街人防工程,淮阴交通广场人防工程等。

“九五”期间(1996～2000年),全省人防工程建设坚持重点工程和防空地下室建设并举,以防空地下室建设为主的原则,实施指挥通信工程、人员掩蔽工程、防空专业队工程以及各类配套工程建设,全面超额完成计划任务。在此期间,又相继建成一批战备、经济和社会“三个效益”比较明显的人防工程:徐州东站人防工程、连云港龙河广场人防工程、苏州道前街人防工程、无锡火车站E区人防工程、苏州狮子山人防工程、淮安淮海广场人防工程、无锡残疾人康复中心人防工程、太湖花园人防工程、常州文化宫广场人防工程、南通南大街人防工程、南京正洪街人防工程、苏州人防指挥所、扬州双桥路人防工程等。同时,全省有常熟、张家港、昆山、吴江、太仓、吴县、江阴、宜兴、锡山、武进、启东、海门、丹阳、扬中、句容、靖江、泰兴、姜堰等18个县级市和如东县开展人防工程建设,竣工工程面积达10.5万平方米。

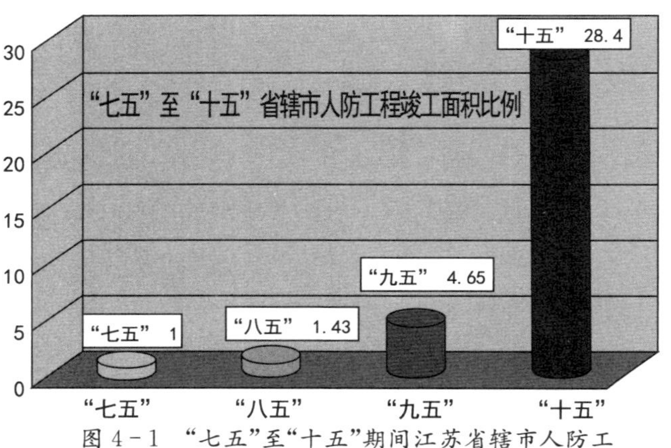

图4-1 “七五”至“十五”期间江苏省辖市人防工程竣工面积比例示意图

“十五”期间(2001～2005年),省和各市将人防建设纳入国民经济和社会发展计划,各市将人防工程面积指标纳入城市建设目标考核体系。13个省辖市都在政府行政审批中心设立人防工程报建“窗口”。全省各级计划、规划、建设和人防部门开始共同对防空地下室建设全程控制。计划部门在批准新建民用建筑立项时,严格按照国家有关规定核定项目建设规模;在初步设计审查阶段,由同级人防部门出具书面意见后再行批复,设计单位据此批复实施施工图设计;在工程建设及验收中,同级质量监督部门按照批准的设计图纸严格把关,对工程质量不合格的责令整改。防空地下室结建率由“九五”时期的33.68%上升至66.98%。“三区”(城市新区、开发区、新建住宅小区)人防工程建设全面启动,成为人防工程建设新的增长点。省人防指挥所工程通过竣工验收,工程质量等级综合评定为优良。全面超额完成“十五”时期人防工程建设计划。竣工的重点工程项目有:徐州云龙山隧道工程,常州延陵东路人防工程、怀德广场人防工程,苏州观前公园人防工程、南门路人防工程,南京五台山二号口人防工程、大行宫人防工程、河西中央公园人防工程,泰州滨河广场人防工程,无锡市太湖南广场人防工程,南通市指挥所、会展中心人防工程,扬州市人防指挥所,镇江市人防指挥所、健康广场人防工程等。在此期间,有36个县(市)开展人防工程建设,5年竣工人防工程110余万平方米,完成计划的194%,人均使用面积达0.17平方米。省辖市人防工程竣工面积是“七五”时期的 28.4 倍。

2006 年 3 月 21～22 日，省发展改革委员会在南京市主持召开《江苏省人防建设第十一个五年规划纲要》和《江苏省人防预备指挥所可行性研究报告》论证会。国家人防办、省政府、省军区有关领导出席会议并讲话。解放军理工大学、南京陆军指挥学院、上海市民防办公室等单位专家应邀出席会议。与会领导和专家经认真讨论论证，一致通过规划纲要，同意预备指挥可行性研究报告。7 月，在全省人防工作会议上，省政府分别与 13 个省辖市签署“十一五”时期人防建设目标责任状。13 个省辖市五年计划完成人防工程建设 800 多万平方米，全省县(市)计划完成人防工程建设 200 多万平方米，到 2008 年年底实际完成“十一五”计划的 83.7%和 96.9%。

图 4－2　2006 年 3 月 21 日，江苏省发展改革委员会在南京主持召开《江苏省人防建设第十一个五年规划纲要》和《江苏省人防预备指挥所可行性研究报告》论证会

第三节　工程勘察设计

1978～1984 年，全省人防工程的地质勘察主要由建设单位委托地方勘察单位承担。1985 年，南京市人防工程设计所取得工程地质勘察乙级资质和丙级测量资质。1987 年，淮阴市(今淮安市)人防设计室取得工程地质勘察丁级资质。此后，除这 2 个市人防设计单位承担少量人防工程勘察任务外，全省新建人防工程勘察主要由建设单位委托地方勘察单位承担。

1978～1981 年，全省人防工程设计主要通过抽调人员和委托相关单位承担。只有省和南京市人防办可以承担部分人防工程设计。1982 年起，全省加强人防设计队伍建设，逐步形成具有较强设计能力的人防工程专业设计队伍。

一、设计队伍及资质

1978 年，省人防办设工程设计组。4 月，南京市人防办成立设计处。其他市没有专门的人防工程设计队伍。单建式人防工程建设主要依靠抽调人员设计；结合基本建设修建人防工程，由有关设计院、所、室在承担基建项目设计时，承担人防工程设计任务；省人防办工程设计组承担重点单建式人防工程设计；有设计能力的建设单位自行设计。各地、市人防办会同有关设计院、所、室，采取举办训练班、技术讲座、代训等方式，组织培养有一定技术基础的人员，参与人防工程设计。1979 年 6 月，省人防办工程设计组改编为设计处，全省人防部门有专职设计人员 58 人。

1980年4月，省人防工程设计科研所成立。

1981年，南京市人防工程设计所，常州市人防工程设计室先后成立。

1983年，苏州、无锡、徐州、镇江4市人防工程设计室先后成立，编制12～20人。

1984年，扬州、南通、淮阴、连云港4市人防工程设计室先后成立。是年，全省人防系统参加设计的工程技术人员109人，完成工程设计302项，投资总额3290万元。南京市人防工程设计所和常州市人防工程设计室实行技术经济责任制。

1985年6月，省建委批准省人防工程设计科研所为乙级设计单位。

1986年12月，省人防工程设计科研所更名为江苏省人防工程科研设计院。更名后人员编制、级别不变。是年，全省人防工程设计人员达148人，完成设计项目260个，创利润63万元。

1987年3月，省建委公布第一批勘察设计资质和收费资格单位：省人防工程科研设计院、南京市人防工程设计所为乙级设计单位，南京市人防工程设计所还可承担乙级工程地质勘察、丙级工程测量；常州市人防工程设计室，无锡、南通、徐州3市人防工程勘察设计室为丙级设计单位；淮阴市人防设计室、连云港市人防工程设计室为丁级设计单位。同年，省建委公布第二批勘察设计资格和收费资格单位：扬州市人防工程设计室为丁级设计单位。1987年，全省人防工程设计院、所、室共有职工197人（其中高级工程师11人、工程师69人），完成工程设计278项，创利润152万元。

1993年，省人防工程科研设计院更名为江苏省第二建筑设计研究院。南京市人防工程设计所更名为南京市地下工程建筑设计院。分别获甲级人防工程设计资质。

1997年，全省人防设计单位职工总人数209人，装备微机126台、CAD微机124台，全年生产折合1号图7185张，CAD生产折合1号图6715张。单位平均CAD出图率84.19%，CAD综合出图率93.46%。其中，江苏省第二建筑设计研究院本部34人，微机29台，全年生产折合1号图2381张，CAD生产折合1号图2381张，CAD出图率100%。

1998年1月，省建委表彰江苏省第二建筑设计研究院院长华建民为优秀设计院长。

2001年年底，全省人防设计单位有注册执业人员46人（其中一级注册建筑师9人、二级注册建筑师11人、一级注册结构师24人、二级注册结构师2人）。

2002年，江苏省第二建筑设计研究院常州设计所改制。2003年，南京市地下工程建筑设计院、江苏省第二建筑设计研究院苏州设计所和无锡设计所改制。2005年江苏省第二建筑设计研究院改制。截至2008年，全省人防工程专业设计单位有江苏省第二建筑设计研究院有限责任公司、南京地下工程建筑设计有限公司、苏州天地民防建筑设计研究院有限公司、无锡天宇民防建筑设计研究院等4个，总人数328人。全省具有甲级人防工程设计资质的设计单位有南京工程兵工程学院人防工程设计院、南京军区工程设计院、江苏省第二建筑设计研究院有限责任公司、南京地下工程建筑设计院有限公司；具有乙级人防工程设计资质的设计单位有南京军区空军勘察设计院、南京市民用建筑设计研究院有限责任公司、南京市市政设计研究院有限责任公司、无锡市建筑设计研究院有限责任公司、苏州天地民防建筑设计研究院有限公司、无锡天宇民防建筑设计研究院。

二、设计标准

1978～2008年，江苏省人防工程的设计，主要执行国家颁发的《人民防空工程战术技术要求》

《人民防空工程设计规范》《人民防空地下室设计规范》《人民防空指挥所设计标准》《人民防空工程设计防火规范》《人民防空工程柴油电站设计标准》《人民防空工程供电标准》《人民防空医疗救护工程设计标准》《人民防空工程隔震设计规范》《人民防空工程防化设计规范》《人民防空工程防护功能平战转换设计标准》《人民防空指挥所通信工程设计要求》《地下工程防水技术规范》等国家标准和人防行业标准。在国家尚无标准时，根据江苏人防工程建设的实际需要，适时制定省级标准，在省内执行。国家或行业标准出台后，按国家和行业标准执行，废止省级标准。

1978 年，人防工程设计按 1977 年 5 月省人防办《关于人防工程设计中一些问题的意见》执行。该“意见”对人防工程防护密闭单元、出入口、主体结构计算、材料和构造、三防设施、内部设备标准、通风、给排水、供电等 9 个方面作出具体规范，基本满足各地按《战术技术要求》精神开展人防工程设计。该“意见”执行到 1980 年 3 月，此后按国家颁发的《人民防空工程设计规范》《人民防空地下室设计规范》《人民防空工程设计防火规范》《人民防空工程柴油电站设计标准》《人民防空工程供电标准》等国家标准和行业标准执行。

1979 年 8 月，省人防办印发《人防工事的平战结合设计》和《人防工程口部防护设计资料》，供全省设计人员参考。《人防工事的平战结合设计》对医院和救护站、招待所和旅馆、粮库、车间、厨房和食堂的平战结合设计提出要求。

2001 年 12 月，南京军分区司令部、南京市人防办颁发《6B 级防空地下室设计技术标准》，在南京市暂行。这是全国最早的 6B 级防空地下室设计标准。主要技术内容有：总则、建筑、结构、采暖通风与空气调节、给水排水、供电照明。该“标准”执行到 2004 年 7 月。

2004 年 7 月，省建设厅、省人防办颁发《江苏省城市 6B 级人民防空工程设计标准》，为江苏省工程建设强制性标准。主要技术内容有：总则、建筑、结构、采暖通风与空气调节、给水排水、供电。该“标准”适用于新建或改建多层住宅的 6B 级人防工程。地下空间开发设防的工程参照执行。2006 年 6 月，省人防办、省建设厅发出通知，决定自 7 月 1 日起停止执行《江苏省城市 6B 级人民防空工程设计标准》。全省执行国家新的人防工程设计规范，并对人防工程分类、核 6B 级设计标准、人防工程平战转换设计、柴油电站设计以及围护结构等需要把握的问题做出界定。

2007 年 4 月，省建设厅、省人防办发布《普通地下室人防应急加固改造技术规程》，为江苏省工程建设强制性标准。这是全国第一部关于普通地下室应急加固改造设计的技术文献。该“规程”共分 10 章和条文说明，主要技术内容有：总则、术语、符号、材料、基本原则、粘贴碳纤维复合材加固法、粘贴钢板加固法、增大截面加固法、增设梁柱支点加固法、口部应急改造措施、后锚固技术以及附录。

三、设计质量管理

（一）设计文件审批

1978 年，人防工程设计文件由省人防办审批。从 1979 年 10 月起，设计任务书实行分级审批：大中型工程、市指挥所、通讯枢纽工程、地下医院和三级以上工程的设计任务书由省人防领导小组审批，大型项目报南京军区和全国人防领导小组备案；小型项目由各地、市人防办审批，报省人防办备案。结合基本建设修建防空地下室的项目，设计任务书由各地、市基本建设委员会审批，如人防部门认为有必要提高工事等级或扩大面积而增大投资时，由建委和人防部门共同审批。设计文件审批权限同设计任务书的审批。

从1981年起，省人防办委托省人防工程设计科研所负责人防工程设计的技术性审查。1981年，共审查工程项目139个。

从1984年2月起，省人防工程科研设计所承担全省指挥通信、医疗救护、疏散机动干道、大型坑道等工程以及4级以上重要人防工程的设计文件审核任务。

从1988年8月起，省及一类城市人防指挥所的初步设计由南京军区人防办审核，报总参工程兵部审批。大型人防工程建设项目的初步设计由省人防办审核，报总参工程兵部审批。中型人防工程项目和二、三类城市人防指挥所的初步设计，由省人防办审批，报南京军区人防办备案。小型人防工程项目和其他人防指挥所的设计文件由重点城市人防办审批，报省人防办备案。加固改造、口部处理项目的设计文件，按投资总额，分别按大、中、小型项目报批。

从1993年10月起，人防工程项目设计任务书改称“人防工程项目可行性研究报告”。省和一类人防重点城市的人防指挥所工程，以及总投资超过1000万元(含)的二、三类人防重点城市的人防指挥所工程可行性研究报告，报国家人防办审批；总投资1000万元以下的二、三类人防重点城市的人防指挥所工程可行性研究报告，由省人防办审批，报国家和军区人防办备案。人防工程大型项目、省及一类人防重点城市人防指挥所工程和总投资达到大型项目标准的二、三类人防重点城市指挥所工程的初步设计由国家人防办审批。其他人防工程项目初步设计由省人防办审批。

从2002年9月起，根据《江苏省人防工程施工图设计审查暂行实施办法》，人防工程施工图设计审查由人防主管部门统一组织实施，实行分级监督和管理。人防部门投资建设的大型项目报国家人防主管部门审查；中型项目、非人防部门投资建设的1万平方米以上的单建式人防工程和地下空间开发兼顾防空要求的项目，由省人防主管部门组织审查；人防部门投资建设的小型和零星项目、结合民用建筑修建的防空地下室以及非人防部门投资建设的1万平方米以下的单建式人防工程和地下空间开发兼顾防空要求的项目，由省辖市人防主管部门组织审查。人防工程施工图设计的政策性审查由人防主管部门承担，技术性审查委托具备人防工程施工图审查机构资格的技术审查机构进行。人防主管部门完成政策性审查后，将送审材料转交委托的技术审查机构进行技术性审查。审查合格的项目，由组织审查的人防主管部门颁发施工图审查批准书。审查不合格的项目，人防主管部门将施工图退回建设单位，由原设计单位修改后重新送审。截至2008年，均按该“办法”执行。

（二）设计质量检查

1985年8～9月，省人防办采取自查和互查的办法，组织开展全省人防工程设计质量检查，全面检查1984年以后的各项设计。发现的主要问题有：存在违反设计程序情况，有的项目没有计划任务书，有的不按计划任务书要求设计，擅自扩大面积、突破概算；存在边勘察、边设计、边施工的现象；设计深度不够，有的项目图纸不全，计算书不规范，个别项目没有计算书。

1995年，省人防办组织检查新建人防工程设计质量。抽查南京、徐州、苏州、无锡、扬州、泰州等6市的7项工程项目设计，总建筑面积44034平方米。其中单建式工程3项，结建式工程4项。检查结果：良级3项，合格3项，不合格1项。11月，省人防办与省建委组成联合检查组，检查苏州、无锡、常州、南通、扬州5市人防设计所、室的制度建设及部分工程项目的设计质量。检查结果:各所、室的内部制度健全,对设计质量的管理严格。

1998年9～12月,省人防办随机抽检防空地下室设计质量。抽查对象为承担防空地下室设计任务的设计单位。抽查内容包括:执行国家、省人防建设方针、政策的情况;执行《人民防空地下室设计规范》和相关技术标准的情况;满足战时与平时使用要求的程度,以及平战功能转换的可靠性、技术水平、经济指标等。1999年1月,省人防办通报检查情况:共抽查16个设计单位的19个项目,设计质量合格以上的12个,合格率达63.2%,其中优良级6个,优良率达31.6%;设计质量不合格的有7个,占36.8%。通报指出,防空地下室的设计质量有一定提高。口部防护设计、结构抗力设计、设备系统设计基本可行,特别是人防专业设计单位的设计质量比较好,被查的5个项目中,4个达到优良级,优良品率达80%。同时,防空地下室设计质量普遍存在不少问题:非人防专业设计单位承担的14个项目中,合格率仅为57%;少数设计单位未按人防主管部门批准的防护标准和设计要求设计;防护系统设计达不到人防基本要求;工程口部平面设计规范性较差;防护功能平战转换设计存在缺陷较多;设备系统设计不完善;设计深度达不到要求等。其主要原因是设计单位对"规范"中防护要求不熟悉;有些设计单位片面迎合建设单位要求,擅自取消防护设计;管理体制不顺,人防部门的监督管理不到位。

2003年,省建设厅、省人防办组织开展人防工程设计专项检查。在各单位自查自纠基础上,各市组织市级抽查;省人防办与省建设厅组织专家组进行省级抽查。2004年6月,省建设厅、省人防办通报检查情况。全省81个持证设计单位,对2001年以后承接的499个项目进行"自查自纠",对查出的问题进行整改。全省各市(除宿迁市外)共抽查69个设计单位的122个项目,对发现的问题进行通报并提出整改意见。省人防办和省建设厅组成专家检查组,随机抽查25个项目,重点检查执行《工程建设标准强制性条文(人防工程部分)》的情况,对发现的问题下发核查意见通知书。25个项目中,合格14个,不合格11个,合格率仅为56%,共违反《工程建设标准强制性条文(人防工程部分)》66条次。

(三)优秀设计评选

1983年,省人防办、省建委组织开展江苏省首次人防工程优秀设计评选活动,35个项目获奖。其中一等奖1个、二等奖8个、三等奖23个、单项奖3个。无锡环城河人防工程获一等奖;南京市北极会堂、苏州市公园会堂、南通市城西河道人防工程、无锡市自行车总厂地下会议厅、连云港市百货楼地下营业厅、淮阴市人防指挥所、常州市齿轮厂人防工事、徐州市人民公园丙单元地下会议室获二等奖;南京市儿童医院地下病房、中国人民解放军第1002工厂综合楼防空地下室、南京汽车制造厂东厂区地下会议厅、国家建材局南京玻璃纤维研究设计院人防工事、江苏省档案局地下档案库、南京市北极岩人防工程、华东输油管道管理局(驻徐州市)子弟中学地下教室、徐州市户部山人防工程、苏州市第一制药厂地下职工食堂、苏州市日用工业品批发中心市场地下营业厅、苏州火车站地下候车厅、苏州东吴酒厂沉井人防工事、无锡市第三纺织机械厂人防工事、常州市唐家湾人防招待所、常州市绝缘材料厂人防工事、常州市东大街人防青少年俱乐部、南通军分区招待所地下室、南通市档案馆地下档案库、扬州市人防会堂、镇江市官塘桥地下粮库、359医院地下病房、盐城市盐阜人民商场地下库房、泰州市西园餐厅获三等奖;南京市五台山人防工程喷锚支护结构、徐州市坑道光面爆破工程、苏州市人民路干道察院场出入口获单项奖。

1987年，省人防办组织江苏省第二次人防工程优秀设计评选，11个项目分别获奖。其中一等奖1个、二等奖4个、三等奖6个。常州市人防工程设计室设计的常州地下靶场获一等奖；无锡市人防工程设计室设计的无锡机床电器厂人防会议厅、常州市人防工程设计室设计的常州第一中学地下科教中心、苏州市人防工程设计室设计的苏州市民政局转复军人接待站、南京市人防工程设计所设计的南京铁道医学院地下急救站改造获二等奖；常州市人防工程设计室设计的常州戚墅堰区地下游艺场、南京市人防工程设计所设计的连云港市人防指挥所、淮阴市人防工程设计室设计的淮阴军分区招待所地下室、无锡市人防工程设计室设计的无锡市档案局地下档案库改造、南通市人防工程设计室设计的南通自行车厂地下室改造、扬州市人防工程设计室设计的扬州苏北人民医院地下病房改造获三等奖。这次评出的优秀设计项目，既有与城市建设和基本建设紧密结合的新建工程，又有已建工程的加固改造工程，均体现出设计理念的更新。设计成果不仅满足人防工程战术技术要求，而且有利于工程的平时利用；有的结构形式新颖，主体受力性能好，省材省料，成本低，稳定、安全，方便使用；有的在地上和地下空间的功能组合、平面布局上有新突破；苏州、无锡、常州的一些工程则具有浓郁的江南园林风格。是年，省人防办将第一、第二次优秀设计评选获奖项目汇编成册，印发全省参考。

1987年7月，南京军区人防委授予32项人防工程优秀设计奖。江苏共12项获奖。其中一等奖2个、二等奖3个、三等奖7个。常州地下靶场、南京北极会堂获一等奖；无锡机床电器厂会议室、无锡环城河人防工程、苏州公园会堂获二等奖；南京铁道医学院地下急救站、苏州火车站地下候车厅、无锡市自行车总厂地下会议厅、常州第一中学地下科教中心、常州市齿轮厂人防会议厅、淮阴市人防指挥所、徐州市人民公园丙单元地下会议室获三等奖。

1988年3月，在国家人防办组织的第一届人民防空工程优秀设计评选中，江苏有10项工程设计获奖。其中一等奖2个、二等奖3个、鼓励奖5个。常州地下靶场（常州人防设计室）、无锡机床电器厂会议室（无锡市人防设计室）获一等奖；南京北极会堂（南京市人防设计所）、苏州公园会堂（苏州市人防设计室）、无锡环城河人防工程（无锡市人防设计室）获二等奖；常州齿轮厂地下室通风专业（常州市人防设计室）、苏州火车站候车厅地下室电气专业（苏州市建筑设计院）、无锡自行车厂会议室建筑专业（无锡市人防设计室）获专业奖；常州市第一中学科教中心（常州市人防设计室）、淮阴人防指挥所（淮阴市人防办设计科）获鼓励奖。

1989年，省人防办组织江苏省第三次人防工程优秀设计评选，选送部分项目参加省建委开展的全省第四次优秀工程设计评选。共4个项目获奖。徐州古彭地下商场（徐州人防设计室）、南京北极舞厅、南京市人防规划（南京市地下建筑设计院）获省优秀工程设计二等奖。

1990年12月，省人防办组织南京夫子庙地下商业街、常州江南商场、徐州古彭商场、苏州察院场环道工程及公园会堂5个项目参加建设部主办的全国工程设计高科技展览会，受到建设部的肯定和参观者普遍好评。

1991年，常州市人防工程设计室设计的常州江南商场人防工程，获江苏省优秀工程设计二等奖。

1995年，省人防办组织江苏省第四次人防工程优秀设计评选，并参加省建委组织全省城乡建设优秀勘察设计评选和江苏省第七次优秀工程设计评选。镇江市南门大街人防工程（省第二建筑设计研究院，以下简称“省二院”）、南京大钟亭人防工程（南京市地下建筑设计院）获城乡建设优秀勘察设计二等奖，淮阴交通广场人防工程（省二院）获三等奖。同时，镇江市南门大街人防工程(省二院)、南京大钟亭人防工程(南京市地下建筑设计院)、淮阴交通广场人防工程(省二院)获全省优秀工程设计二等奖,南通第一人民医院病房楼地下室(省二院)获三等奖。10月,省人防办公布全省人防工程优秀设计评选结果:镇江市南门大街人防工程、淮阴交通广场人防工程(省二院)获二等奖,南通第一人民医院病房楼地下室(省二院)、南京金陵旅馆培训中心地下车库(南京市地下建筑设计院)获三等奖。

1999年8月,省人防办公布江苏省第五次人防工程优秀设计评选获奖项目。16个项目获奖。其中一等奖3个、二等奖5个、三等奖8个。一等奖为无锡火车站人防工程(A、B区)(省二院)、南京夫子庙地下商业中心(南京市地下工程建筑设计院)、常州江南商场(省二院常州设计所);二等奖为常州市第一人民医院门诊楼人防地下室(省二院常州设计所)、南京大钟亭人员隐蔽部(南京市地下工程建筑设计院)、常州红梅西村人防活动中心(省二院常州设计所)、连云港龙河广场人防地下商场(省二院)、南京雨花商厦防空地下室(省二院);三等奖为南京洪武路招商市场地下车库(南京市地下工程建筑设计院)、江苏省人防指挥通信业务楼防空地下室(省二院)、扬州石塔路人防工程(省二院扬州设计所)、南通商城人防工程(省二院南通设计所)、徐州市彭城路地下小车库(省二院徐州设计所)、苏州察院场地下人行环道工程(省二院苏州设计所)、南京林业大学培训中心防空地下室(东南大学建筑设计研究院)、南京栖霞供电分局生产调度楼防空地下室(南京市建筑设计研究院)。

2000年3月,在国家人防办组织的第二届人防工程优秀设计评选中,江苏省有6项工程设计获奖。其中,无锡火车站广场人防工程AB区(省二院)获一等奖;南京市大钟亭人防工程(南京市地下建筑设计院)、镇江市南门大街人防工程、淮阴市交通广场人防工程、连云港市龙河广场人防工程(省二院)获二等奖;扬州市石塔路人防工程(省二院)获三等奖。

2007年,省人防办组织开展江苏省第六次人防工程优秀设计评选,8个项目获奖。其中,二等奖3个、三等奖5个。南通生态总部基地1#人防工程(南通市规划设计院有限公司)、苏州市观前公园富仁坊人防工程(省二院苏州设计所)、扬中市翠竹园人防工程(省二院)获二等奖;徐州市淮海路与中山路交叉口地下人行通道及商场工程(省二院)、南京市翠岛花城F组团地下室(省二院)、天安花园人防工程(省二院)、张家港市0403人防工程(苏州市天地民防建筑设计研究院有限公司)、扬子石化十三街区中心绿地人防工程(南京地下工程建筑设计院有限公司)获三等奖。

(四)设计联合体

1988年6月,省人防工程科研设计院联合体成立。除南京市人防工程设计所外,其他各市人防设计单位与省人防工程科研设计院联合运作,资源共享。是月,省人防办转发《江苏省人防工程科研设计院分级管理组织条例(试行)》。8月,省人防工程科研设计院技术委员会成立,联合体开始运作。联合体采取人财物的松散联合、技术业务的紧密联合,各市所、室原隶属关系不变,经济上独立核算不变,任务渠道仍各负其责。省院与各市所、室是技术业务的指导关系。省院通过院技术委员会实现对各市所、室的指导任务。设计实行分级管理。按工程规模分为院管工程和所、室管工程。各市所、室在独立领证基础上,独自承接和完成资质范围内的设计任务,为所、室管工程。超出本身资质的任务为院管工程,各所、室可承接,但出图权归院部。由院部列入计划,统一管理,任务可返回或联合几个所、室共同完成,最后由院技术委员会统一审定出图,图档资料存院部。

1989年8月，省人防工程科研设计院在连云港市召开院、室负责人联席会议，传达学习建设部关于设计行业治理整顿有关文件精神和设计复查的要求；介绍全省丙丁级设计单位设计质量抽查情况；确定下一步做好设计工作的方向；研究设计单位如何抓好治理整顿，稳定队伍，完善院(室)机制，加强领导等问题。10月，省人防办转发《院室负责人联席会议纪要》，要求各地落实。

1990年，省人防工程科研设计院组织开展全面质量管理活动。① 成立院TQC领导小组和院、室两级TQC组织，有计划、多形式地开展TQC教育，提高全员TQC意识。② 建立发展规划和分年度目标，有序推进。③ 制定《工序管理实施办法》《质量与奖金挂钩分配办法》《设计创优评优工作管理办法》等质量保证体系和规章制度。④ 积极结合工程实际，开展QC小组活动。

1992年6月，省人防办组成由有关领导和专家参与的验收组，依据《江苏省乙级勘察设计单位推行全面质量管理达标验收办法》规定的程序和标准，对该院的全面质量管理实施达标验收。通过推行全面质量管理，设计质量提高，设计项目优良率达85%，省建委和省人防办抽查的两个项目的设计均达优良级。验收组一致同意该院通过达标验收。省人防办将验收情况向省建委报备。

1993年8月，省人防办下发《关于加强省第二建筑设计研究院管理工作及有关问题的通知》，对该院的管理工作和人防工程专业设计市场管理有关问题作出规定。12月，省建委、省人防办批转省二院《设计工作管理规定》和《设计项目分级管理办法》。指出，省二院是全省人防行业的设计联合体，具有甲级人防工程、乙级建筑工程设计资格，按照国家、省有关规定，对该院院部及各市设计所、室在技术、财务等方面实行统一管理。要求各市建委、人防办，加强对该院的管理与监督。自此，设计联合体的运作进一步规范。

2001年10月，省人防办发出《关于省第二建筑设计研究院实行整体建制统一管理的通知》，决定自当月8日起，将省二院下属的原由各市人防办管理的设计所、室，整建制收归院部统一管理，实行院、分院领导体制。

2005年，江苏省第二建筑设计研究院改制后，仍实行联合体制。

（五）设计会议

1978年4月，省人防办和省建委在盐城首次召开全省人防工程设计会议。会议要求：① 人防工程设计工作，贯彻多快好省的精神，切实做到精心设计。② 勇于创新，采用新结构、新技术、新工艺。③ 设计人防工程时，考虑尽量发挥工事平时使用的效能，审查设计时要审查平战结合。④ 把单个工事的设计和人防工程建设总体规划结合起来。⑤ 设计人员坚持又红又专的道路，当好先行。建筑设计部门保证人防地下室符合战术技术要求。

1979年9月，省人防领导小组在南通市召开第二次全省人防工程设计会议。会议研究贯彻落实全国人防领导小组颁发的《人民防空工程战术技术要求(修正草案)》和《人民防空工程设计管理工作暂行规定》的办法和措施，总结交流人防工程设计经验。要求人防设计工作进一步贯彻“全面规划、突出重点、平战结合、质量第一”的人防战备建设方针，确保工程质量，宁可慢一点，也要好一点，使工事经得起时间和战争的考验；严格按照人防工程建设程序办事，加强设计管理。在编制人防工事设计任务书时，工事的抗力、结构、规模、设备设施等都应符合战术技术要求，做到坚固、适用、经济，不得任意提高或降低标准；工事的平面布置、人员出入、物资升降、设备设施、防水、防潮、通风、除湿、照明、装修等都应有利于平时使用。

1981 年 6 月，全省第三次人防工程设计会议在南京召开。会议就贯彻《人民防空工程设计规范》和《人民防空地下室设计规范》提出意见。

1983 年 12 月，省人防办和省建委在南京市联合召开江苏省第四次人防工程设计会议，进一步贯彻国务院、中央军委关于人防与城防、人防与城市建设、平时与战时相结合的要求，贯彻国家计委关于在基本建设中加强设计管理的有关规定，总结交流设计工作经验，奖励优秀设计。35 个优秀设计项目获奖。会议提出：人防工程设计工作领导要重视，力量要加强；推行设计单位技术经济责任制；推广采用先进技术，开展创优活动；落实知识分子政策，建设一支又红又专的设计队伍。

1984 年 6 月，省人防办召开第五次全省人防工程设计会议，贯彻省人防办、省建委、省财政厅、省编委《关于人防工程设计管理工作的若干规定》及加强人防设计所、室建设和管理问题的意见。

1986 年 2 月，第六次全省人防工程设计会议在南京召开。会议传达学习国家计委、城乡建设部及省建委召开的设计座谈会精神，省建委科研设计处工程师介绍建委系统开展设计评优和设计质量检查情况。各市人防设计所、室负责人参加会议。

1988 年 3 月，全省人防工程科研设计工作会议在无锡市召开。总结部署设计、科研工作，表彰全省第二次人防工程设计评优成果，讨论修改《江苏省人民防空工程设计工作管理实施办法(试行)》和《江苏省人防工程科研管理工作实施办法》等。

1988 年 10 月，第二次全国人防工程设计工作会议在无锡市召开，省人防办在会上作题为《勇于改革，加强管理，努力提高人防工程设计质量》的发言，并展示全省人防主要设计成果，受到全国同行的好评。

图 4-3　1988 年 10 月 25～29 日，第二次全国人防工程设计工作会议在无锡市召开

1996 年 9 月，第七次全省人防工程设计会议在南京市召开。会议传达贯彻全国人防工程平战功能转换试验观摩会精神，总结交流工程设计管理与改革经验，针对 1995 年抽查新建大中型人防工程设计质量发现的问题，探讨推进设计技术进步，提高设计质量的办法和措施。

1997～2008 年，人防工程设计工作主要结合人防工程业务会议、设计规范和战术技术要求培训进行。

(六) 管理规定

1979 年 10 月，省人防领导小组颁发《关于人民防空工程设计管理工作的暂行具体规定》。规范计划任务书的编制与审批、设计阶段划分和设计程序、设计文件的内容、保证设计质量、设计单位的责任、设计文件的审批和必备的条件、设计文件的修改等。

1983 年 1 月，省人防办印发《关于进一步加强人防工程勘察设计管理工作的通知》。要求各设计单位必须认真贯彻执行国家的有关方针、政策及现行规程、规范、标准、定额等规定，提高管理水平，确保质量。

1984 年 2 月，省人防办、省基建委、省财政厅、省编委印发《关于人防工程设计管理工作的若干规定》。规范设计证书的领取、设计单位技术骨干配备、持证单位承担任务范围、设计质量要求以及设计单位的制度建设等。要求认真贯彻执行国家有关方针政策和基本建设程序，执行人防工程战术技术要求和人防工程设计规范，建立严格的质量管理制度，把好设计质量关。

1986 年 3 月，省建委、省人防办印发《结合民用建筑修建防空地下室实施细则》，对防空地下室的设计和设计管理做出 6 条规定。

1988 年 8 月，省建委、省人防办印发《江苏省人民防空工程设计工作管理实施办法（试行）》。该“实施办法”共 7 章 62 条，规范设计管理机构的职责、工作程序、文件审批、质量管理、技术经济责任制、资格认证等。

1992 年 12 月，省人防办颁发《江苏省人民防空工程设计文件编制深度规定（试行）》，对人防工程方案设计、初步设计、施工图设计各阶段的图纸和说明书等提出明确的深度要求。

2002 年 9 月，省人防办印发《江苏省人防工程施工图设计审查暂行实施办法》。该“实施办法”共 4 章 26 条，分总则、审查机构和人员、审查程序及内容、审查职责及管理等。

2002 年 11 月，省人防办发出《关于人防工程报审必备文件的通知》。

2006 年 6 月，省人防办、省建设厅发出《关于执行人防工程设计新规范有关问题的通知》。至 2008 年年底，工程设计均按此“通知”精神执行。

从 2007 年 9 月 1 日起，全省执行《江苏省人民防空工程设计文件编制深度规定》和《江苏省人民防空地下室设计文件编制深度规定》。

第四节　工程施工

一、施工队伍

1978 年，江苏人防工程建设仍采取按比例从企业抽调人员参加施工，抽调人员定期轮换。是年 3 月，省委批复南京市委，同意南京市地下干道的施工力量，从南京煤矿多余人员中成建制地抽调并随带工具、设备和生活用具。先抽调 1000～2000 人，以后视需要和可能逐步增加。4 月，苏州市抽调 19 个区、局及直属单位 1200 多人，组成人防施工专业队伍进行“784”人防工程施工。该工程施工过程中发动全市近 15 万人次参加义务劳动，出动社会车辆 4500 多车次。

1978 年 5 月，南通行署计委批复建立南通地区人防工程施工专业队，人员暂定 200 人。9 月，苏州市委决定成立集体所有制的苏州市人防工程队，编制 300～500 人，创建时实有 241 人。11 月，南京市计委批准成立南京市第二人民防空工程公司，性质为大集体内包企业，隶属市人防办领导。随后，市人防办招收南京插队知青 727 人，组建成市第二人防工程公司。12 月，南通市召开“7811”人防工程誓师大会，组织 8 个局的人防施工专业队开始工程建设。会战过程中发动市级机关、驻通部队及企事业单位的干部、职工参加义务劳动，高峰时施工人员达万余人。1979年2月，南京市革委会同意南京市重工业局从铜井铜矿抽调200人，组建人防施工专业队，承担人防公共工程施工任务。3月，省人防办决定由各市人防办组建人防工程勤务保障队，保障队下设机械、运输、维修3个队，全省共编1205人，为大集体所有制企业，经济独立核算，自负盈亏。4月，苏州市革委会决定按职工总数的1%组建区、局人防施工专业队，总人数1870人。12月，省委办公会议议定：人防工程施工应成立专业队伍。自此，省人防办开始会同相关部门筹组人防工程公司。

1980年6月，省政府批转省人防办等6个部门《关于组建人民防空工程公司(处、队)的报告》。明确人防工程公司(处、队)属全民带集体内包企业，实行独立核算，自负盈亏，免交税、利，隶属各重点城镇人防办公室领导。主要承担人防工程建设、维修任务。人防工程公司(处、队)的组建规模暂定1万人，其中固定职工3000人，基建民工7000人。固定职工由重点城镇的人事和劳动部门统一调配，主要从现有人防施工专业队伍中挑选。人员经常费采取按企业应该抽调职工的人数提取。

1981年3月，全省有10个重点城镇人防办陆续组建施工队伍，有固定职工2363人。

1983年6月，省人防办、省财政厅印发《关于调整人防工程公司(处、队)规模的通知》。为减轻企业负担，确定将原1万人规模的全省各人防工程公司(处、队)调整为5200人，人头指标仍由各市下达给各主管局，落实到企业单位。调整后，各人防工程公司(处、队)定员为：南京2000人，徐州700人，连云港300人，苏州450人，无锡450人，常州350人，南通250人，扬州200人，镇江200人，淮阴150人，盐城75人，泰州75人。

1984年9月，各市人防办对人防工程公司(处、队)试行企业化管理。常州、南京、扬州、盐城4市人防工程公司(处、队)实行经济承包责任制，其余市实行按施工图预算进行承包的做法。是年，全省人防工程公司(处、队)完成总投资额1705万元，实现利润185万元。

1985年，全省12个重点城市人防工程公司(处、队)共有固定职工2900人。除徐州市外，其他11个市的人防工程公司(处、队)全部实行企业化管理。完成产值3084万元，实现利润264万元。

1986年，盐城、常州、南京3市的施工队伍已承接省外施工任务。

1987年，全省12个重点城市的13个人防工程公司(处、队)在编人员2538人。完成产值2698万元，实现利润256万元。

1990年4月，省人防办对加强人防工程施工队伍建设提出要求：① 各市要结合实际，调整好人防工程公司的组织结构，控制队伍发展规模，精简机构，充实一线，优化劳动组合，提高劳动生产率。② 要把承包经营责任制引向深入，健全和完善企业自我约束机制，强化企业管理，增强竞争能力，积极参加人防工程项目的投标，承担人防工程施工任务。③ 要改善技术装备，提高人防工程专业化施工水平。④ 要加强施工技术基础建设，不断提高施工技术水平。⑤ 进一步强化质量意识，健全质量管理机构和质量管理制度，积极推行全面质量管理，争创优质工程，提高企业信誉。是年年底，全省人防工程公司有二级企业1个、三级企业6个、四级企业3个。固定职工1827人，基建民工1014人。在固定职工中，高级工程师6人、工程师50人、助理工程师81人、技术员81人，技术人员占固定职工总数的11.9%。

从1991年起，全省人防工程公司(处、队)加强横向联系，建立起经理联席会议制度，适时交流经营理念、管理模式、队伍结构调整、装备更新、收入分配、质量管理、专业特长、优势互补等增强竞争能力方面的思路和举措，促进了企业间的同步发展。1994 年，全省人防工程公司(处、队)实现年产值 1.5 亿元，利润 384 万元，纳税 408 万元。到 2000 年，全省人防工程公司(处、队)在编职工 2209 人，其中事业编制 1097 人，企业编制 1112 人。

从 2001 年后，全省人防工程公司(处、队)先后改制或撤并。人防工程施工由社会建筑企业通过招投标承接。

二、施工技术

(一) 光面爆破

图 4-4　徐州市卧牛山人防工程光面爆破

1978 年，全省继续推广徐州矿务局人防工程施工队在坑道式人防工程掘进施工中采用光面爆破新技术的经验。南京、徐州、连云港、无锡、镇江等 5 市的 23 条坑道采用光面爆破新技术，使炮眼利用率从 85%提高到 95%，减少排渣工作量 10%～15%，省去因欠挖带来的毛洞整修工序和被复时的大量回填工作，平均每班掘进速度提高 20%。是年，光面爆破施工新技术受到国家人防办、南京军区的重视，并在全国产生较大影响。到 1979 年 9 月，全国有 21 个省、市、自治区的人防部门、部队、铁路、水利、交通、煤炭及大专院校等 253 个单位 11626 人，到徐州卧牛山人防工程工地参观学习和开展技术研究。

(二) 喷锚支护

采用喷锚支护技术，与混凝土被复相比，不仅使支护结构从被动承压变为主动承载，充分发挥坑道围岩自身的支承作用，提高工程的防护能力，而且节省混凝土 65%，降低工程造价 60%以上。1978 年 2～3 月，省人防办委托南京市人防办举办喷锚支护施工技术训练班。徐州、连云港、苏州、无锡、镇江、盐城等市县的 70 人参加培训，此后，喷锚支护技术在全省坑道人防工程建设和大型掘开式人防工程边坡支护中得到广泛采用。

南京市北极会堂人防工程，是成功应用喷锚支护技术的典型。该工程净跨 19.5 米，净高 17 米，长 55.72 米，最大覆盖层厚度为 18 米，属于大跨度，薄覆盖坑道工程。1979 年 11 月开始掘进，1982 年 1 月支护完毕。工程采用短锚杆、薄喷层喷锚网联合支护作为永久性支护。工程投入使用后，为对工程长期使用中围岩的变化情况进行掌握和了解，市人防办决定对岩体应力变化和温度影响应力变化进行长期的测试。1983 年年底，测试工作交由市人防工程建设管理所进行，经过长达 8 年的监测，到 1991 年 8 月，岩体应力变化和温度影响应力变化基本趋于稳定。

1993～2008 年，喷锚支护技术广泛应用于全省坑道式人防工程围岩支护和大型掘开式人防工程的基坑边坡支护。

（三）基坑边坡支护

1978～2008年，全省大型人防工程建设先后成功采用静压桩支护、密排钢筋混凝土灌注桩支护、钻孔灌注桩支护、喷锚网支护、中心岛盆式开挖支护等支护技术。

（四）机井降水

江苏地区地下水位普遍高，流沙多，降水是人防工程施工的主要矛盾之一。1978年，省人防办继续在全省推广使用机井降水施工技术。1982年，南通市在“8001”过河工程施工中，挖土深度达10米，大胆尝试采用三级井点降水方案。经过认真测试分析，掌握井点施工地下水下降曲线规律，取得多层井点降水设计施工数据，不断调整施工方案，提高降水效能。这一技术运用，获得省人防科技进步奖。1996年，淮阴市淮海广场人防工程采用三级井点降水方案。

（五）防水

1978年，人防工程建设开始采用结构自防水。

1980年，盐城地区人防工程队（1984年4月更名为盐城市人防工程公司）进行丙凝注浆防水堵漏试验，取得良好效果，逐步总结出一整套施工程序和工艺要求。1981年6月，南京军区在盐城市召开现场会，向全战区推广运用丙凝注浆防水堵漏的经验。8月，省人防办在无锡市举办丙凝注浆防水堵漏集训班，全省70人参加集训，随后各市又集训133人，使参训人员掌握丙凝注浆的配比和堵漏操作技术。丙凝注浆防水堵漏技术在全省广泛应用。至年底，全省共堵漏89个工事，使7万余平方米的工事解决了渗漏水问题。1982年10月，全国人防工程防水技术经验交流会在南京市召开，南京、无锡2市人防办介绍结构自防水的经验；盐城地区人防办介绍运用丙凝注浆防水堵漏的经验，并作现场操作表演。至1983年3月，南京军区已有31万平方米工事采用盐城丙凝注浆防水堵漏。是年6月，盐城市人防工程队受国家人防办委托，在秦皇岛市举办丙凝注浆防水堵漏技术训练班。该人防工程队先后为全国各地培训丙凝注浆防水堵漏技术骨干323人。

1987年7月7日，盐城市人防工程公司的丙凝注浆堵漏技术被国家人防委授予国家部（委）级人防工程科技进步三等奖。至年底，盐城市人防工程公司先后承包26个省、市、自治区68个军、地单位的工程防水堵漏，使20余万平方米工程解决渗漏水问题。

1981～2008年，人防工程建设综合运用结构自防水、外防水、内防水、防排结合、注浆堵漏等防水措施。

（六）“逆作法”施工

江苏由于地下水位高，人防工程建设采用“逆作法”施工技术较晚。2005～2008年，常州、盐城等地先后在大型人防工程建设中成功应用该施工技术。

三、施工质量管理

1978年，根据省革委会要求，各市先后建立以岗位责任制为主要内容的人防工程质量管理规章制度。重点人防工程建设,一般由人防部门组织专门的施工指挥机构负责施工管理。从9月起,全省按照《人防工程施工质量检查验收要求》进行检查、验收。工程质量评定分为优良、合格、不合格3个等级。发现质量不合格的,及时采取补救措施。凡验收不合格的工程不能作为完成任务上报。实施严格的检查验收,使人防工程施工质量明显提高。

1979年,省人防办组织检查12个重点城市在1978年修建的人防工程,质量优良的占37%,合格的占60%,不合格的占3%。

从1981年4月起,人防工程施工质量检查和验收评定形成制度,统一按《人防工程施工质量检查评定表》和《人防工程验收评定书》的内容实施。

1983年3月,省人防办通报全省1982年人防工程建设质量。全省完成新、续建工程13508平方米,优良占44.2%,合格占55.8%;加固改造工程44060平方米,优良占51%,合格占49%;口部处理31个,优良占12.9%,合格占87.1%;安装防护设备117个口部,优良占12.8%,合格占87.2%。

1985年2月,省人防办发出《1984年全省人防工程竣工验收情况通报》。指出:无锡、南通、泰州、镇江、连云港5市的工程施工质量较好。同时发现:有些口部混凝土施工质量差;有的门扇加工粗糙,严重裂缝、变形、破损;有的钢门框闭锁盒倒置,门扇闭锁轴倒装;有的维护管理不善,门铁件锈蚀,用锤子也敲不动,门扇打不开;南京市人防一公司施工质量普遍不如厂(矿)施工队和个体承包的工程。检查验收的507个口部中有75个不合格,占14.8%。

从1986年3月起,全省结合民用建筑修建防空地下室由持有施工执照的单位施工。施工单位必须严格按照设计文件要求,遵守有关施工操作规程和技术规范,对施工和安装质量负责到底。施工主管单位加强施工过程中的技术检查和质量管理。对关键部位、隐蔽工程,施工主管单位的技术负责人到现场指导、把关,会同设计人员及时进行局部验收并在施工记录上签署意见。出现因施工原因造成的质量事故,施工单位按规定妥善处理,负责无偿修整。防空地下室工程竣工后由各市人防办会同城建人防管理机构和建筑工程质量监督站组织验收。凡质量不合格的,限期修补完善,达到要求后,再行组织验收。

从1991年起,全省新建、续建人防工程施工以市人防办为主,成立相应的施工组织机构,负责施工管理。大型平战结合工程施工,请市政府领导牵头,吸收有关部门和单位参加组成施工指挥机构,实施统一领导和管理。省、市人防办工程部门,负责人防工程质量监督。建设任务重,质量监督工作量大的城市,人防办工程部门在充实必要的质量监督专业人员的基础上,兼称人防工程质量监督站,承担经常性的人防工程质量监督工作。新建人防工程不多的城市,在工程部门设立专职或兼职质量监督员。大中型人防工程施工,成立临时专项工程质量监督站,负责该施工项目的质量监督工作。人防工程公司(处、队)开始推行全面质量管理。全省人防工程施工按《人民防空工程质量检验评定标准》实施质量管理。

从1993年9月起,人防工程施工开始健全工程质量保证体系,落实质量管理责任制。各市人防部门建立人防工程质量监督机构。建设单位和工程质量监督机构按施工工序和施工阶段,严密组织工程质量检查、隐蔽工程验收和阶段验收,各工序、各阶段施工质量经检验合格后,施工单位继续施工。省人防办参加大中型重点工程施工质量的阶段验收。

从1995年5月起,全省人防工程竣工验收按国家人防办颁发的《人民防空工程竣工验收实施细则》执行。

1997年7月，省人防办决定在全省全面推行人防工程建设监理制度。

2002年5月，江苏省人防工程质量监督站成立，负责全省人防工程质量监督管理工作。

从2003年2月起，全省人防工程质量监督按《江苏省人民防空工程质量监督管理暂行实施办法》执行，实行分级管理。各省辖市根据规定条件成立人防工程质量监督站或省人防工程质量监督站分站。人防工程质量监督机构依据有关法律法规和人防工程建设强制性条文，以及质量监督程序和内容实施人防工程建设全过程监督，发现问题责令改正。人防工程竣工验收合格后，监督机构向人防主管部门报送质量监督报告。

从2004年3月起，人防工程竣工验收按《江苏省人防工程竣工验收备案管理暂行办法》执行，实行分级管理。人防工程未经验收或验收不合格的，不得投入使用。备案机关发现在竣工验收中有违反建设工程质量管理规定行为的，责令停止使用，重新组织竣工验收。防空地下室和兼顾人防需要的地下空间开发工程建设单位，在向建设部门备案时，应出具人防部门认可文件。人防部门依据设计文件及强制性条文等，对工程进行验收，合格后填写认可文件。同月起，对承担人防工程监理的企业按《江苏省人防工程监理企业资质管理规定》实施资质管理。省人防办负责审批丙级资质。2004年，省人防办开始举办全省人防工程建设监理培训班，培训拟申报人防工程建设监理丙级以上资质单位的监理人员。至2006年年底，受训人员超过1000人。2005年，省人防办首次组织对承担全省人防工程建设监理的企业实施资质年检。截至2008年年底，全省取得人防工程建设监理甲、乙、丙级资质，可以承担人防工程建设监理任务的监理企业共300余家。

第五节　工程造价

一、预决算

1978年，仍按1977年开始执行的人防工程经费预决算审批制度进行预决算管理。人防工程建设单位必须提出申请报告和经费预算，报市(县)人防、财政部门审批。市(县)人防、财政部门组织审查，一次核定工程经费预算。工程竣工，建设单位向市(县)人防、财政部门、建设银行提出竣工报告和经费决算。市(县)人防、财政部门、建设银行组织有关人员竣工验收，核定决算。是年，全省人防工程建设做到开支有计划，施工有预算，拨款按进度，竣工有决算。

从1981年起，全省人防工程概预算编报按省人防办《人防工程建设项目概预算编报暂行办法》执行，按人防工程专业定额取费，初步规范全省人防工程建设概预算编制工作。实行预算审批、以预算代决算制度。对按施工图预算加系数包干的项目，根据批准的预算一次或分次拨付经费，以预算代决算。所建工程面积必须达到批准建设的面积，不足时由建设单位补建或缴回欠产面积的拨款，超额时由人防部门按原补助标准增拨补助款；对施工图预算不包干的项目，在预算审批后，预拨45%～50%的备料款，基础底板完成后再拨45%的进度款，留5%～10%作为竣工决算款。

从1983年9月起，全省执行《江苏省人防工程预算定额(上、下册)》。

从1984年起，全省人防工程概预算按《江苏省人防工程建设预算编制及取费规定》执行。从

1987年起，根据国家《人民防空财务管理规定》，全省全面实行人防工程经费预决算审批制度。省人防办根据国家人防办下达的人防工程经费控制数额和省财政拨款情况，审定建设项目，提出经费预算，报国家人防办审批后执行。工程建设项目竣工后，施工单位在30天内提出竣工报告和竣工决算报告，由主管人防办组织施工单位、设计、工程、财务等部门共同验收，审查竣工决算报告，经批准后转入"已完工程"核销。全省人防工程经费预决算审批制度基本规范。

1988年3月，省人防办组织编制的《人防工程预算定额》和《人民防空工程工期定额》，经国家计委审核同意，由国家人防委颁发各地执行。是年起，全省人防工程凡采用两阶段设计的建设项目，初步设计阶段编制总概算；施工图设计阶段编制预算。小型零星项目和一般加固改造工程，在设计方案确定后就做施工图设计的编制预算。建设项目概预算均由设计单位负责编制。经批准的设计概算，是控制和确定建设项目造价、编制建设投资计划、签订建设项目总包合同、实行建设项目投资包干的依据，也是控制工程建设拨款、施工图预算以及考核设计经济合理性的依据。建筑、安装施工图预算是确定工程预算造价，签订建筑、安装工程合同，实行投资包干和办理竣工决算的依据。施工图预算不得突破经批准的设计总概算，确需突破总概算时，报原审批部门审批。建设项目竣工时，由建设单位及时编制竣工决算。

从1989年开始，省人防办对全省人防工程概预算人员实施资格管理。概预算人员资格考评工作，由省人防办统一组织，与省建委、建设银行同步进行考评。人防工程概预算人员资格证书，由省建委、建设银行概预算考评委员会统一颁发，全省通用。无证人员不能担任人防工程概预算编制工作，无证人员编制的概预算不能作为签订合同、招标标底和办理竣工结算依据。无证人员编制的概预算，建设银行不予拨款。非人防工程系统持证人员编制的人防工程预算须经人防工程专业持证人员审核才能生效。各市人防部门开始建立健全概预算编制、审核人员岗位责任制，全省人防工程概预算编制工作进一步规范。至1997年，全省人防系统有188人取得《工程造价编审人员资格证书》。其中，141人取得初级资格证书，47人取得中级资格证书。从1993年起，人防工程概预算人员资格，由国家人防工程标准定额站认定。1993～2002年，国家人防工程标准定额站举办5期人防工程概预算人员培训班，江苏有17人获国家人防工程标准定额站颁发的"人防工程概预算人员资格证书"。1997年举办人防工程造价审计人员培训班，通过考评考试，江苏有70人获国家人防办颁发的"人防工程造价审计人员资格证书"。

从1990年10月起，全省执行《江苏省人防工程间接费定额》。

从1991年6月起，省人防工程标准定额站负责承办江苏省和全国人防定额管理工作。负责制定修订全国统一的人防工程定额、建设费用标准及有关规定；制定修订定额管理的制度和办法；负责定额、费用标准及有关问题的咨询、解释和仲裁；组织定额及管理方面的研究，整理分析典型人防工程造价资料；总结交流定额管理经验，编写有关教材、资料，培训定额管理人员；承办定额及有关资料印刷发行工作；负责本省人防工程定额管理，编制本省人防工程费用定额、补充定额及各项调整系数；制定本省人防工程定额管理和概预算工作制度、办法等。

从1992年11月起，执行国家人防委颁发的《人防工程概算定额》《人防工程概算指标》《人防工程预算定额》(安装工程)。全省大中型人防工程预决算由省人防工程标准定额站组织审核，大中型工程招标标底由该站组织审查或直接组织编制。人防工程概预算编制全面实行持证上岗制度。预决算未经审核，不得提交建行进行工程拨款。人防工程预决算编制、审计，实行有偿服务。省人防工程标准定额站着重就投资估算是否符合项目建设实际、有无预留投资缺口、建设资金筹措能否满足开工条件及还贷措施等方面进行审查，并从投资角度对项目建设规模、标准、实施方案及投资分配等方面提出意见，为项目审批机关决策提供服务。1998～2008年，共审查人防工程建筑面积79.47万平方米，审定投资估算总额398231万元。根据国家人防办关于“人防工程标准定额站代表同级人防办对辖区内人防工程建设项目进行审计”的规定，省人防工程标准定额站履行人防工程决算审查审计工作。1991～2008年，受省内各地人防办委托，完成工程决算审查审计任务，共核减7749.7万元。

1993年5月，省人防办对人防工程造价计价办法实施改革。人防工程（包括附建式人防工程）建设的人工、材料、机械台班数按《人防工程预算定额》执行。人防工程造价中按直接费计取的有关费用改按综合人工费计取。充分发挥市场调节作用，实行建设工程承包合同价，控制项目投资总规模。建设单位和施工企业在招标投标、签订工程承发包合同、办理竣工决算过程中，根据“控制量、指导价、竞争费”的“量”“价”分离计价方式和工程建设期的市场价格等因素，合理确定建设工程承包合同价。严格按照批准的设计任务书和设计文件规定的建设规模、内容、标准和建设工期在总预算的范围内组织建设。加强施工现场签证管理，严格控制设计变更。必须进行设计变更的，按合同约定和变更工程量办理预算造价增减的签证手续；造价调整突破工程总概算的，报原概算审批单位批准。大中型重点工程决算，报省人防工程标准定额站审计。竣工决算未经审计的工程项目，主管部门不予竣工验收。

从1995年11月起，执行修订后的《江苏省人防工程间接费定额》。

1998年国家人防工程造价咨询中心成立后，承担人防工程可行性研究投资估算，工程概预算编制、审查，工程造价监督管理、造价管理人才培训等业务。同年11月，开始执行《江苏省人防工程建设综合费用定额》。

从2001年起，全省全面推行限额设计。设计单位必须严格按照批准的投资估算做好多方案技术经济比较，不得突破下达的计划投资规模，项目初步设计一经批准，施工图设计必须严格控制在设计概算的限额内进行。施工中严格控制设计变更，不得通过设计变更任意增加概算外项目。

2002年7月～2008年年底，人防工程建设在坚持预算控制、监督使用的同时，加强决算审计的管理。执行修订后的《人防工程预算定额》《人防工程概算定额》《人防工程工期定额》和《江苏省人防工程费用计算规则》。全省建立健全造价审计和项目审计制度。凡是人防系统自行投资建设的工程必须按国家人防办《人民防空工程建设项目内部审计办法》，履行造价审计和项目审计。造价审计由具有人防工程建设造价审计资格的单位承担，对人防工程建筑、设备安装等费用的审计质量负责。审计结束后向省人防办提交书面审计报告。项目审计由省人防办组织实施，接受同级审计机关的指导和监督。建设单位在项目竣工后6个月内完成决算，提请省人防办进行竣工决算审计，项目未经竣工后审计不得组织竣工验收和财务核销。

二、造价管理制度

1993年4月，省人防办颁发《江苏省人防工程造价计价改革办法》，自1993年5月1日起执行。

1993年9月，由省人防办颁发的《江苏省人民防空工程施工管理办法》，对招标投标、工期、造价管理等做出规范。规定各市人防部门应设立人防工程造价管理机构或在工程部门配备工程造价管理人员,提高管理素质,综合运用调控手段,做好工程造价管理工作。建设投资主管单位充分发挥市场调节作用,实行建设工程承包合同价,控制项目投资总规模,并对建设工程全过程的造价控制负责。

从1996年起,全省人防工程建设根据国家人防办《关于加强人防工程建设造价管理的通知》实施造价管理。严格执行人防工程定额标准,合理确定人防工程造价。新建大中型人防工程项目投资概预算必须经省人防定额站审查,否则不予批准建设项目。人防工程建设实行招标投标制度,充分利用市场机制和竞争机制,合理控制人防工程建设投资。开始推行设计招标和限额设计。创造条件推行建设监理,严格监督建设工期、质量、造价。建立健全人防工程造价审计制度,加强人防经费的使用监督和审计。

1999年7月,省人防办颁发《江苏省人防工程施工发包与承包价格管理实施细则》。该细则适用于新建、扩建的包括附建式防空地下室在内的人防工程和人防工程的加固改造,共30条,自发布之日起施行。该"实施细则"规定:省人防办归口管理全省人防工程价格,省人防工程标准定额站具体承办全省人防工程价格管理工作。人防工程价格由成本、利润和税金组成。工程价格分固定价格、可调价格、工程成本加酬金确定的价格3类。实行招投标的工程应通过所在地人防工程建设主管部门和招投标监督管理机构采用招投标的方式定价。对不宜采用招投标的工程,采用经审定的施工图预算,甲乙双方约定增加工程变更增减的方式定价。装饰工程以综合预算单价为基础协商定价。工程招标必须按国家和省以及本细则有关计价方法、计价依据编制标底价,一个工程只能有一个标底。标底应按规定报省人防工程造价管理机构审定。招标工程在评标、定标时不论采取何种评标方式,中标价应控制在接近标底的合理幅度内。

2004年4月～2008年年底,全省人防工程建设按国家人防办颁发的《人民防空工程建设造价管理办法》实施造价管理。省人防办确定由省人防工程标准定额站具体负责全省人防工程建设造价管理工作。明确其主要职责是:① 组织编制全省人防工程费用定额、补充定额和测定各项调整系数。② 制定人防工程造价管理细则并实施监督管理。③ 对人防工程造价实施动态管理,收集全省人防工程专用材料、设备的信息价格。④ 对使用人防建设经费投资建设的人防工程投资估算、概算、合同价、结算价等进行审核。省人防办明确:人防工程计价依据分为统一计价依据、一次性补充计价依据和费用定额;人防工程计价中使用的人工单价、一般工程材料、半成品和通用设备价分别采用人防工程建设项目所在地定期发布的人工单价、材料、设备的信息价格和结算价格;人防工程建设项目的投资估算,按投资估算指标等编制期的计价依据和有关规定以及编制期至竣工期的价格、利率、汇率等动态因素进行编制;人防工程建设项目的设计概算,按编制期的概算指标、概算定额、费用定额、单位基价表等和编制期至竣工期的动态因素进行编制;人防工程建设项目的施工图预算,按编制期的预算定额、费用定额、施工图,以及价差调整等进行编制;人防工程建设项目的标底价,按编制期的人防工程统一计价依据、费用定额、施工图以及价差调整等有关规定和招标文件等进行编制,一个工程只能有一个标底价;人防工程建设项目投标报价,按设计图纸、招标文件、市场价格信息、企业定额或参照人防工程预算定额等,结合企业的技术条件、管理水平和市场行情由企业自主确定;人防工程建设项目合同价以中标价或审定后的工程预算价为基础,明确工程造价调整的范围和方式、工程预付款和进度款付款方式,以及工程造价结算方式等项内容。使用人防建设经费投资建设的人防工程,其合同价报省人防工程标准定额站审核；人防工程建设项目结算价根据编制期的预算定额、费用定额、价差调整等有关规定，以及招标文件、承发包合同、施工图、设计变更资料、现场签证和竣工图等相关资料进行编制。省人防办对涉及国家安全、国家秘密可不进行公开招标的人防工程建设项目的发包（包括邀请招标和议标）做出以下规定：对参加评议的承包商，进行严格的资格审查；参加邀请招标或议标的承包商不少于3家；作为评标依据的标底价或工程预算价，报省人防工程标准定额站审核；由人防工程经济专家、技术专家、建设单位代表、上级人防主管部门代表和省人防工程标准定额站代表共同组成评标小组，择优选择承包商；邀请财政、纪检、监察、公证等部门共同对发包活动进行监督。

第六节　维护管理

一、任务与措施

1978年，根据1977年全省人防工程普查、鉴定、建档所取得的成果，开始加强已建工程维护管理工作。主要对结构不合理、回填不密实、影响地面房屋和城市道路安全的已建工程实施加固改造。将拆除报废工程纳入统计。

1984年，全省将已建人防工程按完好工事、待加固改造工事、维持现状工事分类管理。完好工事按《人防工程维护管理规定》《人防工程维护管理技术规程》的要求维护管理；待加固改造工事列入人防工程建设计划实施；维持现状工事对口部实施封堵，定期检查。是年起，全省加强对平战结合人防工程的消防管理。至2000年年底，全省维持现状工程23.13万平方米，需加固改造工程15.59万平方米，拟报废工程3.42万平方米。2001～2008年，根据人防应急准备要求，将维持现状和需加固改造工程纳入工程建设计划实施，没有使用价值的工程作报废处理。

从1985年4月起，全省按《江苏省人防工程维护管理实施细则》对人防工程实施维护管理。1986年，开展人防工程大检查。完好工程占55.4％，需加固改造工程占16.4％；维持现状工程占28.2％。

1994年，全省开展人防工程维护管理检查评比活动，按《江苏省人防工程维护管理检查考核评分标准》组织实施。1995年1月，省人防办发出《关于表彰人防工程维护管理先进单位和先进个人的通报》。对69个“江苏省人防工程维护管理先进单位”、111名“江苏省人防工程维护管理先进个人”予以通报表彰。

1999年5～10月，省人防办组织对全省平战结合人防工程进行防火安全检查。检查结果：多数人防工程使用单位防火安全组织和规章制度比较健全，防火设备设施基本处于良好状态。大中型人防工程使用单位都制定防火预案，定期组织演练。发现一些单位工程维护管理工作不够落实，早期工程电气线路老化，时有故障发生，少数重点工程管理不够严，禁烟场所有游烟情况，个别单位对消防器材的检测更新不及时。同年11月，省人防办在南京举办全省人防工程维护管理培训班。

2000年12月，省人防办组织各市对人防工程中的地下商场、舞厅、宾馆、配电间、游戏机房等逐一检查。2001年1月，省人防办通报全省人防工程安全防火情况，指出有的市不够重视人防工程安全防火工作，存在死角和隐患。要求各市进一步加强领导，落实整改措施，消除死角和隐患，确保安全防火工作落实到位。

2001年5月，省人防办转发《南京市人防工程维护管理年检工作制度》，要求各市参照南京市的做法，切实加强对已建人防工程的维护管理，确保工程始终处于良好状态。此后，各地先后展开人防工程维护管理年检活动。

从2002年10月起，全省全面实行人防工程平时使用证制度。使用人防工程的当事人必须到工程所在地人防部门办理“人防工程平时使用证”，承担相应的维护责任。

2003年，省人防办对全省2002年年底以前建成的所有人防工程进行维护管理普查。普查结果：全省已建工程中维护管理优良的占44.4%，合格的占42.3%，不合格的占13.3%。2004年11月，省人防办组成4个检查组，对全省人防工程维护管理情况实施抽查。全省共抽查98个人防工程。抽查结果：优良工程44个，占45%；合格工程35个，占36%；不合格工程19个，占19%。

2007年11月，全省将人防工程维护管理列为年度目标考核的重点内容之一。

截至2008年，全省人防工程完好率达88%。

二、加固改造

（一）早期工程加固改造

1978～1979年，全省12个人防重点城市先后对已建工程进行普查鉴定。1979年开始将加固改造纳入年度人防工程建设计划。4月，省人防办印发《对已建人防工事加固改造和口部处理的意见》。要求对已建工事进行普遍的检查和鉴定，珍惜已建的工事，不要轻易使其失修而报废，采取措施多保一些可利用的工事面积，分期分批把不符合要求，但经过加固改造可以利用起来的工事，按照平战结合的原则改造和处理。是年，完成已建工程加固改造0.61万平方米，口部处理77个。

从1981年起，全省将加固改造纳入5年规划和年度计划组织实施。1981年7月，在总结了2年多加固改造经验教训的基础上，省人防办发出《关于人防工程加固改造的意见》。明确人防工程加固包括：已建人防工事由于设计、施工、选材、维护、城市建设等原因，使工事防护结构产生断裂、较大变形、被复层剥落、渗漏水严重，不能满足战时使用要求，需要加强工事的防护层；加强主体的顶板（梁）、墙（柱）、底板等承重结构；加强口部防护结构等工程项目。① 人防工程改造包括：已建人防工事由于满足不了战时和平时使用要求，需要改变其平面布置，重做内部装修；更改或增设通风、给排水、供电、照明等系统；重新安排设备房间和防护设备；变更或增减人员出入口、进排风口、三防设施房间等工程项目。② 加固改造的重点包括：危及地面建筑、交通、堤坝、市政建设、给排水管网安全的工事；便于平时利用，投资少、见效快的工事；处于战时重要位置或人口稠密区的工事；经局部加固改造防护能力可达5级标准的工事。③ 加固改造的标准：甲类和建筑面积大于400平方米的乙类工事按5级人防的标准加固；丙类和建筑面积小于400平方米的乙类工事按简易工事隔绝防护的要求改造；建筑面积大于400平方米的甲类和乙类工事根据战时的需要按过滤式通风并设简易消毒间的方式改造。在战时有电源、水源保障的情况下，可设洗消间。

从1984年起，全省人防工程加固改造，按等级处理、简易处理实施。工程主体部分的防护能力为5级以上，施工质量符合要求，且无严重风化的工程，实施等级处理。按《人防工程战术技术要求》《人防工程设计规范》《人防地下室设计规范》和《人防工程加固改造技术要求与措施》进行设计和施工。主体部分防护能力虽达5级，但按等级处理投资大，施工困难的工事；战时平时均有使用价值的简易工事；主体部分防护能力虽低于简易级，但结构稳定，战时平时均有使用价值的工事；按等级工事进行防护密闭处理投资大，难以保证工程质量的防空地下室，实施简易处理。按《人防工程加固改造技术要求与措施》的有关规定和《人防工程战术技术要求》规定的简易工事标准进行设计和施工。工事的主体结构一般只作局部修补、防水堵漏和防风化处理，出入口只设1道防护密闭门。

从1985年起，根据国家人防委规定，全省人防工程加固改造，以省级和一类城市的指挥通信工程、防护等级在5级以上的工程、平时能用的工程、危及地面建筑和交通安全的工程作为重点进行加固处理。

"六五"期间，全省完成已建工程加固改造16.98万平方米，口部处理1254个。"七五"期间，完成加固改造工程9.83万平方米，口部处理137个。"八五"期间，完成加固改造工程3.40万平方米。"九五"期间，完成加固改造工程1.41万平方米。

（二）平战功能转换

1978年第三次全国人防会议后，人防工程平战结合全面展开。全省新建的人防工程，为了平时使用，不断出现战时防护措施采取预留的办法，留待临战前处理。临战时人防工程的平战功能转换，成为人防工程建设中必须把握好的重要课题。1986年起，省人防办开始加强对新建人防工程平战功能转接的管理。至1988年，基本形成通过设计文件审查，控制平战功能转换内容的做法。在审查中把握：宏观上有利于人防工程建设发展；有利于平战功能整体效益的提高；有利于设计单位的设计创作。在微观上，以战时防护为主，尽可能使方案与措施平战兼容，最大限度减少临战时平战功能转换的工作量和时间。主要采取一次设计，两套图纸、分步施工的办法，即一次性完成两套图纸设计，一套保证工程平时功能的实现，另一套保证工程由平时功能转为战时功能。在实施过程中，先后创造了对工程口部采取有防护和无防护相结合，一口双门洞，以及内部空间及设备系统快速转换的措施，既保证了工程平时的使用，又能快速实施平战功能转换。

从1996年1月起，根据全国人防工程平战功能转换试验观摩会精神，全省人防系统进一步统一对人防工程平战功能转换工作重要性的认识，展开平战功能转换原则、转换时机、技术措施与方法的研究与探索。强化新建工程平战转换设计审查。

从1998年1月起，全省新建人防工程的平战转换设计，按人防行业标准《人防工程防护功能平战转换设计标准》执行。

进入21世纪后，随着人防应急准备工作的展开，平战功能转换预案编制被列入议程。2004年，省人防办确定在徐州、苏州市进行预案编制试点。2005年8月，省人防办下发《江苏省人防工程防护功能平战转换预案编制办法》。明确指挥工程和公共工程预案由市人防办负责编制，单位工程预案由其隶属单位负责编制，市人防办负责指导、检查和验收，隶属单位无力编制或无主工程由市人防办组织编制。新批准建设的人防工程预案由建设单位负责编制。新建指挥工程不得预留平战转换项目。已建人防工程的预案编制，根据工程建设年代，按照相应时期的战术技术要求和规范编制。预案编制必须在对照图纸、实地检查的基础上进行，保证图纸与实际工程相吻合；新建人防工程平战转换设计必须与工程设计同步进行。在施工图设计阶段完成转换设计，并作为施工图设计文件的必备材料一并报审；新建人防工程的平战转换预案编制应在工程竣工前完成,并与工程同步验收。人防工程竣工验收和竣工备案时,必须有符合本办法规定的平战转换预案的内容和深度,否则不予认可;凡留有平战转换内容的新建工程,其建设单位应将转换所需经费按转换预案预算留足,并在工程竣工验收前交当地人防办,战前由政府主管部门统一组织转换;人防工程平战转换预案由文字、图表和图纸组成,单独装订成册;预案编制要注重可操作性,单独绘制人防工程平战转换详图,标明各转换内容的具体做法,不得仅标注参照某图集,必须附相应的复制图或另外绘制。施工方案要根据临战条件,尽可能不使用大型施工机械,且一般技术水平的人员能够承担,对技术要求较高的内容在平时建设到位。所有转换内容必须在30天内完成;预案编制完成后,人防主管部门和人防工程建设管理单位各存档1份,并输入人防工程信息管理系统;预案编制所需经费,已建工程由人防工程隶属单位或人防部门负责,新建工程由建设单位负责。县(市)人防工程平战转换预案编制按照此办法执行。自此,全省人防工程平战功能转换预案编制工作全面展开。

2006年年初,省人防办确定徐州市开展人防工程平战功能转换预案实施试点,以检验预案的可行性,并掌握实施过程中的难点问题。从2007年1月1日起,全省执行《江苏省人防工程平战转换暂行规定》。人防指挥工程,省辖市以及苏南各县级市建设的一、二等医疗救护工程,以及战时使用的出入口、通风口、排烟口的防护设施,钢筋混凝土或混凝土浇筑的结构或构件,防爆波地漏、防爆波清扫口、战时给水引入管、排水出户管及相应的止回阀和各种闸阀等平时不得预留的平战转换内容,必须与工程同步施工安装到位;各类封堵框和各种穿墙管与工程同步施工到位;滤毒通风系统的粗滤器、预滤器和过滤吸收器,省人防重点城市及苏南各县级市应安装或购置到位,其他城市除二等人员掩蔽工程外的所有工程都应安装或购置到位;专供平时使用的出入口、通风采光窗、进风口、排风口和排烟口等战时采取的封堵件购置到位;防空专业队、救护站和一等人员掩蔽工程战时风机和风管安装到位;各类人防工程的气密测量管及战时进风出入口的测压管施工到位;口部染毒区供墙面及地面冲洗用的冲洗栓或冲洗龙头安装到位;设有清洁式、滤毒式、隔绝式三种通风方式的人防工程,每个防护单元战时人员主要出入口防护密闭门外侧的音响信号管线及三种通风方式的信号管线预埋到位;战时使用的水箱及增压设备,人防重点城市的防空专业队、救护站和一等人员掩蔽工程安装到位;甲类人防工程的救护站、防空专业队、人员掩蔽工程、配套工程的柴油电站中除柴油发电机组外的其他附属设备及管线安装到位;平时不使用的淋浴器和加热设备预留管道接口和固定设备用的预埋件施工到位;防化值班室及内部预埋管线施工到位。平战转换设计必须满足《江苏省人防工程设计深度要求》,设计审查重点是审查可实施性:必须在规定的临战转换时限内完成战时功能转换;最大限度地控制转换工程量,转换措施可靠易行,严格控制后加柱的数量,各类孔口尽可能采用防护密闭门的转换方式,少用钢板封堵;平战转换设计采用标准化、定型化的防护转换设备和构件;凡有平战转换任务的工程都应根据储存转换器材的数量,设计专用的储藏室;预留的平战转换内容、数量等必须在工程预留处制作制式标牌标识;编制的平战转换预案必须在工程竣工验收前完成并与工程同步验收。已建成的人防工程参照上述要求,制订完善计划,落实平战转换措施。

2007年11月,省人防办组成专家组,集中抽查12个市68个项目平战功能转换预案的编制质量。2008年3月,省人防办发出《关于全省人防工程平战功能转换预案编制质量检查情况通报》。通报南京、徐州、连云港、苏州和无锡市为编制质量较好的市。要求各市对照专家意见进行整改和完善,至2008年年底,全省人防工程平战功能转换预案编制基本完成。

（三）普通地下室应急加固改造

2000 年 4 月，省人防办组织普查全省普通地下室。共查出普通地下室 914 个，建筑面积 154 万平方米。为推进普通地下室加固改造，2001 年 11 月，省人防办下达“普通地下室应急加固措施研究”项目，旨在开发现有普通地下室防空资源，为人民群众提供战时就近、实用、安全的掩蔽场所。2003 年 9 月，省人防办开展城市防空资源调查统计工作，截至年底，全省共有普通地下室 297 万平方米，废弃坑道和废旧矿井近 8 万平方米，通过收集相关图纸和资料，基本掌握这些工程的布局、结构和设备状态，为今后改造利用提供了翔实的基础资料。2004 年 4 月，由无锡市人防办主持研究的《普通地下室应急加固改造措施研究》通过国家人防办组织的科技成果鉴定。这一研究成果为普通地下室的加固改造提供了技术支撑。同年 7 月，省人防办发出《关于全省普通地下室改造有关问题的通知》，下达给除宿迁市以外的 12 个国家人防重点城市普通地下室改造计划指标 40 万平方米，明确普通地下室改造方法和技术标准，提出相关要求。规定普通地下室改造计划不能冲抵“十五”时期的任务。

图 4-5　2004 年 4 月，由无锡市人防办承担的《普通地下室应急加固改造措施研究》科技成果通过鉴定

2007 年 4 月 24 日，省建设厅、省人防办发布《普通地下室人防应急加固改造技术规程》，自 2007 年 5 月 1 日起施行。该规程主要内容有总则、术语、符号、材料、基本原则，粘贴碳纤维复合材加固法，粘贴钢板加固法，增大截面加固法，增设梁、柱支点加固法，口部应急改造措施，后锚固技术以及有关附录。这是全国第一部普通地下室应急加固改造设计的技术文献。

三、防护设施标识标注

图 4-6　民防工程标识牌

2006 年，南通市率先设计制作防空防灾掩蔽所标识牌，在 16 个工程中展开标识试点。2008 年，该市选定 22 个民防工程作为固定避震疏散场所和应急救护场所，进行标识标注。

2007 年 4 月，《常州市人民防空工程使用与维护管理办法》明确规定人防工程标识事项，并实行人防工程现场标识牌、使用证、使用手册编号“三统一”，开始推行人防工程标识。

2008 年，无锡市人大代表针对房屋拆迁与土地出让时，出现因民防工程不能有效识别而擅自拆除，以及新建人防工程与非人防工程区域界定不清，出现违法出售人防工程充当车库等现象，提出对民防工程进行实地标注的议案。该市民防局决定将此问题作为当年年度专项调研课题并展开试点。制作 35 块民防工程标识牌，在该市南长区新世纪花园人防工程安装，受到小区居民的欢迎。12月，该市人防办发出《关于开展人防(民防)工程实地标示工作的通知》，全面展开对已建人防工程的实地标注工作。

2008年7月，修改后的《省实施〈人防法〉办法》明确人防工程和设施的标示要求。自此，组织实施防护设施标识标注成为全省人防部门的法律责任。省人防办开始酝酿规范与推进全省标识标注工作的办法和措施。至是年底，全省有南通、常州、无锡3市对59个人防工程实施标识标注。

四、工程报废

从1980年9月起，全省人防工程报废条件、审批权限、报废工程的善后，按全国人防办《关于人防工程报废问题的批复》规定执行。工程质量低劣，直接威胁地面建筑或江堤安全，加固极为困难的；施工质量差，渗漏水严重，结构已经坍塌或有坍塌危险，加固代价很高，或加固后使用价值不大的；由于地质条件差，工程基础严重下沉，结构严重断裂、变形、腐蚀，已无法使用的；达不到简易工事标准，且结构损坏，无法使用的可作报废处理。是年，全省人防重点城市经普查鉴定，报省人防领导小组批准，报废人防工程24.16万平方米。至1990年年底，全省报废人防工程32.75万平方米。这一时期报废的工程主要是早期工程。1991～2000年，全省报废人防工程5.93万平方米。这一时期报废的工程主要是因城市建设需要而必须报废的工程。2001～2008年，全省报废人防工程6.10万平方米。

从1981年起，全省开始执行报废工程收取补偿费的规定。报废人防工程，参照新建人防工程时人防部门给予补助的经费材料标准，收取人防工程补偿费。自1984年起，报废工程由拆除单位补建或补偿。1985年，《江苏省人民防空工程维护管理实施细则》规定：凡报废人防工程，简易级工程由市人防办批准，报省人防办备案。5级以上工程报省人防办批准。简易级工程补偿费为每平方米250元，5级混合结构工程每平方米400元，钢筋混凝土结构工程每平方米600元，安装设备设施的工程根据实际造价确定。从2002年起，拆除报废人防工程，按每平方米2400～2800元标准实施赔(补)偿。全省获赔(补)偿金，1997～2000年2088.13万元，2001～2005年3858.97万元，2006～2008年2881万元。

2008年7月，修改后的《省实施〈人防法〉办法》规定：人防工程的拆除、报废，应当报经人防主管部门批准。经批准拆除、封填的，建设单位应当按拆除、封填的建筑面积、防护等级就近补建；就近补建确有困难的，必须向人防主管部门缴纳易地建设费，由人防主管部门组织易地建设。

五、工程档案

1978年，工程档案管理工作继续按省人防办1977年5月的规定执行。已建人防工程均建立档案资料，内容主要包括人防工事登记表、人防工事位置图、平面图和施工记录，以及工事的改建、扩建等变化和使用情况。制发统一的表式，按工事的幅员和方向转变点进行量测、填写和标绘，填写人防工程档案登记表和标绘人防工事平面图，登记表数字和平面图的比例一致，做到位置图、平面图、工程档案登记表紧密结合，不得用设计图纸、资料代替工程档案登记表和平面图。小型的单个工事验收后，填写工程档案登记表，标绘位置图、平面图；大型的单个工事和疏散干道、连接通道，在每年年底分段填写工程档案登记表，标绘图表，待整个工程完成和验收后，再综合填写工程档案登记表，标绘位置图、平面图，各种尺寸必须与设计图纸和施工现实相吻合。妥善保管人防工程档案资料，以备长期存查。

1985年4月，省政府、省军区规定：市、区人防部门和工程建设单位，都要按照有关规定，建立健全人防工程技术档案。对已建工程的加固改造、维护管理、平时使用等有关图纸、资料和记录，均整理归档。5月，省人防办在苏州召开人防工程档案会议，对人防工程档案的编号、编目、装订、检索等基础工作提出要求。自此，全省人防工程档案的资料收集、整理、归档以及使用管理等得以初步规范。

1986年3月，省建委、省人防办颁发的《结合民用建筑修建防空地下室实施细则》规定：防空地下室竣工验收合格后，应由建设单位填报竣工验收表，分别送市人防办和市城建人防管理机构备案，竣工图纸和有关资料送市人防办存档。

1988年，省人防办根据国家人防办通知要求，组织全省人防系统复查整理人防工程档案，并按规定将各级人防指挥所和500平方米以上的人防工程档案报送国家人防办，同时报南京军区人防办备案。

1989年，省人防办在各市人防工程档案工作自查自评和省人防办组织互查的基础上，进行综合评比。至1989年4月，全省已有1858个工程建档，占已建工程总数的88.2%，其中苏州、无锡、连云港、盐城4市达100%。省人防办于1990年2月发出《关于表彰先进人防工程档案室的通报》，决定对被评为“先进档案室”的无锡、苏州、徐州、南京4个市人防工程档案室给予通报表彰，同时对在人防工程档案管理工作中做出成绩的档案工作者给予奖励。1989年9月19日，省档案局决定对1986～1989年在省级机关档案工作中取得显著成绩的省人防办等56个先进单位予以表彰。省人防办档案工作连续11年被评为先进单位。

1991年5月，全省人防工程档案管理业务会议在苏州市召开，讨论修改《江苏省人防工程技术档案管理暂行办法》，苏州市人防办介绍察院场人防工程档案创最佳科技档案的经验。

1995年8月，省人防办、省档案局印发《江苏省人民防空工程档案管理办法》。该“办法”分总则、归档范围、档案资料的收集整理与归档、管理和使用、附则5章31条。1996～2008年，全省人防工程档案均按此“办法”实施管理。

第七节　典型工程选介

一、徐州市卧牛山人防工程

1971年10月开工，1986年4月竣工。建筑面积2.4万平方米。总投资307.8万元。该工程施工中，采用光面爆破、喷锚支护新技术，造价低廉。工程平面布局为纵横交叉的平行通道和洞室，通道高3.8米，宽5米。房间高4.5米，宽6～8米。建成后，平时用于地震监测与种植、养殖业。

二、无锡市环城河人防工程

1976年，该工程由无锡市委统一组织，采取各产业局分段包干的办法开工建设。1981年全部竣工。工程全长 3431 米，总面积 23133 平方米。工程分 11 个密闭单元，其中 5 个采取滤毒式通风，其余 6 个为清洁式通风。整个工程有 45 个出入口。工程从 1979 年开始，先后投入使用。至 1987 年年底，全线已被 20 多个单位租用。其中旅社 8 个，车间 3 个，商场 1 个，还有仓库和青少年活动站等。1983 年，该工程被评为江苏省人防工程优秀设计一等奖。1986 年，被南京军区表彰为平战结合优秀人防工程。1987 年和 1988 年，先后被南京军区人防委和国家人防委评为人防工程优秀设计二等奖。

三、南京市北极会堂人防工程

1979 年 12 月开工，1982 年竣工。建筑面积 5000 余平方米，总投资 470 万元。工程由南京市人防工程设计所设计。先后获江苏省人防工程优秀设计二等奖、南京军区人防工程优秀设计一等奖、全国人防工程优秀设计二等奖。建成后，先后作为会议和娱乐场所。1986 年 11 月，被南京军区表彰为平战结合优秀人防工程。

四、苏州市公园会堂人防工程

图 4-7　苏州市公园会堂人防工程

1979 年 12 月开工，1983 年 12 月竣工。建筑面积 5000 余平方米，总投资 595.3 万元。平面呈矩形，中心部分拥有 1555 个座位的观众厅，在体型、座位、视线、音响等方面处理较好，出入口数量得当，平时满场人员在 6 分钟内可疏散完毕。工程布局合理，装修美观大方，具江南园林特色。平时作会场、影剧院用。该工程先后获江苏省人防工程优秀设计二等奖、南京军区人防工程优秀设计二等奖、全国人防工程优秀设计二等奖。1986 年 11 月，被南京军区表彰为平战结合优秀人防工程。

五、扬州市种子公司地下低温种子库

1981 年 7 月建成并投入使用，建筑面积 710 平方米。工程主体为回廊式布置。平时为地下低温种子库。可储种 30 万～35 万千克，常年库温控制在 5℃～10℃，相对湿度为 60%～70%。经 3 年实验，放在地面库的种子发芽率仅有原来的一半，而地下库的种子除抽穗期提前 1～2 天外，其种性与产量基本没有差异。1984 年年底，来自全国的多位专家教授对地下

图 4-8　扬州市种子公司地下低温种子库

低温种子库进行鉴定，一致认为，地下低温种子库，成本低，能耗少，无污染，效果好，在全国处于领先地位。省农林厅给予该项技术改造三等奖，省、市政府授予科技进步四等奖。日本农业代表团参观地下种子库后，认为这是一个创举。1986 年，被南京军区表彰为平战结合优秀人防工程。

六、常州市地下靶场

1982 年 7 月开工，1983 年 12 月竣工，1984 年交付常州军分区管理使用。建筑面积 4209 平方米，总投资 249.1 万元。平时用作民兵训练射击。工程平战功能齐全，三防设施完善。设 200 米靶道 1 条，100 米靶道 2 条以及待击室、接待室、射击室和 1 条安全通道。适用于步枪、自动步枪和机枪 3 种武器的立、跪、卧 3 种射击姿态。每次可供 6 人同时射击。可用电话和电视两种报靶方式。射击室实测噪声不超过 100 分贝。该工程 1986 年被常州市城乡委评为市建设工程优秀设计奖，同年，被南京军区表彰为平战结合优秀人防工程。1987 年和 1988 年，先后被省、南京军区和国家人防委评为人防工程优秀设计奖一等奖。

图 4－9　常州市地下靶场

七、江苏省档案局地下档案库

该工程为结合地面建筑修建的防空地下室。1983 年 6 月竣工，12 月投入使用。总面积 776 平方米。工程按地下档案库设计，库房采用环廊式，设架空层，有自然通风和机械通风除湿两套系统，安装火灾自动警报装置。建成后用于存放档案和缩微胶片。档案库房对温湿度要求严格（温度 14℃～18℃，相对湿度控制在 50％～60％）。夏季以机械除湿、降温，可使温湿度控制在最佳范围。1986 年被南京军区表彰为平战结合优秀人防工程。至 1987 年年底，先后接待 29 个省、市的宾客参观。该工程 1983 年获江苏省人防工程优秀设计三等奖。

八、连云港市云台山隧道

1984 年 4 月开工建设，1993 年 12 月简易通车。隧道全长 3654 米，宽 8 米，高 8.2 米，总面积 3.2 万平方米，总投资 680 万元。云台山隧道的建成，标志着连云港市人防建设在实行平战结合，走与城市建设、经济建设相结合的道路方面迈上新台阶，对促进人防战备建设，加强港口开发，改善交通，发展经济，方便人民群众生产生活，具有重要的意义和作用。为加强隧道管理，确保交通安全，连云港市政府 1994 年发布《关于加强云台山隧道管理的通告》。

九、徐州市古彭地下商场

图 4-10　徐州市古彭广场人防工程

1986 年 10 月开工，1988 年 1 月竣工。建筑面积 6102 余平方米，总投资 959.47 万元。该工程是徐州市第一个与城市建设相结合的大型平战结合人防工程。地下局部二层，设有一条人行过街道。口部设置与中心广场相协调。内部装有通风除湿和自动喷淋等设备。平时作商场使用，以柜台租赁为主。该工程的建成，缓解了市中心交通拥挤状况，提供购物和休闲娱乐场所，成为城市美化一大景观，经济、社会效益明显。1989 年，获江苏省优秀工程设计二等奖。

十、无锡市政协会堂防空地下室

图 4-11　无锡市政协会堂防空地下室

1988 年年初建成并投入使用，总建筑面积 645 平方米，使用面积 516 平方米。工程防护设施配套，生活设施齐全。该防空地下室是第二次全国人防工程设计工作会议的主要参观点之一。它在设计上的创新，集中表现在空间的可变性。工程主体为一个由梁、板、柱结构组成的层高为 3.4 米的大空间，可以满足举行 200 人大宴会的要求。这个大空间又可以灵活地分隔成若干个中小空间，适应小型会议和分组讨论的需要。其分隔采用上下到底的轻型悬挂式活动隔断。需要时，一两个人在几分钟内就可以把这个大空间分隔成 2～12 个中小不等的空间。两套照明设施，足以满足功能变换的需要。组合式吸顶灯具与筒灯的有机配合，使得地下室既有大厅的豪华，也有小室的优雅。而另一套艺术照明的设置，则可满足举办舞会的需要。11 个采光井，顶部采用防碎反光玻璃呈 30 度斜面，既有较好的采光效果，又能使工程在干燥季节进行自然通风，以节省能源，同时还能通过反光玻璃将两侧外景引入室内，使人在地下空间中也能享受大自然的美。

十一、苏州市察院场地下人行环道工程

1988年10月开工，1989年9月竣工。工程分上下两层，呈立体交叉，总建筑面积4846.46平方米。该工程紧密结合城市建设修建，以地下立交的形式，改善地面人车混流十分拥挤的状况，增加了人的安全感。有效地保护了古城地面空间的格局和风貌。工程有自行车左转弯、人行过街道、商业网点和战时防护等功能，使其社会效益、经济效益和战备效益得以综合发挥。这一工程的建成，该地区1万多平方米工程连片成网，形成互相贯通又自成体系的地下商业和交通网络，成为人们游览时不可忽略的新景点。此外，该工程建设过程中还创造出“团结协作，互相支持，艰苦奋斗，努力拼搏”的察院场精神，成为人防、城建、市政、园林、水电、环保等单位干部职工的共同财富。1990年12月，该工程参加建设部主办的全国工程设计高科技展览会，受到参观者的普遍好评。1999年，该工程被评为江苏省人防工程优秀设计三等奖。

图4－12　苏州市察院场地下人行环道工程施工现场

十二、无锡市火车站人防工程

位于无锡市火车站广场停车场下面，分为A、B、E三个区。A、B两区人防工程于1993年9月开工，1994年5月主体浇筑完成。总面积8546平方米，总投资3000万元。E区人防工程1995年年初开工，1996年年初竣工。分上下两层，建筑面积3330平方米，总投资770万元。该工程1999年获江苏省人防工程优秀设计一等奖，2000年获国家人防优秀设计一等奖，是无锡市人防对外宣传的一个窗口，也是无锡人防进行国际人防工程技术交流的基地。该工程的建成，使火车站地区绿地增加，环境美化，停车难的问题得以缓解。该工程是无锡市人防办第一次探索改变以往由政府筹资建设人防工程的单一模式，有效地把社会闲散资金凝聚成人防工程的建设资金，不仅解决了人防工程建设资金短缺困难，为人防建设的后继发展提供动力，同时为社会上寻找投资渠道的客户提供机会。

图4－13　无锡市火车站人防工程建设工地

十三、淮安市淮海广场人防工程

1996年2月开工,1997年11月竣工交付使用。工程分上下两层,总面积1.98万平方米,总投资6000万元。工程负一层由下沉式广场和8条非机动车地下环形通道以及9个行人出入口相连,形成立交网络,使淮海广场机动车、非机动车和行人彻底分流,从根本上改变了广场地区人车混流、交通拥挤的状况。工程顶部是省内最大规模的灯光喷泉,成为市区的新景点。工程建设中克服地质条件复杂,地下水位高,基坑深(超过10.5米)、直径大(110~130米)等施工难题,保证工程建设质量。建成后,与周边清江商场、供销大厦、工商银行等人防工程连通,形成2.5万多平方米的区域防御工程。

十四、常州市文化宫广场人防综合工程

图4-14　常州市文化宫广场人防综合工程

1997年7月开工,1999年1月竣工。工程位于市中心,总面积2.38万平方米,总投资1.3亿元。工程南北各设1个下沉广场,配置自动扶梯4台,残疾人专用电梯、货梯各1台。工程设有指挥部、设备维护人员掩蔽部、两个专业队掩蔽部和两个人员掩蔽部,可贮存物资,存放车辆。每个防护分区有与地面直通的防护口部和与其他防护单元的连接通道,安装先进的消防、排风、地空通信、电视监视、防盗报警、热力、煤气、给排水等系统。平时主要用于购物及娱乐。

十五、泰州市滨河广场人防工程

2002年11月开工建设,2005年4月竣工。工程由8000平方米的平战两用的主防护区,2500平方米的地下停车场和2576平方米的两个下沉式广场组成,总建筑面积13076平方米,总投资3200万元。平时作为商场、停车场使用。

图4-15　建设中的泰州市滨河广场人防工程

十六、南京市河西中央公园人防工程

2004 年 2 月开工建设，2005 年 10 月竣工。工程分上下两层，负一层建筑面积 6 万平方米，层高 6.5 米。负二层建筑面积 4.5 万平方米，层高 4 米。总建筑面积 10.5 万平方米，总投资 5 亿元。是全省最大的单体人防工程。建成后，平时为商场、仓储、机动车停车场和非机动车停车场。

十七、南京市地铁

南京地铁一号线于 2000 年 12 月开工，2005 年 9 月建成，线路贯穿南京主城南北向中轴线，全长 21.72 千米，共设车站 16 座，决算总投资 80.75 亿元。

南京地铁一号线一期工程为江苏省首条地铁，全线按防空要求设防。

工程获国家优质工程奖、中国詹天佑土木工程奖、中国市政金杯工程奖等国家重要奖项。

图 4-16　建设中的南京地铁一号线

十八、南京市水游城人防工程

图 4-17　南京市水游城人防工程

南京水游城，位于南京市白下区中华路与健康路交汇处，毗邻南京夫子庙文化商业区，由社会商业开发企业投资建设，2003 年立项，2008 年竣工并投入使用，总造价约 10 亿元。

南京水游城地下 4 层，约 6 万平方米，平时功能为商业、办公、机动车库和非机动车库。工程防护区约 4.5 万平方米，负一、负二层局部 6B 级设防，人防区域主要集中在负三、负四两层。负三、负四层防护区约 4 万平方米，战时功能为专业队装备掩蔽部、二等人员掩蔽部及区域电站，平时可提供 800 辆机动车停放。工程由商业运营单位负责管理和维护。

第五章　平战结合

1978 年，全省全面启动人防工程平战结合工作。1985 年，开始利用指挥通信设施为党政机关和社会公众提供服务；人防工程专业设计、施工队伍、人防通信队伍在完成战备任务的基础上，开始为社会提供技术服务。1987 年，人防专业队开始承担抢险救灾任务。是年起，全省强化平战结合管理，全面推进组织指挥、通信警报、人防工程、人防专业队伍、人防企事业单位的平战结合，逐步向人防整体平战结合发展。至 2008 年年底，全省人防工程开发利用一直处于全国前列。人防专业队参与卫生防疫、抗洪抢险、抗震救灾、应急救援任务，为保护人民生命财产安全做出积极贡献。江苏人防形成整体平战结合的特色。

第一节　人防工程开发利用

1978 年，全省人防工程平战结合工作全面启动。4 月，为方便人防工程平时使用，省人防办在全省推行人防工程平战结合设计。1979～1985 年，全省贯彻落实党的十一届三中全会确定的国民经济建设“调整、改革、整顿、提高”的方针和第三次全国人防会议确定的“全面规划、突出重点、平战结合、质量第一”的人防战备建设方针，已建人防工程的开发利用得到较快发展。自 1986 年后，全省推进人防建设与城市建设相结合、人防工程建设与开发利用城市地下空间相结合。人防工程开发利用实行先论证后决策，有计划地新建大型平战结合人防工程，平战结合的水平、档次大幅提高。进入 21 世纪后，突出解决城市停车问题，一大批平时用于停车的人防工程建成并投入使用，受到社会公众的好评。同时，人防工程利用项目有新的拓展。截至 2008 年年底，全省人防工程开发利用率达 81%，取得良好的战备、经济和社会效益。

一、开发利用项目及效益

1978年，南京、徐州、无锡、苏州、南通、清江（今淮安市）、扬州、泰州、镇江等市的有关单位，利用人防工程作仓库、职工学习室、会议室、资料室、生产车间、地震监测等使用。全省人防工程利用率为7.7%。

图5-1　1979年，盐城地区拖拉机厂地下装配车间

1979年2月，南京军区人防工程建设经验交流会在无锡市召开。250名会议代表参观了无锡市15个平战结合人防工程，包括生产车间、旅社、电站、游乐场、商店、蘑菇种植、职工俱乐部等项目。9月，第二次全省人防工程设计会议在南通市召开。总结交流人防工程设计和平战结合的经验。与会人员参观南通市地下旅馆、地下商店、地下车间、地下印刷厂、地下门诊室、地下粮库、地下食堂、地下靶场等平战结合的人防工程。会议要求人防工程的平面布置、人员出入、物资升降、设备设施、防水、防潮、通风、除湿、照明、装修等的设计均要有利于平时使用。是年，全省各地、市人防系统以贯彻第三次全国人防会议精神为契机，本着因地制宜、因洞制宜的原则，根据人防工程位置、结构、质量及单位需求开发利用早期人防工程。年末，全省有320个人防工程分别被利用为旅馆（招待所）、生产车间、商业网点、娱乐场所、水库、医疗场所、食堂、会议室、仓库、靶场等20多个项目。全省人防工程利用率达11.05%。

图5-2　无锡市羊毛衫厂地下展厅

表 5－1　1979 年全省人防工事开发利用项目统计表

项目		南京市	徐州市	连云港市	苏州市	无锡市	常州市	南通市	扬州市	镇江市	清江市	泰州市	盐城市	合计
种植	工事数(个)	2				4			2	1				9
	面积(平方米)	260				289			563	80				1192
旅馆招待所	工事数(个)	1	3	1	2	4	6	2	1	2	1		1	24
	面积(平方米)	3000	1931	737	683	2599	1696	999	26	1060	619		331	13681
生产车间	工事数(个)	1	4	1	2	3		2		1	1			15
	面积(平方米)	480	1128	60	960	1856		878		360	40			5762
商业网点	工事数(个)		1				1	2	1					5
	面积(平方米)		228				200	2003	828					3259
娱乐场所	工事数(个)			1	6		1		1	1			1	11
	面积(平方米)			1160	2101		338		81	1604			908	6192
仓储	工事数(个)		2	1	9	31	28	9	19	10	6	13	4	132
	面积(平方米)		1002	460	2287	4044	3507	3447	2488	3292	869	3754	1848	26998
医疗	工事数(个)						1	1	1					3
	面积(平方米)						682	700	653					2035
展览室	工事数(个)		1	1		1	1		1	1				6
	面积(平方米)		232	259		780	449		306	570				2596
会议室办公室	工事数(个)	3	8	2	1	35	13			1	3	1		67
	面积(平方米)	1574	3010	590	466	9402	3548			360	809	850		20609
地下会堂	工事数(个)					5			1					6
	面积(平方米)					1525			1040					2565
电站	工事数(个)		1			1	1						1	4
	面积(平方米)		135			302	124						132	693
水库	工事数(个)		1											1
	面积(平方米)		43											43
宿舍	工事数(个)		1			2					1		2	6
	面积(平方米)		65			670					150		1391	2276

续表 5-1

项　　目		南京市	徐州市	连云港市	苏州市	无锡市	常州市	南通市	扬州市	镇江市	清江市	泰州市	盐城市	合计
地震台	工事数(个)		1			1	4							6
	面积(平方米)		1050			353	603							2006
弹药库	工事数(个)			1										1
	面积(平方米)			107										107
总机房	工事数(个)	1												1
	面积(平方米)	304												304
电缆试验场	工事数(个)	1												1
	面积(平方米)	1124												1124
饭店食堂	工事数(个)	1				1		1						3
	面积(平方米)	633				339		280						1252
靶场	工事数(个)					2		1						3
	面积(平方米)					493		919						1412
地下公园	工事数(个)					1								1
	面积(平方米)					2003								2003
档案室	工事数(个)					1					1			2
	面积(平方米)					118					103			221
播音室	工事数(个)			1										1
	面积(平方米)			135										135
教室	工事数(个)				3	2			2	1				8
	面积(平方米)				994	377			460	220				2051
其他	工事数(个)					1	2			1				4
	面积(平方米)					65	586			900				1551
合计	工事数(个)	10	23	9	23	95	58	18	29	19	13	14	9	320
	面积(平方米)	7375	8824	3508	7491	25215	11733	9226	6445	8446	2590	4604	4610	100067

图 5－3　南通市城东地下养鸡场

从 1980 年 1 月起，全省在国民经济调整期间，除结合基本建设修建防空地下室和续建工程外，不再新建其他人防工程，主要抓已建工程的加固、改造、口部处理，使已建工程尽可能被利用起来。11 月，国家人防办组织各大军区和各省、市、自治区人防领导小组及人防办领导 160 多人，参观南京、无锡、南通 3 市的平战结合人防工程。是年年底，全省人防工程利用率达 12.1%，安排社会待业青年 747 人。江苏人防工程平战结合工作步入全国前列。

1981～1985 年，全省人防系统采取召开平战结合现场会、经验交流会，举办人防工程种植、养殖技术培训班等办法，大力推进人防工程开发利用。同时，省市人防部门注重处理好人防工程平战结合数量与质量、项目与效益的关系，重点扶持生产车间、商业网点、旅馆、招待所等社会和经济效益较好的项目投入使用。1985 年 2 月，省人防办在南京市召开人防工程平战结合座谈会，交流经验，分析问题，研究加强平战结合的办法和措施。形成加强平战结合计划管理，调整压缩高档工程低档利用的项目，发展经济效益好、社会影响大的项目。9 月，南京军区人防办转发江苏省提高人防建设战备、社会、经济效益的经验。是年年底，全省人防工程利用率达 36.3%。人防工程平战结合的经济效益大幅提高，5 年共创产值、营业额 3762.23 万元，利润 407.78 万元。生产车间、商业网点、旅馆、招待所等项目占全省平战结合工程面积的 28%，利润占 93%。平战结合工程基本实现“以洞养洞”。1985 年年底，在人防工程内就业人员达到 3878 人。

图 5－4　苏州市日用化工厂职工学习室

图 5－5　徐州市整流器厂地下车间

1986～1990 年，全省贯彻国务院、中央军委批转国家人防委《关于人防工作改革几个问题的意见》和 1986 年 12 月国家人防委、城乡建设环境保护部在厦门市召开的全国人防建设与城市建设相结合工作座谈会精神，人防工程建设与城市开发利用地下空间相结合。按照城市总体规划和人防工程规划，结合旧城改造、新区建设、住宅小区和商业网点建设，有计划、有重点地修建了一批规模较大、质量较好的平战结合人防工程。1987 年 7 月，全省人防工程平战结合经验交流会在盐城市召开，总结交流人防工程平战结合的经验，参观盐城市 12 个平战结合人防工程。9 月，省人防办在徐州市召开人防工程平时利用可行性研究论证座谈会，专题研究新建工程项目平时利用的论证内容和办法，形成先论证后决策的机制。江苏人防工程平战结合开始进入科学发展轨道。1988年7月，省人防办《关于充分利用人防工程开展防暑降温工作的通知》下发后，每年高温期间，各市人防部门都免费开放部分人防工程供市民纳凉。1988～1990年，徐州市古彭地下商场、常州市江南商场、南京市夫子庙地下商场、苏州市察院场地下商场、无锡市西门地下商场相继竣工并营业，取得较好的社会效益和经济效益，被誉为江苏省人防工程开发利用的“五朵金花”。还修建了一批过街道工程，如无锡市五爱路过街道、南京市鼓楼地下过街道、苏州市察院场地下人行环道等，既方便了群众生活，又缓解了城市交通压力。同时，围绕提高人防工程平战结合的“三个效益”，各市通过对早期人防工程的加固改造，完善内部设备设施，改善内部工作、生活条件，处理好通风、照明、除湿和机械设备的噪音，有效提高早期人防工程的利用率和经济效益。1990年10月，全省人防建设平战结合座谈会在无锡市召开。会议总结交流“七五”期间全面开展平战结合工作的经验，研讨“八五”期间平战结合规划，研究修改《平战结合统计报表》。是年年底，全省人防工程利用率达51.9%。“七五”期间累计产值、营业额7.5亿元，缴税金1700余万元，利润6000余万元。1987～1990年，人防部门收取人防工程使用费823.43万元。

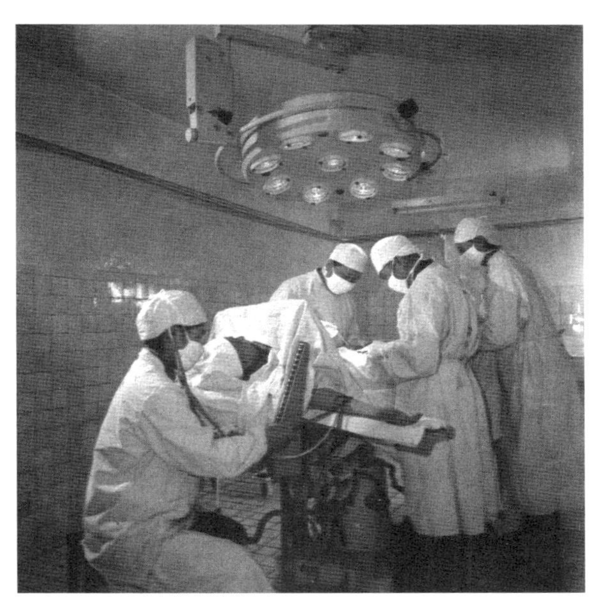

图5-6　常州市戚墅堰车辆厂地下医院手术室

表5-2　1990年全省人防工事开发利用项目统计表

项目		南京市	徐州市	连云港市	苏州市	无锡市	常州市	南通市	扬州市	镇江市	淮阴市	盐城市	泰州市	合计
旅店（招待所）	工事数（个）	28	5		7	10	4	4			3	6		67
	面积（平方米）	22174	4374		4145	13533	3203	4049	563	80	2911	4025		59057
商场（商店）	工事数（个）	2	1	1	3	6	1	1		1	1		2	19
	面积（平方米）	9916	4816	920	6447	9330	5509	450		570	1785		820	40563
餐饮	工事数（个）		2		2		1						1	6
	面积（平方米）		832		1464		345						376	3017
文艺活动场所	工事数（个）	22	6	3	46	53	44	6	3	6	4	3	9	205
	面积（平方米）	18085	3176	11034	21260	30420	27218	5243	4058	10201	1732	2096	4560	139083

续表 5-2

项目		南京市	徐州市	连云港市	苏州市	无锡市	常州市	南通市	扬州市	镇江市	淮阴市	盐城市	泰州市	合计
教学、办公、会议室	工事数(个)	17	6	4	15	9	11	22	4	3	3	6		100
	面积(平方米)	17906	5909	1206	3672	4142	9748	9151	4135	1058	2520	3190		62637
仓储	工事数(个)	92	23	22	39	63	39	29	25	23	21	20	16	412
	面积(平方米)	57289	19179	13860	20872	37199	20287	13018	12144	15253	7720	9428	6190	232439
医疗场所	工事数(个)		1	2	2	3	2	1	1				1	13
	面积(平方米)		696	1216	872	2009	960	1260	873				884	8770
生产车间	工事数(个)	13	1		4	2	3			1		2	1	27
	面积(平方米)	15161	2033		2362	1376	948			1500		1588	237	25205
种植养殖	工事数(个)	7	4	1	1	1	3	3	1	7	1			29
	面积(平方米)	6834	9282	4386	681	1650	2205	1800	349	4578	381			32146
其他	工事数(个)	13	4	2	22	3	10		2	2		7	1	66
	面积(平方米)	8007	9394	477	3925	909	5010		421	444		3008	102	31697

1991～1995 年，随着人防工程建设、城市建设和开发利用地下空间相结合的进一步落实，工程总量不断增加。部分市开始引进外资开发利用人防工程。人防工程开发利用得到较快发展，实现由低档次、低效益利用向高档次、高效益利用的转变。1991 年 11 月，全省人防大中型地下商场建设与发展理论研讨会在徐州市召开。围绕地下商场经营管理模式、发展对策、队伍建设、财务管理等问题展开研讨。1993 年 4 月，全省人防平战结合经验交流大会在南京市召开。总结交流改革开放新形势下全面开展平战结合的经验。全省人防系统注重发展社会效益和经济效益好的地下商场、歌舞厅、过街道、停车场等利用项目。“八五”期间，新增开发利用人防工程 21.5 万平方米，人防工程开发利用率达 61.3%。产值、营业额达 28.04 亿元，缴税金 4105 万元，实现利润 5771 万元，收取人防工程使用费 5188 万元。引进美元 139 万元、人民币 6960 万元，开发利用人防工程 7 个。

图 5-7　常州市人防地下招待所

1996～2000 年，全省人防系统根据省军区司令部、省人防办《关于加快江苏人防经济发展的意见》，新建大型平战结合人防工程与开发利用已建人防工程齐头并进，人防工程平战结合的社会和经济效益得到大幅提高。5 年新增开发利用人防工程 22.8 万平方米，徐州东站、连云港龙河广场、淮安淮海广场、常州文化宫广场、南通南大街、南京正洪街等社会和经济效益提高明显的大型平战结合人防工程先后建成投入使用；缴税金 7743.1 万元，实现利润 16603 万元；收取人防工程使用费11074.2万元。据2000年年底统计，全省25个人防工程用于旅馆（招待所），设1029个床位；53个用于商场（商店）；27个用于餐厅（饮食店）；125个用于文艺活动；76个用于教学、办公、会议、试验；9个用于医疗；21个用于生产车间；638个用于仓储；44个用于蘑菇种植；65个用于其他项目。

进入21世纪，全省人防工程建设和平时利用，突出服务于民生、服务于经济社会、服务于政府，在稳定原有利用项目的同时，探索与实施新的利用项目，不断提高人防工程的平时利用档次和利用率。

从2001年起，新建人防工程在满足战时功能的前提下，把平时用于停车场的工程作为建设重点。在新建住宅小区、城市广场绿地地下等适合建设停车场的地方，尽可能按平时用于停车场的功能来设计施工。据2004年年底统计，全省在住宅小区、城市广场等处修建了788个地下停车场，总建筑面积206.03万平方米，可提供停车位5.15万个。

图5-8　2005年5月10日，无锡市数据备份中心投入运营

2004年下半年，无锡市信息办公室与市人防办协商利用人防工程联合开发创建无锡市信息数据备份中心，设计总存储容量12TB，分别与市政府信息数据中心、各合作单位中心机房互联互通，具有数据同步读写，随即检索，即时备份等功能。2005年5月10日，该数据备份中心建成并投入运营。可以确保市电子政务内网国土、建设、房产、公安、财政、社保、医疗、银行等重要数据的实时备份和安全。

图5-9　建设中的南京市北京东路公教一村地下停车场

2007年，南京市人防办针对老小区人防工程不足，居民停车难问题突出的情况，确定在老小区修建平时用于停车场的人防工程，并作为为民办实事的重要举措抓落实。经过对鼓楼、白下、玄武、秦淮、下关5城区的老小区逐一调查和实地勘察论证，提出拟建项目方案，展开建设试点。2008年11月，首个老小区平战结合人防工程在北京东路公教一村建成并投入使用，既填补了该小区战时防护空白，又有效解决了居民平时停车难问题。2008年年底，全省人防工程建成地下停车场总面积834.79万平方米，可提供停车位20.8万个。

人防工程平战结合在取得明显经济效益的同时，战备、社会效益充分显现。战备效益体现在人民防空人民建，开始达成社会共识，要求减免人防经费和少建、不建人防工程的单位明显减少；平时使用工程处于良好战备状态，有效保持战时防护能力；人防工程使用费投入人防工程再建设，促进战备建设可持续发展。社会效益体现在社会公众熟悉人防工程，利于战时疏散隐蔽；有效开发地下空间，既增强了城市防护能力，又美化了城市环境。地下过街道、隧道的建成，有效缓解了城市交通拥堵及人车混流的状况，方便市民安全出行。地下停车场缓解了城市停车难的矛盾。地下商场、商业街的建成方便市民购物、休闲，发展第三产业，安排劳动就业。至2008年，全省在人防工程内从业人员累计为4.07万人。2001～2008年，全省收取人防工程使用费65705万元。

二、开发利用工程选介

图5-10 南京市北极会堂

南京市北极会堂 位于市政府西侧的北极阁山下，面积1895平方米。1983年9月，经装修后作会堂使用，分上下两层，设有1108个座位。平时用于放映电影、录像和会场出租。除人防系统内部经常使用外，还为市委、市政府等市级机关和附近工厂、学校、科研单位提供冬暖夏凉的会议和娱乐场所。至1992年年底，举行各种会议1000余场次，放映电影300场次，观众达3万人次，录像观众达150万人次，举办舞会训练班140期，学员7000人，先后两次被评为市录像文明放映点。2006年改建为地下停车场。

南京市挹江门果品贸易货栈 1987年，由南京市人防一公司利用早期坑道工程开办。起初单一经营香蕉，1988年组建经营瓜果的业务二部，1990年新增经营蔬菜的业务三部。以往南京人冬天吃不到西瓜，货栈组织广东客户在工事内储存海南西瓜，春节时投放市场，1990年春节，在南京出现了“围着火炉吃西瓜”“拎着西瓜探亲友”的轰动效应。至1993年，该贸易货栈向国家上缴代扣税金和收取管理费172.75万元。

图5-11 徐州市古彭地下商场

徐州市古彭地下商场 位于徐州市中心的淮海路与彭城路交汇处。营业面积4109平方米。1988年2月开业。由古彭地下商场管理处负责管理。采取租赁经营模式，市场定位以服装、日用品、工艺礼品等为主的小商品批发零售市场。开业之初，凭借其优越的地理位置，冬暖夏凉的气温特点，吸引8省、市的100多家个体经营业户、厂家租赁柜台，当年租金收入达157万元，营业额3000余万元，上缴国家税金和工商管理费50余万元，安排就业人员700余人。1995年，根据市场变化，将东大厅及中区下层改建为桑拿中心、歌舞厅、美食厅，集购物、餐饮、洗浴、娱乐等多种服务项目于一体。1996年，经济效益再上新高，年租金及其他营业收入达384万元。1998年后，受市场竞争冲击，地下商场的营业效益下降，部分门面停业。2003年后，调整市场定位，发展休闲文化产业，引进徐州市场最大的民营图书商——海天书城有限公司、好吃水饺、今生有约美容美体连锁店、豪华台球俱乐部、电玩等连锁专卖店，融文化、休闲、餐饮为一体，经济效益稳步回升。自开业至2008年年底，商场共收取租金及其他营业收入2937万元。2007年，市总工会和市文明办授予"徐州市五一文明班组"；2008年，省总工会授予"模范职工之家"等荣誉称号。

常州市江南商场 位于常州市青年广场地下。1986年11月，常州市人防办投资建设该人防工程，1988年10月竣工开业，由常州市人防办成立的江南商业总公司负责管理。采取公司自营和租赁相结合的模式。经营项目有舞厅、卡拉OK厅、游戏机等。1991年9月，江南商场服装批发市场开业，118户个体户进场经营。至1993年年底，商场营业额11529.76万元，实现利税1068.51万元。1999年1月，江南商场与南京苏果超市联营开办江南苏果超市连锁店，经营糖果糕点、茶食饼干、营养补品、蜜饯炒货、腌腊熟食、速冻食品、罐头调料、干鲜果品、日用百货、洗涤用品10个大类8000多个品种。2003年12月，公司改制为民营企业。2004年后由常州民防建设投资有限公司负责对该工程资产维护管理。

南京市夫子庙地下商场 夫子庙地下商场位于"十里秦淮风光带"繁华地段，由3座大厅、1条过街道、1条商业长廊相互连接贯通，全长380米，设有14个门进出。场内安装空调设备和自动报警、自动喷淋等消防设备，常年温度保持在20℃～28℃，湿度在70%左右，日均顾客流量5万～6万人，节假日高达20万～30万人，是一条繁华的商业街市。商场于1989年开业，营业面积1万余平方米。采取自主经营、引厂进店联营和招商入场经营相结合的经营形式。商场北半部，经营家用电器、自行车、鞋帽服装、烟酒食品、日用百货、沙发家具等商品近6000个品种。南半部实行招商入场经营，有290家工业企业和个体经营户。主要经营时装和小商品。地下商场从业人员达800多人。从1989年春节部分开业到1991年年底，创利税383万元(其中200万元由个体工商户直接向税务部门缴纳)，上缴市人防办工事使用费411万元。在1992年由中国经济出版社出版的《中国名店荟萃》中被列为中国名店之一。2003年商场改制为股份制有限公司。

苏州市察院场地下商场 位于苏州市察院场，设东西向非机动车通道2处、人行通道3处，并从地下穿越人民路，使用面积4275平方米，平时可作商场的3个厅，使用面积1200平方米。1989年10月开业。商场采取部分出租、部分自主经营模式。开业后至1991年，取得较好的社会效益和经济效益。1994年3月，察院场地下商场更名为"卧龙商城"，由卧龙商城进行管理。采取分割出租或设摊位对外招租，年上缴利润20万～30万元。2002年，市人防系统改制，卧龙商城被注销，工程移交市人防工程管理处管理。2003年10月，与嘉富立交工程一起总体对外公开招租，由苏州市乔森商贸管理有限公司取得10年的经营权，以"乔森商场"为名对外经营，年租金与维护管理费总计122.1万元。

无锡市西门地下商场 位于五爱广场地下，分五爱一期、五爱二期两部分，使用面积7061平方米。1990年9月开业。开业初期，主营小商品。之后，随着市场变化不断调整，先后经营过餐饮小吃、电子商品、日杂用品、电子游戏、网吧、健身、歌舞、卡丁车等，并由原来的自营与租赁经营相结合转变为以租赁经营为主，逐步形成一期以电子商品为主，二期以健身娱乐为主的经营特色。2001年，五爱一期先后招入近百家电子、通信经销商，开办"无锡华东通信器材市场"。2003年8月，商场重组改制，重组为民营企业——无锡市润民天成民防商贸有限公司，仍负责五爱一、二期人防工程的开发利用与日常维护管理，与市人防办为租赁关系。经营通信设备、小家电、歌舞厅、网吧等，从业人员200人。

淮安市淮萃地下商场 位于淮安市中心淮海北路,淮安汽车站广场地下。1992年竣工投入使用,营业面积1700平方米。由市人防淮萃商场管理处负责管理,实施租赁经管。市场定位以服装、小百货、游戏机等为经营项目。当年租金收入120万元,营业额2600多万元,安排就业人员200人。之后,商场管理处根据市场变化,调整经营项目,除服装销售外,增加宾馆、台球厅等。至2008年,商场年均收入为85万元。

连云港市云台山隧道 位于连云港市后云台山,北口与连云港港相连,南口位于宿城风景区,使用面积3.2万平方米,1993年12月简易通车。由云台山隧道管理处负责维护管理。1994年8月,云台山隧道开始收取使用费,当年收取20.8万元。至2008年,共收取使用费909.3万元。云台山隧道建成通车,使连云港港口至宿城风景区的距离缩短了21千米,为宿城风景区开发和宿城地区经济建设及田湾核电站、连云港东疏港建设提供了交通保障。

图5-12 盐城市商业大厦地下餐厅

盐城市商业大厦地下商场 位于盐城市建军路与解放路交界处,使用面积4016平方米,1994年7月投入使用。由盐城市商业大厦有限公司负责管理,租赁经营。市场定位为超市以及服装、日用品等为主的小商品零售市场。开业之初,1家超市及60多家个体经营户租赁门面,当年租金收入突破120万元,上缴国家税金和工商管理费100多万元,安排就业人员300多人。2002年后,商场管理处根据市场需求,将地下商场改造为大型超市,年营业额达8000万元,上缴国家税金和工商管理费600多万元,安排就业人员200多人。

无锡市地下商城 无锡市地下商城(即无锡火车站广场人防工程)是"八五"期间全省人防建设与城市建设并举,集商贸、休闲、娱乐于一体的多功能大型平战结合地下人防工程。由A、B、E三个区组成。该工程采用街坊式结构,店铺分隔灵活,装修新颖别致。1996年竣工并投入使用。采用一次性出租20年经营场地的租赁方式,一次性收回租金1800万元。2002年3月,工程扩建后,由无锡市城市建设投资公司管理使用。主要用于地下停车场和人行通道。

南通市南大街地下商场 南大街地下商场(部分为汽车停车库),使用面积5720平方米,战时为人员掩蔽工程。其中商场面积4000平方米,于1998年国庆节开门营业,内设服装区、鞋帽区和小商品区,采用整体租赁经营。2000年,由市人防办组织管理班子,统一负责管理风、水、电、设备运营以及安保、消防,向社会进行二次直接招商,取得较好效果,年销售额达1800万元,收取人防工程使用费160万元,并安置社会100余人就业。2007年,商场歇业改造,进一步完善消防设施,消除安全隐患,并将商场更名为"民防商场",对社会竞标招商,人防工程

图5-13 南通市南大街地下商场

使用费从每年的160余万元提升到400万元。

常州市文化宫广场地下综合商场　位于常州市中心延陵西路2号，建筑面积2.3万平方米，经营面积1.4万平方米。1999年1月竣工并投入使用，由常州文化宫广场有限公司经营管理、维护。采取自营和部分对外租赁经营的模式，市场定位主要为休闲娱乐、配套购物等。由于该工程所处的地理位置优越，开业之初吸引了较多的消费者和游客，年租金收入达500万元。2003年，常州文化宫广场有限公司按现代企业管理制度的要求和规范，改制为职工全员持股的民营企业，公司坚持"建设人防、发展人防、服务社会、回报社会"的经营宗旨，以市场为导向，先后将不太适合经营的歌舞厅、溜冰场和桑拿浴室等休闲娱乐项目进行业态调整，引入餐饮、网吧、苏宁电器、新动力体育用品等品牌商业。至2008年，共收取人防工程使用费4700万元，提供就业岗位2000个。

苏州市富仁坊地下停车场商场　位于苏州市老城区中心，观前街商区内，东近临顿路，西临人民路，北挨观前街，南为干将路。2002年9月竣工并投入使用，使用面积7770平方米，其中负一层使用面积1270平方米，不设防，平时用于商业经营；负二层使用面积6500平方米，战时主要用于人员掩蔽与物资库，平时用于停泊车辆，有车位177个。负二层在投入使用后，由苏州市人防工程管理处委托苏州观前物业管理有限公司经营，从2003年产生经济效益始，年上缴纯收入24万元。负一层于2005年下半年招商，以年租金36万元向外租赁。该工程为社会提供就业岗位101个。

图5-14　苏州市富仁坊地下停车场

泰州市滨河绿地广场地下商场　位于泰州市海陵区鼓楼大桥西侧、东进路南侧。该工程由8000平方米的地下商场、2500平方米的地下停车场和2576平方米的两个下沉广场组成。2005年1月投入使用。由上海市轻纺集团怡智集团股份有限公司承租管理，租期20年，年租金50万元。地下商场主要经营服装、儿童玩具、鞋类等商品，年营业额1200万元，上缴税金20万元。为社会提供就业岗位120个。

图5-15　徐州市中心时尚大道

徐州市中心时尚大道　位于徐州市淮海路、中山路交叉口。该工程平时用于人行过街道及商场经营。其中人行通道2840平方米，2005年11月1日开放通行，有效解决了人车混流、人车争道的问题；商业用房1.09万平方米，2006年年初陆续开业。市人防办首次采取市场化运作方式，由北京世纪天鼎投资有限公司全额投资，市人防办负责勘探、设计和施工。工程竣工后由市人防办协助办理土地及全部工程产权手续，移交给北京世纪天鼎投资有限公司在徐州注册的徐州宜商万利市场有限公司自主经营，自主管理。

常州市钟楼广场地下时尚步行街 位于常州延陵西路与南北大街交叉口，经营面积3000平方米。2007年4月建成并投入使用，由常州文化宫广场有限公司竞标获得10年经营权，年租金400万元，并承担运行所需的水、电、物业管理费用等。该项目经营管理期间，既作为过街通道，每天24小时照明，保障行人安全通行，承担社会职能，又利用其黄金地段，打造成了一条集购物、休闲、文化娱乐为一体的时尚步行街。公司成功引进“三福百货”后，立足于时尚潮流购物的商业定位，形成服饰、小百货、箱包、化妆品为主的经营门类，实现购物档次和环境的整体提升。从开业至2008年，共收取人防工程使用费634万元。每年向社会提供就业岗位200多个。

第二节　通信警报平战结合

1985年，省人防通信站开始为社会提供技术服务，南京市人防办向社会出租通信设施。人防通信警报平战结合工作启动。1987年，省政府、省军区提出人防通信警报设施实行平战结合、为社会和城市“四化”建设服务的意见。全省人防部门开始利用人防指挥通信和警报网，为党政机关和居民提供通信服务，承担抢险救灾的指挥通信保障任务。1995年6月，全省人防通信平战结合座谈会在南京召开，总结交流“八五”期间开展人防通信平战结合的经验，提出今后的设想。至2008年，全省人防通信警报的平战结合，为社会和抢险救灾的服务做出积极贡献。

一、服务社会生活

1985年，省人防通信站先后为南京合成新村和宁夏路23号居民住宅区架设2条电缆，为居民安装电话19部。江苏人防通信为社会提供服务开始起步。

1987年年初，全省人防通信业务会议在无锡市召开，交流通信平战结合经验，研究推进人防通信、警报平战结合的办法和措施。各市人防部门在保证人防通信任务的前提下，开始利用通信技术力量和通信警报设备为党政机关和社会服务。是年，南京市人防通信站为南京雨花台烈士纪念馆设计安装全套音响设备，为南京化学工业公司代购无线电设备，协助组网开通，并负责设备开通后的维修。徐州市人防办为学校安装音响设备和传呼电话，承接徐州市古彭地下商场通信、广播系统的设计安装工程。连云港和盐城市人防通信站分别为当地政府安装400门和200门纵横制电话自动交换机，有效缓解了机关长期存在的通话难问题。连云港市人防通信站由24部900兆无中心无线电话组建一个基地网和一个应急网，基地网为市、县（区）政府部门提供通信服务，应急网随时承担市政府抢险救灾部分通信联络。人防基地台通过45米高的无线塔，为900兆无线电话进入市话网提供服务。南通、镇江、扬州等市先后开展电话交换机、车辆修理出租、家用电器维修等服务性业务。全省人防通信对外服务项目增加至15个。服务产值比上年增加150%，利润增加140.8%。同时，义务为社会修理家用电器957件，接转长途电话2.5万次。

1988年，省人防通信站承接省级机关行政事务管理局和省人大常委会办公楼的通信工程设计安装任务，架设电缆750米，安装办公电话170部。徐州市人防通信站为新沂、邳州、睢宁、铜山、丰县、沛县6县及郊区、贾汪区政府安装电台，并帮助培训无线电话务员16人。为徐州市中医院、第二毛纺厂等单位安装电话总机并负责维护管理。

1989年，南京市人防通信站成立技术服务部，承接通信音响工程的设计安装、智力开发、技术服务业务。为梅园新村纪念馆设计安装了1套音响设备。完成扬子石化运输公司物资运输通信网、市农林局市县两级森林防火通信网、交通银行运钞治安通信网、市粮食局油粮船队通信网和镇江市多种经营局森林防火通信网的设计安装工程；为社会维修家用电器600余台。徐州市人防通信站为市政府云西宿舍、海郑里小区、市第17中学等单位和居民安装办公和居民住宅电话20部。

1990年，全省开展通信警报平战结合项目15个，修理各类电器3691件，创营业额97万元，利润56.4万元。南京、徐州、连云港、南通、扬州、镇江、淮阴等市人防办，从有偿服务收入中提取28.16万元用于通信建设。

图5-16 徐州市人防通信站为市民维修电视机

1991～1996年，常州市人防通信站开通长城寻呼台，发展寻呼用户2500多个，年创收8.5万元。无锡市人防办利用头茅峰通信铁塔为长城寻呼台等15家电信企业有偿服务，每年收租金2万～2.5万元/台，最高年份租金收入达41万元。无锡市人防通信站与市百货公司签订合同，负责百货公司售出的家用电器一年保修期的修理业务。徐州市人防通信站为市中医院、第二毛纺厂、徐州医学院附属医院等企事业单位安装电话总机及维护管理，收取安装费和代维费。徐州市人防通信站成立家用电器维修服务部，维修家电800余件。

1997年后，随着电信业及家用电器的迅速发展，人防通信为社会服务工作逐渐萎缩并终止。

二、保障抢险救灾

1989年夏，江苏遭遇洪涝灾害。省政府指令，省及各省辖市人防办在当地政府统一领导下，利用人防通信线路和通信手段，保障防汛抢险指挥通信顺畅。在历时70天的防汛指挥通信保障中，省、市人防部门建立通信保障领导小组，各市根据通信人员和设备情况，成立有线、无线、维修、器材等保障小组，明确责任分工，制定保障方案，实行24小时值班制度。徐州市人防办对各县(区)开通单边带通信网。南京、南通等市人防办组织无线通信网演练。连云港市人防办在市政府支持下购置无线拨号移动电话20部，并组织市、区、县的试通。苏州、南通、淮安等市人防办组织人员抢建人防办至市防汛指挥部的专线。全省人防系统共抽调131名通信人员参与汛期通信保障工作，开设短波、超短波电台61部，接转电话2900余次，架设电缆4.7千米，顺利完成省政府下达的汛期通信保障任务。

1990年11月，徐州市人防办应市水利工程指挥部的请求，为徐洪河水利工程工地安装警报器1台，保障水利工地安全爆破。

1991 年 7 月，全省遭遇特大暴雨，汛情严重。省委、省政府指令全省人防系统利用人防通信设施，全力保障各级政府防洪抢险救灾指挥通信联络工作。各市人防办利用人防有线、无线通信网，抽调专业技术骨干，为政府防汛指挥部的通信联络提供保障。南京市人防办无线通信网与水利、治安通信网相互沟通，并在市委书记、市长的指挥车上安装车载台，保证市领导对防洪救灾工作日夜不间断的指挥联络。徐州市人防办抽调 3 名技术骨干和 8 部单边带电台承担市政府防汛指挥部的通信联络任务。市防汛指挥部利用电台及时指挥沛县七段闸放水排洪，保障防汛工作的顺利完成。8 月，南通市人防办配合该市爱国卫生运动委员会组织全市统一灭蚊活动，利用防空音响警报网发放烟熏灭蚊统一行动信号，市区 16 台音响警报器在规定时间准时、准确发放，圆满完成保障任务。

图 5－17　2008 年 5 月 27 日，南通市人防办为四川地震灾区绵阳市送达警报器

2008 年 5 月 19 日 14 时 28 分，寄托全省人民对四川汶川地震中遇难同胞哀思的防空警报在江苏大地上空鸣响。这是全省人防系统执行国务院公告和省政府指示所采取的统一行动。全省共有 2130 台防空警报器参加鸣放。5 月 27 日中午，南通市人防办接到绵阳方面关于唐家山堰塞湖下游地区进行人口疏散，以防空警报鸣放作为疏散信号，急需帮助解决 6 台警报器的紧急请求后，在 3 个小时内调集 6 台电动防空警报器，并额外赠送 10 台手摇式警报器，落实运送车辆。当日下午，警报器运输突击组冒雨出发，经过两昼夜的风雨兼程，克服了山高路险和余震威胁，于 5 月 29 日下午 5 时 10 分将警报设备运抵绵阳，并随即投入指导、协助警报器安装工作。5 月 30 日，在绵阳市指导人口应急疏散工作的国家人防办副主任李扬高度评价了南通市人防办紧急驰援绵阳灾区警报器的义举。

第三节　防空专业队参与抢险救灾

1987 年夏天，无锡市刘潭乡发现 2 号病，市人防防化防疫专业队迅速赶到现场，检测、化验、防疫，很快控制疫情。市电视台摄制并播放《平战结合，保障人民健康》的电视片，在社会上产生良好效果。

1989 年 7 月 16 日深夜，无锡市郊区马山遭台风袭击，造成该地区大面积停电，致使排水中断，围堤内水位猛涨，严重威胁了工农业生产和群众生命安全。凌晨 1 时，市供电局线路工区人防抢险抢修专业队冒雨赶到现场，经 2 个多小时的奋力抢修，恢复供电，避免了重大损失。7 月 23 日晚 7 时左右，镇江市中百二店发生火灾，市人防医疗救护专业队 5 分钟赶到火灾现场，共抢救 50 多名烧伤病人。9 月，连云港山洪暴发，冲倒 32 根通信电线杆，市人防通信专业队突击抢修 4 天，全部修复。淮阴电化厂管道泄漏，温度迅速上升，该厂 1 名人防专业人员发现险情后，冒险抢修，避免了一起重大事故的发生。

1991年6～7月，一场百年未遇的特大暴雨袭击江苏。全省134个人防工程计9.2万平方米被淹，130余台内部设备被水浸泡，18处山体滑坡，造成7个人防工程口部被埋，2万余平方米结构严重受损。暴雨、洪水造成堤坝决堤，人民群众被困，供电线路受损，通信线路中断，以及危险品次生灾害威胁。全省各级人防办组织人防专业队积极投身抢险救灾，组成313支抢险救灾突击队，出动3.5万人次，车辆3700台次，调用水泵172台，无线电台168部，电话单机241部。抢修加固输电线路9200余千米，更换电线杆1.48万根，抢修无人增益站4个，加固堤坝7800米，抢救被洪水围困的灾民6200余人，转运化工产品、有毒有害物品7800多吨。苏州市3个变电所淹水0.8米，严重危及变电所的安全，市人防供电抢险抢修专业队立即奔赴现场，筑坝排水，加固电线杆基础，保证变电所的正常运行。无锡市人防供电专业队连续8天8夜奋战在齐腰深的洪水中，架设临时输电线路83条，排除华东电网干线及市区供电线路上的断线、跳闸等事故500余起。常州市东门危险品仓库积水60厘米，存放的80吨电石随时可能因洪水浸入而引发爆炸，人防专业队冒着生命危险将电石抢运至安全地点，医疗救护专业队救治伤员1.2万人次。镇江市青山水库决堤，致小铜轴电缆被冲出10多米，20多名人防通信专业队员赶赴现场，经10小时奋战，排除险情。盐城市电化厂人防防化专业队，奋战两昼夜，从被淹仓库中抢出剧毒农药312吨、电石1950桶。

1993年，312国道苏州齐门段两辆装有化学毒气的大罐车发生毒气泄漏。苏州市化工局人防专业队迅速赶到现场，排除险情。

2008年5月12日，四川省汶川发生8.0级大地震后，全省人防系统积极投入救援。5月13日，根据上级指示要求，连云港市人防专业队组建单位紧急组织医疗救护、供电、消防抢险救援队，奔赴抗震救灾一线参加救援。救援队由6名医疗救护人员、5名供电专业技术人员、20名消防官兵组成，另配备3辆急救车、1辆应急发电车和1辆工程车。救援队于15日抵达灾区后，立即展开救援。医疗救护队抵达什邡市后，分别在洛水镇和红白镇担负伤员转运工作，当天转运受伤群众30余名。消防救援突击队抵达四川绵阳，负责北川县部分区域的搜救工作，消防官兵从废墟中成功救出2名幸存者和被困群众30余名。同日，徐州市卫生局、消防支队、徐州工程集团、供电公司、天能集团、中国矿业大学、徐州师范大学7个单位，奉命抽调专业人员808人(其中在编人防专业队员112人)，出动车辆55辆，大型专业设备94台(套)，参加抢险救援行动。其中，徐州消防支队在北川县城救出被困人员13人，清理遇难者遗体5具，抢救珍贵档案2万余本；徐州市卫生局组成的医疗救护队转运伤员129人，医疗救助3762人次，灾区消毒面积10万余平方米；市供电公司担负绵竹电力设备及电路的抢修任务。

第六章　核事故应急管理

1996年，国务院批准建设连云港田湾核电站。省人防办经过反复调研、论证，于1998年12月向省政府提出《关于承担连云港核电厂场外核事故应急管理工作的请示》，建议省政府将连云港核电厂场外核事故应急管理任务赋予省人防办。1999年9月，省政府决定组建省核事故应急协调委员会（以下简称"省核应急协调委"），下设核应急办公室（以下简称"省核应急办"），设在省人防办，承担省核应急管理的日常工作。

2000～2008年，核事故应急管理工作坚持"常备不懈，积极兼容，统一指挥，大力协同，保护群众，保护环境"的总方针，建立健全组织，制定完善应急预案体系，实施应急设施建设，组建专业队伍，开展宣传教育，组织各类演习。不断增强核事故应急能力。

第一节　核应急管理机构

一、领导机构及职责

（一）江苏省核事故应急协调委员会

1999年9月，省政府印发《江苏省核电厂核事故应急机构方案》，决定成立省核应急协调委，设在省政府，代表省政府对全省核应急工作实施领导、指挥、决策、协调。11月12日，省政府办公厅发出《关于成立江苏省核事故应急协调委员会的通知》，副省长陈必亭任主任。副主任由省政府分管副秘书长、省人防办、南京军区司令部兵种部、省军区司令部、省计经委、省核电办公室（省电力局）、连云港市政府主要负责人担任。成员由省委宣传部、省科委、省外办、省国防科工办、省财政厅、省公安厅、省卫生厅、省民政厅、省交通厅、省环保局、省邮电局、省气象局、省地震局、连云港市政府、江苏核电有限公司等有关负责人担任。2001年12月～2008年年底，主任由省政府分管副省长担任，副主任由省政府分管副秘书长及南京军区司令部军训和兵种部、省军区司令部、省发展计划委、省经济贸易委、省电力公司分管领导和省人防办、连云港市政府主要领导担任。委员由省委宣传部、省武警总队、省教育厅、省科技厅、省公安厅、省民政厅、省财政厅、省交通厅、省卫生厅、省环保厅、省广电局、省外办、省通信管理局、省气象局、省地震局、连云港市政府分管领导和江苏核电有限公司、连云港海事局主要领导担任。

表6-1 1999～2008年省核应急协调委员会正副主任名录

姓　名	职　务	任职时间	说　　明
陈必亭	主　任	1999.11～2001.12	副省长
吴瑞林	主　任	2001.12～2003.3	副省长
李全林	主　任	2003.3～2006.5	副省长
仇　和	主　任	2006.5～2008.7	副省长
史和平	主　任	2008.7～	副省长
吴经起	常务副主任	2001.12～2003.3	省政府副秘书长
韩庆华	常务副主任	2003.3～2006.5	省政府副秘书长
何　权	副主任	1999.11～2001.12	省政府副秘书长
李向群	副主任	1999.11～2001.12	省人防办主任
刘新明	副主任	1999.11～2003.3	南京军区司令部兵种部副部长
宋玉友	副主任	1999.11～2006.5	省军区副参谋长
周建强	副主任	1999.11～2001.12	省计经委副主任
徐　斌	副主任	1999.11～2001.12	省电力局副局长
夏　耕	副主任	1999.11～2001.12	连云港市市长
张永康	副主任	2001.12～2006.5	省人防办主任
秦　雁	副主任	2001.12～2003.3	省计委副主任
张敬华	副主任	2001.12～2003.3	省经贸委副主任
徐　斌	副主任	2001.12～2003.3	省电力公司副总经理
陈震宁	副主任	2001.12～2003.3	连云港市市长
周国建	副主任	2003.3～2008.12	南京军区司令部军训和兵种部部长
林一峰	副主任	2003.3～2008.12	省发改委副主任
戴跃强	副主任	2003.8～2005.7	省经贸委副主任
胥传普	副主任	2003.3～2006.5	省电力公司副总经理
刘永忠	副主任	2003.3～2006.5	连云港市市长
顾瑜芳	副主任	2005.7～2008.12	省经贸委副主任
韩庆华	副主任	2006.5～2008.12	省政府副秘书长
张永康	副主任	2006.5～2008.12	省人防办主任兼省核应急办主任
庞士勇	副主任	2008.7～	省军区副参谋长
马苏龙	副主任	2008.7～	省电力公司副总经理
徐一平	副主任	2008.7～	连云港市市长

2003年9月，省政府办公厅印发省核应急协调委和各成员单位工作职责。

省核应急协调委员会主要职责

贯彻执行国家和省关于核应急工作的方针、政策和法律、法规；组织省核事故场外应急计划的编制、修改、审核和实施；组织和领导核应急组织机构，规划和建设相应的核应急设施；在核事故情况下，根据应急计划确定或终止场外应急状态，经国家核事故应急协调委员会批准后，发布有关场外应急状态的命令和通告，组织指挥全省的应急响应行动并负责恢复正常的社会、生活秩序，组织对核电站场内应急行动的支援，必要时请求军队支援，及时向国家核应急协调委员会报告情况；对公众进行核应急宣传教育，进入应急状态后及时向可能受到影响的邻省、市通报情况；协调解决地方、核电站及有关部门在核应急工作中发生的问题。

省核应急协调委员会各成员单位职责

省发展计划委员会　对核应急系统的建设和完善，提出建议和立项安排；对撤离人员安置区、避迁区的建设提出建议和立项安排。

省经济贸易委员会　省核应急后勤保障组组长单位。负责组织协调核应急后勤保障工作；筹供应急响应人员和撤离人员的生活物资，筹供应急计划区全部或部分人员的食入洁净食物和饮水，筹供稳定性碘片，应急救援物资；组织核应急专业培训；指导核应急安全工作。

省电力公司　省核应急后勤保障组成员单位。负责应急响应时应急区域和核电站的应急供电保障，核应急指挥和辐射监测、气象等场所的供电保障；组织核应急专业培训和演习。

连云港市政府（连云港核应急指挥所）　在省核应急协调委领导下，组织、指挥、实施连云港市的核应急准备和响应工作；组建连云港市的核应急组织机构，规划和建设相应的核应急设施；负责连云港核应急指挥室的建设和管理；负责核应急警报设施的配置和管理；组织公众宣传和信息沟通；组建核应急专业队伍；组织核应急培训和演习。

省委宣传部　省核应急公众信息组组长单位。负责组织协调核应急的公众宣传工作；制定和检查落实公众宣传计划；进行公众信息沟通和媒体传播核应急信息的管理；应急响应时启用新闻信息中心，经授权组织通报有关信息，接待公众和媒体采访；收集公众反应，开展宣传疏导；负责审批境外媒体采访；组织核应急专业培训与演习。

省武警总队　按预案协助省公安厅进行撤离、安置地区和其他应急区域的治安管理、交通管制和封锁；担负应急救援机动任务。

省教育厅　省核应急公众信息组成员单位。负责对应急计划区内的中、小学生进行核应急知识教育。

省科技厅　省核应急公众信息组成员单位。负责组织编写核能和核应急科普资料，开展科普宣传；协调核应急有关科研事宜。

省公安厅　省核应急公安组组长单位。负责组织协调核应急公安工作；组织协调应急计划区和安置区的治安管理、陆上交通控制与封锁、核应急车辆特别通行证发放管理、消防灭火等工作；应急响应时，协助海事局进行海面交通管制，组织协调海面封锁；组织省核应急指挥部至事发地沿途的治安和交通疏导；协助隐蔽和撤离安置人员；按计划协调省武警总队的支援配合。组织核应急专业培训与演习。

省民政厅　省核应急隐蔽和撤离安置组组长单位。应急响应时，组织协调烟羽应急计划区内人员的隐蔽和撤离安置工作；协助搞好撤离安置人员的物资供应；提出人员避迁建议；组织核应急专业培训与演习。

省财政厅 组织编制核应急经费预算;监督核应急经费的使用与管理。

省交通厅 省核应急交通保障组组长单位。组织协调应急响应人员和物资的运输及道路保障工作;计划安排核应急通道的维护保养;协助交管部门核发核应急车辆特别通行证;组织核应急专业培训与演习。

省卫生厅 省核应急医疗救护和辐射防护组组长单位。组织协调核应急医疗救护、辐射防护和应急照射控制、稳定碘片的储存和发放、食物和饮水控制等工作;协助组织核应急人员的辐射防护培训;应急响应时,检查指导医疗救护、辐射防护工作站开设、核应急人员辐射防护、食物饮水控制措施的落实;组织核应急专业培训与演习。

省环保厅 省核应急环境监测组组长单位。负责核应急辐射监测工作;建设和管理省核应急环境辐射监测系统;对核设施、核活动及周边地区的环境辐射实施应急监测,向省核应急指挥中心提供有关数据,并做出初步分析报告;按计划进行指定道路的辐射状况巡测;省辐射监测中心与核设施单位互相提供辐射监测数据;组织核应急专业培训与演习。

省广播电视局 省核应急公众信息组成员单位。按照公众宣传沟通计划,协调组织利用广播和电视进行核应急知识的宣传;应急响应时,根据省核应急协调委指令,协调组织利用广播和电视发放应急通知与警报、通报信息和进行宣传;协助核应急有关技术保障工作。

省外事办公室 省核应急公众信息组成员单位。负责省核应急涉外工作的协调;掌握烟羽应急计划区内外籍和境外人员的有关情况,在应急响应时适时协调组织撤离;协助省委宣传部审批境外媒体采访。

省通信管理局 省核应急通信保障组组长单位。负责组织协调核应急通信保障工作;制定通信保障方案,协调组织电信运营单位做好核应急通信保障,确保通信畅通;协助省核应急指挥中心的通信技术保障工作;组织核应急专业培训与演习。

省气象局 省核应急气象组组长单位。负责省核应急气象工作;建立和管理省核应急气象观测预报系统;进行核设施周边地区及其他核或辐射事故时的应急气象观测和预报;省核应急气象中心向省核应急指挥中心提供气象数据,与核设施单位互相提供气象数据;组织核应急专业培训与演习。

省地震局 负责全省地震观测网日常运行管理和震情分析研究,适时提供有关地震信息;对核设施周边地区强震台网的正常运行给予技术指导和监督检查;结合核应急开展地震知识宣传。

江苏核电有限公司 制定和实施场内核应急预案,提出场外支援事项,兼顾场内外的衔接配合;按国家有关规定向省核应急协调委通报核设施有关的运行情况,报告事故信息,提供评价事故后果的资料;适时提出场外应急响应和采取应急防护措施的建议;负责核电站应急责任区内人员的隐蔽、撤离、碘片发放、安置等;对场外核应急工作提供技术支持,协助场外组织的核应急培训,配合做好公众宣传沟通工作;向省核应急指挥中心提供气象数据;与省辐射监测中心互相提供监测数据,与省核应急气象中心互相提供气象数据;按时缴纳场外核应急经费。

连云港海事局 省核应急公安组成员单位。负责应急响应时实施海面交通管制,协助连云港公安边防分局实施海面封锁;协助省环保厅实施海上应急监测;协助省外事办公室处理应急时海面管制中发生的涉外问题;协助省军区进行海上应急去污洗消工作。

省人防办公室(省核应急办) 承担省核应急协调委员会的日常工作,履行省核应急办公室的职责。

二、办事机构及职责

(一)江苏省核事故应急协调委员会办公室

1999年9月,省政府决定省核应急办设在省人防办。是省核应急协调委的常设办事机构,负责处理省核应急协调委的日常事务。省核应急办下设应急管理、公众信息、应急支援3个组。11月12日,省政府办公厅明确省核应急办主任、副主任以及3个组的组长。2000年5月19日,省核应急办开始正式运转。9月,省政府决定,省核应急办列事业编制8人,参照国家公务员管理。2001年4月25日,省人防办成立核应急管理处,具体承办省核应急办的日常工作。

表6-2 1999～2008年省核应急办公室主任、常务副主任名录

姓 名	职 务	任职时间	行政职务
何 权	主 任	1999.11～2001.12	省政府副秘书长
李向群	常务副主任	1999.11～2001.12	省人防办主任
张永康	主 任	2001.12～	省人防办主任

主要职责 1999年9月,省政府《关于印发江苏省核电厂核事故应急机构方案的通知》中,初步确定省核应急办的主要职责为7项。2003年9月,省政府办公厅转发《江苏省核事故应急协调委员会成员单位工作职责和分工》中明确,省核应急办主要职责为9项:① 组织编制和实施省场外核事故应急计划,指导省、市核应急成员单位编制执行程序。② 组织专家咨询组和联络员组的活动。③ 制定省核应急工作规划和年度计划。④ 协调指导核应急设施建设、运行和维护管理,保持应急设施的良好状态。⑤ 协调指导省核应急专业组和连云港市核应急办的工作。⑥ 编制省核应急经费预算。⑦ 组织省核应急培训和演习。⑧ 协调场内支援工作。⑨ 承办省核应急协调委的日常工作。

省核应急办内设3个工作小组的职责:

应急管理组 省环保局为组长单位,省科委、省地震局、省气象局、省核电办(省电力局)为成员单位。主要职责:负责核应急辐射物监测、气象服务,组织应急专家咨询服务,培训相应队伍和人员,收集核事故信息,监督、分析趋势。

公众信息组 省委宣传部为组长单位,省国防科工办、省外事办为成员单位。主要职责:掌握公众反映和舆论动态,搞好舆论工作,加强正面宣传,注意防谣、辟谣,适当接受、解答有关方面咨询,承办核事故新闻信息事宜。

应急支援组 省人防办为组长单位,省军区司令部、省卫生厅、省交通厅、省公安厅、省民政厅、省财政厅、省邮电局、连云港市政府、江苏核电有限公司为成员单位。主要职责:负责核应急通信、医疗救护与辐射卫生防护、治安保卫与交通控制、去污洗消,隐蔽与撤离安置,后勤保障等应急支援,培训相应队伍和人员,提出应急时支援力量的调用建议,掌握支援力量的使用情况。

2001年12月，省政府决定：省核应急办设环境监测、气象观测、公众信息、通信保障、医疗救护和辐射防护、公安、去污洗消、隐蔽和撤离安置、交通保障、后勤保障10个组。组长由各相关厅（局）分管领导兼任。2002年7月～2008年年底，各组履行《江苏省田湾核电站场外应急计划》规定的职责任务。平时接受省核应急办的业务指导，应急响应时接受省核应急协调委指挥。10个组的共性职责有四项：① 执行核应急工作的方针、政策、法律、法规。② 参与制定、修改和实施省核事故场外应急计划。③ 检查、指导对口的连云港市核应急工作组各项工作，应急响应时调动全省力量实施对口支援。④ 指导连云港市对口组织建设、培训核应急专业队伍，组织单项演习，参加省组织的部分、综合和联合演习。除共性职责外，各组还担负以下职责：

环境监测组　负责制定、修改和实施省核应急辐射环境监测实施程序；建立省核应急辐射环境监测系统；定期和实时分析研究监测结果，需要时向省核应急指挥中心提供数据，并提出采取防护措施的建议。

气象观测组　负责制定、修改和实施省核应急气象观测、气象预报实施程序；建立省核应急气象观测系统，同核电站交换气象数据，及时向省核应急指挥中心提供分析评价用的气象数据；应急响应时，进行核电站周围地区未来24小时的气象预报。

公众信息组　负责制定、修改和实施公众宣传教育计划及省核应急信息发布和控制实施程序；对公众进行核应急工作有关内容和核应急防护知识的宣传教育；编写核应急知识相关资料，制定相应教育规划，对应急计划区的中、小学生进行核应急知识、核防护措施的基础教育；应急响应时，启动“新闻信息中心”，经授权后发布核事故信息，答复公众查询，稳定公众情绪，收集公众反应，开展宣传疏导；统计、核实烟羽应急计划区内的外国货轮及海员、外商投资企业中外方人员的数量、国别、人员分布、联络方式等有关情况，制定统一的对外口径，负责与有关外国驻华使、领馆的联络沟通，审批并接待外国新闻媒体的采访。

通信保障组　负责制定、修改和实施省核应急通信保障实施程序；建立核应急通信系统，确保应急响应时通信顺畅；指导并支援省核应急指挥中心以及环境监测、气象观测的通信保障；应急响应时对现场作业的核应急工作人员的通信保障实施支援。

医疗救护和辐射防护组　负责制定、修改和实施省核应急医疗救护、辐射防护、碘片储存保管和分发服用，食物和饮水监测实施程序；做好医疗救护、辐射防护、碘片储存供应、食物和饮水监测的各项准备，开展公众心理咨询工作，保持常备不懈，应急响应时指导实施单位采取辐射防护措施；组织食物和饮水监测，提出对不同监测结果采取不同控制措施的建议。

公安组　负责制定、修改和实施省核应急治安巡查，交通控制，陆、海封锁，消防灭火等实施程序；做好治安巡查，交通控制，陆、海封锁，消防灭火、车辆特许通行证发放的各项准备，保持常备不懈；应急响应（演习）时，组织省核应急指挥中心、南京至连云港沿途的治安保卫和交通疏导，做好撤离区、隐蔽区、安置区的治安保卫工作。

去污洗消组　负责制定、修改和实施省核应急去污洗消实施程序；指导连云港市建立固定洗消中心和野战洗消站，做好核应急去污洗消的各项准备；应急响应时，协调军队派出陆地、海面、空中的监测力量，提出对建筑物、土壤等大面积污染区域实施去污洗消的行动方案。

隐蔽和撤离安置组　负责制定、修改和实施省核应急隐蔽、撤离、安置实施程序；做好隐蔽、撤离、安置的各项准备，保持常备不懈；指导连云港市有关单位搞好安置区域的基础建设，协助省后勤保障组搞好安置区的各类物资供应。

交通保障组 负责制定、修改和实施省核应急交通保障实施程序;做好核应急交通保障的各项准备,保持常备不懈;指导各核应急通道的整修和维护保养。

后勤保障组 负责制定、修改和实施省核应急后勤保障实施程序;做好核应急各类物资生产、征购、调拨的计划准备,并根据市场变化情况适时调整充实;应急响应时,负责各类物资及电力的保障供应。

(二)场外核应急指挥部

1999 年 9 月,省政府决定省核事故应急协调委下设场外核应急指挥部,亦称"省核应急协调委连云港核应急指挥所",设在连云港市。2000 年 8 月,连云港场外核应急指挥部成立。由连云港市市长任总指挥,分管副市长、连云港市警备区、江苏核电有限公司负责人等为副总指挥。指挥部下设办公室,设在连云港市人防办,称"连云港市核应急办公室"。

表 6-3 1999～2008 年场外核应急指挥部总指挥、副总指挥名录

姓　名	职　务	任职时间	行政职务
夏　耕	总指挥	1999.11～2000.7	连云港市市长
高有为	总指挥	2000.8～2001.11	连云港市副市长
陈震宁	总指挥	2001.12～2006.5	连云港市市长
刘永忠	总指挥	2006.5～2008.7	连云港市市长
徐一平	总指挥	2008.7～	连云港市市长
高有为	副总指挥	1999.11～2000.7	连云港市副市长
周保法	副总指挥	2001.12～2003	连云港市副市长
张同生	副总指挥	2006.5～	连云港市副市长
张文健	副总指挥	1999.11～2001.12	连云港警备区副司令员
王公启	副总指挥	2001.12～2003.3	连云港警备区副司令员
鞠　明	副总指挥	2006.5～	连云港警备区副司令员
郝东秦	副总指挥	1999.11～2003.1	江苏省核电有限公司总经理
常　南	副总指挥	2003.1～2006	江苏省核电有限公司总经理
姜　波	副总指挥	2005.12～2007.11	江苏省核电有限公司副总经理
黄　潜	副总指挥	2007.11～	江苏省核电有限公司总经理

主要职责 1999 年 9 月,省政府《关于印发江苏省核电厂核事故应急机构方案的通知》中确定场外核应急指挥部的主要职责:① 根据核应急响应程序和应急计划,及时执行省核应急协调委向前沿各地区发出的各项指令。② 负责对场外现场核事故的紧急处理,组织学习预案、及时向核应急协调委报告情况等。2003 年 9 月,省政府办公厅转发的《江苏省核事故应急协调委员会成员单位工作职责和分工》中明确,连云港核应急指挥所的主要职责:① 在省核应急协调委的领导下,组织、指挥、实施连云港市的核应急准备和响应工作。② 组建连云港市的核应急组织机构,规划

和建设相应的核应急设施。③ 负责连云港市核应急指挥所的建设和管理。④ 负责核应急警报设施的配置和管理。⑤ 组织公众宣传和信息沟通。⑥ 组建核应急专业队伍。⑦ 组织核应急培训和演习。

连云港市核应急办公室　2000 年 8 月，连云港市核应急办公室（以下简称“市核应急办”）成立。核定事业编制 8 名，参照国家公务员制度管理。市核应急办是连云港场外核应急指挥部的日常工作机构，也是市政府实施场外核应急工作的常设办事机构，负责连云港场外核应急指挥部的日常事务，业务上接受省核应急办的指导。主任由市人防办主任担任，常务副主任由市人防办分管副主任担任，副主任由警备区副参谋长、市环保局副局长、连云区政府副区长担任。主要职责：① 负责连云港场外核应急指挥部、省核事故应急协调委交给的各项日常事务，负责指导各小组工作，组织落实各项应急措施。② 负责组建专家小组对有关专题提出方案，供领导研究决策。③ 负责应急设施的组织建设。④ 组织核事故场外应急实施计划的编制、修订、论证和送审工作，指导各专业组编制执行程序。⑤ 负责编制、申报核事故应急专项经费和日常费用的预算，经连云港场外核应急指挥部批准后，执行专款专用和审计制度。⑥ 组织核应急人员培训。⑦ 根据授权负责发布核应急方面的新闻和信息，草拟连云港场外核应急指挥部的各种命令、公告和信息。

（三）省核应急专家咨询组

2001 年 9 月，省核应急协调委聘请国内核安全、核物理、辐射防护、反应堆工程、辐射监测、大气扩散、气象观测和预报、计算机、放射医学、通信等方面的 22 位专家，组成省核应急专家咨询组（以下简称“专家组”）。

表 6-4　2001～2008 年省核应急协调委专家咨询组人员名录

序号	姓　名	工作单位、职称及从事专业	备　　注
1	张永康	江苏省人防办主任、教授级高级工程师，地质矿产专业	专家组组长
2	李德平	中核集团科技委委员、院士，核物理与核防护专业	
3	潘自强	中核集团科技委主任、院士，核物理与核防护专业	
4	陈竹舟	国家核学会秘书长、研究员，核环境与核安全专业	专家组副组长
5	施仲齐	清华大学核能院教授，核安全专业	
6	任镜暄	中核集团应急办副主任、研究员级高级工程师，核安全防护与核应急专业	
7	奚树人	清华大学核能院教授，核反应堆工程专业	
8	钱汉文	广东省核管办原主任、高级工程师，核物理与辐射防护专业	
9	张　健	国家核安全中心研究员级高级工程师，核安全与防护专业	
10	张永兴	中国原子能研究院研究员，核安全与核环境专业	
11	强炳寰	广东省环保局原局长、高级工程师，环境保护专业	
12	赵　铨	江苏省环保厅副厅长、高级工程师，环境保护专业	专家组副组长
13	夏元复	南京大学物理学系教授，原子核物理专业	

续表 6-4

序号	姓 名	工作单位、职称及从事专业	备 注
14	蒋维楣	南京大学大气科学系教授，大气环境专业	
15	林中达	东南大学教授，电厂热能动力及自动化专业	
16	孙立潭	解放军理工大学教授，军事气象学专业	
17	韩益利	南京军区防化技术室高级工程师，核探测专业	
18	周剑影	苏州大学第二附属医院主任医师，放射损伤与核医学专业	
19	侯壁君	江苏省疾病预防控制中心主任技师，辐射防护与监测专业	
20	方 乾	江苏气象台总工程师、高级工程师，气象及预报专业	
21	陈 鸣	解放军理工大学教授，计算机网络专业	
22	李 军	江苏省核应急办副处长、高级工程师，通信工程专业	专家组秘书

主要职责 专家组为非常设机构，活动地点设在省核应急指挥中心，平时是省核应急协调委的技术顾问，应急响应时是省核应急协调委决策的“智囊团”，为核应急准备工作提供技术支持。主要职责：① 指导并参与制定、修改和实施省核事故场外应急计划，并对计划的可行性、有效性进行评审。② 协助培训省、市两级核应急工作组的负责人和部分工作人员。③ 及时提供国内外核应急工作发展动态的信息和资料，为全省的核应急工作提供咨询意见，帮助解决技术难题。④ 应急响应时，根据核电站提供的情况、评价结果、监测分析结果以及气象数据，对事故性质、影响范围及危害程度做出评价判断，向省核应急协调委提出可供采取的合适防护措施和防护行动建议，为省核应急协调委决策提供依据。⑤ 指导并参与综合演习和联合演习，并评估核应急工作组的响应能力、应急设施设备的工作状态、应急工作人员的素质技能。⑥ 承办省核应急协调委交办的与核应急有关的其他技术工作。

（四）各成员单位联络员

省核应急协调委各成员单位指定本单位相关的职能处(科)室作为省核应急工作的业务联络单位，每个业务联络单位指定 1～2 人担任省核应急工作的联络员，负责本单位指定的核应急工作与有关工作的协调，同时也是核应急的兼职工作人员，随时准备进入应急状态。核应急办负责对联络员的培训、业务指导与考核。

联络员的地位作用：① 本单位核应急分管领导的助手。领会、传达、贯彻领导的意图，按领导要求协调、监督、检查工作，收集、整理、提供领导所需的核应急工作材料。② 本单位核应急工作的参谋。分析掌握本单位核应急工作的形势；根据上级或领导意图提出本单位开展核应急工作的意见，办理本单位核应急工作的文电等机关工作。③ 本单位核应急工作的联系人和核应急办的兼职工作人员，负责协调办理本单位的核应急日常工作。

联络员的具体工作：① 基本职责，在本单位的领导和省核应急办的指导下，承办核应急日常工作，参加或组织核应急业务活动，保持良好的应急准备状态。② 平时工作，向本单位领导汇报核应急办的工作计划、会议精神等；向核应急办通报本单位核应急工作的有关情况；参加核应急办组织的业务会议、培训和活动等；参加、观摩、评估有关的核应急演习；做好本单位和核应急办及其他成员单位间的联系协调工作；担负本单位的核应急值班任务；提出本单位开展核应急工作的建议；协调办理和检查督促本单位的核应急工作；指导核应急专业队伍的建设；开展核应急宣传沟通工作。③ 应急响应时，接收省核应急办的应急通知；准备或进入省核应急指挥中心；及时向本单位的协调委委员汇报情况并接受其指示；保持与本单位的密切联系；向本单位协调委委员提供所需的资料；提出本单位执行应急响应任务的建议；按预案和上级要求协调办理本单位的应急响应工作；掌握本单位专业队伍遂行应急响应任务的情况。省核应急工作联络员的活动由省核应急办负责联系和召集，每年召开 1～2 次全体联络员参加的工作会议，列席省核应急协调委全体会议。工作需要时由省核应急办临时召集会议。联络员全部实行替代人制度，每人指定 2 名以上的替代人。

第二节　核应急管理制度

2000 年，核应急工作全面展开后，先后制定《江苏省核事故应急协调委成员单位工作职责分工》《江苏省核事故应急协调委员会工作规则》《江苏省场外核应急值班管理规定》《江苏省核应急准备资金使用管理办法》等规范性文件，规范工作程序、工作规则。建立并实行会议、分工负责、值班、资金管理、检查、培训等制度。至 2008 年，逐步形成一套行之有效的核应急管理制度。基本实现用制度管人管事，促进核应急工作有序发展。

一、会议制度

省核应急协调委会议　核应急重大事项由省核应急协调委会议讨论、决定。会议根据需要，适时由协调委主任或常务副主任召集和主持。2002 年 2 月 5 日，江苏省核应急协调委第一次会议在南京市召开。会议听取并审议省核应急办的工作报告，通过《江苏省田湾核电站场外应急计划》，研究部署当年工作，协调与明确省核应急准备工作的有关问题。2003 年 5 月 19 日，省核应急协调委第二次会议在省核应急指挥中心和连云港指挥所分会场，利用视频会议系统召开。会

图 6－1　2002 年 2 月 5 日，江苏省核应急协调委第一次会议在南京市召开

议听取并审议省核应急办的工作报告，审议同意当年的工作安排及经费预算，审议通过《江苏省田湾核电站场外应急计划执行程序》《江苏省田湾核电站场外应急综合演习方案》《省核事故应急协调委成员单位工作职责分工》和《江苏省核事故应急协调委员会工作规则》。2003 年 10 月 9 日，省核应急协调委第三次会议在南京市召开。专题研究江苏省首次场外核应急综合演习相关准备工作。2003 年 12 月 31 日，省核应急协调委第四次会议在省核应急指挥中心召开。会议宣读了国家核应急协调委考评团对省首次田湾核电站场外核应急综合演习的考评意见，国家核应急办对演习的表扬通报和省核应急协调委对演习的表彰通报，听取和审议省核应急办的工作报告，研究同意 2004 年核应急工作总体安排。2006 年 3 月 24 日，省核应急协调委第五次会议在连云港市召开。会议听取和审议省核应急办的工作报告，审议通过《江苏省核应急准备资金使用管理办法》。

图 6-2　2006 年 3 月 24 日，江苏省核应急协调委第五次会议在连云港市召开

协调委成员单位联络员会议　一般每年召开 1～2 次。2000 年 6 月，召开第一次联络员会议，至 2008 年年底共召开 10 次。联络员因出差或健康原因不能到会的，均能事先请假，并安排替代人参加会议。联络员会议主要是研究部署核应急工作任务、交流工作进展情况和经验，专题研究应急计划、预案、执行程序的编制与修改等。

专家组会议　由省核应急办根据需要适时组织召开。2001 年 9 月，专家组成立并召开首次会议，审查通过《江苏省田湾核电站场外应急计划》。2001 年 11 月～2008 年，共召开专家组会议 9 次，先后研究“核应急资源调研与优化配置”课题，审议《江苏省田湾核电站场外应急计划执行程序》，审查通过场外核应急综合演习方案，指导编制并审议《江苏省核应急预案》，审查通过《田湾核电站扩建工程厂址区域核应急方案》等。

二、培训制度

省核应急协调委成员实行不定期培训制度，结合会议、调研、考察、观摩、讲座等方式进行。协调委成员在任期内至少参加 1 次国际或国家级的核应急考察与交流活动，接受核应急知识培训；协调委成员单位联络员每年参加核应急工作培训和考察不少于一次。2000～2008 年，协调委成员全部参加过国际或国家级的核应急考察与交流活动。省核应急办及协调委成员单位先后组织协调委成员、联络员及工作人员赴广东、浙江 2 省考察学习。省核应急办举办核电和核应急知识培训班、研讨班 16 期，近 1000 人参训。

三、检查制度

2004 年，开始实行核应急准备工作检查制度，采取省核应急办组织检查和相关部门组织专项检查相结合的办法进行。是年 3 月，省核应急办首次组织省经贸委、公安、民政、环保、通信、地震、消防、边防等部分协调委成员单位的联络员，采取省、市对口的办法进行核电站装料前的场外核应急准备工作联合大检查。检查的重点是场外指挥通信系统、辐射监测、数据传输等设施建设和运行状况，方案计划、组织指挥等工作落实状况等。检查发现公众宣传沟通工作不够普及，固定洗消中心等核应急设施不够配套，少数单位人员对核应急工作认识有待提高，协作配合需要加强，工作关系需进一步理顺等问题。

2006 年 6～7 月，省核应急办组织对场外核应急准备工作实施检查。主要检查“应急计划”及“执行程序”的落实、核应急组织建设、专业队（组）训练、公众宣传与沟通、设施设备的建设与管理、物资器材（药品）的准备与管理情况等。检查采取各单位自查与省核应急办抽查的方法进行。7 月中旬，省核应急办组成由专家组部分专家和省军区司令部、省公安厅、边防总队、民政厅、交通厅、卫生厅、环保厅、气象局等成员单位联络员参加的检查组，实施抽查。检查组采取听情况介绍，查看核应急设施设备、器材和资料，抽查应急工作人员的方法，对 13 个单位（部门）、22 个项目（点）、20 人次实施抽查。8 月，省核应急办发出《检查情况通报》，肯定核应急组织健全，训练落实，公众宣传积极有效，应急设备运行正常等好的方面。同时指出辐射防护站器材不落实，固定洗消中心尚未建成，应急通道路况较差等主要问题并提出整改意见。

2007 年 10 月，省核应急办组成由省军区司令部、省卫生厅、省环保厅、省气象局核应急联络员参加的检查组，对核应急设施设备、器材和药品进行抽测和点验。检查结果：各有关单位管理制度明确，任务责任清楚，小件器材、药品有单独的橱柜存放，车辆等大型设备有车库，保管情况良好，碘片检测碘含量达到 90％以上，符合使用规定。

2008 年 7 月，省核应急办组成检查组，对田湾核电站场外核应急设备、器材管理使用情况进行检查。8 月，省核应急办发出《检查情况通报》，肯定各单位高度重视核应急设备、器材的更新和管理使用工作，取得明显成效：一是加大投入，重视设备更新升级。省辐射环境监测站吸收引进先进技术，不断改进和完善核辐射检测等应急设施，先后协同有关厂家，研制装备国内最先进的环境辐射巡测车，可自动采样、化验检测，并与辐射监测中心连通，在巡测过程中可实时提供数据。同时，还对监测中心和连云港监测分中心的辐射监测系统进行升级改造，使之更趋完善。省卫生厅疾病控制中心先后投资数百万美元从国外进口多台核辐射检测设备，为场外核应急提供了有力的技术保障。省和连云港市人防办积极兼容，分别投入 600 多万元，装备具有良好前沿组织指挥、通信和防核生化功能，并与军队前沿指挥所实现互联互通的通信指挥车，为场外核应急时实施一线靠前指挥提供保障。二是建章立制，注重落实长效管理。各单位建立管理制度，层层落实责任制，严格检查奖惩，确保场外核应急所配备的设备、器材完整好用。三是加强训练，提高实际操作技能。连云港警备区防化营平时不仅注重加强对配备的辐射监测车、洗消车等设备的维护保养，同时加强实际操作训练，适时开展实地演练，场外应急实战水平明显提高。省辐射环境监测站在配备环境辐射监测车后，就专门到连云港田湾核电站实地测试，检验实际运行效果，确保场外核应急时能拉得出、用得上。同时，检查中发现一些亟待整改和解决的问题：一是部分单位按场外核应急工作实际需要应配备的装备尚未全部到位，特别是个人防护器材严重缺乏，已配备的器材装备没有配套的运输车辆，很难在应急时及时到位。固定式洗消站尚未建设。二是部分单位对现有器材装备维护管理不到位，平时开展实际操作训练少。三是省核应急办评价中心现有设备未升级改造，难以适应辐射监测、气象等数据传输的需要。省核应急办缺乏个人防护装备和监测计量等专门器材，未配备专门的应急车辆等。要求各单位举一反三，进一步查找存在的问题和原因，认真制定整改方案，确保场外核应急各项工作措施落到实处。

四、值班制度

2004 年 4 月，省核应急办印发《江苏省核事故场外应急值班管理规定》。省核应急协调委各成员单位和省、市核应急专设机构，自 6 月起，先后设置值班场所、安排值班计划、确定值班人员、落实通信方式，正式实施核应急值班和交接班制度。省核应急办不定期抽查值班情况。2005 年，在日常值班基础上，逐步健全核应急岗位值班制度。9 月，省核应急办印发《核应急值班手册》，规范和加强核应急值班工作。2006 年，进一步强化岗位值班制度，突出抓好专设机构的值班工作。把值班与日常工作紧密结合，加强值班设施设备的维护，刷新核应急值班手册，促进值班制度的落实。至 2008 年，核应急值班做到有计划、有交接、有记录、有检查。落实值班员替代人，值班体系“联得通、叫得应”，没有脱岗、误岗、误事现象。

第三节　核应急预案

一、田湾核电站场外应急计划

2000 年 5 月，省核应急办启动田湾核电站场外应急计划制定工作。组织工作班子进行人员培训，实地调研勘察，收集整理资料，拟制提纲并征求专家意见。2001 年 7 月，完成《田湾核电站场外应急计划(征求意见稿)》，9 月 25 日通过专家评审。2002 年 2 月，经省核应急协调委第一次会议审查通过，4 月经国家核应急办审查批准，7 月签发施行。该“计划”由总则、核电站及环境概况、应急计划区、核应急组织及职责、应急指挥设施和设备、应急状态分级和响应行动、应急防护措施、应急监测与场外事故后果评价、应急支援和配合、应急通信与警报、应急医学救援、应急状态的终止及恢复措施、培训和演习、公众宣传和信息沟通及新闻发布、应急文书、记录和建档 15 章及附录组成。

图 6－3　2000 年 9 月 25 日，江苏省核应急办在南京市召开江苏省场外核应急计划(提纲)审评会

二、田湾核电站场外应急计划执行程序

2002 年 8 月，省核应急办依据国家标准《核电厂应急计划与准备准则场外应急计划与执行程序 GB/T　17680.4—1999》和《江苏省田湾核电站场外应急计划》，组织省核应急协调委各成员单位按照各自的工作职责和任务，开始编写《江苏省田湾核电站场外应急计划执行程序》，经多次培训和学习考察，进行统稿与修改，于 2003 年 5 月经省核应急协调委第二次会议审查通过，7 月，省核应急办正式印发。主要包括：应急启动与终止、应急防护措施、应急监测、应急支援与配合、应急通信与警报、应急医疗救援、培训与演习、公众宣传与信息沟通及新闻发布等执行程序。

图 6－4　2002 年 9 月 25～27 日，江苏省核应急办在连云港市举办江苏省场外核应急计划执行程序编写培训班

三、江苏省核应急预案

2005 年 10 月～2006 年 6 月，省核应急办依据《江苏省突发公共事件总体应急预案》，完成了《江苏省核应急预案》的编制工作。2006 年 7 月，经省政府批准，由省政府办公厅印发全省实施。该预案适用于江苏省内核设施和核活动中发生的核或辐射事故的应急准备和应急响应。

该预案由总则、技术基础、组织体系、应急准备、应急响应、应急状态终止和恢复正常秩序、保障措施、培训与演习、附则 9 部分组成。应急计划区分为烟羽应急计划区和食入应急计划区。确定核电站核事故应急状态分为 4 级，即应急待命（4 级响应）、厂房应急（3 级响应）、厂区应急（2 级响应）和场外应急（1 级响应、总体应急）。其他核事故应急状态分为应急待命和应急响应两级。田湾核电站烟羽应急计划区系以一号机组反应堆为中心，半径 8000 米划定的区域。其中，烟羽应急计划区的内区半径为 4000 米。食入应急计划区系以一号机组反应堆为中心，半径 30000 米划定的区域。其他核事故应急计划区的划定范围，在事故形成危险或可能产生危险分析的基础上确定。“预案”在“应急准备”部分，不仅对核应急指挥设施与设备建设提出具体要求，还对辐射环境监测、应急气象观测、应急检测、去污洗消等设施建设、防护药品和器材贮备做出具体安排。

第四节　核应急指挥设施建设

一、应急指挥设施

（一）江苏省核应急指挥中心

2001年4月，省核应急指挥中心在南京开工建设，10月通过工程验收，2003年6月完成核应急指挥、通信、后果评价、应急通知、集控广播、视频会议等系统和核应急数据库的建设。

省核应急指挥中心是省核应急协调委组织核应急准备、核应急演习，进行决策、指挥、协调的工作场所，设有指挥大厅、总指挥工作室、副总指挥工作室、主控室，以及省各核应急工作组工作室、专家组工作室、评价中心、新闻信息中心、资料室等。

指挥大厅是省核应急协调委组织、指挥、协调的核心场所。内部建立相应的通信、网络、音响、视频会议等系统，为核应急指挥、决策提供相应的条件和手段。设置信息显示（含地理、核电站、事故、预测评价、监测、气象及各种现场应急、文书等信息）、信息终端、声像传送、图板、录音、会议等设备。大屏幕投影显示系统，可同时显示不同信息，如国家核应急指挥中心、连云港市核应急指挥部、核电站场内指挥中心和信息中心及各主要工作室情况、现场行动等。

主控室是控制指挥大厅设施工作的场所。通过计算机网络和通信设备传输、储存、处理、显示来自国家核应急指挥中心、连云港市核应急指挥部、田湾核电站、省辐射环境监测管理站、省核应急气象中心的信息。根据需要可监控显示场外应急现场的行动。

（二）连云港核应急指挥所（省核应急前沿指挥所）

连云港核应急指挥所于2002年8月开工建设，2003年3月竣工验收。建有指挥大厅、联络员工作室、生活保障中心等，具有固定、移动指挥通信、网络、视频功能，能实时连接省核应急指挥中心、现场前沿指挥所视频、网络、电话。指挥大厅与连云港市人防地面指挥中心兼容。

（三）机动指挥所

2004～2008年，省及苏州、常州、连云港、南通等市人防办完成了机动指挥所建设。这些机动指挥所可以兼容核应急机动指挥。

二、应急通信和警报

（一）通信

核应急通信的主要任务是保障应急指挥，保证省核应急协调委领导与省核应急指挥中心、国家核应急指挥中心、连云港核应急指挥所、省各核应急工作组、核应急各专业队伍、应急支援之间及应急计划区的乡(镇)村之间的沟通顺畅和相关数据的传输。平时主要依托人防有线、无线、机动通信网络(详见本书第三章)以及省电信公司无线短波通信网和海事卫星通信网实现,辅以必要的专项通信设施建设。进入应急状态后,省核应急指挥中心和连云港核应急指挥所分别临时开通30条和20条长途有权用户线。临时开通5条南京至连云港的机要通信专线。必要时,调用南京电信分公司短波通信车、海事卫星通信车、VSAT卫星通信车、车载式移动电话基站和900M模拟移动通信车给予支援。

2003年,省核应急指挥中心和连云港核应急指挥所建成,实现有线、无线互通,包括顺畅的语音、数据、视频通信。连云港核应急指挥所完成有线、无线通信网络建设,建立与指挥长、副指挥长、助理指挥长、各核应急工作组、省核应急指挥中心、田湾核电站、市有关单位和区、乡(镇)政府及烟羽应急计划区内行政村的普通电话、专线电话、机要电话。利用无线网络建立对市各核应急工作组组长和联络员及各组在前沿地区的控制点、警报发放点之间的联系。10月,省核应急办租用中国电信的2M数字光纤信道,分别建立省核应急指挥中心与省辐射环境监测管理中心和省气象中心的信息传输专线,以保障向省核应急指挥中心传输田湾核电站陆上、海上、空中和食物与饮水监测小组经处理后的监测数据,以及田湾核电站周边地区的风向、风速、降水、气温等气象数据,为核事故后果评价和实施对公众的防护行动决策提供依据。

2006年2月14日,国务院应急办检查国家核应急指挥中心与江苏省核应急指挥中心视频会议系统。检查结果:视频会议系统声音、图像稳定清晰。国务院应急办充分肯定了江苏的核应急通信质量。

2008年,省和连云港市人防办分别投入600余万元,装备具有良好前沿组织指挥、通信和防核生化功能,并与军队前沿指挥所实现互联互通的通信指挥车,为场外核应急时实施一线靠前指挥提供保障。同时,对视频系统进行升级改造,建立省核应急指挥中心、连云港市核应急指挥所和指挥通信车高清视频系统。省和连云港市建成5台移动指挥通信车,为现场组织指挥、通信和视频转播创造条件。

(二)警报

核应急警报主要由连云港市人防警报网兼容,辅以必要的专项警报设施建设。2003年6月,连云港市核应急办组织有关人员,在田湾核电站烟羽应急计划区内的高公岛乡、宿城乡、台南盐场海丰工区、云山乡黄崖村各安装1台HB2002型电声警报器,单台功放额定输出功率2400瓦,最大输出功率2800瓦,每台有4组扬声器矩阵,分别安装在4个方位,既可发放警报,也可将有关应急通知、通告等信息快速广播传递给公众,可单台或同时发放警报,增加人防警报网的覆盖面,充分体现“积极兼容”的原则。2004年10月,连云港市核应急办又在宿城乡南山湾、高公岛乡黄窝村各安装1台警报器,形成烟羽应急计划区内6台警报器集中或切换手动控制系统,与防空警报联网互动,实现集中或单台遥控。

核应急警报一般在进入一级响应状态后发放,终止场外应急状态时解除。发放和解除由省核应急指挥部决策,连云港市核应急指挥所指挥长下达命令。发放范围为烟羽应急计划区,重点在烟羽应急计划区的内区。

2008年,连云港市核应急警报实现利用广播电台、电视台、电信、移动、联通和人防警报网同步发放。

第五节　应急防护措施

一、应急监测

（一）陆上监测

陆上监测包括固定点γ剂量率测量、固定点γ剂量累积测量、环境辐射巡测、环境介质的采样与分析测量。监测范围为核电站周围半径30千米的食入应急计划区。

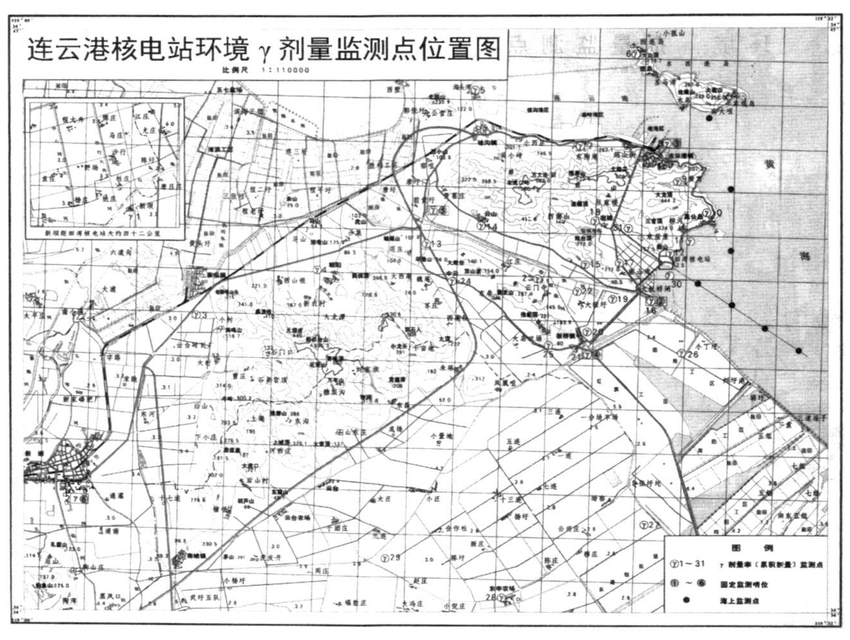

图6-5　连云港核电站环境γ剂量监测点位置图

固定γ剂量率测量　2003年，省核应急环境监测组在田湾核电站西南、西面和北面3个方位设置核电站、杨圩、连云港镇（今连云街道）、板桥镇、连云港市经济技术开发区、新浦6个固定γ剂量率监测哨。每个固定监测哨均配备有宽量程γ剂量率连续测量仪，每5分钟测量1次。在应急监测模式下每分钟1次。此外，杨圩监测哨配备有简单的气象仪器仪表，可同时测量风向、风速、温湿度、降水、压力等。

γ累积剂量测量　2003年，省核应急环境监测组在田湾核电站周边设置31个γ累积剂量测量点，用热释光片TLD测定环境γ累积剂量。其中有20个测量点是省辐射环境监测管理中心的常规监测点，与其兼容使用。在进入二级响应状态时，更换热释光片，并视事故的发展，缩短收集与取样周期。

应急环境辐射巡测　主要测量空气中γ剂量率的大小、分布和道路、农田、居民区、建筑物等的表面污染状况，同时收集气溶胶、土壤、水、作物、牛奶等环境样品，并视污染水平进行划分，设置相应的污染区域标志。2002年，《江苏省田湾核电站场外应急计划》明确在30千米范围内设置了3条基本应急环境巡测路线。每条巡测路线,配备数台环境监测车。车上配备GPS定位仪,γ剂量率仪,α、β表面污染测量仪,便携式γ谱仪(只装备省辐射环境管理站的监测车),通信器材,污染区标志器材和个人防护用具等。规定在进入二级响应状态时启用1、2号巡测路线,进入一级响应状态时启用3条巡测路线。在特殊气象条件下,首先启用烟羽漂移下风方向巡测路线。2008年,省辐射环境监测管理站引进先进技术,不断改进和完善辐射检测等应急设施。协同有关厂家,研制装备国内最先进的环境辐射巡测车,可自动采样、化验检测,并与辐射监测中心连通,在巡测过程中可实时提供数据。经实地测试,效果良好。同时还对监测中心和连云港监测分中心的辐射监测系统进行升级改造,使之更完善。省卫生厅疾病控制中心先后投资数百万美元,从国外进口多台辐射检测设备,不仅满足了场外应急辐射检测,还可承担起国内其他核电站环保辐射测评工作。

环境介质的采样与分析测量　2003年5月,省核应急协调委确定,在连云港核电站、板桥镇、连云港镇和新浦设4个雨水、沉降灰、气溶胶采样点,在宿城水库、蔷薇河设2个地表水采样点,在高公岛乡、东磊设2个地下水采样点,在杨圩和新浦设2个饮水采样点,在高公岛乡、柳河、黄窝、东崖屋、宿城乡、大桥桥闸、板桥镇、东辛农场和新浦设9个土壤、蔬菜、植物采样点。

(二)海上监测

海上监测包括γ剂量率的大小与分布,表层水的采样及其放射性活度水平的分析,测定风向、风速和海水的流向、流速等。2003年5月,省核应急协调委确定,应急状态下,在核电站排水口附近海域沿海岸线进行γ剂量率巡测,每隔2千米设1个采样点,共设7个采样点。当放射性释放对海上产生影响时,视风向、风速和海流方向,对采样点作相应调整并扩大监测海域,加密测量和取样点。

(三)食物和饮用水监测

2003年5月,省核应急协调委确定,在宿城镇设大米、茶叶、樱桃、葡萄监测点,在连云港镇设紫菜、海带、海蛎监测点,在墟沟镇设海产品监测点,在云山乡设蔬菜监测点,在东辛农场设牛奶、面粉监测点,在云台盐厂设食盐监测点,在水源地和水厂设饮水监测点。从2004年起,由省和连云港市卫生行政部门组织,每半年对烟羽应急计划区、每年对食入应急计划区进行1次监测。进入应急状态后,随时采样监测。

二、应急气象观测

2002年,成立省核应急气象中心,位于南京市。连云港市建立核应急气象分中心,作为省核应急气象服务的前哨站。核应急气象观测分为重点监测区和气象监测大区。

重点监测区范围为核电站周围30千米。气象监测大区范围以核电站为中心,半径30千米～150千米。重点监测区设置1套天气雷达探测系统和9个自动气象观测站。2003年7月,国家、省、市政府共同投资3450万元建设的新一代天气雷达探测系统,在连云港市建成并通过国家验收,正式交付使用。该系统具有全天候自动开机功能,能定量测量降水,能测出台风和强对流云体的演变发展过程,能准确地预报和产生70多种气象预警数据。可为连云港核应急气象分中心

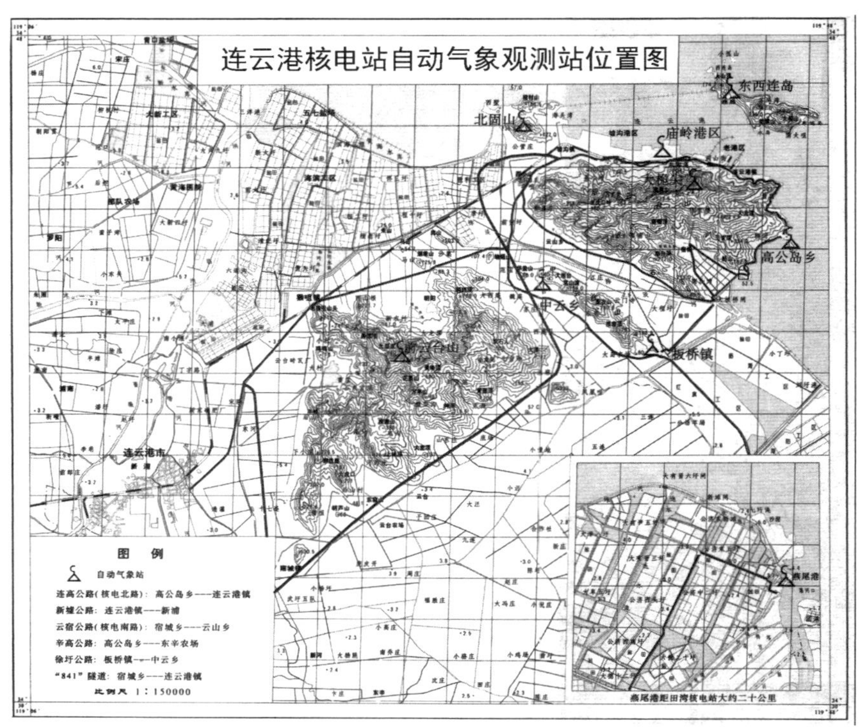

图 6-6 连云港核电站自动气象观测站位置图

提供 24 小时全天候气象监测，及时提供核应急所需的近地面层风向、风速、降水、温度等实测资料，为田湾核电站建设和运行中的场内、外核应急工作发挥重要作用。9 月，9 个自动气象观测站建成投入使用。其中 7 个为新建、2 个为兼容。9 个自动气象观测站与雷达探测系统配套，快速、准确地监测气象状况。气象监测大区由空军白塔埠机场、连云港、东海、灌云、灌南、赣榆、新沂、邳州、宿迁、沭阳、泗阳、淮安、涟水、阜宁、滨海、响水、射阳 17 个气象站兼容观测。

平时，主要实施对田湾核电站周边 50 千米范围内的气象观测和预报。每天早、中、晚和午夜预报天气状况。

应急状态下，进入二级响应后，重点监测区自动气象观测站启动，收集、记录观测数据、资料，经省核应急气象中心传输到省核应急指挥中心和评价中心。同时，省核应急气象中心和连云港核应急气象分中心启动，开始进行天气预报；进入一级响应后，各气象站开始应急加密观测，每小时观测 1 次，并及时将观测数据传输到省核应急指挥中心和评价中心。应急状态终止后，应急气象观测终止，转入常态。

三、洗消设施

2002 年，根据田湾核电站周边地区的地形、气象及人口分布情况，经省、市核应急办现场勘察，确定在烟羽应急计划区外沿开设 1 个固定洗消中心，1 个海上野战洗消站，4 个陆上野战洗消站，负责人员、车辆以及道路、地面、房屋的放射性污染检测和去污洗消。

固定洗消中心设于连云港市民兵训练基地，进入应急状态后，对受污染人员和车辆实施去污处理和洗消作业。海上野战洗消站利用连云港港务局的水上消防船队对受污染船只实施检测洗消，陆上野战洗消站 1 号站负责沿连高公路撤出公众及核电站工作人员的检测和洗消；2 号站负

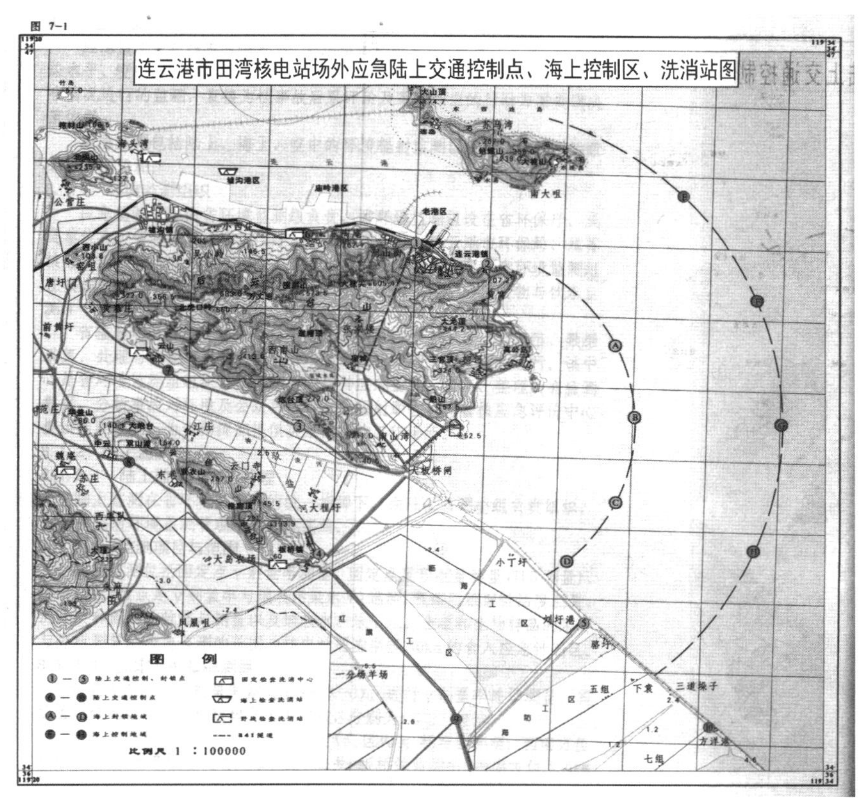

图 6-7　连云港市田湾核电站场外应急陆上交通控制点、海上控制区、洗消站图

责海上撤离公众的检测和洗消；3 号站负责沿云宿公路撤出公众的检测和洗消；4 号站负责沿板宿公路撤出公众的检测和洗消。

进入一级响应后，启动固定洗消中心，开设野战洗消站，完成去污洗消的一切准备，适时对撤离公众、车船进行检测和去污洗消。对可能受污染的道路、地面、房屋实施检测和去污洗消。

四、稳定碘准备、发放与储存

2002 年 7 月，省核应急协调委确定，稳定碘的准备由省核应急后勤保障组负责。在省医疗救护和辐射防护组指导下，由连云港市医疗救护和辐射防护组负责储存、保管、更换和发放工作。发放时机由省核应急协调委决定。发放范围为烟羽应急计划区内，特殊情况下可稍超出烟羽应急计划区。需要发放时，由基层单位、派出所及医疗单位人员组成分发小组将稳定性碘片和服用说明书分发到烟羽应急计划区内的公众。烟羽应急计划区内的企事业单位，派员到所在地乡(镇)卫生院或区属医院领取后分发到职工。进入烟羽应急计划区的核应急工作人员，由连云港市核应急医疗救护和辐射防护组在开设的辐射防护工作站组织发放。

2004 年，由省核应急后勤保障组购置稳定性碘片 20 万片，分别由烟羽应急计划区内的乡镇卫生院(医务所)、台南盐场、东辛农场、连云港港务局医院、连云区、新浦区、市经济技术开发区医院等单位储存。由连云港市核应急医疗救护和辐射防护组与各储存单位签订储存、保管协议，明确有关要求。连云港市医疗救护和辐射防护组对入库各储存点的保管情况每年进行 2 次详细检查，将结果书面报省、市核应急办。省医疗救护和辐射防护组对各储存点的保管情况每年检查 1 次，同时进行碘含量的测量，当碘含量降至 90%以下时立即组织更换，每次检查情况书面报省核应急协调委。至2008年，碘片检测碘含量达到90%以上，符合使用规定。

五、隐蔽与撤离安置

隐蔽与撤离的准备工作均在烟羽应急计划区进行。2002年7月，《江苏省田湾核电站场外应急计划》明确实施隐蔽的组织指挥、隐蔽范围、隐蔽地点和场所、隐蔽区的治安保卫、隐蔽实施的程序。明确实施撤离的组织指挥、撤离范围、撤离路线和人员运输、撤离公众的集中和人员清点、撤离公众的检测和去污(洗消)、撤离公众的安置、撤离区的治安保卫、撤离公众的生活保障、撤离实施的程序。实施隐蔽与撤离措施的时机由省核应急协调委决定，连云港指挥所负责执行。隐蔽与撤离命令的解除由省核应急协调委决定，连云港指挥所具体组织实施。2003年7月，《江苏省田湾核电站场外应急计划执行程序》进一步细化了隐蔽与撤离的执行程序。包括组织及任务分工、行动细则等。建立连云港市隐蔽和撤离安置组、连云区隐蔽和撤离安置组、新浦区隐蔽和接收安置组、连云港市经济技术开发区隐蔽组、江苏省金桥盐业公司隐蔽和撤离安置组、东辛农场隐蔽组、高公岛乡隐蔽和撤离安置组、宿城乡隐蔽和撤离安置组、云山乡隐蔽和撤离安置组、台南盐场隐蔽和撤离安置组、海州区安置点接收安置组，明确各组职责。明确具体隐蔽场所，建立18个集中隐蔽所，可容纳21500人，满足隐蔽需求。明确撤离人员及安置区域和地点。外籍和中国港、澳、台地区人员的撤离安置，省和连云港市外事办公室分别成立撤离安置组，在东海县温泉宾馆设立安置点。应急时按执行程序实施相关人员的撤离安置。二级响应时，隐蔽和撤离安置组进入待命状态。一级响应时，隐蔽和撤离安置组人员集中待命。接到隐蔽和撤离安置命令后，组织实施隐蔽和撤离安置。

第六节　核应急专业队伍

一、省级核应急专业队

2002年，省和各省辖市环保部门从本系统专业人员中确定80人，组建辐射监测处置队伍；省卫生厅从本系统专业人员中确定60人，组建辐射防护队伍；省及各省辖市气象部门从专业人员中确定318人，组建气象灾害防范应对队伍。

二、市级核应急专业队

2002年9月，省核应急协调委提出，由连云港市按照所承担的核应急职责，依托现有专业队力量，建立健全核应急专业队伍。2003年，连云港市共组建22个专业队，1495人。

边防检查站应急专业队　由连云港边防检查站和连云港边防检查站信息中心有关人员组成。应急响应时负责监测进出港口物品辐射剂量，管理出入境人员。

出入境检验检疫应急专业队　由连云港出入境检验检疫局部分专业检验人员组成。应急响应时负责监测进出港口物品的辐射剂量、管理出入境人员。

公众宣传与信息沟通专业队　由连云港市委宣传部、市信息中心组、市广电局、市教育局基础教育处、市科技局、连云港日报社和江苏核电有限公司等部门有关人员组成。应急响应时，开通公众查询热线，及时搜集公众反应，防止谣言产生和传播，组织信息发布。

供电保障专业队　由连云港市供电局调度通信中心、配电工区和变电工区等专业技术人员组成。应急响应时负责提供市指挥部、各专业组临时指挥部、撤离区、安置区等重要场所的电力保障。

海关应急专业队　由连云港海关查验科和物流监控科的工作人员组成。应急响应时，负责管理进出港口的人员和货物。

海上交通控制与封锁专业队　由连云港市公安边防支队、海事局指挥中心、海事局巡查执法支队和海事局信息中心等部门有关人员组成。应急响应时，主要负责实施海面管制、海面封锁，协助组织船舶及船上人员的隐蔽、撤离、稳定碘分发和去污洗消。

公安消防特勤大队　由连云港市公安局、武警连云港消防支队组建。应急响应时，主要负责对核电站实施消防支援，处置现场相关突发事件。

接收安置专业队　由连云港新浦区和海州区政府民政部门组建。应急响应时，主要负责撤离人员的接收和安置，协助组织安置人员的物资供应及相关保卫工作。

警报发放专业队　由连云港高公岛乡乡政府、高公岛乡黄窝村、台南盐场、宿城乡乡政府、港务局技校和云山乡黄崖村 6 个警报点的发放工作人员组成。2008 年 11 月，连云港市区划调整，警报发放专业队分别由高公岛街道办事处、黄窝村、板桥街道办事处、宿城街道办事处、东崖屋村、云山街道黄崖村 6 个警报点的发放工作人员组成。主要负责应急计划区内核应急警报设施的维护管理和警报发放。

陆上交通控制与封锁专业队　由连云港治安支队特警大队、治安支队场所科、事故处理大队、宁连高速大队和治安支队危险物品管理大队等组成。应急响应时，主要负责对市核应急指挥中心至核电站之间道路实施交通管制，确保道路通畅，对烟羽应急计划区实施陆上封锁和控制，组织对撤离区、安置区治安保卫，维护陆上封锁与控制点秩序，处置其他突发事件等。

食品保障专业队　由连云港市商务局负责组建。应急响应时，主要负责保障应急支援所需的各类物资的生产、征购和调拨。

食物和饮水监测控制专业队　由连云港市疾病预防控制中心工作人员组成。应急响应时，主要负责对食物和饮水实施快速取样、快速测量。

市外办撤离安置专业队　由连云港市外事办公室负责组建。应急响应时，主要负责撤离安置在连云港的港、澳、台地区及外籍人员。

稳定碘片储存发放专业队　由连云港市卫生局负责组建。主要负责稳定碘片的储存、管理和应急响应时的发放。

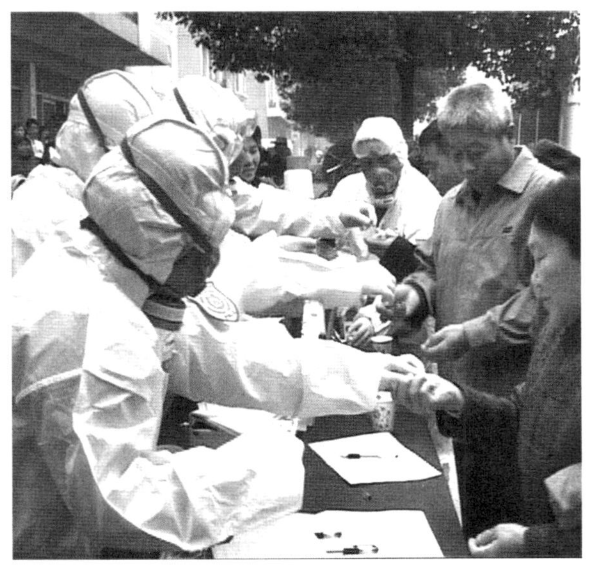

图 6－8　连云港市核电站核应急稳定碘片储存发放专业队

物资保障专业队　由连云港市商务局负责组建。应急响应时，主要负责保障撤离人员、核应急工作人员的食物及饮水。

隐蔽与撤离专业队　由连云港市民政局牵头，连云区政府、市经济技术开发区、徐圩新区负责组建。应急响应时，主要负责组织烟羽应急计划区所有人员的隐蔽、撤离，协助搞好治安保卫工作。

应急辐射防护和辐射控制专业队　由连云港市疾病预防控制中心负责组建。应急响应时，主要负责开设辐射防护站，组织核应急工作人员的辐射防护。

图 6－9　连云港市核应急通信保障专业队

应急通信保障专业队　由连云港市电信局、移动公司、联通公司负责组建。应急响应时，主要负责建立核应急通信系统，确保指挥部与省指挥中心、各专业组、撤离区、安置区、核电厂之间的通信畅通。

应急医疗救援专业队　由连云港市卫生局负责组建。应急响应时，主要负责医疗救护、派出巡回医疗队并及时救治各类伤病员。

运输与道路抢修专业队　由连云港市交通运输局负责组建。应急响应时，主要负责撤离公众和应急物资的运输保障。

治安维护专业队　由连云港撤离区治安维护、隐蔽区治安维护、安置区治安维护和撤离公众聚集点治安维护专业力量组成。应急响应时，主要负责维持隐蔽区、撤离区、安置区和撤离公众聚集点的秩序，并及时处置其他突发事件。

田湾民兵防化营　2003 年 6 月，经解放军总参谋部批准，江苏田湾民兵防化营在连云港警备区教导队成立，配备新型防化装备和 4 辆 FZCO4 型防化侦察车、4 辆 FPCO2 型喷洒车、4 辆 FYCO4A 型淋浴车，战时支援部队作战，快速侦测沾染区和染毒区，测出毒剂剂量和染毒边界，洗消受沾染的车辆、建筑、道路。平时担负场外核应急救援和核反恐任务。应急响应时，主要负责启动固定洗消中心，开设野战洗消站，组织道路巡测，对人员、车辆、地面、道路、港区内受污船舶去污洗消等工作。

三、整组训练

（一）整组

2003 年，连云港市首次召开核应急专业队整组会议，下发整组实施方案，部署对核应急专业队逐年实施整组。各组建单位对不适应核应急专业队工作的人员及时调整。2008 年，由于区划调整，对核应急专业队的组建单位和警报发放专业队进行相应调整，保证核应急专业队的组织落实。

（二）训练

省级核应急专业队组建后，以结合日常工作在职在岗训练为主。连云港市各核应急专业队，采取市核应急办组织集中培训与在职在岗训练相结合的办法训练。

2005 年 10 月，连云港市核应急办组织去污洗消、治安、消防、交通保障、通信保障、隐蔽和撤离安置等专业队员100多人开展针对性训练和演练，参加连云港市城市防空袭演习，将核应急响应与城市防空袭行动相结合。通过近似实战的演习，在锻炼队伍的同时，初步摸索战时核应急响应的组织指挥方法，演练战时各专业队伍展开应急救援行动的方法、步骤和救援措施，并对战时人防兼容核应急的组织进行指挥、行动协同、组织保障等，形成实用的路数。

图6-10　连云港市田湾民兵防化营去污洗消演练

2006年10月，连云港市核应急办举办核应急工作培训。全市核应急联络员、隐蔽撤离前沿指挥部(所、组)主要成员及专业队骨干等80余人参训。侧重于学习核电知识和核应急基础知识，参观田湾核电站，对核应急各级组织应急启动与执行相关程序进行理论辅导。通过培训，提高各级核应急组织应急指挥水平、核应急专业队伍遂行应急响应行动能力。

第七节　核应急知识宣传教育

一、核应急知识宣传

2002年6月，省核应急办组织编辑的《核应急信息》创刊，至2008年年底，已刊出30期，成为省核应急工作的一个重要窗口与园地。刊物为上级领导了解掌握省核应急工作情况，为协调委成员单位之间沟通信息、交流工作经验，为宣传核应急工作等发挥作用。是年7～8月，省核电有限公司、连云港市政府和中国核学会在连云港国际展览中心举办“发展核电，造福于民”为主题的田湾核电科技展览。展览利用模型、图片和声、光、电等渠道，介绍核电的基本原理、工作过程、安全性能和应急防护方法，展示国际、国内核电发展的现状和未来，演示田湾核电站的工程建设、工作原理及安全设置等。国家国防科工委副主任、国家核应急协调委主任张华祝，副省长、省核应急协调委主任吴瑞林出席展览会开幕式并剪彩。10月，《江苏人防》杂志开设“核应急专栏”，至2007年，共刊出核应急专栏21期，刊载核应急机构建设、工作动态及研究、信息交流、核应急基本知识、中国及国际核电和核应急工作发展状况等文章50余篇。

2003年2月，连云港市核应急办主办的《连云港核应急专辑》首期出版。至2008年年底，共刊出26期，设省市动态、国内外信息、国际动态、特别报道、核应急知识5个栏目，发放至核应急指挥部各成员单位、联络员及省、市相关部门。5月，省核应急办制作完成介绍江苏核应急机构、工作职责、发展状况的DVD和VCD资料光盘。

2004年10月，省核应急办将江苏省首次场外核应急综合演习中的重要文件、指示、文书等汇编成册，并将演习录像资料制成VCD(DVD)光盘，发给省核应急协调委成员单位，供学习和参考使用。

2005年7～11月底，连云港市核应急办以核应急烟羽应急计划区内的高公岛、宿城、云山、板桥4个乡镇、村组及台南盐场部分工区干部群众为对象，以核电和核应急知识为主要内容，采取集中组织骨干培训、走村入户面对面宣传、多媒体授课、展板展示、发放资料、在党校青年干部班上宣讲等形式，先后授课17场(次)，展示图板22场，发放宣传画册1万多份，培训骨干500多人，有6000多名公众接受宣传。8月，省和连云港市核应急办组织编辑的《核应急科普知识》出版发行。该书融50个知识性问题解答和图片为一体，语言通俗易懂，适合不同年龄、不同文化程度的公众阅读。

2006年6月，省核应急办在互联网开通“江苏核应急网站”，为介绍省核应急工作、开展宣传、交流经验，提供网络媒体平台。

2007年2月，省核应急办为做好田湾核电站场外应急宣传工作，制作完成面向公众的《核电和核应急常识》宣传片。该片首次运用Flash动画方式制作，介绍核电的相关知识及核电站进入应急状态时，公众获取警报信息，了解碘片发放和服用常识，如何配合政府工作人员采取隐蔽和撤离等应急防护行动及自我保护等方面的常识，并采用叙述和问答相结合的方式，配有图文并茂的画册，生动活泼，通俗易懂。3月，连云港市核应急办、环保局与省核电有限公司历时10天，联合组织田湾核电站扩建工程公众宣传及意见调查活动。分别在全市4县3区设立12个宣传站点，发放宣传资料3000余份、调查表1000余份，收回有效问卷617份，调查对象涉及工人、农民、教师、学生、公务员等不同学历、不同职业和各年龄层次人员。在有效问卷中，表示支持田湾核电站扩建的有549人，占总数的89%。参与调查的公众还对发展核电提出了不少宝贵意见和建议。通过广泛宣传，不仅消除了公众恐核心理，更增进了对发展核电的理解和支持。4月，连云港市核应急办与市科协、市环保局、淮海工学院、新浦区科协、新浦区人防办等单位联合组织市第十九届科普周宣传活动。市核应急办工作人员在淮海工学院科普周宣传活动开幕式上，给1200余名师生发放核电知识科普手册及宣传画、宣传资料，在步行街向市民发放科普手册和资料1000余份，并现场解答市民提问。8月30日，江苏省组织了200多名核应急联络员、工作人员、专业队员和学生，参加国家科工委网站举办的“聚集核事故应急”在线访谈活动。国家核应急办副主任张福宝就核应急的有关问题与网民开展互动交流。9月，连云港市核应急办在新浦区步行西街参加由市科协牵头组织，以“节约能源资源、保护生态环境、保障安全健康”为主题的2007年全国科普日科普夜市活动。现场展示图板，发放核应急科普知识手册、宣传单、宣传画等材料1000余份，接受公众咨询200余人次，为市民提供科技服务。

图6-11　2008年7月，连云港市核应急办在连云街道开展核应急知识宣传

2008年5月，连云港市核应急办与市科协共同牵头，联合市委宣传部、环保局、科技局、教育局、地震局、无线电管理办公室、医学会、心理健康学会等单位举办全市第二十届科普宣传周活动，以“携手创新，促进和谐”为主题，大力宣传核电和核应急知识。市核应急办工作人员组织专题讲座、知识竞赛、现场咨询、图板展示等活动20

余场次，发放核应急宣传画、科普手册等5000多册(份)，接受公众咨询500多人次，宣传人数达1万多人次。核电、核应急宣传进机关、进社区、进学校、进农村，受到社会各界的普遍好评。7～8月，省核电有限公司、连云港市核应急办联合开展核应急宣传月活动。活动期间，举办乡、村、组宣传骨干培训班，经过培训的骨干深入烟羽应急计划区的乡镇(街道办事处)、村、组、企业、学校进行面对面授课，举办讲座，发放应急宣传手册等宣传活动。在市民广场、商业街、住宅小区等人口稠密地区开展科普周、科普早市、科普夜市等系列宣传活动，向广大公众宣传核电和核应急知识。

二、核应急知识教育

（一）中小学核应急知识教育

2002年7月下旬，由省核应急办、省教育厅主办，连云港市核应急办、连云港市教育局、省核电有限公司承办的首期中学生核应急知识夏令营在连云港市宿城中学开营，为期3天。连云港市新浦区、连云区10所中学初中二年级的40多名师生参加。师生们听取核电知识与核应急常识讲座，参观田湾核电站核电知识科技展览，开展核电知识竞赛等。2003年8月，第二期在连云港市举行，连云港田湾核电站周边地区20多所中学的70多名师生参加。同时省核应急办和省教育厅在连云港市教育局举办江苏省中学生核应急知识课程师资培训班，培训连云港市25所中学、12所小学的60多名教师。2004年8月，第三期在连云港市连云区连岛素质教育基地举行，为期3天，连云区6所中学的70余名中学生参加夏令营活动。

从2003年起，中小学核应急知识教育课程在连云港田湾核电站周边地区启动。2004年6月底～7月初，连云港市教育局组织13所开设核应急知识教育课程的学校任课老师，赴浙江海盐考察学习，观摩、聆听当地学校老师讲授核应急知识课，并与任课老师座谈交流教学经验体会。

（二）干部及公众核应急知识教育

2002年7～9月，省核应急办举办部分核应急工作人员与联络员培训班，组织观摩浙江省秦山核应急场内外联合演习，邀请国家核应急专家讲授国家核电发展，核应急工作机构与应急技术等。

2005年7～9月，连云港市核应急办和市核应急公众宣传组分批分期进行核电基础知识与核应急防护知识培训。烟羽应急计划区内的高公岛乡、宿城乡、云山乡，板桥镇的机关干部、各村干部、村民小组长、宣传骨干，以及相关厂矿、企业、学校、医院等单位负责人共500余人参训。采取专题讲座和图片展示相结合的方法，先培训乡(镇)村、企业、学校、医院负责人和宣传骨干，然后由他们分别到各村组、厂矿、学校对公众进行宣传讲解。同年11月和次年4月，连云港市核应急办先后两次在市委党校开设核应急知识讲座，介绍核应急防护常识、田湾核电站建设情况，解答大家普遍关注的核电站运行的安全性、核应急的防护措施等问题，增强青年干部对核电站建设及基本运行原理的了解，加深对场外核应急工作重要性的认识。

2006年1月，连云港市核应急办和市卫生监督所组织碘片发放专业组培训，20余名乡(镇)卫生院院长和卫生防疫站站长参训，由专业人员进行集中辅导，学习核电知识、核应急常识、碘片储存和发放知识，组织观看切尔诺贝利核事故及应急处理的录像资料，交流各单位碘片储存工作的体会，进行专业知识测试，增强做好核应急碘片发放工作的信心和责任感。

2006 年 5 月，省核应急办在无锡市举办全体核应急联络员培训班，邀请国家核应急办原主任徐玉明，南京大学教授夏元复等 4 位专家授课。5 月下旬，省核应急办组织部分省核应急协调委成员单位业务联络部门负责人和联络员，参观、考察中国辐射防护研究院和有关核工业、辐射防护器材工厂等，培训辐射防护方面的有关知识，交流开展应急工作的体会和经验。10 月，省军区依托连云港市民兵防化兵训练中心，举办全省民兵预备役核应急骨干集训。各市部分民兵防化分队连排长、预备役高炮师部分预任防化军官 100 人参训，组织参观田湾核电站、海防 6 连，观摩连云港市军地联合处置危险化学品事故暨港口设施保安程序演练，讲授核电及核应急基础知识，学会辐射仪及射线指示仪的基本操作，开设人员及车辆洗消站（场），掌握人员及车辆沾染检查知识，组织部分学员参加田湾核电站事故场外应急撤离安置综合演习。经考核，各课目总评成绩均在良好以上。

2007 年 6 月，连云港市核应急办与田湾核电有限公司在市应急指挥中心联合组织核应急联络员培训。全市核应急指挥部正副组长单位联络员、隐蔽与撤离前沿指挥部成员（不含指挥部领导）等 50 多人参训。通过专题辅导、观看资料片、讨论交流等形式，培训核电知识、核应急知识、核电建设与发展等内容，进一步明确职能、增强责任感和使命感，提高业务能力，为全面推进场外应急准备工作夯实基础。7 月下旬，连云港市核应急办组织公安、广电、通信等核应急联络员一行 17 人赴中国辐射防护研究院进行为期 1 周的考察学习，参观核辐射防护研究与应用成果展，听取院领导关于中国核辐射防护研究与应用的科研成果及国际合作与交流等情况的介绍，交流核辐射应急的准备和响应等问题。12 月，连云港市核应急办组织本年度第二期核应急相关人员培训。全市核应急指挥部正副组长单位联络员，隐蔽与撤离前沿指挥部办公室人员及其下辖的高公岛乡、宿城乡、云山乡、板桥街道等 4 个指挥所分管领导共 40 余人参训，学习核电知识、核应急知识、市核应急指挥部的启动和终止等内容，进一步加强和提升了业务水平和响应能力。

2008 年 3 月，连云港市人防办培训全市 160 余名基层专武干部的人防和核应急知识。7 月，连云港市核应急办与田湾核电站场内应急机构在所属烟羽应急计划区外区的连云街道办事处联合举办核电核应急知识宣传骨干培训班。来自基层街道社区领导、隐蔽撤离前沿指挥部成员单位分管领导、市核应急指挥部工作组组长单位联络员参训。通过介绍核电、核应急知识，了解世界核电发展趋势以及中国中长期核电发展规划，采取参观核电站建设与理论辅导相结合，图板展示与多媒体教学相结合，座谈讨论与理论咨询相结合，达到开阔视野、提高能力、明确责任、增强信心的目的。同月，省核应急办在宿迁市举办首期无核设施省辖市核应急骨干培训班。全省 13 个省辖市负责核应急工作的分管领导和工作人员参加了为期 1 周的培训。为提高强震情况下核应急联络员的履职能力，10 月上旬，连云港市核应急办组织连云港警备区和

图 6－12　2008 年 7 月，连云港市核应急办举办核电核应急知识宣传骨干培训班

市卫生、民政、商检等单位的核应急联络员一行11人赴四川省核应急办进行为时1周的考察学习，实地参观核应急指挥中心控制室、指挥大厅、专家咨询组和联络员工作室，听取四川省核应急办负责人对核应急组织体系建设、预案制定、“5·12”大地震后抗震救灾中核应急开展情况的详细介绍，并对核应急准备和响应救援行动执行情况进行深入务实的交流。

第八节　核应急演习

一、单项演习

2003年10月17日，省公安厅在南京、连云港两地组织江苏省田湾核电站事故场外应急治安、交管、消防等演习，近200人参演。演习按照《江苏省田湾核电站场外应急计划执行程序》和演习方案所确定的内容展开。全面展现核应急4个级别响应和应急终止状态下，公安组组织指挥系统运行与各专业组应急响应的过程及水平。

2003年10月19日，省卫生厅在连云港组织田湾核电站事故场外应急辐射防护与医疗救护单项演习。省、市两级共60余人参演。演习按照应急程序四级响应，分步展开实施辐射防护、碘片发放和医疗救护。演习取得了预期效果。

2003年10月20日，省交通厅在连云港市组织田湾核电站事故场外应急交通保障演习，连云港市公路处、运管处、海通集团公司等单位近百人和20台车辆参演。演习检验《田湾核电站应急交通运输保障执行程序》的可行性，以及交通保障组、交通专业队的应急反应能力。演习达到预期效果。

2004年5月26日，省核应急协调委首次组织全省核应急通信演习。这次演习在事先不预告的情况下，在预定的时间按演习方案进行。演习中，省核应急办通过省核应急指挥中心电话通知系统，同时向省核应急协调委成员单位的29名联络员发出演习通知，一次呼叫成功率达到90%，经自动重复呼叫后，所有联络员电话全部接通。各联络员在接听到电话通知后，10分钟内按通知要求向省核应急值班室反馈信息的有26名。演习检验了省核应急指挥通信系统的运行情况和各核应急成员单位联络员的应急响应能力。

2004年5月28日，省通信管理局组织场外核应急通信演习。省通信应急机动专业队伍20多人参演，出动5台通信车辆，运用短波自适应电台、扩频微波、VSAT移动站和海事卫星端站等应急通信设备，全省相关电信公司50多名应急通信人员守听演习过程。演习以场外核应急二级响应为模拟情景，按照《江苏省田湾核电站场外应急计划》与《执行程序——通信保障部分》的具体要求展开。

2005年4月25日，省核应急协调委组织第二次核应急通信演习。下午3时整，省核应急办在事先不预告的情况下，运用电话通知系统，向省核应急联络员发出演习通知，要求联络员接听到演习通知后，在规定时间内回复指定电话。应急演习通知成功率达100%，规定时间内回复电话率达100%。

2005年10月9日，连云港市核应急办组织核应急联络员到位演习。洗消、治安、消防、

交通、通信、隐蔽、撤离与安置等专业组参演，演习以处置突发事件为内容，联络员接到通知后在规定时间内进入核应急指挥所岗位，到位率达95%。11月15日，省核应急办隐蔽撤离安置组在连云港连云区举行核应急工作人员到位演习。参加演习的有省、市及连云、海州、新浦3个区的隐蔽撤离安置组联络员和民政部门的负责人，演习采取不预告的方式，由省隐蔽撤离安置组直接发出演习指令，所有参演人员在规定的1小时内全部到达指定地点待命，通信联络状况良好。

2006年4月12日，省核应急办利用应急通知系统和江苏核应急网短信平台，组织联络员到位演习。在预先不通知的情况下，同时向省核应急协调委成员单位联络员发出演习通知，检验应急通知系统和江苏核应急网短信平台的可靠性。两套系统一次呼叫成功率达96%以上，97%的联络员在规定时间内回复指定电话，体现了核应急联络员良好的应急响应能力。

二、综合演习

江苏省田湾核电站事故场外应急综合演习 2003年10月30日，省核应急协调委组织首次田湾核电站事故场外应急综合演习。副省长李全林任演习总指挥，省核应急协调委成员、有关专家、省和连云港市核应急工作人员、核应急专业队伍、军队、武警等直接参演单位76个，参演人员700余人，动用各类车辆150余台，设置演习现场16处。演习以田湾核电站1号核岛可能发生的事故为模拟背景，在南京和连云港两地同步举行。按照场外应急计划与执行程序，采取全过程反映应急响应内容，部分展开应急专业队伍，压缩事故及应急响应中间过程，依据预案推演的方法进行。利用数字光纤、海事卫星和超短波等信道建立视频、数据和语音通信，连接国家、省、市及核电站的决策指挥、辐射监测、气象观测、后果评价等系统和演习现场；动用公众信息、医疗救护和辐射防护、公安与海事、去污洗消、隐蔽和撤离安置、交通保障、后勤保障等专业队伍。国家核应急协调委组成评估团，对演习进行观察和评估。国家机关和浙江、广东、四川、上海等省、市有关部门，以及俄罗斯、加拿大、日本等国的80余名专家和有关人员观摩演习全过程。评估团认为，这次演习方案设计周密，实施准备充分，组织指挥有力，协同配合得当，通信联络畅通，资料齐备，应急设施运行正常，参演人员职责明确，作业规范，演习起步高，在许多方面有所创新和突破，

图6-13 2003年10月30日，江苏省首次田湾核电站事故场外核应急综合演习指挥大厅

综合考评指标达到优秀。

连云港场外核应急演习 2004年8月27日，连云港场外核应急指挥所进行田湾核电站场外应急演习。演习以田湾核电站遭敌打击，造成核泄漏为背景，市核应急指挥所根据上级命令启动场外核应急救援。演习科目有：交通控制与封锁、医疗救护和辐射防护、交通保障和后勤保障、撤离公众和应急人员服用碘片、撤离和安置、田湾民兵防化营快速开设野战洗消站，对沾染人员、车辆与道路进行检查和洗消、食物和饮用水采样检测等。演习历时2小时，参演人员100多人次，出动车辆20多台。

场外应急撤离安置综合演习 2006年10月24日，省民政厅和连云港市核应急办牵头，省交通厅、省公安厅、省军区司令部参加，组织田湾核电站事故场外应急撤离安置综合演习。参演单位有省核应急隐蔽和撤离安置组、交通保障组、公安组、去污洗消组部分联络员，连云港市核应急办及相应的工作组，连云区隐蔽和撤离前沿指挥部、海州区安置指挥所部分工作人员，高公岛、宿城乡隐蔽和撤离组及所属9个行政村隐蔽和撤离组工作人员，共190余人，动用车辆20台。演习由省民政厅厅长侯学元指挥，省核应急办组织评估组进行跟踪评估。演习按照《江苏省田湾核电站场外应急计划》和《江苏省田湾核电站场外应急计划执行程序》，以田湾核电站1号机组核岛可能发生的严重事故为背景，重点演练烟羽应急计划区的内区公众撤离、沾染检查和安置应急行动。

核应急指挥机构联动应急响应演习 2006年11月17日，省核应急办举行省和连云港市二级核应急指挥机构联动应急响应演习。省、市近60名核应急联络员和工作人员分别在省核应急指挥中心、省公安厅应急指挥中心及连云港市核应急指挥所参演。这是江苏省首次在不事先拟制脚本情况下进行的核应急演习。演习由省核应急办现场导调。省、市核应急办及各工作组，根据提供的事故进程情景、各自在核应急响应中的任务、下级在进行中所反映的问题，了解掌握有关情况，及时提出各阶段的行动建议和措施，答复和解决提出的问题，报告行动的情况。演习中，应急通知系统、辐射监测系统、网络短信收发系统等工作运行正常，实时传送信息，现场拟制应急文书128份，利用省核应急网络文电系统传输文书103份，传真及其他手段传送25份。省核应急办邀请部分专家，分别在南京和连云港对演习现场考评。

连云港海上核应急演习 2007年10月，由连云港警备区指挥、公安边防组组织海上核应急演习。去污洗消组、公安组和撤离安置组参加演习，主要演练海上应急控制、封锁和组织海上作业人员撤离等科目。

连云港核应急专业队综合演习 2008年10月，连云港市核应急办联合连云港警备区组织核应急专业队综合演习。核应急专业队及部分公众200多人参加演习。主要演练交通控制、治安保卫、交通运输、医疗救护、辐射防护、碘片发放与服用、应急撤离、去污洗消等科目。

第七章　经费物资

江苏省民防经费包括人民防空经费和核事故应急准备经费。1978 年，人防经费来源于国家拨款、地方财力安排、集体所有制单位自筹和结合基本建设投资四个方面，1980 年，增加人防工程施工人员经常费的征收，1986 年又增加人防工程使用费的征收。至 1994 年，人防经费的来源增至 8 种：国家拨款、地方财力安排、企业缴纳的人防建设资金、实行自收自支和企业化管理的事业单位缴纳的人防建设资金、个体工商户缴纳的人防建设资金、结合民用建筑修建防空地下室的资金、人防平战结合收入及其他收入。1978 年，江苏省人防经费 3167.4 万元（不含结合基本建设修建防空地下室）。2008 年为 180170 万元。1978～2008 年，江苏省共投入人防经费 488163.87 万元。核事故应急准备经费由核电企业和省政府及核电企业所在地人民政府共同承担。2000 年，省人防办设立核应急账户，实行专户管理。至 2008 年年底，共投入核应急准备经费 1909.3 万元。

人防物资主要包括防空工程建设所需的建材、运输工具、油料、施工机具设备、工程防护设备、内部安装设备和业务建设中指挥、通信、警报、工程设计、宣传教育等所需的通用与专用设备器材等。1978～1983 年，人防物资均由计划部门按指令性计划供应。自 1984 年起，随着物资市场的逐步开放，人防物资供应开始实行指令性计划与指导性计划并举的方法。1993 年以后，人防所需物资取消计划供应，改由市场采购解决。

第一节　经　　费

一、经费来源

（一）国家拨款

1978 年，国家在专项安排人防工程建设经费基础上，增拨了一部分人防业务费。全年共拨给江苏人防经费 1974 万元。1980～1986 年，国家实行“调整、改革、整顿、提高”的方针，国拨人防经费大幅减少，每年 520 万～800 万元。1987～1994 年，每年 653 万～1239 万元。1995～2008 年，每年 1000 万～1500 万元。

（二）地方财力安排

1978～1980 年，省财政每年安排人防经费 600 万元。1979 年起，根据省革委会规定，南京、徐州、无锡、苏州、常州等市按地方财政分成水平的 4%左右提取人防经费，其他各市按 2%左右提取。从1980年起，省和各地贯彻执行中央关于“调整、改革、整顿、提高”的方针，地方人防经费相应减少。1980～1990年，省财力共安排829.5万元，各重点城镇财力安排1508.1万元。1991～1995年，各重点城镇财力安排1108.1万元。1996年，省人防指挥所恢复建设，每年省财政拨款800万元，共拨款3200万元。1996～2000年，全省国家人防重点城市财政拨款共1204万元。

2001年，在省人大常委会城乡建设环境保护委员会（以下简称“省人大城建环保委”）组织的执法检查中发现，在1997～2000年，连云港、扬州、泰州、宿迁4市的地方财政均未安排人防经费。有的市虽然安排但数额较少。检查结束后，省人大城建环保委将地方财政安排人防经费作为必须解决的问题之一，请省政府研究处理。11月26日，省政府办公厅转发省人防办《关于进一步加强全省人防工作的几点具体意见》，要求各级政府依法安排人防建设经费。此后，全省地方财政安排人防经费得到较好的落实。2001～2008年，全省地方财政安排人防经费共11956万元。

从2008年9月起，根据财政部和国家国动委规定，地方财政预算保障的人防经费，包括人防主管部门的人员和公用经费；各级人防指挥所及配套设备设施的建设和维护经费；公用的人员掩蔽工程和疏散干道工程的修建和维护经费；人防通信、警报设施购置、安装和维护经费；组织指挥基本业务费、宣传教育基本业务费、通信业务费；组织本地区人防演练等经费。

（三）结合基本建设投资（易地建设费）

1978年，结合基本建设和城市建设修建人防工程的投资，纳入国家基本建设计划，经批准后组织实施。从1979年起，全省民用建筑项目均按总投资的6%提取资金，修建防空地下室。国家和省投资的项目，在投资项目下自行修建防空地下室。无法自行修建的，把提出的6%资金和相应的人防工程定额材料交所在城市建委统筹安排修建防空地下室。各重点城镇和各单位的自筹项目，由于投资项目较小，自建防空地下室有困难，由各重点城镇计划部门按规定提取经费、材料，由建委统一安排修建防空地下室，能自建的尽量自建。从1980年起，省统筹民用建筑项目，由省计委将6%的经费、材料统一切块，交省建委和省人防办统一安排人防建设项目。各重点城镇投资项目，参照省计委统一切块的办法解决。各单位自筹项目，如无法自建，提取6%的人防经费，交所在城市建委统一安排修建防空地下室。从1983年起，根据国家人防委、财政部规定，结合基建投资安排的人防经费，包括两部分：按民用建筑总投资的6%修建防空地下室的费用；各主管部门结合基建修建的医疗救护、物资储备、生产车间等平战两用地下工程所需的费用。这两项经费被列入基建计划统一解决。全省对应自建防空地下室，而不建的应交纳资金，不交的民用建筑项目，计划部门不予批准，人防部门不予签字，设计部门不予设计，城建规划部门不予办理手续和不予发施工许可证，建设银行不予拨款。1979～1984年，全省对不能自建防空地下室的民用建筑建设项目按6%的比例共收取6152万元。

1984年5月，根据国家人防委、国家计委、城乡建设环境保护部《关于改变结合民用建筑修建防空地下室规定》，结合民用建筑修建防空地下室，一律由建设单位负责，所需资金纳入基建投资计划。自此，按民用建筑总投资6%修建防空地下室的规定停止执行。1985年，各市对建设单位不能按规定修建防空地下室的，仍采取收费集中修建的办法。易地建设费的收取标准，起初，住宅项目一般按应建防空地下室面积每平方米300～400元收取，其他民用建筑项目按每平方米400～500元收取，至1990年前后，调整为不分住宅或其他民用建筑项目，均按应建防空地下室面积每平方米收取800～1000元。还有按照地面建筑总面积每平方米收取16元左右的做法。从

1989年9月起，对应建未建又未补建的，开始追缴易地建设费。

1994年6月，省人防办、省财政厅、省物价局规定易地建设费标准：应建“满堂红”（指按地面建筑首层建筑面积修建防空地下室）防空地下室而未建的单位，按“满堂红”面积每平方米2400～2800元向所在地人防办缴纳防空地下室易地建设费。其他民用建筑按地面建筑总面积每平方米24～32元向所在地人防办缴纳防空地下室易地建设费。1995年1月1日起，全省征收人防经费，使用省财政厅统一印制的“江苏省人防经费专用收据”，凡不使用的，一律视作乱收费行为。1995～1996年，全省收取易地建设费17416万元。

1999年1月29日，省人大常委会颁布施行的《省实施〈人防法〉办法》第12条规定：城市新建民用建筑，必须按照国家有关规定修建战时可用于防空的地下室，其建设经费纳入建设项目投资计划。因地质、地形、结构或者其他条件限制，不能修建防空地下室的，经政府人防主管部门批准，建设单位按照国家规定缴纳易地建设费，由政府人防主管部门易地修建。从此，征收防空地下室易地建设费有了明确的法律依据。

2001年，省人大城建环保委组织检查全省实施人防法律法规情况，发现1997～2000年的4年中，全省13个省辖市应收易地建设费211659.3万元，实际只收48544.49万元，收缴率仅为22.94%，未缴率高达77.06%。南京、徐州、泰州、宿迁4市的未缴率在80%以上。其主要原因是地方出台的招商引资、以房补路、以地补路等政策条款与人防法律法规相抵触。南京市仅以地补路一项，就冲抵易地建设费1.7亿元。是年11月26日，省政府办公厅转发《省人防办公室关于进一步加强人防工作的几点具体意见》，规定防空地下室易地建设费，按每平方米2400～2800元执行，各级政府不得出台减免人防工程建设经费的政策，已出台的必须立即停止执行。不得批准免建防空地下室项目，并严格禁止减免、平调和挪用易地建设费。

2005年，省人大城建环保委组织检查全省2001～2004年执行人防法律法规情况，结果显示：4年中全省13个省辖市新建民用建筑未建防空地下室应收易地建设费39.35亿元，实收16.18亿元，收缴率为41.1%，比1997～2000年高出22.5个百分点。1997～2008年，全省收取防空地下室易地建设费806776万元。

（四）集体所有制单位自筹

1978年1月，根据省革委会规定，集体所有制单位从纯积累中按4%筹措的人防经费，由各地财政部门收缴，纳入人防经费支出计划。从1982年起，集体所有制单位的人防工程经费筹集，根据上期财务决算数，按税后利润4%足额提取，以主管局为单位在建设银行专户存储，将数字告人防部门列入计划。除轻工系统以外的其他系统，集体所有制单位主管部门由于不设人防办事机构，其人防工程经费筹集办法由城镇财税部门在征收工商所得税时一并收取，拨交同级人防部门统筹安排集体所有制单位人防工程建设。1979～1994年，全省12个人防重点城镇集体所有制单位提取人防工程经费12059.21万元。

1994年6月7日，省人防办、省财政厅、省物价局制定《江苏省地方人防建设资金筹集规定》，自1995年1月1日起，集体所有制单位按税后积累提取4%人防工程经费的规定停止执行。

（五）施工人员经常费（四项费用）

1978年，人防工程施工力量仍采取抽调职工的办法解决，参加人防施工人员的工资、福利、劳保用品、零星工具四项费用，由原单位开支。由于参加施工的人员均属临时抽调性质，素质参差不齐，思想难以稳定，管理难度非常大，效率低下。基于这种情况，省人防办会同省计委、省建委、省经委、省财政厅和省劳动局，通过调查研究，于1980年4月1日形成《关于组建人民防空工程公司(处、队)的报告》，报省政府，拟将抽调职工参加人防工程施工改为企业缴纳施工人员经常费，由人防部门统一组建施工专业队伍。6月16日，省政府批转该报告，要求各地执行。规定从1980年7月1日起，人防工程公司(处、队)的人员经常费来源，采取按企业应抽调职工人数提取人员经常费列入企业成本。各企业单位根据城镇政府确定的收取费用定额(最高每人每年不超过1100元)，按季主动解缴市财政局。1981年年初，省财政厅将该政策函报财政部。4月1日，财政部复函省财政厅，要求停止向企业提取人防公司费用。4月22日，省财政厅、省人防办再次向财政部做专题汇报，详细说明理由，继续执行省政府规定。1980年，南京、徐州、苏州等市开始收取施工人员经常费，计66.41万元。1982年，全省12个人防重点城镇全部开始收取该项经费，共计738.62万元。自1983年6月起，省人防办、省财政厅规定：集体所有制单位应缴纳的人员经常费，在税后提取4%的人防经费中列支，不另向集体所有制企业收取人员经常费。1980～1994年，全省12个人防重点城镇共收取人员经常费24610.75万元。1994年6月，省人防办、省财政厅、省物价局规定：企业、实行自收自支和企业化管理的事业单位、个体工商户缴纳人防建设资金。企业和实行自收自支以及企业化管理的事业单位，均按上年年末职工在册人数每人每年缴纳13～15元，个体工商户每户每年缴纳60元。从此，江苏省人防工程施工人员经常费纳入社会负担的人防经费范畴，并按“四项费用”纳入统计。2002年8月13日，省人防办、省财政厅、省物价局经省政府同意，重新制定了《江苏省人民防空建设经费筹集管理规定》。继续保留企业、实行自收自支和企业化管理的事业单位、个体工商户缴纳人防建设经费的项目和标准。8月14日，省人防办、省财政厅、省地税局《关于地方税务机关征集人防建设经费若干问题的通知》规定：上述人防建设经费，由各级人防部门委托当地税务部门征收。1995～2008年，全省共收取“四项费用”73869.25万元。

（六）人防工程使用费(人防平战结合收入)

1978年第三次全国人防会议召开后，全省逐步推进人防工程的平战结合工作。1980年部分工程在开发利用后，开始收取一定费用，但对收费的范围、标准，没有具体规范。1985年1月，无锡市人防办、市财政局对使用公用人防工程收取租用费做出暂行规定。这是全省第一个关于平时使用人防工程收费的政策。1986年6月，徐州市人防办、财政局制定《徐州市人民防空工程平时使用收费的规定》。1987年2月，省人防办、省财政厅做出《关于平时使用人防工程收费的暂行规定》，将已建人防工事按等级工事、简易工事以及工事所处区位优劣区分，结合使用项目确定收费标准，每平方米每月最高收取1.5元，最低收取0.05元。

表 7－1　江苏省人防工程平时使用收费标准（1987 年 2 月制订）

单位：元/平方米/月

项　　目	市　　区		郊　　区	
	等级工事	简易工事	等级工事	简易工事
车间	0.80～1.50	0.50～1.20	0.80～1.20	0.50～1.00
旅社（招待所）餐厅（饮食店）	0.60～1.20	0.40～0.80	0.50～1.00	0.30～0.60
商店	0.80～2.00	0.50～1.20	0.60～1.20	0.50～1.00
影剧院（会场、礼堂）	0.50～1.00	0.30～0.80	0.40～0.90	0.20～0.50
游乐场、舞厅、溜冰场	0.60～1.50	0.50～1.20	0.60～1.20	0.50～1.00
种植养殖	0.20～0.80	0.15～0.60	0.15～0.70	0.15～0.50
仓库（车库）	0.50～1.00	0.20～0.60	0.30～0.80	0.10～0.40
会议室、活动室、办公室、试验室等	0.15～0.80	0.10～0.40	0.10～0.60	0.05～0.20
建设线缆、管道	0.30～0.60	0.15～0.40	0.20～0.50	0.10～0.30
抽冷风		0.20～0.40		0.10～0.30

1996 年 4 月，省人防办、省物价局调整平时使用人防工程收费标准，新标准每平方米每月最高收取 35 元，最低收取 1 元。

表 7－2　江苏省人防工程平时使用收费标准（1996 年 4 月制订）

单位：元/平方米/月

项　　目		市　　区			郊　　区		
		一类工事	二类工事	三类工事	一类工事	二类工事	三类工事
1	生产车间	10～25	8～20	6～15	6～18	4～15	2～10
2	饮食（餐厅）	15～35	10～25	8～18	10～25	8～18	5～12
3	文化娱乐活动场所	12～30	8～20	5～12	8～20	5～12	3～10
4	仓储		5～15	4～12		4～12	3～10
5	种植、养殖		5～12	3～8		4～10	2～6
6	铺设管线、抽冷风、水		3～8	2～6		2～6	1～4
7	公路隧道	可参照相关标准，由当地人防办与财政、物价部门制定具体规定执行					

1987～2008 年，全省人防平战结合收入 80058 万元。

（七）核应急准备资金

2000 年，核应急准备工作启动，核应急专项经费使用计划由省核应急办编制申报，经省计经委会同省财政厅审批后执行。省人防办在财务处设立核应急账户，实行专户管理。2000～2002 年，省财政拨给核应急准备资金 255 万元。2003～2008 年年底，共投入核应急准备资金 1654.3 万元。

(八)其他收入

其他收入包括拆除或损坏人防工程的赔偿费、设备设施租赁费、废旧物资处理收入、债务收入、收回核销工程款、有偿投资收回款以及坑道工程的石渣出售收入等。至 2008 年，全省人防经费的其他收入共 21351 万元。

二、经费管理

(一) 管理体制

1978 年，人防经费管理沿用 1972 年开始实行的管理体制，列入地方财政预算管理，实行地方财政部门和人防部门共同管理。对国家补助的人防经费，省对市实行经费切块，项目由市安排报省备案的管理体制。从 1980 年起，国家实行财政包干体制，国家预算内安排的人防经费指标划给地方预算支出。江苏实行将省切块经费和市筹集经费组成统一的人防经费，由市统筹安排，报省备案的管理体制。从 1983 年 3 月起，根据国家人防委、财政部规定，各级人防部门是中央和地方财政拨付的人防经费的主管单位，并对使用效果负责。人防经费的长远规划和年度计划，按预算管理范围分别由国家人防委和省人防部门提请同级计划和财政部门综合平衡后组织落实。从 1985 年起，人防经费改为中央财政预算支出，国家预算安排的人防工程建设费和人防业务费，由国家人防委统一编造预算报财政部审定，在核定的预算内，人防经费的拨款、结算和编报决算由国家人防委直接向省人防部门办理，不再通过地方财政部门。地方各级人民政府和各部门用自筹资金安排的人防经费，仍由地方财政部门和人防部门按过去的有关规定直接管理。自此，江苏省的人防经费实行中央和地方两种管理体制。对列入中央财政预算支出的人防经费，建立从国家到各级人防部门的垂直管理体制，由人防部门独立办理拨款使用和管理；对列入地方财政预算支出的人防经费，继续实行地方财政部门和人防部门共同管理的体制。省对市实行“省切块与市筹经费由市统筹安排，切块经费安排的项目报省审批”的管理体制。

1986 年，根据国务院、中央军委批转《国家人防委关于人防工作改革几个问题的意见》，江苏对国家和省拨经费不再实行切块，开始试行有偿投资。各市报送项目在议定还款比例和还款周期的基础上，经省批准后方能立项拨款。各市自筹经费仍由市统筹安排。1989 年 2 月，省人防办印发《人防经费有偿投资暂行办法》，规范有偿投资的经费来源、使用有偿投资需具备的条件、有偿投资办理程序、审批权限、有偿投资支付、收回及账务处理等。

从 1999 年起，根据国家国动委、财政部《人民防空财务管理规定》，人防经费实行系统管理。各级政府人防办的财务管理，受上级政府人防办的领导和监督，接受同级财政部门的业务指导和监督。自此，人防经费实行垂直管理体制。

(二) 管理制度

1. 专款专用制度。1978 年，人防工程经费继续实行专款专用制度。9 月，省人防办、省财政局、省邮电管理局规定人防业务费使用范围。1980 年 8 月，省人防办、省财政局规定人防工事平战结合有关经费的开支。至此，人防经费的专款专用制度基本形成。1982 年进一步规范。1987 年 2 月，省人防办、省财政厅规定严格划清人防工程经费、业务经费、行政经费的界限，人防事业收入用于人防发展基金和用于福利、奖励基金的界限，专款专用，不得互相挤占挪用，不准私设小金库。1999 年 1 月，《省实施〈人防法〉办法》规定政府人防主管部门统筹的社会负担的人民防空经费，必须纳入同级财政专户管理、专款专用，任何组织或者个人不得截留、挪用和擅自减免。2000 年 7 月，省财政厅、省人防办规定人防经费必须专款专用，各级人民政府和其他部门不准随意减免，不准将人防经费挪作他用、平衡本级财政预算或统筹调剂使用。

2. 计划管理制度。1978 年，江苏省继续执行 1977 年开始实行的人防经费计划管理制度。从 1982 年 1 月起，按省人防办、省财政厅《人民防空工程建设经费管理暂行规定》和《人民防空业务经费管理暂行规定》实施计划管理。从 1986 年 10 月起，按国家人防委、财政部《人民防空财务管理规定》实施计划管理。从 1999 年 8 月起，全省执行国家国动委、财政部颁发的《人民防空财务管理规定》，根据人防建设计划和任务，编制年度财务收支预算，经批准后实施。

3. 预决算审批制度。1978 年，江苏省继续执行 1977 年开始的人防经费预决算审批制度。1982 年 2 月，省人防办、省建委、省财政厅、省轻工厅、建设银行江苏分行规定地市人防办在编制年度人防工程建设计划的同时，编制财务计划，报省人防办批准后执行。同时规定审批权限："投资 30 万元(含)以上的大中型建设项目，由省人防办审批，其中总投资超过 150 万以上的大型项目，报南京军区人防办和全国人防办备案；总投资在 30 万元以下的建设项目，由各地、市人防办审批(其中用集体所有制单位自筹安排的建设项目，由地、市人防办和集体所有制单位的主管部门共同审批)，报省人防办备案，但各地、市人防办用省拨款安排的各类建设项目，均报省人防办审批；结合基本建设投资安排防空地下室建设项目，总投资在 30 万元以下，由城镇建委会同同级人防办审批，报省建委和省人防办备案。凡总投资在 30 万元(含)以上，报省建委会同省人防办审批"。从 1987 年起，全省执行国家人防委、财政部《人民防空财务管理规定》《人民防空会计制度》。国家预算内安排的人防经费，省每年 8 月底前根据国家人防办下达的经费预算编制原则、要求、控制数额和地方财政拨款及其他资金收入，确定建设项目及经费预算报国家人防办审批下达。各重点城市的年度经费预算由省审定。从 1991 年 2 月起，根据国家人防办规定，人防工程建设项目总投资超过 600 万元的大型项目报国家人防办审批；100 万元(含)以上不足 600 万元的中型项目由省人防办审批。从 1994 年起，国家人防办将大型项目调整为 1000 万元以上，中型项目调整为 300 万元(含)以上但不足 1000 万元。审批权限不变。从 1999 年 8 月起，根据国家国动委、财政部规定，省编报的年度人防经费预算，报经国家人防办批准后执行。各单位在年终前，依据财政部门和上级人防办的决算编审工作要求，对各项收支账目、往来款项、货币资金和财产物资进行全面的年终清理结算，办理年度结账，编报决算。2002 年 8 月，省人防办、省财政厅、省物价局规定：依法筹集的人防经费，由各级人防办按照规定实行预算管理。各项开支项目统一列入年度预算，经上级人防办批准后实施。2003 年 2 月，国家国动委、发展计划委、建设部、财政部规定，人防工程建设年度计划与年度预算编制相一致，按批准的年度预算执行。2000 万元以上为大型项目，600 万元以上、2000 万元以下为中型项目。2007 年 12 月 12 日，省人防办规定：县(市)人防预算实行"二上二下"的编制程序。县(市)人防主管部门编制项目申报书，每年 8 月 20 日前报省辖市人防主管部门，省辖市人防主管部门初审后上报省人防主管部门(即"一上")。省人防主管部门审核批复项目申报书(即"一下")。县(市)人防主管部门根据省人防主管部门批复的项目申报书，组织编制本部门年度人防预算，报省辖市人防主管部门，省辖市人防主管部门初审后上报省人防主管部门(即“二上”)。省人防主管部门对县(市)人防主管部门报送的“二上”预算全面审核，在规定时间内将预算批复到县(市)人防主管部门(即“二下”)。决算应于次年2月1日前报送省辖市人防主管部门审核后，再汇总报送省人防主管部门。省人防主管部门在收到县(市)人防主管部门上报的决算报表后，30个工作日内批复决算，发现错误，及时纠正。从2008年起，对中央财政补助的人防经费，由省人防办会同省财政厅联合向财政部和国家人防办上报申请，经审核批复后执行。年度执行中需要调整的，按批准权限和规定程序报批。

4. 报表制度。1978年，江苏省继续执行1977年开始实行的人防经费季报制度。季度人防经费收支报告表由市(县)人防部门填制报送同级财政部门和省人防办。1982年2月，省人防办、省建委、省财政厅、省轻工厅、中国银行江苏分行规定人防工程建设经费实行季报、年报制度，于季末、年末报送人防工程会计总表、人防工程经费支出表、应核销支出明细表和往来明细表。人防业务经费实行月报、年报制度。月终编报预算支出计算表、资金活动情况表。年终编报预算支出计算表、资金活动情况表、往来款项明细表。从1987年起，按国家《人民防空会计制度》规定的要求和表式编报年度决算报表。对不按规定编报决算报表的，限期改进，无故不报送决算报表的，下年度暂停拨款。从1991年起，按国家人防办新的《人民防空会计报表》执行，省向国家编报半年、年度汇总会计报表。报表种类:资金平衡表(半年报)、国家预算经费决算表(年报)、已完工程明细表(年报)、在建工程明细表(年报)，维护管理、施工设备、应核销工程支出明细表(年报)，业务经费明细表(年报)、平战结合收入、专用基金明细表(年报)。省以下仍按省规定执行月、季、年报制度。从1999年起，按国家国动委、财政部规定执行。会计报表由基层单位编制，按经费领拨关系逐级汇总上报，且数字真实可靠、内容完整。报表分为:资产负债表(月、季报)，收入支出表(年报)，已完工程明细表(年报)，工程维护管理、应核销、事业建设支出明细表(年报)，事业机构支出明细表(年报)，在建工程明细表(年报)，平战结合收入、分配及专用基金情况表(年报)。

5. 检查制度。1978年，江苏省继续执行1977年开始试行的人防经费检查制度，每年组织几次联查、互审。1981年，省人防办组织对全省1972～1980年人防经费的普查清理。1985年12月～1986年6月，省人防办组织全省人防系统财务、物资大检查。通过检查发现存在挪用、平调人防经费搞计划外项目，以及违反规定购置专控商品和滥发奖金、补贴、实物等现象。1986年10月7日，省人防办针对全省人防财务、物资大检查中发现的问题，发出《关于加强人防财务物资管理的通知》，再次要求建立财务检查制度，每年至少1次。人防经费检查制度形成。1991～1993年，省人防办连续3年组织全省人防财务大检查，检查人防经费筹集、使用、预算管理、执行财务纪律等。自查面100%，抽查面35%～40%。2000年4月26～28日，省人防办、省财政厅、省物价局、地税局组成联合检查组，检查无锡、扬州、泰州3市的人防经费筹集、使用、管理情况，针对存在统筹、平调人防经费用于非人防建设开支、违规减免人防经费以及“三区”收取人防经费不规范等问题，强调依法收取人防经费，政府不得统筹平调，对违反规定统筹、挪用、减免人防经费的行为立即纠正;各市人防办该依法收费的要征足收好;城市新区、开发区和新建住宅小区新建民用建筑按规定建设人防工程，因地质、地形等条件限制不能修建人防工程的建设单位，按规定向市人防办缴纳人防工程易地建设费。“三区”的人防工程易地建设费由市人防办负责收取，或授权委托有关部门代收，收取的人防工程易地建设费存入市人防办财政专户，按规定使用。此后，政府平调、统筹及违规减免人防经费的情况得到遏制。

图 7-1　2000 年 2 月 16～21 日，全国人防经费决算会审会在南京市召开

6. 会审制度。1979 年，省人防办首次组织会审全省人防经费收支情况，各重点城镇人防办会计均参加。会审揭露矛盾，对发现的挪用人防经费搞基建项目、购置自行车、办公用品、请客吃饭、擅发奖金、设置小金库、擅自扩大人防经费开支范围、财务制度不健全、手续不完备等问题，逐一纠正并总结，落实改进措施。此后，即坚持每年一度的财务会审制度。1989 年，省人防办决定从次年起，将一年一度的财务会审改为每年 2 次，于 1 月和 7 月进行。1990 年 2 月，省人防办在镇江市进行全省人防财务会审和考评。经过 18 名财务专家 10 多天的紧张审核，严格把关，分别考评出 12 个城市人防财务管理收支科目得当、账目清楚、手续齐全的单位。苏州市人防办获第一名，常州市人防办获第二名，镇江、南京 2 市人防办并列第三名。2000 年 2 月，全国人防经费决算会审会在南京市召开，省人防办在会上介绍了财务管理促进人防建设的做法，与会代表观摩了江苏人防收费管理系统演示。

7. 内部审计制度。1987 年，南京市人防办率先建立内部审计组，履行大型工程决算、领导干部离任、下属单位承包经营、财务收支、经济效益等内部审计职责。1989 年，省人防办要求各市人防办配备 1 名内审人员，加强审计监督和财务管理。1998 年 11 月，国家人防办颁发了《人民防空工程建设内部审计办法》。规定审计范围包括：财务收支审计、工程项目预决算审计、经营效益审计、领导离任审计及专项审计等。2004 年 11 月 3 日，省人防办发出《关于在全省人防系统逐步开展内部审计的通知》，明确审计范围和内容。此后，全省全面推行内部审计制度。配备专门审计人员，坚持每年进行有计划、有重点的内部审计。常州市人防办在加强内部审计的同时，对重大项目邀请审计、检察机关介入，跟踪审计和监督，创造审计、检察机关同步预防职务犯罪的经验。

（三）计划管理

人防经费　1978 年，人防经费管理继续按 1977 年开始执行的计划管理模式进行。从 1982 年 2 月起，人防工程建设经费，实行统一计划，分级管理，保证重点，统筹兼顾。地、市人防办根据省、地、市核定的年度人防工程经费预算和集体所有制单位的自筹经费上年的落实情况，在编制年度人防工程建设计划的同时，编制财务计划，报省人防办批准。财务计划一经批准，任何单位和个人不得搞计划外开支。各使用单位按照年度业务建设计划、开支范围，编造预算，按规定设置会计科目，编送会计报表。人防业务费与人防工程经费、行政经费分开核算，报省人防办审批，同时报同级财政部门。业务费预算结余，结转下年使用。

从 1986 年 10 月起，全省加强人防经费的计划管理。各市人防办，按照统一计划、分级管理的原则，将国家预算内安排的人防经费、地方自筹经费以及人员经常费，结合基本建设修建防空地下室经费，统一纳入年度财务计划，使各项经费计划开支严格执行经省批准的财务收支计划。未经批准，严禁乱上计划外项目和将经费挪作他用。不准平调人防经费，凡借用人防经费，须报经省人防办审批。工程经费按批准的计划项目和工程进度拨款,各市必须按规定时间和要求上报工程进度表和工程经费支出表。对拨款6个月后不开工和不按计划安排人防业务工作的,上级人防部门收回拨款。一切工程项目都要有设计概算,有施工预算,有成本核算,有竣工决算。各市年度业务经费预算的编制,应根据省下达的年度人防业务建设任务和经费控制指标编制。预算一经批准应严格执行,凡超预算范围的开支一律不予报销,特殊情况需追加预算时,按规定办理追加手续。完成年度计划后的经费结余,留归各市继续用于人防业务建设,省不予收回。跨年度项目要及时办理结算。如任务完不成或项目吊销,收回经费或抵拨下一年年度指标。自此,人防经费计划管理的内容得到充实与完善,年度财务计划的编制、审批、执行制度得以规范。

1987年2月,省人防办、省财政厅转发国家人防委、财政部关于试行《人民防空财务管理规定》和《人民防空会计制度》的通知,并做出补充规定。规定人防经费由国家预算内安排的人防经费、地方财政拨款的人防经费、集体所有制单位自筹的人防经费、结合民用建筑统一修建地下室筹集的人防经费、按省政府规定向企业收取的用于人防工程建设的人员经常费以及人防其他收入中用于人防建设的资金6部分组成,统一纳入各级人防部门人防建设经费计划管理。

2000年7月,省财政厅、省人防办转发国家国动委、财政部下发的《人民防空财务管理规定》《人民防空会计制度》等文件,并提出贯彻意见。"规定"指出:人防经费预算由收入预算和支出预算组成。收入预算包括中央政府预算拨款收入、地方政府预算拨款收入、社会负担人防经费收入、平战结合收入及其他收入。支出预算包括新建工程支出、续建工程支出、加固改造工程支出、工程维护管理支出、应核销工程支出、组织指挥支出、通信警报支出、宣传教育支出、科学研究支出、事业机构支出、平战结合支出及其他支出。各级人防办根据以前年度预算执行情况和年度经费来源情况,测算编制收入预算;根据年度人防建设需要与财力可能,编制支出预算。省人防办编报年度人防经费预算,报经国家人防办批准后执行。上级批复的人防经费预算,由人防办抄送同级财政部门。遇特殊情况,需要变更计划时,须报经批准后实施。年度结余要全额结转下一年度继续用于人防建设。人防工程建设必须根据国家人防办发布的人防工程预算定额和相应的建设费用定额编制工程预算。

2002年6月起,执行国家人防办《人民防空预算管理规定》。实行统一领导、归口管理、分级负责、跟踪问效的原则,进一步规范预算的收支、编制、执行、调整、管理和决算。自此,人防经费计划管理步入规范化、程序化的预算管理轨道。

核应急准备资金 1999年9月,省政府规定核应急专项经费使用计划由省核应急办编制申报,由省计经委会同省财政厅审批。至2005年,省核应急办组织开展核事故场外应急计划及其执行程序的编制,应急设施建设及维护、演习、宣传教育等活动,均按国家计委、财政部《核电厂核事故应急准备资金管理规定》的要求编制专项经费使用计划,经批准后实施。

2006年5月,省核应急办、省财政厅制定《江苏省核应急准备资金使用管理办法》。规定省财政厅负责省核应急准备资金的管理和财务监督,省核应急办编制年度预算并组织实施。核应急准备资金的使用、管理实行预决算制度。省核应急办按照部门预算编制的要求,提出下一年年度核应急准备资金安排建议,省财政厅核定核应急准备资金的年度支出预算报省人大审批后下达给省核应急办,省核应急办将预算额度分解后下达给各有关单位,根据项目实施情况,按照国家集中支付、政府采购的要求,分期、分项目拨付资金。每年年末,省核应急办汇总使用情况,经省核应急协调委审议后抄送省财政厅。

（四）拨款管理

人防工程经费 1978年，根据年度施工计划统按每平方米200元标准下拨人防工程经费。由各地自行掌握调度，包干使用，其不足部分，从地、市（县）地方财力安排和集体所有制单位上缴的人防经费中弥补。年终，各地根据实际完成的使用面积，按分配指标编报年度经费决算。没有完成任务的市（县），经费结余抵拨下一年工程经费指标；超额完成任务的，由省增拨相应的经费指标。修建人防工事的单位，事前要提出申请报告和经费预算，报市（县）人防、财政部门审批。市（县）人防、财政部门要组织有关人员审查，一次核定工程经费预算。工程款的拨付，比照基本建设拨款的办法，由当地建设银行监督使用。如遇特殊情况，原定预算确实不足时，按程序编报追加预算上报审批拨款。工程结束，及时向市（县）人防、财政部门、建设银行提出竣工报告和经费决算。市（县）人防、财政部门、建设银行应组织有关人员验收竣工，核定决算。

从1980年起，按照财政包干体制划给地方预算支出的人防经费，改列中央预算支出，由国家人防委统一管理。从1982年2月起，人防工程建设的资金均存入建设银行。由建设银行按照人防工程拨款依据和程序拨款。拨款依据：批准的人防工程建设计划任务书和年度人防工程建设计划；批准的人防工程项目概（预）算和财务计划；分季、月用款计划和工程进度统计表；工程竣工决算报告和财务决算报表。拨款程序：列入省预算的拨款，由省财政厅专案下达到地、市财政局，再由地方财政局拨给同级人防办；地方财力拨款，由地、市财政局拨给同级人防办；集体所有制单位自筹经费，按照人防部门和其主管部门批准的工程项目概（预）算，轻工系统由主管部门拨付，轻工系统以外的其他集体单位由地方人防办从地方财政局代收款中拨款；人员经常费，由地方财政局根据同级人防部门编造的工程项目人工费用计划拨给；地方人防办根据批准的施工预算、用款计划和工程进度统计表，向工程建设（施工）单位拨款，存入建设银行经办行。开工之前，拨付50％备料款，基础完成，再拨给45％，留5％待竣工后结算。非人防工程公司承包工程，按基建拨款办法办理。从1985年起，人防工程经费由国家人防办根据省人防办报送的工程进度和经费申请书分次拨款。

人防业务经费 1978～1984年，各城镇人防办每年年底向省人防办编报下年年度业务经费预算表，经省人防办批准后，由省财政厅给各地、市财政局下达经费预算指标，然后由财政局拨给同级人防办。

从1985年起，根据财政部、国家人防委《关于改变人民防空经费管理办法的通知》，将每年在国家预算内安排指标，按财政包干体制划给地方预算支出的人防经费，改为中央预算支出。自此列入中央预算支出的人防经费，由国家人防委直接向省人防部门办理拨款，不再通过地方财政部门。人防业务费由省人防办编制预算报国家人防办，经核准后视情分次拨款。实行经济计划单列城市的人防工程费和人防业务费预算，由省、市人防办商定分配数额，报国家人防办，经核准后分次拨款，并由各省人防办如数拨款，不得截留。

1985年5月，省财政厅、省人防办规定人防经费改由国家人防委统一拨款后，地方财力安排的人防经费（包括1984年以前的预算结余）可以采取以拨代支的办法拨给同级人防部门结合国家人防委拨款统一安排使用，并作为地方财政补助款直接向国家人防委办理决算。

从1985年6月起，根据国家人防办《关于人民防空经费管理若干问题的补充规定》，国家人防办拨给的和其他财政收入的人防经费，由省人防办按财务计划拨给重点城市人防办。重点城市人防办对建设(施工)单位拨款可按建设项目和季度用款计划拨给。为使人防经费拨款不影响任务安排和保证任务的连续性,在年度经费预算批准前,可根据上报的年度经费预算总额的20%提前预拨。对拨款后6个月不开工和不按计划安排人防业务的,上级人防部门可调回拨款。购置专控商品,要根据国家现行规定,按批准的年度购置计划或批准文件拨给。国务院确定的计划单列城市人防经费的预算和拨款,仍由所在省人防办负责实施。

从1986年10月起,执行国家人防委、财政部《人民防空财务管理规定》。人防经费拨款,必须根据批准的年度经费预算实施。国家预算内安排的人防经费,由国家人防办按批准的年度经费预算分次向省人防办拨款。国家人防办拨给的和地方财政拨付的以及其他收入用于人防建设的资金,由省人防办按批准的年度经费预算,分次向城市人防办拨款,其中经批准留在城市人防办的其他收入用于人防建设的资金应抵作拨款。省人防办向建设(施工)单位拨款,必须按批准的年度建设计划、季度用款计划和工程进度进行。在工程建设项目开工时,可按批准建设项目施工预算或合同规定预拨一部分备料款,其后按工程进度拨款,最多不得超过90%,其余待工程竣工验收,审批竣工决算后结算补齐。跨年度工程项目,对当年工程支出,年终要办理结算,并转入"在建工程",已拨出经费的结余,下一年继续用于本工程项目建设。

2000年7月,省财政厅、省人防办规定:人防工程建设拨款,要严格按照批准的建设项目,年度工程项目经费预算和工程进度拨款。工程开工后,拨付的工程款不得超过合同价款的95%,其余待工程竣工验收后结算。

2006年5月,省核应急办、省财政厅规定:省核应急准备资金根据项目实施情况,分期、分项目拨付资金。

三、经费使用

(一) 开支范围

工程建设费　1978年,人防工程建设按项目实施经费补助,补助标准按省人防办1977年10月的规定执行:每平方米补助200元。从12月起,根据国务院、中央军委规定,凡动员职工参加人防战备施工连续6天以上的人员给予生活补助,公共工程费用从人防经费中开支;单位工程由单位解决。个人防护用品所需经费,参加本企业单位工事施工的人员,由本单位解决,参加公共工程和街道居民、学校、机关等单位工事的施工人员,从人防经费中开支。

1982年2月,省人防办、省建委、省财政厅、省轻工业厅、建设银行江苏省分行规定人防工程经费开支范围有6项:① 建筑安装工程投资。按批准的工程建设项目预算结算支付的直接费、管理费和独立费。其适用范围、条件和取费标准,按省人防办颁发试行的《人防工程劳动定额》《人防工程预算定额》《人防工程项目概(预)算编报暂行办法》执行。其中人工费用单独计算,从地市向企业单位提取的人员经常费中开支。② 内部设备安装投资。修建平战两用的公共工程和单位工程中按战术技术要求必须安装的风水电设备费;为平时生产、经营而增添的通风、除湿、消毒等设备设施及其安装费用,企业在专用基金中开支,其中集体所有制单位确有困难的,经人防部门和集体所有制单位主管部门共同批准,可在系统筹集的人防经费中开支。行政事业单位在其年度行政事业经费指标中调剂解决,确有困难的报经市人防办批准,可在地市财力安排的人防工程经费中给予适当补助。③ 防空地下室扩大部分补助费。按规定结合基本建设投资修建的防空地下室，人防部门认为需要扩大，其扩大部分的费用，在扣除应付基础费后的不足部分，全民所有制单位经人防部门批准，从省市拨款中补助；集体所有制单位由地市人防办和其主管部门共同批准，从其自筹的人防经费中补助。④ 工程维修费。单位工程和已固定使用单位的公共工程所需的一般维修费，由单位负责，企业在生产（流通）费中开支，个别集体所有制单位确有困难的，经人防部门和集体所有制单位主管部门共同批准，可在系统自筹的人防经费内酌情补助；行政事业单位在其利用工程的收益中开支，不足部分在核定的年度行政事业经费内调剂解决。未固定使用单位的公共工程和居民工程所需的维修费用由人防部门在地方财力安排的人防经费内开支。⑤ 工程勘察设计业务费。按《人防工程项目概（预）算编报暂行办法》中规定的比例提取，从工程经费中列支，由地市人防办掌握开支。⑥ 经省人防办批准开支的工程不可预见费。

1983 年 3 月，根据国家人防委、财政部规定，将人防工程费的开支范围分为工程建设费和工程维护管理费两项。工程建设费含 5 项：① 按国家规定，动员抽调职工参加施工的工程，单位负责开支的工资、福利、劳保用品和零星工具这 4 项费和按国家规定开支的施工人员伤亡抚恤费。② 城镇人防部门出包的公用人防工程所需的建设费用。③ 城镇人防部门根据有关规定，补助修建防空地下室所需的费用。④ 经省人防部门批准，城镇人防部门购置和维修施工工（机）具、设备、运输车辆所需的费用。⑤ 经省人防部门批准，城镇人防部门建设、维修和管理物资库、车库所需的费用。工程维护管理费含 3 项：① 工程维护管理所需的人工、材料、水电等费用。② 按战术技术要求配套的内部设备（设施）维修和更新所需的费用。③ 工程维修工（机）具的购置、修理费用。

1986 年 10 月，根据国家人防委规定，人防工程建设经费开支范围调整为 6 项：① 修建人防公共工程必须开支的前期费用、土建费、拆迁建筑设施的赔偿费和按防护要求必须配备的设备购置及安装费。② 经批准购置、维修施工机械、设备、运输车辆等所需费用。③ 经省人防办批准，城市人防办建设、维修物资库、车库所需费用以及经批准的物资库管理人员经费差额补助费。④ 平时尚未使用的人防公共工程维护管理所需费用。⑤ 城市无工作单位人员参加人防公共工程义务劳动的伤亡事故医疗抚恤、下洞补助和必要的劳动保护用品所需费用。⑥ 经批准应核销的上述项目以外的人防公共工程建设不可预见的费用。

1987 年 2 月，省人防办、省财政厅规定：地方财政拨付的人防经费，应分别用于人防工程和业务建设。集体所有制单位自筹的人防经费，由同级人防部门根据人防建设规划，用于集体所有制单位系统的人防建设。经省人防办批准，修建人防公共工程必须开支的拆迁建筑设施的赔偿费，从工程费中开支。

1999 年 8 月，根据国家国动委、财政部规定，① 人防工程建设支出包括新建、续建、加固改造人防工程的前期费、建筑安装费、设备和工具器具购置费及其他费用等。② 工程维护管理支出包括材料、水电、工具费和维护管理人员的工资、福利、下洞补贴、劳保用品、医疗费用等。③ 应核销工程支出包括报废工程处理支出、工程报废净损失、购置维修施工机械设备、运输车辆，未列入计划的工程前期准备费、抢险费、器材折价、盘亏及毁损、施工伤亡抚恤、坏账损失、已完工程贷款的延期利息等。

2002 年，国家明确公共人防工程维护管理费开支范围，包括人工费、水电费、维护工具器具、内部设备维护费等。

2007年10月，江苏对中央财政补助的人防经费使用范围包括：① 地方人防办管理的属于中央编制的通信事业单位人员经费、公用经费。② 地方人防办管理的人防公共工程维护、组织指挥基本业务、信息系统设备设施维护、宣传教育基本业务、通信值班执勤等实行标准化管理的项目经费补助。③ 人防指挥所和其他大型人防工程的新建、扩建、加固改造、信息系统设备设施建设等项目经费补助。④ 人防组织指挥、演习、专业队训练等专项工作经费补助。

2008年7月，江苏地方政府负担的人防经费主要用于指挥工程、通信设施建设与管理和重大演习保障。

业务建设费　1978年9月9日，省人防办、省财政局、省邮电局发出《关于人防业务费使用的通知》，规定人防业务费的开支范围：人防通信、警报器材的购置和维修，人防通信、警报线路的租用，人防通信人员的工资，人防常识的宣传教育。1979年3月，省财政局、省人防办规定通信人员的福利费亦由此项经费中支出。

1978年12月5日，财政部、全国人防办规定：各地建立人防科研机构后的科研费，也可从此项经费中支出。

1982年2月10日，省人防办、省财政厅规定人防业务经费各项开支的具体内容：

1. 通信警报建设费。① 通信警报机构经费，包括在编人员工资、补助工资、职工福利费、公务费、设备购置费。② 通信警报费，包括线路租赁、器材、资料的购置制作及维护修理费、通信警报科研和技术革新费。

2. 人防设计科研费。① 人防设计科研机构经费，包括在编人员工资、补助工资、职工福利费、公务费、设备购置费。② 科研项目费，包括研究试验费用。器材购置维修费，包括设计科研所需的器材、设备的购置、安装和维修费用。③ 图书资料费，包括设计科研业务书籍、期刊的购置及自编、翻印所开支的费用。④ 设计业务费，包括设计、调查、计算、绘图、晒图和成果等开支的费用。学术活动费，包括参加和举行的学术活动经费。

3. 人防宣传教育费。① 图书资料费，包括人防战备宣传教育图书、刊物、资料的购置、编写和印刷所开支的费用。② 宣传教育工具费，包括人防战备教育所需的器材、器具的购置、维修及人防影片、幻灯片的制作、购置所开支的费用。③ 宣传工具租赁费，包括租用宣传工具，如放映人防战备科技片、幻灯片的租机、租场、租片所需的费用。④ 人防战备展览费，包括制作宣传画廊及经批准而举办的人防战备展览会所需的费用。

4. 其他费用。① 战备训练费，包括“三防”训练、战备演习及人口疏散所需的费用。② 技术培训费，上述项目未能包括的确属业务性质的其他必需开支。

1983年3月，国家人防委、财政部规定人防业务费的开支范围。① 通信警报费：有(无)线通信警报设备、器材购置、安装、维修及租赁所需的费用。② 设计科研费：人防工程设计业务，科研项目研究、试验，科研专用设备、仪器的购置、安装、租赁所需的费用。③ 宣传教育费：购买印刷宣传教育资料，举办人防展览和购置维修宣传器材所需的费用。④ 技术训练费：各种人防专业技术骨干人员训练所需的费用。⑤ 指挥业务费：防空指挥业务建设、防空演习、拟制人民防空预案(计划)所需的费用。⑥ 经省、市、自治区人民政府批准，列入人防事业编制的人员、机构经费和奖励费。⑦ 其他业务费：人防部门和结合民用建筑修建防空地下室主管部门购置印刷业务资料、图表，建立工程技术档案和召开专业会议等所需的费用。

1986年10月30日，国家人防委、财政部规定人防业务建设经费的开支范围：① 购置人防业务建设所必需的设备和安装，专用车辆以及通信线缆建设所需的费用。② 按照国家人防办统一规划和分工要求，经批准列入科研计划的项目研究、试验所需的费用。③ 拟制、修订防空袭预案(计划)，组织防空袭演练及指挥业务建设所需的费用。④ 租赁通信线缆、业务设备器材等所需的费用。⑤ 人防业务设备、器材维修、维护管理所需的费用。⑥ 人防专业干部培训及专业队伍组训所需的费用。⑦ 购置、编印人防业务图书、报刊、资料和建立人防业务技术档案、开展人防宣传教育所需的费用。⑧ 各级人防办组织召开的人防专业会议所需的费用。⑨ 按国务院、中央军委关于体制编制规定，已组建的设计科研、通信人防事业单位的人员经费及其通信值勤管理的费用。⑩ 经国家人防办批准，列入省、自治区、直辖市人防办年度经费预算人防事业单位的工作、生活用房建设的补助费。⑪ 上述开支项目以外的人防业务工作不可预见的开支费用。

1988 年 3 月 28 日，省人防办印发《江苏省中学“三防”知识教育经费开支范围和开支标准暂行规定》。规定开支范围：① 省、市召开“三防”教育会议。② 市以上组织的“三防”教师培训。③ 教师出席上级召开的“三防”会议的旅差费。④“三防”教学专用器材的购置费。⑤ 省、市统一组织的“三防”夏令营、智力竞赛、“三防”文艺会演等必须开支的费用。⑥ 其他必须开支的费用。

1999 年 8 月，国家国动委、财政部对组织指挥、通信警报、宣传教育、科学研究、事业机构等支出作详细规定。① 组织指挥支出包括开展人防组织指挥工作，制定城市防空袭方案、人防指挥所业务建设、组织训练防空专业队伍、组织实施防空演习、购置和维修指挥车辆等项支出。② 通信警报支出包括开展人防通信警报建设，购置、安装和维修通信警报设备、设施、线路租赁等支出。③ 宣传教育支出包括开展人防宣传、防空知识教育和人防干部教育培训所发生的支出。④ 科学研究支出是根据国家和省、自治区、直辖市人防办下达的科研项目进行研究试验所发生的支出。⑤ 事业机构支出是人防事业机构和编制人员必需的公务费及人员经费。⑥ 其他支出包括专业会议、技术档案、财务管理费用、管理人员下洞补贴和直属事业单位工作生活用房补助等支出。江苏省按此规定执行。

2002 年，国家明确组织指挥基本业务费、通信警报设备设施维护管理费、宣传教育基本业务费、通信站业务费支出标准。① 组织指挥基本业务费包括指挥通信车的维护费、燃料费、年检费、车载设备维护费，维修购置工具费，防空袭预案修订费以及零星业务支出。② 通信警报设备设施维护管理费用于各类有线、无线通信设备、电源设备、局域网监控演示设备、警报器及监控设备的维护等。③ 宣传教育基本业务费用于在校学生教育、专业队组训等日常开支。④ 通信站业务费用于各级人防办通信站日常开支。

人防工程使用费(人防平战结合收入) 1987 年 2 月，省人防办、省财政厅规定：人防工程使用费 60%用于人防工程建设；其他主要用于事业发展、集体福利和奖励基金，按 5∶3∶2 分配。

1999 年 8 月，国家国动委、财政部规定：人防平战结合收入 50%用于人防工程建设，20%用于人防业务建设，30%作为职工福利基金。

2000 年 7 月，省人防办、省财政厅规定：人防平战结合收入 70%用于人防建设，30%转入专用基金，用于职工福利和奖励。

核应急准备资金 2006 年 5 月，省核应急办、省财政厅规定：省核应急准备资金主要用于核应急专门设施的基本建设，设备购置，运行、维护和更新改造，省核应急机构与组织的业务活动，有关法规、规章和应急预案、执行程序等的制订与修改，有关核应急准备与响应的科研工作，训练与演习、人员培训，公众宣传与信息工作，核应急值班体系的建立与运行，核应急工作的表彰和奖励，其他核应急准备工作。

（二）开支标准

1978年，继续按1976年5月省革委会财政局、省人防办对参加人防工程建设人员生活待遇补助做出的规定补贴：① 生活补助费，参加人防工程地下施工作业的人员，以实际参加施工天数计算，每人每天发给生活补助费0.20元，地下施工作业的风镐手，每人每天另增生活补助费0.05元，原单位已享受生活补助者，高不减、低照补。② 清凉饮料费，高温季节期间一般按60～70天计算。清凉饮料，职工按原单位标准计算，原单位不发清凉饮料的，每人每天按0.06元计算。其余时间供应开水。职工每人每月按0.30元计算。上述费用均由工程单位集中统一使用，不发给个人。③ 洗澡费，职工按原单位制度办理，如原单位没有洗澡制度或不能回原单位洗澡的，男性每人每月在1.50元范围内补助，女性每人每月在2.50元范围内补助，一般折发浴券，不发现金。④ 职工医疗费按原单位制度办理。⑤ 夜餐费，参加夜间施工人员的夜餐津贴，职工按原单位制度办理。⑥ 劳动防护用品，按上级规定，由原单位负责解决，如有些单位不实行劳动防护用品制度，而参加人防工程施工人员又确实有所需要的，各市（县）人防部门，可统一代购必需的劳动防护用品，价拨给参加人防工程施工职工的原单位掌握使用。享受上述待遇的人员，仅限于参加人防工程建设的专业施工人员，而临时搞突击和参加义务劳动的人员不在此规定之内。各项费用，均由职工（包括集体单位）的原单位支付。

1979年2月，省革委会规定人防工程建设经费补助标准：掘开式工事（含土层中的暗挖地道）180元/平方米，山区坑道（含地下岩石中的地道）120元/平方米。1981年4月，省人防办印发《坑、地道和掘开式工事工程预算定额》和《劳动定额》，全省人防工程建设开始试行按定额取费。从1983年9月起，执行省人防办重新编制的《江苏省人防工程预算定额（上、下册）》。从1984年起，全省人防工程建设全部按定额取费。

1979年4月，省人防办等有关部门规定：参加人防地下施工连续6天以上的人员（含跟班作业的干部），以实际参加施工天数计算，每人每天补助0.30元，风镐手、混凝土喷射手每人每天增补0.05元。已享受原单位生活补助者，高不减、低照补。费用由原单位解决。不足6天的地下施工和参加义务劳动的人员不发生活补助。人防施工专业队，根据担负作业的性质和施工条件，解决防护用品的需求。防护用品所需经费，参加本企业单位工事施工的人员，由本单位解决；参加公共工程和街道居民、学校、机关等单位工事施工的人员，从人防经费中开支。

1982年2月，省人防办等有关部门对防空地下室补助作出规定：结合基建投资修建的防空地下室，人防部门需要扩大部分的费用，在扣除应付基础费后的不足部分，全民所有制单位经人防部门批准，从省市拨款中补助；集体所有制单位由地市人防办和其主管部门共同批准，从其自筹的人防经费中补助。省未定具体补助标准，各市根据不同情况，按50～200元/平方米实施补助。

1982年3月，省人防办、省财政厅规定：人防专业队伍集中脱产训练所需生活补助费、办公杂支费、教具费及其他必须开支的费用，其开支标准参照江苏省现行民兵事业费有关费用开支规定执行。1984年3月，省人防办将省财政厅、省军区后勤部《江苏省民兵事业费开支标准和管理办法》《关于国家机关企事业单位基干民兵集中训练伙食补贴的规定》节录发各市参照执行。

1987年2月，省人防办、省财政厅规定：① 公共工程维护管理人员下洞保健补助费，按实际天数计算，当日5小时以上为1天，每人每天补助0.60元，其费用在工程维护费中列支。② 平战结合的人防公共工程，在地下工作和生产人员的下洞保健补助费，按实际天数计算，当日5小时以上为1天，每天补助0.50元，在各单位的生产流通费用中列支。③ 各级人防办工作人员下洞检查指导工作保健补助费，在事业收入按规定比例提取的福利基金中列支，当日5小时以上为1天，每天补助0.50元。④ 地下通信值勤人员下洞保健补助费，每人每天补助0.50元，在通信值勤管理费中列支。

1988年2月，根据国家人防委规定，人防事业单位修建工作、生活用房的经费，主要从人防平战结合事业收入用于集体福利的部分中解决。使用国家拨给的人防业务费只作为补助性质，在不影响当年各项业务建设的情况下，在当年国家批准业务费指标内适当安排，最高不超过业务费指标的10%。

1988年3月，省人防办规定三防知识教育经费开支标准：① 教师出席上级召开的三防会议旅差费标准，按财政部门有关规定执行。② 市就地组织的三防教师培训班，符合误餐补助条件的，每人每天给予一餐误餐补助，标准按财政部门的规定执行。③ 三防知识教育所需教材、教具由市人防部门发给，所需费用按实报销。④ 教学所需的试验动物、急救药品、代用毒剂、消毒剂等按实际需要由学校拟定购置计划，报市人防部门审核批准后执行，经批准的购置计划，由校方凭原始发票到人防部门报销。⑤ 省、市人防部门举办教师培训班，聘请有关教师和专业人员上课的，酬金按省财政厅、省人事局规定付给。⑥ 省、市组织的三防夏令营学生住宿费，人防部门视情予以补助。⑦ 生活补助费按人防专业队伍集训的生活补助开支标准，由人防部门给予补助。⑧ 租车费用采取个人与人防部门补助相结合的办法解决。

1993年5月，省人防办、省财政厅规定：① 公共工程维护管理人员下洞保健补助，根据实际下洞天数每人每天按2元计发，其费用在工程维护费中列支。② 平战结合的人防工程，在地下工作和生产人员的下洞保健补助，按实际下洞天数每人每天2元计发，其费用在各单位的生产流动费用中列支。③ 人防办工作人员下洞检查指导工作保健补助，按实际下洞天数每人每天1.50元计发，其费用在人防平战结合收入按规定比例提取的福利基金中列支。④ 通信值勤人员下洞保健补助，按实际下洞天数每人每天1.50元计发，其费用在通信值勤管理费中列支。是月，省人防办、省财政厅对各级人防办工作人员劳保用品发放标准作出规定。

1999年8月，根据国家国动委、财政部规定，事业单位工作生活用房补助，按中央政府预算拨付人防业务费指标的10%掌握，列入年度经费预算，经批准后使用。

1999年12月，根据南京军区人防办规定，① 平时尚未使用的人防公共工程维护管理人员的下洞保健补助，按实际下洞天数每人每天6～12元计发。② 平战结合的人防工程，在地下工作和生产人员的下洞保健补助，按实际下洞天数每人每天6～12元计发。③ 人防办工作人员下洞检查指导工作的保健补助，按实际下洞天数每人每天5～10元计发。

公共工程维护管理，省未定开支标准，由各地自行掌握。省采取定额补助的办法，初按每年每平方米0.05元，后逐步增加。从2002年起，执行国家人防办规定，每年每平方米2元。

2002年，国家明确组织指挥基本业务费、通信警报设备设施维护管理费、宣传教育基本业务费、通信站业务费支出标准。① 省人防办组织指挥基本业务费每年20万元，一、二、三类重点城市人防办分别为7万元、4万元、2万元。② 省人防办通信警报设备设施维护管理费每年40万元，一、二、三类重点城市人防办分别为10万元、6万元、3万元。③ 省人防办宣传教育基本业务费每年10万元，一、二、三类重点城市人防办分别为4万元、3万元、2万元。④ 省人防通信站业务费每年 12 万元，一、二、三类重点城市人防通信站分别为 12 万元、8 万元、5 万元。

第二节　物　　资

一、来　　源

（一）计划供应

1978～1984 年，全省人防工程建设所需钢材、木材、水泥（以下简称“三材”）及爆破材料、运输车辆、油料及施工机具等由国家、省、市计划供应。属于国家确定的人防工程建设项目，列入国家基本建设计划；属于省、市安排的，分别由省、市解决；城市中公共和街道居民的防空设施所需材料，以及集体所有制单位自筹经费修建人防工程所需材料，由各市安排解决；结合基本建设和城市建设修建防空地下室的材料列入基本建设计划解决；全民所有制企业和行政事业单位的人员防护工程所需材料，国家和省分别补助所需的部分“三材”计划指标。省人防办每年将国家和省安排的计划指标，分配给各地使用，不足部分由各市适当增补计划指标。所需机电设备、车辆，由各市提出计划，报省人防办汇总，送省主管局列入计划安排供应。其中，1978 年省物资局分配省人防办载重汽车 15 辆、自卸汽车 10 辆、吉普车 4 辆及机电、电缆等材料，由省人防办分配给各市使用。1979 年 4 月，省人防办、省计委、省财政局确定掘开式和坑道式人防工事“三材”补助标准。1982 年 2 月，省人防办制定《人防工程建设物资供应管理暂行规定》，规定人防工程建设的计划分配物资由国家戴帽下达和省、市统筹解决。其中国家拨款建设的人防工程所需“三材”，由国家计划下达；由省和重点城镇机动财力安排的人防工程所需“三材”，分别由省、市纳入计划解决；集体所有制单位自筹经费建设的人防工程所需“三材”，由省和市统筹安排解决，省补助部分列入年度计划下达。1983 年 8 月，省人防办颁发《江苏省人防物资管理规定》，规定人防物资实行统一计划、分级管理办法，保证重点，统筹安排，专材专用，厉行节约。其中工程建设所需“三材”，省、市投资的分别列入省、市计划解决，集体所有制单位自筹经费建设的人防工程所需的“三材”，由省、市统筹解决，结合基本建设修建防空地下室所需的“三材”，按有关规定执行。其他计划分配物资，按现行供应渠道申请解决。从 1984 年起，随着物资市场的逐步开放，人防物资供应开始实行指令性计划与指导性计划并举的办法。

1986 年，省物资局分配省人防办自卸汽车 4 辆，省人防办分配给连云港、无锡、南通、镇江 4 市。是年 7 月，国家人防办配发省人防办通信警报车 4 辆。1987 年 8 月，省人防办调拨 81－C 型电台 8 部、RJ－CH1 型人防警报车 1 辆给徐州市人防办。

1978～1992 年，国家、省和各市计划供应钢材 4.31 万吨，木材 2.26 万立方米，水泥 49.26 万吨。从 1993 年起，全省人防建设所需物资全部由市场采购解决。

（二）采购

1978 年 7 月，省人防办购置 100 门共电式电话交换机 4 部，50 门共电式电话交换机 12 部，共电式电话单机616部，发各市人防办使用。1987年，省人防办向总参防化部申购防毒面具、防毒衣、防毒手套、侦毒剂、化验箱等1274套(件)发各市人防办使用。1984年，物资市场逐步开放后，各市计划内指标不能满足人防建设需要时，议价采购部分钢材、木材、水泥，弥补计划缺口部分的材料。

1993～2008年，全省人防建设所需物资器材全部由市场采购。

二、管　　理

（一）计划管理

1978～1992年，全省人防物资器材计划由各重点城镇人防办按工程项目及材料消耗定额编报年度"三材"申请计划，由省人防办审核汇总后，分别向国家人防办和省计划、物资部门提出申请报告。省人防办将批准调拨的物资器材下拨各地、市。地、市财力安排和集体所有制单位自筹经费建设的人防工程所需材料，由地、市人防办向地、市有关部门申请解决。人防指挥通信建设所需设备设施及其他计划分配物资，按物资管理体制申请。

（二）检查与监督

1981年，省人防办组织对1972～1980年人防物资的供应、使用管理进行全面检查，发现存在制度不健全、管理不善、浪费严重等问题。11月，在全省人防财务物资会议上，专题研究加强物资管理的办法。1982年2月，省人防办印发《人防工程建设物资供应管理暂行规定》，对各重点城镇人防办、人防工程公司(处、队)、物资仓库等建立各项物资管理制度，做好物资储备和管理工作作出具体规定。

1985年12月～1986年5月，省人防办组织全省人防系统财务物资大检查。检查中发现有平调、倒买倒卖人防物资、机械设备管理不善、物资管理规章制度不健全等问题。1986年10月，省人防办下发《关于加强人防财务物资管理的通知》。要求各地切实加强物资管理，完善规章制度。对人防工程建设物资坚持专材专用原则，不得将平调用于非人防建设，不得任意处理给私人使用。严禁倒买倒卖人防建设物资。各市人防办制定责任制，明确各岗位人员的职责权利，定期检查考核。严格材料物资的验收、入库、出库手续，完善物资核算制度，健全物资材料账，定期盘查核对，做到账、物相符。

1989年9月～1990年1月，省人防办组织全省人防系统财务物资管理大检查。检查结果显示，物资管理规章制度比较健全，做到有章可循，有章必循，未发现违规现象。

三、防护设备

（一）生产

1978～1987年，人防工程防护设备按国家计划和省计划安排生产供应。除国家计划安排生产供应以外，省人防办委托工程兵苏州修理大队生产，按计划调拨给各市。国家和省计划不能满足工程建设需要时，有些市也委托有能力的单位加工制造防护设备。

1988 年，国家人防办决定对防护设备实施定点生产供应，全省不再自行委托加工制造。1991 年，常州市人防工程公司和常州市林业工程机械实业公司机械三厂成为全省首批获得防护设备定点生产厂资格的单位。

2007 年 5 月，省人防办公布取得国家人防办颁发的人防工程防护设备定点生产和安装企业资格认定证书与省人防办颁发的江苏省人防工程防护设备销售登记备案证书的企业名单。全省经国家人防办批准的防护设备定点生产企业共 13 家。外省具备资格，经备案可以在江苏销售的生产企业共 5 家。

至 2008 年年底，全省经国家人防办批准的防护设备定点生产企业共 18 家。其中，人防防化设备生产企业 2 家：江苏中豪防护工程科技有限责任公司（产品为过滤吸收器、预滤器、粗滤器）、江苏欧特电子科技有限公司（产品为三防控制系统、三防显示屏、阀门、风机电控装置及安装调试）。可以在江苏销售防护、防化设备的外省企业有 7 家：杭州人防设备有限公司、杭州钱江人防设备有限公司、金华华远人防设备有限公司、山东中昊人防工程防护设备有限公司（产品为五级以下人防工程钢筋混凝土防护设备、钢结构手动防护设备及阀门）、山西新华化工有限责任公司（产品为过滤吸收器、油网滤尘器、排气活门、密闭阀门）、湖北华强科技有限责任公司（809 厂，产品为人防系列产品）、浙江叁益人防工程设备有限公司（产品为防爆阀、密闭阀、排气活门）。

表 7－3　2008 年江苏省人防工程防护设备生产企业名单

企业名称	生产销售品种
南京新华人防设备厂	钢筋混凝土防护设备、钢结构手动防护设备、阀门、电控门、防电磁脉冲门、地铁和隧道正线防护密闭门
南京永丰人防设备厂	
南京恒威防护设备有限公司	
宜兴市人防设备厂	
无锡市人防防护设备有限公司	
苏州市江诚人防设备有限公司	
常州华东人防设备有限公司	
盐城市世纪安泰人防设备有限公司	
徐州市淮海人防设备厂	钢筋混凝土防护设备、钢结构手动防护设备、阀门
南通长兴人防设备有限公司	
南通苏通人防防护设备有限公司	
南京五星人防工程防护设备有限公司	
南京国泰人防工程防护设备有限公司	
江苏穗丰人防设备有限公司	
江苏长城防护设备有限公司	
苏州市天盛人防工程防护设备有限公司	钢筋混凝土防护设备、钢结构手动防护设备、阀门、电控门、防电磁脉冲门

续表 7-3

企业名称	生产销售品种
江苏中豪防护工程科技有限责任公司	过滤吸收器、预滤器、粗滤器
江苏欧特电子有限公司	三防控制系统、阀门及风机电控装置

（二）质量监督

1990 年 4 月，省人防办发出《关于加强防护设备生产管理的通知》，要求防护设备定点生产厂加强企业管理，确保产品质量，严格履行合同，为用户提供优质服务。1991 年 7 月，省人防办下发《关于加强人防工程防护设备生产和使用管理补充规定》，明确全省各市不使用防护设备定点生产厂的防护设备，工程部门不予验收，财务部门不予拨款；设计部门和定点生产厂按照国家人防办颁发的《防护设备选用图册》《钢结构密闭门和防护密闭门产品质量分等标准》进行设计或组织生产；定点生产厂定期向人防部门汇报生产和工作情况。

1993 年 5 月，省人防办实施对各定点生产厂的监督检查。根据国家《人防工程防护设备定点生产厂资格审批和产品质量管理暂行规定》实施管理。

1997 年 10 月，防护设备生产执行《人民防空工程防护设备产品质量检验标准》。

2003 年 10 月 10～18 日，省人防办组织省内 7 家人防工程防护设备定点厂进行产品质量、经营管理等检查。检查结果：企业能合法经营，按章纳税，按国家人防办和建设部的标准图组织生产。厂房、设备、人员基本符合国家规定的要求。产品生产、安装质量能达到《人民防空工程防护设备产品质量检验和施工验收标准》。一些企业存在对产品质量监管不力、生产用图标准不统一、管理不顺等问题。11 月，省人防办发出整改通知，分别对 7 家定点厂提出整改意见。同时，省人防办向国家人防办做专题报告，建议国家人防办尽快明晰管理关系，统一生产用图，进一步加强对定点厂的管理。至 2004 年 8 月底，全省 7 家定点生产厂在资格复审、换证中，均通过国家人防办审查，换发新式生产许可证。

2004 年 9～11 月，省人防办参照工商部门年检的做法，首次组织全省人防工程防护设备定点生产厂年检。从 2005 年起，省人防办确定每年 9 月 1～30 日为年检时间，并严格按照检查项目、基本程序、报审材料进行年检。

2005 年 3 月，全省各定点生产厂按照国家人防办颁发的《人防工程防护设备图集》组织生产。5 月，宜兴市人防设备厂被国家人防办表彰为先进单位。

2006 年 2～3 月，省人防办检查省内 13 家人防工程防护设备定点生产厂的组织管理能力、技术实力、产品生产和安装质量、市场行为等情况。根据检查中发现的问题，11 月制定《江苏省人防工程防护设备质量管理办法》，对主管部门及职责区分、质量管理制度与措施等做出具体规定。

2007 年 7 月，全省人防工程防护设备质量管理工作会议召开后，省人防办坚持监管和服务并重，建立企业互查和末位淘汰制度。企业健全自检和服务体系，实行质量承诺制度。至 2008 年年底，防护设备质量管理进一步加强。

第八章　法制建设

1978～1982年，全省人防工作主要依据国家关于人防建设的方针、政策、规定，结合江苏实际制定规范性文件，组织人防建设、管理与监督检查。1983～1984年，国务院、中央军委先后发布《人民防空工程维护管理规定》和《人民防空条例》，成为人防建设与管理的法律依据，依法管理开始启动。1997年1月，《人防法》施行，1999年1月，《省实施〈人防法〉办法》施行，江苏省人防法制建设进入新阶段。与之相适应，全省人防系统通过加强法制宣传教育，建立学法制度，营造依法行政氛围；定期举办法制讲座和法制培训班，规范执法行为和执法程序；加强地方立法和制定相配套的行政措施，增强可操作性；加强执法队伍建设，依法履行执法职能等措施，逐步推进人防依法行政工作。2000年4月，省人防办印发《关于全面推进人民防空依法行政工作的意见》，明确人防依法行政的指导思想和基本要求，全省人防依法行政工作开始全面、有序推进。2005年，省人防办印发《关于加强全省人民防空法治建设的意见》，提出加强人防法治建设的指导思想、目标、任务、主要措施和实施进程。此后，全省人防系统全面加强人防法治建设工作。截至2008年年底，全省初步形成具有地方特色的人防法规、规章、规范性文件体系，公正、透明的人防行政管理体系，权责明确、行为规范的人防行政执法体系，渠道畅通的人防法制监督体系，较为完善的人防法制宣传教育体系。

第一节　法规规章规范性文件

1978～2008年，省人大常委会制定人防地方性法规1件，涉及人防工作的地方性法规1件；省政府、省军区颁发的人防地方政府规章1件；省革委会、省政府、省军区、省人防委、省国动委制定的人防规范性文件44件；省人防办及相关部门制定的规范性文件164件。

一、地方法规

（一）《江苏省实施〈中华人民共和国人民防空法〉办法》

1997年1月，省人防办着手起草《省实施〈人防法〉办法》，并积极建议将其列入立法计划。《省实施〈人防法〉办法》形成草稿后，先后征求省有关部门、各省辖市人防部门的意见，并多次修改。1998年2月，赵挺等10位省人大代表提出关于制定《省实施〈人防法〉办法》的建议，被列为省九届人大第一次会议第082号建议。7月10日，省政府第七次常务会议审议通过《省实施〈人防法〉办法(草案)》,提请省人大常委会审议。1999 年 1 月 29 日,省第九届人大常委会第八次会议审议通过,并以省九届人大常委会第 3 号公告公布,自公布之日起施行。

《省实施〈人防法〉办法》实施后,分别于 2004 年和 2008 年两次修改。2004 年 4 月 16 日,省十届人大常委会第九次会议决定对《省实施〈人防法〉办法》作如下修改:将第十七条第三款修改为“禁止擅自搬迁或者拆除、毁坏人民防空通信警报设施。确因建设需要拆迁的,必须按照城市通信警报规划和战备要求进行易地重建,拆迁和重建经费由拆迁单位承担”;将第二十七条修改为“凡纳入财政预算管理或者财政专户管理的人民防空经费和人民防空工程建设,可以按照国家和省的有关政策规定享受税收优惠和规费减免”。修改后的《省实施〈人防法〉办法》,自 2004 年 5 月 1 日起施行。2005 年 12 月,省政府第六十次常务会议传达学习第五次全国人防会议精神,会议同意尽快启动《省实施〈人防法〉办法》的修改工作。2006 年 5 月,省十届人大常委会第二十三次会议审议通过王保京等 10 位人大代表提出的关于尽快修改《省实施〈人防法〉办法》的议案,并请省政府办理。省人防办按照省政府的意见和要求,成立《省实施〈人防法〉办法》修改小组,广泛开展调查研究,于 2006 年 11 月形成修改草案并报送省政府。省政府法制办按照立法程序,将草案印发省有关部门和 13 个省辖市征求意见,并于 2007 年 7 月会同省人防办赴无锡、南通、常熟等市开展立法调研。经过多次修改后,于 2007 年 12 月 6 日,经省政府第一零一次常务会议讨论通过《省实施〈人防法〉办法修正案(草案)》,提交省人大常委会审议。2008 年 7 月 24 日,省十一届人大常委会第四次会议审议通过关于修改《省实施〈人防法〉办法》的决定,自 2008 年 9 月 1 日起施行。

修改后的《省实施〈人防法〉办法》,由原来的 34 条增加至 39 条。主要有五个方面的特点:一是突出人防改革方向,促进人防职能向民防转变。规定人民防空贯彻与经济社会发展相协调,与城市建设相结合,与防灾、救灾和处置突发事件相兼容的原则,坚持防空防灾一体化。明确“县级以上地方人民政府应当充分利用指挥、通信工程、隐蔽工程等人民防空资源,发挥人民防空资源在平时防灾、救灾和处置突发事件中的作用”。防空通信、警报等设施,平时要为抢险救灾及应对突发事件服务。人防专业队平时应当纳入应急救援体系,执行抢险救灾任务。开展人民防空和防灾、救灾宣传教育。这些规定和要求回应了社会上优化资源配置的呼声,是人防向民防转变的发展趋势,有利于人防战备资源的充分利用。二是突出维护群众利益,规范工程建设与质量管理。明确规划行政主管部门在编制控制性详细规划和审查建设工程规划方案时,要落实人防工程建设规划和人防工程建设的义务;对城市新建民用建筑配套建设的人防工程建设要与地面建筑同步规划、设计、建设、竣工验收,建立全过程管理制度;对未履行人防建设义务的城市新建民用建筑项目,规划行政主管部门不予核发建设工程规划许可证,建设行政主管部门不予核发施工许可证;任何地方和部门不得制定少建、不建防空地下室或者减免易地建设费的优惠措施;相关部门要加强开发区(高新区)、保税区、工业园区和高教园区的管理,保证依法结建人防工程。这些规定和要求,使各级政府及其相关部门形成管理人防工程建设的合力。三是突出适应形势需要,推进重要经济目标的防护。明确规定重点防护目标单位是防护责任主体。必须建立防护组织、制定防护方案、建设防护设施、落实防护措施、组织防护演练。明确防护经费的解决办法。人防主管部门负责防护工作的指导和监督检查。四是突出节约利用资源,加强地下空间的开发利用。明确规定城市地下空间的开发利用,应当兼顾人防需要。城市人民政府的人防、发展和改革、建设(规划)等部门要共同做好城市地下空间的规划、开发利用和相关审批工作。城市的地铁等地下交通干线、交通综合枢纽以及其他地下工程的关键部位和重点设施，必须符合人防防护标准。人防疏散干道和连接通道，应当尽可能与城市地下交通等设施相连通。五是突出人防工程维护与管理，建立长效管理机制。规定人防工程不得出售；用易地建设费修建的人防工程由人防部门管理。

（二）《江苏省国防教育条例》

《江苏省国防教育条例》于2008年11月18日由省十一届人大常委会第六次会议审议通过，自2009年2月1日起施行。其中有两条涉及人民防空教育的规定。分别是第七条：征兵、国防科研生产、国民经济动员、人民防空、国防交通、军事设施保护等工作主管部门，依照相关法律、法规，负责国防教育工作。第十五条：国防教育的基本内容，包括国防理论、国防知识（含人民防空基本知识）、国防历史、国防法规、国防形势与任务和国防技能等。

二、地方政府规章

（一）省政府规章

1985年4月16日，省政府、省军区颁发《江苏省人民防空工程维护管理实施细则》，自颁发之日起执行。1997年12月15日，省政府第101号令对法律责任部分做出修改，使其与《人防法》的规定相衔接。2002年11月25日，省政府第199号令对部分行政许可事项做出修改，使其符合《行政许可法》的相关规定。

（二）市政府规章

1.《无锡市人民防空工程维护与开发利用管理办法》。1993年4月，无锡市人民政府第3号令发布施行。

2.《苏州市人防工程使用与维护管理办法》。1994年11月，苏州市人民政府第6号令颁布施行。

3.《南京市人民防空工程管理办法》。1997年6月，南京市人民政府第120号令发布施行。

4.《南京市人民防空工程保护规定》。1997年12月，南京市人民政府第146号令发布施行。

5.《苏州市人防工程建设管理规定》。1998年6月，苏州市人民政府第1号令发布施行。

6.《无锡市人民防空规定》。2000年无锡市人民政府第51号令发布施行。2004年7月，市政府令第73号令修订；2008年11月，市政府令第106号令修订。

7.《无锡市人民防空工程建设和使用管理办法》。2004年11月，无锡市人民政府第75号令发布，自2005年1月1日起施行。

8.《徐州市人民防空警报设施管理办法》。2003年7月，徐州市人民政府第90号令公布，自2003年8月1日起施行。

9.《苏州市人防工程管理办法》。2008年7月，苏州市人民政府第105号令发布，自2008年9月1日起施行。

三、规范性文件

(一) 省委、省政府(省革委会)、省军区、省人防委(省人防领导小组)、省国动委规范性文件(44 件)

组织机构类 9 件　1978 年 12 月,省军区《关于各级人防办公室编配军队干部的通知》;1979 年 6 月,省革委会《贯彻国务院中央军委〈关于各级人民防空领导小组及其办事机构和有关部门的主要任务及体制编制的规定〉的通知》;1981 年 12 月,省委、省政府、省军区《关于各级人民防空委员会及其办事机构和有关部门的主要任务及体制编制调整的通知》;1996 年 1 月,省政府办公厅《省人民防空办公室职能配置内设机构和人员编制方案》;1999 年 9 月,省政府《江苏省核电厂核事故应急机构方案》;1999 年 11 月,省政府办公厅《关于成立江苏省核事故应急协调委员会的通知》;2000 年 9 月,省政府办公厅《江苏省人民防空办公室职能配置、内设机构和人员编制规定》;2003 年 9 月,省政府办公厅《江苏省核事故应急协调委成员单位工作职责分工》和《江苏省核事故应急协调委员会工作规则》;2006 年 9 月,省政府办公厅《江苏省战时人防指挥部编成》。

指挥与通信警报类 12 件　1982 年 1 月,省人防委《关于统一全省人民防空音响警报信号的规定》;1982 年 2 月,省人防委、省军区《关于人民防空专业队伍建设有关问题的规定》;1983 年 1 月,省人防委、省军区《人民防空专业队伍训练纲目》;1983 年 4 月,省政府、省军区《关于加强人民防空通信和警报建设有关问题的通知》;1983 年 5 月,省人防委、省军区《转发省人防办〈关于制定战时城市防空袭预案的意见〉》;1986 年 3 月,省人防委《转发省人防办公室〈制定城市区级防空袭预案的意见〉》;1986 年 4 月,省人防委、省军区《关于贯彻〈城市人民防空专业队伍建设的规定〉的实施办法》;1990 年 4 月,省政府、省军区《关于加强人民防空专业队伍建设有关问题的通知》;1993 年 11 月,省政府、省军区《同意将县级市定为省级人民防空重点城市,开展人防工作》;2000 年 3 月,省政府、省军区《批转省军区司令部、省人防办〈关于加强全省人民防空指挥通信工作的意见〉》;2004 年 12 月,省政府办公厅转发省人防办《江苏省重要经济目标防护暂行规定》;2006 年 7 月,省政府办公厅《江苏省核事故应急预案》。

防空工程类 10 件　1978 年 1 月,省革委会《贯彻国务院、中央军委关于进一步加强人防工程建设计划管理的通知的意见》;1979 年 2 月,省革委会《关于 1979 年人防工程建设计划的通知》;1979 年 10 月,省人防领导小组《关于人民防空工程设计管理工作的暂行具体规定》;1980 年 1 月,省政府《关于下达 1980 年人防工程建设计划的通知》;1980 年 6 月,省政府批转《关于组建人民防空工程公司(处、队)的报告》;1986 年 5 月,省政府《镇江市在结合民用建筑修建防空地下室方面,按二类人防重点城市的有关规定执行》;1986 年 10 月,省政府《盐城市在结合城市建设和民用建筑修建防空地下室方面,按二类人防重点城市的有关规定执行》;1988 年 6 月,省政府《泰州市、淮阴市在结合民用建筑修建防空地下室方面,按省对二类城市的有关规定执行》;2002 年 6 月,南京军区、上海市、江苏、浙江、安徽、福建、江西省政府《关于加快人民防空工程建设的意见》;2007 年 7 月,南京军区、上海市、江苏、浙江、安徽、福建、江西省政府《关于进一步抓紧军事斗争人民防空工程准备的意见》。

宣传教育类 1 件 1986 年 11 月,省人防委、省教委《关于在初级中学进行人防三防知识教育的实施办法》。

人防工作改革(综合)类 11 件 1981 年 4 月,省政府、省军区《贯彻国务院、中央军委关于坚持搞好人民防空工作的通知》;1987 年 2 月,省政府、省军区《批转省人防委〈关于贯彻国务院、中央军委国发〔1986〕9 号文件的意见〉》;1994 年 3 月,南京军区、上海市、江苏、浙江、安徽、福建、江西省政府《南京战区人防工作深化改革的若干问题》;1994 年 11 月,省政府《关于认真贯彻落实南京战区人防工作深化改革的若干问题》;1997 年 1 月,省政府、省军区《批转省军区司令部、省人防办公室〈关于加快江苏人防工作改革与发展的若干意见〉》;2001 年 3 月,省政府、省军区《关于进一步加强全省人民防空工作的意见》;2001 年 6 月,南京军区、上海市、江苏、浙江、安徽、福建、江西省政府《南京战区贯彻第四次全国人民防空会议精神的实施意见》;2001 年 11 月,省政府办公厅《转发省人防办〈关于进一步加强全省人防工作的几点具体意见〉》;2002 年 8 月,省政府办公厅《转发省人防办、省军区司令部〈关于南京市、苏州市、连云港市人民防空试点工作实施意见〉》;2006 年 6 月,南京军区、上海市、江苏、浙江、安徽、福建、江西省政府《关于进一步加强人民防空工作的若干意见》;2006 年 12 月,省政府、省军区《关于加强人民防空建设的意见》。

经费类 1 件 1998 年 5 月,省国动委《批转省人防办〈关于制止减免人民防空战备建设经费的意见〉》。

(二)省人防办与省相关部门联合制发的规范性文件(64 件)

组织机构类 4 件 1994 年 3 月,省军区司令部、省人防办《关于在县级市开展人民防空工作的通知》;1995 年 6 月,省军区司令部、省人防办《江苏省县级市人民防空建设暂行规定》;2001 年 11 月,省人防办、省军区司令部《关于县(市、区)开展人防工作的意见》;2002 年 10 月,省委组织部、省人防办《关于市、县(市)人防部门领导干部管理有关问题的通知》。

指挥与通信类 4 件 1993 年 7 月,省广播电视厅、省人防办、省委办公厅机要局《关于利用省广播电视微波干线实施专用网建设有关问题的通知》;2005 年 2 月,省人防办、省军区司令部《江苏省重要经济目标分类分级标准》;2006 年 12 月,省人防办、省绿化委办公室《关于开展防空林建设的意见》;2007 年 3 月,省人防办、省军区司令部《关于加强人防专业队建设的意见》。

防空工程类 18 件 1978 年 4 月,省建委、省计委、省人防办《关于结合基本建设修建人防工事的意见》;1980 年 6 月,省建委、省人防办转发国家建委《关于结合基本建设修建防空地下室的通知》;1983 年 4 月,省基建委、省计委、省人防办《关于继续贯彻执行按民用建筑总投资的 6%结合基建修建防空地下室规定的通知》;1983 年 6 月,省人防办、省财政厅《关于调整人防工程公司(处、队)规模的通知》;1984 年 2 月,省人防办、省基建委、省财政厅、省编委《关于人防工程设计管理工作的若干规定》;1984 年 7 月,省建委、省计经委、省人防办《关于贯彻执行改变结合民用建筑修建防空地下室规定的通知》;1985 年 1 月,省建委、省人防办《关于加强附建式防空地下室计划、统计工作的通知》;1986 年 3 月,省建委、省人防办《结合民用建筑修建防空地下室实施细则》;1987 年 10 月,省建委、省人防办《江苏省人民防空建设总体规划编制工作的意见》;1988 年 8 月,省建委、省人防办《江苏省人民防空工程设计工作管理实施办法(试行)》;1990 年 12 月,省建委、省人防办、中国人民银行江苏省分行颁发《江苏省人防工程间接费定额》;1995 年 8 月,省人防办、省档案局《江苏省人民防空工程档案管理办法》;1998 年 6 月,省建委、省人防办《关于结建式人防工程计价定额执行问题的通知》;1998 年 12 月,省地方税务局、省人防办《关于人防工程建设营业税有关免征问题的通知》;1999 年 11 月,省计经委、省建委、省人防办、省政府开放办《关于加强全省城市新区、开发区和新建住宅小区人防工程建设的意见》;2006 年 6 月,省人防办、省建设厅《关于执行人防工程设计新规范有关问题的通知》;2007 年 4 月,省建设厅、省人防办《普通地下室人防应急加固改造技术规程》;2007 年 5 月,省建设厅、省人防办《江苏省人民防空工程设计文件编制深度规定》《江苏省人民防空地下室设计文件深度规定》。

平战结合类 5 件 1979 年 4 月,省人防办、省计委、省基建委《关于贯彻执行国务院、中央军委〈关于在基本建设、城市建设、农田水利建设和人防工程建设中贯彻平战结合方针的暂行规定〉的通知》;1987 年 2 月,省人防办、省财政厅《关于平时使用人防工程收费的暂行规定》;1996 年 4 月,省人防办、省物价局《关于调整平时使用人防工程有偿使用收费标准的通知》;1996 年 10 月,省军区司令部、省人防办《关于加快江苏人防经济发展的意见》;2002 年 9 月,省人防办、省工商行政管理局《人防工程租赁使用合同示范文本》。

宣传教育类 11 件 1982 年 8 月,省人防办、省高教局、省教育厅《关于在部分学校开展人民防空常识教育的联合通知》;1982 年 11 月,省人防办、省高教局、省教育厅《关于教育部门要把人民防空的有关内容纳入大、中、小学教育计划的通知》;1985 年 5 月,省人防办、省教育厅《关于在城市中(小)学开展“三防”常识教育若干问题的通知》;1988 年 11 月,省教委、省人防办《江苏省初级中学三防知识教育考查评比条件》;1990 年 7 月,省教委、省人防办《关于初中三防教育使用新编人防教材的通知》;1993 年 7 月,省教委、省人防办《关于在师范专科学校和教育学院中扩大人防知识教育试点的通知》;1994 年 2 月,省教委、省人防办《关于全省初级中学统一使用省编人防知识课本问题的通知》;1996 年 1 月,省教委、省人防办《关于继续搞好人防知识教育工作的通知》;2000 年 10 月,省教育厅、省人防办《关于继续搞好初级中学人防知识教育的意见》;2003 年 3 月,省委宣传部、省教育厅、省全民国防教育办公室、省人防办《关于在部分高等院校开展人民防空知识教育试点工作的通知》;2005 年 7 月,省委宣传部、省教育厅、省全民国防教育办公室、省人防办《关于在我省高等院校开展人民防空知识教育的通知》。

法制建设类 1 件 1999 年 10 月,省政府法制局、省人防办《江苏省人民防空行政执法规定》。

经费物资类 21 件 1978 年 9 月,省人防办、省财政局、省邮电管理局《关于人防业务费使用的通知》;1979 年 4 月,省计委、省人防办、省财政局《关于贯彻执行国务院关于地方和集体所有制单位自筹人防工程经费的解决办法的意见》;1979 年 4 月,省人防办、省粮食局、省财政局、省商业局《关于贯彻国务院中央军委关于参加人民防空战备施工人员防护用品和奖励的规定的意见》;1980 年 8 月,省人防办、省财政厅《关于人防工事平战结合有关经费开支的通知》;1982 年 2 月,省人防办、省建委、省财政厅、省轻工业厅、中国人民银行江苏省分行《人民防空工程建设经费管理暂行规定》;1982 年 2 月,省人防办、省建委、省财政厅、省轻工业厅、中国人民建设银行江苏省分行、中国人民银行江苏省分行《关于集体所有制单位人防工程经费和结合基本建设修建防空地下室经费以及人防工程公司人员经常费的筹集办法的通知》;1982 年 2 月,省人防办、省财政厅《人防业务经费管理暂行规定》;1982 年 2 月,省人防办、省财政厅《人防工程公司(处、队)固定资产管理办法》;1982 年 3 月,省人防办、省财政厅《关于人民防空专业队伍集中脱产训练费用开支标准的通知》;1982 年 4 月,省建设银行、省人防办《关于人防工程公司承担民用建筑工程收取费用问题的通知》;1985 年 5 月,省财政厅、省人防办转发《财政部、国家人防委〈关于改变人民防空经费管理办法〉》；1985年12月，省人防办、省财政厅《关于人防工程公司利润分配的暂行规定》；1987年2月，省人防办、省财政厅《贯彻人民防空财务管理规定和人民防空会计制度的补充规定》；1993年12月，省财政厅、省物价局、省建委、省人防办《关于公布建设、人防系统行政事业性收费项目及标准的通知》；1994年6月，省人防办、省财政厅、省物价局《江苏省地方人防建设资金筹集规定》；1994年9月，省人防办、省财政厅《江苏省人防经费缴省比例及收费票据管理办法》；1998年8月，省财政厅、省人防办《关于调整人防下洞人员保健补助标准的通知》；2000年4月，省财政厅、省人防办《关于制止挪用平调人防建设战备经费的通知》；2000年7月，省人防办、省财政厅转发国家国防动员委员会、财政部《人民防空财务管理规定》《人民防空会计制度》；2002年8月，省人防办、省财政厅、省物价局《江苏省人民防空建设经费筹集管理规定》；2006年5月，省核应急办、省财政厅《江苏省核应急准备资金使用管理办法》。

（三）省人防办制定的规范性文件(95件)

指挥与通信警报类18件　1980年8月，《关于使用人防长途线路和总机工作制度的暂行规定》；1983年12月，《关于试行城市人民防空音响警报设备使用体制的通知》；1984年1月，《关于防敌突袭警报信号传递的规定》；1984年11月，《关于无线电警报台通信规定的通知》；1991年9月，《通信机房建设暂行规定》；1992年8月，《人民防空通信训练大纲》；1996年4月，《江苏省人防通信电源设备设施维护管理标准》；1996年10月，《关于调整城市防空音响警报网的通知》；1996年10月，《关于规划建设县级市防空音响警报网的通知》；2002年8月，《江苏省人防指挥工程通信建设有关规定》；2004年7月，《关于加强人防通信管理工作的通知》；2005年1月，《关于加强全省人防机关和群众防空组织训练工作的意见》；2005年4月，《关于贯彻执行江苏省重要经济目标防护暂行规定有关问题的通知》；2007年1月，《关于加强全省人口疏散体系建设的意见》；2007年1月，《江苏省人口疏散地域建设暂行标准》；2007年3月，《关于抓紧开展防空林建设的紧急通知》；2008年9月，《江苏省疏散基地建设管理暂行办法》；2008年9月，《人民防空警报设备生产管理规定》。

防空工程类50件　1978年4月，《关于人防总体规划中用图标号规定的通知》；1979年4月，《对已建人防工事加固改造和口部处理的意见》；1980年7月，《关于人防工程建档和报废工程处理的通知》；1980年9月，《关于人防工程报废问题的通知》；1980年10月，《关于报废工事善后工作的处理意见》；1981年3月，《关于试行人防工程定额的通知》；1981年5月，《关于标绘人防工事现状图和人口疏散地区图的具体规定》；1981年7月，《关于人防工程加固改造的意见》；1983年1月，《关于进一步加强人防工程勘察设计管理工作的通知》；1983年9月，《江苏省人防工程预算定额(上、下册)》；1984年3月，《江苏省人防工程建设预算编制及取费规定》；1984年5月，《关于贯彻国家人防办〈关于人防工程加固改造和口部处理有关问题的通知〉的意见》；1984年6月，《江苏省人民防空工程防火暂行规定》；1988年3月，《江苏省人防工程建设计划管理实施细则(试行)》；1988年11月，《关于执行〈人防工程预算定额〉〈人防工程工期定额〉和〈江苏省人防工程建设综合费用定额〉的通知》；1988年12月，《关于加强人防工程定额管理有关问题的通知》；1989年9月，《关于人防工程建设必须严格按〈人防工程预算定额〉执行的通知》；1990年4月，《关于加强防护设备生产管理的通知》；1990年4月，《关于加强人防工程施工质量管理的通知》；1990年9月，《大中型人防工程建设前期工作计划制度》；1991年7月，《关于加强人防工程防护设备生产和使用管理补充规定》;1992 年 3 月,转发《南京市结合民用建筑修建防空地下室工作程序要点》;1992 年 11 月,《江苏省人防工程建设定额管理实施细则》;1992 年 12 月,《江苏省人民防空工程设计文件编制深度规定(试行)》;1993 年 4 月,《江苏省人防工程造价计价改革办法》;1993 年 7 月,《关于调整人防工程定额机械费的通知》;1993 年 9 月,《江苏省人民防空工程施工管理办法》;1994 年3 月,《人防工程维护管理检查考核评分标准(试行)》;1994 年 4 月,《江苏省人民防空工程建设项目管理若干规定》;1995 年 2 月,《江苏省人防工程消防安全管理规定》;1995 年 11 月,《江苏省人防工程间接费定额》;1997 年 7 月,《关于推行人防工程建设监理的通知》;1997 年 7 月,《关于调整人防工程定额机械费的通知》;1998 年 5 月,《关于组织实施县级市人防工程建设总体规划编制工作的通知》;1999 年 7 月,《江苏省人防工程费用定额》;1999 年 7 月,《江苏省人防工程施工发包与承包价格管理实施细则》;1999 年 9 月,《江苏省人民防空工程规划编制办法(试行)》;2002 年 7 月,《人防工程预算定额》和《江苏省人防工程费用定额》;2002 年 9 月,《江苏省人防工程施工图设计审查暂行实施办法》;2002 年 12 月,《江苏省人民防空工程质量监督管理暂行实施办法》;2003 年 9 月,《关于执行人防工程预算定额第三册安装工程的通知》;2003 年 12 月,《江苏省人防工程监理企业资质管理规定》;2003 年 12 月,《江苏省人防工程竣工验收备案管理暂行办法》;2005 年 7 月,《江苏省人防工程费用计算规则》;2005 年 8 月,《江苏省人防工程防护功能平战转换预案编制办法》;2006 年 11 月,《江苏省人防工程防护设备质量管理办法》;2006 年 11 月,《江苏省人防工程平战转换暂行规定》;2008 年 4 月,《关于调整我省人防工程预算工资标准的通知》;2008 年 9 月,《江苏省人民防空指挥所工程竣工验收办法》;2008 年 9 月,《关于执行〈人防工程概算编制办法〉〈人防工程概算定额(2007)〉〈人防工程工期定额(2007)〉的通知》。

平战结合类 2 件 1983 年 5 月,转发《国家人防委、财政部〈关于平时使用人防工程的若干规定〉》;1990 年 4 月,《关于加强平战结合管理有关问题的通知》。

科研类 3 件 1987 年 2 月,《关于人防科研管理工作几个问题的通知》;1988 年 11 月,《江苏省人防工程科研管理工作实施办法(试行)》;2002 年 11 月,《江苏省人防科学研究计划管理暂行办法》。

法制建设类 4 件 2000 年 4 月,《关于全面推进人民防空依法行政工作的意见》;2000 年 8 月,《江苏省人民防空法律文书格式》;2002 年 8 月,《江苏省人民防空规范性文件备案审查规定》;2005 年 2 月,《关于加强全省人民防空法治建设的意见》。

经费物资类 17 件 1981 年 6 月,《关于建立人防工程档案经费问题的通知》;1982 年 2 月,《人防工程建设物资供应管理暂行规定》;1982 年 6 月,《关于印发人防业务建设固定资产目录的通知》;1983 年 8 月,《江苏省人防物资管理规定(试行)》;1984 年 10 月,《关于人防工程定额预算工资补贴的通知》;1986 年 10 月,《关于加强人防财务物资管理的通知》;1988 年 3 月,《江苏省中学"三防"知识教育经费开支范围和开支标准暂行规定》;1988 年 5 月,《关于加强会计档案管理的通知》;1989 年 2 月,《人防经费有偿投资暂行办法》;1989 年 4 月,《关于人防工程建设单位管理费标准等问题的通知》;1990 年 4 月,《关于调整人防工程定额人工费机械费的通知》;1990 年 4 月,《江苏省各级人防办公室人防固定资产管理办法》;1992 年 4 月,《关于调整人防工程定额人工费、机械费的通知》;1999 年 7 月,转发省地方税务局《关于进一步明确不征收营业税的人防经费范围的通知》;2004 年 8 月,《关于加强县市区人防财务管理工作的通知》;2007 年 12 月,《江苏省县(市)人民防空预决算管理暂行办法》;2008 年 9 月,《江苏省人民防空预算项目支出的编制指导意见》。

核应急管理类 1 件　2003 年 7 月，省核应急办《江苏省田湾核电站场外应急计划执行程序》。

（四）省其他部门制发的有关人防建设的规范性文件（5 件）

工程建设类 1 件　1990 年 6 月，省建委转发建设部《关于进一步加强结合民用建筑修建防空地下室工作的通知》。

税收优惠类 4 件　1985 年 9 月，省税务局《对人防工程队征税等问题的批复》，对人防工程队实施减免税政策；1986 年 7 月，省税务局转发财政部、税务总局《关于人防部门收取人防工程使用费暂免征收营业税的通知》；1987 年 3 月，省税务局转发财政部、税务总局《关于对平时使用人防工程的单位征免所得税问题的通知》；1989 年 3 月，省税务局转发国家税务局《关于对人防工程建设征免建筑税问题的通知》。

第二节　依法行政

1978～1996 年，人防依法行政处于起步阶段。1997 年 1 月，《人防法》开始施行，从 1997 年 1 月到 1999 年年底，为逐步推进阶段。2000～2004 年，为全面推进阶段。2005 年开始进入规范提高阶段。到 2008 年，全省人防系统的依法行政能力和水平明显提高，基本实现制度健全、监督有效、行政权力规范运作。

一、行政权力

1978～1996 年，根据国家和省有关规定，人防部门共有行政权力 90 项。1997 年 1 月，《人民防空法》施行后，增加行政处罚权 8 项。2002 年 10 月，省政府取消 3 项行政审批事项。2004 年，省政府和省人大常委会先后取消 7 项行政审批事项。截至 2008 年，经省政府法制办审核确认，人防行政权力共 66 项，其中人防行政许可事项 10 项、行政处罚 23 项、行政征收 1 项、行政强制 2 项、非行政许可审批 7 项、其他行政权力 23 项。

（一）行政许可

1. 拆除报废人防工程审批。
2. 城市及城市规划区内新建民用建筑建设防空地下室审批。
3. 城市及城市规划区内新建民用建筑确因地质等条件限制不能修建防空地下室审批。
4. 单独建设的人防工程设计文件审查。
5. 改造人防工程审批。
6. 人防工程平时使用（开发利用）审批。
7. 人防工程设计资质认定。
8. 人防工程监理丙级资质认定。

9. 城市地下空间开发利用兼顾人防要求设防审批。

10. 城市地铁等地下交通干线、交通综合枢纽以及其他地下工程的关键部位和重点设施的防护设计审查。

（二）行政处罚

1. 违反国家规定不修建战时可用于防空的地下室的处罚。

2. 对侵占人防工程;不按照国家规定的防护标准和质量标准修建人防工程,违反国家有关规定,改变人防工程主体结构、拆除人防工程设备设施或者采用其他方法危害人防工程的安全和使用效能;拆除人防工程后拒不补建或者拒不补偿;占用人防通信专用频率,使用与防空警报相同的音响信号,或者擅自拆除人防通信、警报设备设施,阻挠安装人防通信、警报设施,拒不改正的处罚。

3. 未经人防主管部门同意,擅自使用人防工程的处罚。

4. 人防工程维护管理不当影响防护效能的处罚。

5. 对影响人防工程使用或者降低人防工程防护能力的下列作业的处罚:① 在危害人防工程安全的范围内进行采石、伐木、取土、爆破、挖洞、开沟、植桩等;② 在影响人防工程进出和正常使用的范围内设置障碍、堆放物品、新建建筑物;③ 向人防工程内排入废水、废气和倾倒废弃物;④ 在人防工程内或者危及其安全的范围内生产、储存爆炸、剧毒、易燃、放射性和腐蚀性物品;⑤ 擅自将管网、线缆穿越人防工程;⑥ 毁损人防工程孔口伪装、地面附属设施以及防洪防倒灌设施,堵塞或者截断人防工程的出入口、进排风竖井、进排水管道;⑦ 擅自改变人防工程主体结构、拆除防护设施,进行穿墙打孔等影响防护效能的改造和装修;⑧ 占用人防工程通风、配电等设备用房做其他用途。

6. 对人防工程建设单位在竣工验收过程中违反《建设工程质量管理条例》规定的处罚。

7. 责令供水、供电、供气、公安消防等部门或者单位改正其明示或者暗示建设单位或者施工单位购买其指定的生产供应单位的建筑材料、建筑构配件和设备的处罚。

8. 人防工程建设单位违反《建设工程质量管理条例》规定,将人防建设工程发包给不具有相应资质等级的勘察、设计、施工单位或者委托给不具有相应资质等级的工程监理单位的处罚。

9. 人防工程建设单位违反《建设工程质量管理条例》规定,将人防建设工程肢解发包的处罚。

10. 对人防工程建设单位违反《建设工程质量管理条例》下列规定的处罚:① 迫使承包方以低于成本的价格竞标的;② 任意压缩合理工期的;③ 明示或者暗示设计单位或者施工单位违反工程建设强制性标准,降低工程质量的;④ 施工图设计文件未经审查或者审查不合格,擅自施工的;⑤ 建设项目必须实行工程监理而未实行工程监理的;⑥ 未按照国家规定办理工程质量监督手续的;⑦ 明示或者暗示施工单位使用不合格的建筑材料、建筑构配件和设备的;⑧ 未按照国家规定将竣工验收报告、有关认可文件或者准许使用文件报送备案的。

11. 人防工程建设单位违反《建设工程质量管理条例》规定,未取得施工许可证或者开工报告未经批准,擅自组织施工的处罚。

12. 人防工程建设单位违反《建设工程质量管理条例》规定,未组织竣工验收、验收不合格擅自交付使用,对不合格的建设工程按照合格工程验收的处罚。

13. 人防工程建设单位违反《建设工程质量管理条例》规定,在人防建设工程竣工验收后,未向人防主管部门移交建设项目档案的处罚。

14. 人防工程勘察、设计、施工、工程监理单位违反《建设工程质量管理条例》规定，超越本单位资质等级、未取得资质证书、以欺骗手段取得资质证书承揽工程的处罚。

15. 人防工程勘察、设计、施工、工程监理单位违反《建设工程质量管理条例》规定，允许其他单位或者个人以本单位名义承揽工程的处罚。

16. 人防工程承包单位违反《建设工程质量管理条例》规定，将承包的工程转包或者违法分包的处罚。

17. 人防工程勘察单位违反《建设工程质量管理条例》规定，未按照工程建设强制性标准进行勘察；人防工程设计单位违反《建设工程质量管理条例》规定，未根据勘察成果文件进行工程设计，指定建筑材料、建筑构配件的生产厂、供应商，未按照工程建设强制性标准进行设计的处罚。

18. 人防工程施工单位违反《建设工程质量管理条例》规定，在施工中偷工减料的，使用不合格的建筑材料、建筑构配件和设备，或者有不按照工程设计图纸或者施工技术标准施工的其他行为的处罚。

19. 人防工程施工单位违反《建设工程质量管理条例》规定，未对建筑材料、建筑构配件、设备和商品混凝土进行检验，或者未对涉及结构安全的试块、试件以及有关材料取样检测的处罚。

20. 人防工程施工单位违反《建设工程质量管理条例》规定，不履行保修义务或者拖延履行保修义务的处罚。

21. 人防工程监理单位与建设单位或者施工单位串通，弄虚作假，降低人防工程质量；将不合格的建设工程、建筑材料、建筑构配件和设备按照合格签字的处罚。

22. 人防工程监理单位违反《建设工程质量管理条例》规定，与被监理工程的施工承包单位以及建筑材料、建筑构配件和设备供应单位有隶属关系或者有其他利害关系承担该项建设工程的监理业务的处罚。

23. 涉及人防工程建筑主体或者承重结构变动的装修工程，违反《建设工程质量管理条例》规定，没有设计方案擅自施工的处罚。

（三）行政征收

人民防空建设经费的征收。

（四）行政强制

1. 取缔。对未取得资质证书承揽人防工程的，予以取缔。

2. 收取滞纳金。建设单位不按规定缴纳易地建设费的，由人防主管部门责令限期缴纳，当事人逾期未缴纳易地建设费的，按日加收2‰滞纳金。

（五）非行政许可审批

1. 重要经济目标中涉及人防要求的重要工程布局和重大项目，审批、核准前的审查。

2. 新建和加固改造中小型人防工程项目建议书、可行性研究报告、初步设计文件、施工图设计文件审批，大中型人防工程项目开工报告审批。

3. 人防工程防护设备定点生产企业资格初审。

4. 人防重点城市防空袭方案审查。
5. 人防工程建设规划审查及备案。
6. 城市新建民用建筑防空地下室防护的设计审查。
7. 一级重要经济目标防护预案批准。

（六）其他行政权力

1. 对核电厂核事故应急工作中有关单位和个人表彰、奖励。
2. 监督检查城市和经济目标的人防建设，指导重点防护目标单位防护工作。
3. 人防国有资产的专业管理。
4. 对人防专业队的整组训练的督促检查。
5. 对人防和防灾、救灾教育的指导检查。
6. 对人防工程维护管理的监督检查。
7. 城市地下空间开发利用中人防防护等事项的管理和监督检查。
8. 人防工程竣工验收备案。
9. 人防工程使用权变更备案。
10. 人防工程防护设备定点生产企业跨省销售备案。
11. 人防工程防护设备定点生产企业年检。
12. 保存人防工程档案。
13. 核电厂核事故场内应急计划审查。
14. 省核电厂核事故应急组织成员单位或专业组单项演习计划备案。
15. 进行核安全、辐射防护和核事故应急知识普及教育。
16. 人防工程质量监督和管理。
17. 人防通信、警报系统建设及设施管理。
18. 指导城市防空袭预案、重要经济目标防护方案制定和修订。
19. 发放防空袭警报。
20. 检查指导群众防空组织建设。
21. 制订人防专业队训练计划，组织人防专业队训练、演练。
22. 检查指导疏散区域建设。
23. 指导制订战时城市人口疏散计划，组织群众防空疏散隐蔽。

二、行政执法

1999年，省政府法制局、省人防办印发《江苏省人民防空行政执法规定》，规范行政处罚实施主体、行政处罚的管辖、执法人员资格、执法行为、执法程序、行政处罚的执行，以及听证、复议等事项。2000年，省人防办印发《江苏省人民防空法律文书格式（试行）》，规范40种法律文书格式。2001～2008年，全省人防系统强化行政执法，取得明显效果。

（一）执法队伍

1996年，省人防办明确平战结合管理处负责行政执法工作。2000年，省人防办明确各处

(室)负责本行政业务范围内的行政执法工作。

1995年12月,省人防办4人领取行政执法监督证,32人领取行政执法证,具有执法资格。1997年,无锡、苏州市人防办率先成立专职行政执法队。到2000年年底,全省有332人领取行政执法证,49人取得行政复议应诉资格。到2008年年底,全省人防系统共有699人领取行政执法证。全省13个国家人防重点城市均成立专职执法队伍。南京市称人防执法办公室,徐州、扬州、盐城市称人防执法大队,连云港、无锡、南通、泰州、宿迁市称人防执法队,苏州、常州、淮安市称人防监察大队,镇江市称人防执法室。13支执法队伍共有专职执法人员67人。其他领取行政执法证的人员,根据需要参与执法。

(二)执法处置

1994年,无锡市人防办依据《人民防空条例》等有关规定,向当事人无锡泰信和房地产有限公司发出《依法收取人防工程易地建设费的决定》。当事人不服,提起诉讼,经法院一审、二审,人防部门胜诉。该案为全省第一起人防行政执法案例,入编《中国审判案例要览·1995年综合本行政卷》。

1997～2000年,全省共组织执法检查50次,立案280余件,查处250余起。追缴人防经费5000余万元,获赔偿680余万元,责令补建人防工程1.4万余平方米。这一时期行政处罚的典型案例有:1999年扬州广陵区住宅办擅自拆除防空地下室案,1999年破坏南通人防通信设施案,2000年靖江市特种轴承厂不按规定修建防空地下室案。

2001～2005年,全省各级人防部门查办违法案件866件,结案615件,强制执行43件。责令补建人防工程22万平方米,罚款71万元,获赔(补)偿3859万元,追缴经费1.6亿元。这一时期,行政处罚的典型案例有:2001年南京市白下区城镇建设综合开发总公司新建住宅小区不修建防空地下室案,2002年南京某大学后勤服务集团物业管理中心擅自改造人防工程案,2003～2004年邳州市和平房地产开发公司不按设计标准建设防空地下室案。2006年11月,省人防办编印《江苏省人民防空案例选编》,收录案例69件。

2006～2008年,全省各级人防部门查办违法案件470件,结案320件。责令补建人防工程5.214万平方米,获赔(补)偿2881万元,追缴经费2.345亿元。截至2008年,全省防空地下室结建率由2000年的33.68%提高到85%,易地建设费收缴率由2000年的22.94%提高到80%。

第三节　法制监督

20世纪90年代以前,江苏人防法制监督主要是邀请人大代表、政协委员视察以及接受社会对人防工作的监督。90年代以后,随着依法治国方略的实施,人防法制监督不断加强。至2008年,基本形成人大监督、政协监督、社会公众监督、内部层级监督等渠道畅通的民防法制监督体系。

一、人大监督

（一）视察调研

1994年11月，省人大常委会城建环保委组织部分省人大代表视察南京、苏州、扬州、镇江等市的人防工作。视察重点是《人民防空条例》的宣传与贯彻，人防建设与城市建设相结合，人防机构建设和有关政策的落实以及人防法制建设等。视察组先后召开座谈会10次，察看人防工程25个。视察组对各级政府贯彻人防建设方针政策，执行《人民防空条例》，全面开展平战结合，实现人防建设的整体推进并取得明显的战备效益、社会效益、经济效益和环境效益给予肯定。同时指出，由于人防工作由封闭转向开放不久，社会对人防建设的地位与作用还缺乏应有的认识；人防工程等设施遭到人为破坏，缺乏强有力的法律保障；国家规定的地方人防经费筹集政策落实难。视察组建议：加大宣传力度，形成全社会关心支持人防建设的共识；要把人防建设纳入经济发展和社会发展总体规划；由人防部门牵头搞好城市地下空间开发利用规划；城市新区和开发区要开展人防工作。

1995年7月底～8月初，省人大城建环保委主任王朝元率省人大代表视察组，赴连云港、淮阴、盐城、泰州市视察人防建设情况。视察组鉴于社会上有些人对人防缺乏理解和支持，地方人防经费减免过多等问题，呼吁4市人大、政府帮助人防排忧解难，并向省有关领导和部门提出加强人防建设的建议。

1997年11月，省人大立法调研组赴南京、苏州、无锡市，对制定《省实施〈人防法〉办法》进行立法调研。调研组听取工作汇报，召开座谈会，对立法的重点、难点问题做专题调研。

图8-1　2002年12月4日，由江苏省人大常委和江苏省人大代表组成的调研组，在无锡市调研人防工程建设

2002年12月3～6日，省人大城建环保委组织由省人大常委和省人大代表组成的调研组，对南京、无锡、镇江、盐城市“三区”（新区、开发区和新建住宅小区）人防工程建设、人防工程产权、人防转民防等进行调研。调研报告指出“三区”人防工程建设存在的主要问题：一是人防工程建设面积严重不足。1997～2001年，全省“三区”实建人防工程只占应建数的4%。易地建设费仅占应收数的8%。二是“三区”人防机构不落实。全省5个新区，81个经济技术开发区，14个区划调整新设区，设立人防机构并配置人员的只有11个，设有兼职或派出机构的只有13个，共计只占应设人防机构比例的24%，绝大多数的“三区”既无人防机构，也无专人负责，空白率达76%，严重影响着人防工作的开展。三是缺乏人防工程规划。大多数“三区”没有编制人防工程建设规划，严重影响“三区”乃至城市整体防护体系建设。主要原因是一些领导认为修建人防工程会影响招商

引资，会加大建设项目的投入，提高建设成本，加大工程建设难度。一些地方以免建人防工程、免缴人防工程易地建设费作为招商引资优惠政策，严重阻碍人防法律法规的贯彻实施。调研组建议，各级政府应增强对“三区”人防工程建设重要性的认识，抓好人防工程建设；落实机构人员，确保人防工作有效运行；编制规划，确保人防工程建设与城市建设同步发展；清理政策措施，规范“三区”人防工程建设行为；加大执法力度，推进“三区”人防工程建设。

2003 年 6 月，省人大常委会副主任叶坚率省人大城建环保委委员视察省人防办。听取省人防办关于全省人防工作情况的汇报，观看地面应急指挥中心、地下指挥所多媒体介绍，参观省人防指挥所和地面附属设施。叶坚指出，江苏人防建设的一些指标还较落后，与国家、南京军区要求不适应，要实事求是，才能有紧迫感、危机感，才能赶上去。现在人防建设面临较好的发展时期，要在经济建设中解决影响人防发展的体制、机制问题。把人防事业和地下空间开发利用结合起来，与防灾、救灾结合起来，聚合人防部门与社会力量；要借鉴广东、浙江的做法，力争能够使核应急法规建设一步到位；要按照市场经济原则，协调土地、城建、规划等部门，解决好人防工程产权和人防向民防转变等实际问题，努力促进全社会来建设人防事业。

2004 年 4 月，省人大常委会副主任李佩佑率部分省人大代表视察田湾核电站核事故应急及核污染防治工作。听取省、市核应急办和江苏核电公司的情况汇报，观看省核应急工作资料片，参观市核应急指挥所、辐射环境监测管理分站和核电站应急中心等设施。李佩佑要求，省、市核应急部门要始终贯彻“常备不懈，积极兼容，统一指挥，大力协同，保护公众，保护环境”的方针，充分发挥省核应急协调委各成员单位和有关方面的作用，把各项工作落到实处。视察结束后，省人大常委会办公厅于 4 月 26 日向省政府办公厅发出《关于田湾核电站核事故应急管理中亟须解决的几个问题的函》，请省政府责成有关部门研究处理：① 依法将核应急经费列入财政预算。② 完善应急设施建设。田湾核电站主导风向的下风向需要增设辐射环境监测哨点位；现有应急警报设施音响覆盖范围尚显不足，需要增加；固定洗消中心尚未按计划建设；部分应急撤离通道状况较差，需要投入专项经费加以改善。③ 强化核应急机构建设。建议按国家核应急办公室要求，将省核应急办公室纳入行政编制。④ 加快核应急法制建设，为核应急工作提供法制依据和保障。⑤ 发挥应急系统的作用。建议省政府加强整合相关应急资源，促进应急机制和能力建设，提高现有应急系统的使用效益。

2007 年 12 月，省人大常委会副主任叶坚率部分省人大常委、省人大代表等一行 11 人，赴镇江和常州市进行立法调研。召开有建设、规划、发展改革等部门参加的座谈会，听取关于修改《省实施〈人防法〉办法》的意见。

（二）执法检查

1998 年 7 月，省人大城建环保委、省政府法制局、省军区司令部、省人防办组成联合检查组，先后检查镇江、南通、泰州市及县级姜堰市贯彻执行《人防法》情况。重点检查《人防法》宣传贯彻、本级政府和军事机关对人防工作的领导、人防机构设置、配套法规制定、执法队伍建立、人防建设列入地方国民经济和社会发展计划、人防经费列入地方财政预算、人防工程建设规划与实施、人防经费筹集政策落实等情况。检查期间，听取有关部门的汇报，查阅人防工作文件资料，参观人防工程。在南通市召开有市计委、建委、教委、财政局、规划局领导参加的座谈会。检查组认为，各市贯彻执行《人防法》态度是认真的，效果是明显的。人防机构建设得到重视，工程建设发展势头较好，经费筹集有所增长，指挥与通信警报建设落实较好。检查组指出，贯彻执行《人防法》还存在一些问题，主要是有的市特别是县级市人防机构还有待进一步健全，人防经费尚未列入地方财政预算等。

2001年2月，省人大城建环保委发出《关于开展人民防空法律法规实施情况检查的通知》，决定检查全省执行人民防空法律法规的情况。省人防办根据检查内容，研究确定自查实施方案。3月初，省人防办召开全省人防法制业务会议，部署人防法律法规实施情况的自查工作。5月中旬，省人大常委会副主任黄孟复率领省人大执法检查组，听取省人防办、省计委、省建设厅、省财政厅等部门执法自查情况汇报，抽查南京、无锡、常州、扬州、镇江、泰州6市实施人防法律法规情况。6月初，省人大城建环保委根据检查情况，向省政府递交《实施人民防空法律法规亟须解决的几个问题》，请省政府研究处理：① 依法修建人防工程不到位，防空地下室修建率仅为33.68%，导致全省人防工程人均面积低于全国平均水平。要进一步落实结合民用建筑修建防空地下室的规定，尽快改变人防工程人均面积偏低的状况。建议省政府适当调整防空地下室结建比例和易地建设费标准，加强计划、规划、建设、人防等部门的协调配合，实现对防空地下室建设全过程控制。② 切实将人防建设纳入国民经济和社会发展计划，将人防工程规划纳入城市总体规划。这"两个纳入"是市、县政府贯彻人防法律法规的薄弱环节。建议各级政府将人防建设纳入"十五"计划纲要，下发人防建设专项计划，将人防工作纳入政府工作考核指标体系，将人防工程人均面积纳入城市发展目标体系，强化年度考核，确保"两个纳入"的真正落实。③ 各级政府将人防经费列入预算少，易地建设费减免多。连云港、扬州、泰州、宿迁4个市未将人防经费列入地方预算，其他已列入的，数量也很少。4年中，易地建设费收缴率仅为22.94%。要进一步加大人防建设投入。建议省政府督促各市政府清理与人防法律法规相抵触的文件，增加人防经费在本级预算中的份额。④ 大部分市的重要经济目标防护组织、方案、训练落实不到位。要进一步加大重要经济目标防护工作力度。建议省政府就重要经济目标防护工作制定规章。⑤ 县(市、区)人防机构不健全。建议省政府在县级机构改革中，重视人防机构设置问题，加强县(市、区)人防工作。7月，根据省政府要求，省人防办针对报告中所提出的亟须解决的问题，研究解决办法和措施，并与省相关部门多次协调，形成《关于进一步加强全省人防工作的几点具体意见》，报省政府。11月26日，省政府办公厅转发省人防办《关于进一步加强全省人防工作的几点具体意见》，明确解决相关问题的办法和政策措施。同时要求各级政府清理与人防法律法规相抵触的文件。截至2002年11月月底，全省13个省辖市废止或修改政府及其有关部门制定的与人防法律法规有抵触的规范性文件38件。

图8-2　2005年6月15日，江苏省人大执法检查组在徐州市召开"省人大《人民防空法》执法检查汇报会"

2005年，省人大常委会城建环保委组织对人民防空法律法规执行情况进行检查。3月，省人防办召开全省人防法制业务工作会议，研究部署迎接检查工作。5月下旬，省人防办组成3个检查组，检查9个省辖市和9个县(市)人防法律法规执行情况。省人大常委会城建环保委副主任姜弘道参加对盐城、泰州2市的检查。6月中旬，省人大常委会副主任叶坚率执法检查组听取省人防办、发改委、财政厅、建设厅、卫生厅等部门自查情况汇报，并抽查南京、徐州市贯彻人防法律法规情况。7月初，省人大常委会办公厅致函省政府办公厅，提出《关于人防法律法规执行中亟须解决的几个问题》，请省政府办公厅研究处理：抓紧制定地下空间利用规划，纳入城市总体规划同步实施，落实开发利用地下空间兼顾人防的要求；依法落实将人防建设纳入国民经济和社会发展计划，将人防工程规划纳入城市总体规划，将政府应当负担的人防经费列入地方各级预算；依法抓紧人防应急准备，落实重要经济目标防护、人防工程平战功能转换、疏散地建设；加强人防设施维护管理工作，省政府要责成有关部门进行专题研究，落实维护责任，建立维护基金，推进人防工程建设与管理社会化、市场化进程。2006年12月，为落实省人大《关于人防法律法规执行中亟须解决的问题》的意见，结合贯彻第五次全国人防会议精神，省政府、省军区制定下发《关于加强人民防空建设的意见》。

二、政协监督

1990年10月下旬，省政协副主席刘星汉率领省政协调研组一行14人，调研省和常州、苏州、无锡市的人防工作，与省、市人防办领导深入交谈，考察15个不同类型的人防工程，并和3个市政府、政协的领导交换意见。调研组充分肯定全省人防建设取得的成绩，积累的经验，走出的路子。同时对加强人防工作提出意见和建议。调研结束后，省政协向省委、省政府做出专题报告。

1992年1月，省政协常委韦宇、卜承祖等率领的省政协调研组调研南通市部分人防工程，并听取市人防办的工作汇报。

1992年10月，省政协副主席刘星汉率领省政协调研组一行12人，对连云港、徐州、淮阴市的人防建设进行实地考察。调研组听取工作汇报，召开座谈会，现场察看人防工程，充分肯定人防建设所取得的成绩，同时提出人防工程建设、开发利用、人防建设经费收取等方面的问题及改进意见。

1996年11月，省政协副主席沙人麟率政协委员视察组，先后视察省和常州、无锡、苏州市人防工作。视察组听取省和3个市人防工作汇报，察看指挥所、人防工程建设工地以及居民小区人防工程，了解人防建设规划、工程管理与开发利用情况，与3市政府、政协、军分区领导座谈，交换意见。视察组充分肯定全省人防战备实力明显增强，平战结合效益提高，较好实现战备、社会、经济效益有机统一等主要成绩。指出对人防建设地位作用认识不到位，人防建设还有许多不能适应现代条件特别是高技术条件下局部战争的需要，人防建设法规观念有待进一步加强，县级人防机构不够健全等问题。提出各级领导要重视人防建设，建立健全人防机构，加强人防法制建设等建议。1997年1月，省政协办公厅形成视察报告，分送省委、省政府办公厅。

1998年4月，省政协副主席段绪申、胡序建，秘书长卜承祖等调研省人防工作，听取汇报，参观省人防地下模拟指挥所，指出人防工作成绩明显。认为制定《省实施〈人防法〉办法》很有必要，人防工作法制化进程要加快。同年11月，上述领导率省政协部分常委和委员考察省和南京市人防工作，听取工作汇报，察看人防指挥所、夫子庙地下商场、正洪街人防工程、虎贲仓人防工程和祥龙娱乐中心。

2002年3月，省政协委员刘爱国提出《关于对江苏省田湾核电站场外应急计划（送审稿）修改补充意见报告》，被列为省政协八届五次会议第554号提案。提案对田湾核电站场外应急的重点、核应急经费筹集与使用管理等提出建议。12月，省政协主席曹克明，副主席顾浩、胡序建、周桑漪、林玉英、吴冬华、林祥国等考察省人防指挥所和地面应急指挥中心，听取省人防办汇报。曹克明要求，全省各级政协组织继续关心和支持人防工作，适当安排对人防工作的调研和视察，认真办理政协委员关于人防工作的提案，充分反映有关人防工作的社情民意，为推动全省人防工作的进一步发展积极建言献策。

2004年11月，省政协副主席、致公党江苏省委主委黄因慧率致公党江苏省委副主委吉文辉、戈琳、高瑛等到省人防办考察，听取工作汇报，参观省人防指挥所、地面指挥中心和省核应急设施。

2006年3月，省政协委员丁德成、王汝成提出《关于制定〈江苏省人防工程产权管理办法〉的建议》，被列为省政协九届四次会议第445号提案。提案列举南京市新街口公用掩蔽工程被追求经济利益的莱迪购物中心承包商毁坏的实例，建议尽快建立全省统一的人防工程产权规范；建议省人大将修改《省实施〈人防法〉办法》与地下空间资源立法相结合，列入立法计划；省政府应先行制定《江苏省人防工程产权管理办法》。是年年底，省政府、省军区《关于加强人民防空建设的意见》对人防工程权属做出界定：国家投资（包括中央、地方各级人民政府财政预算安排的人防经费和人防主管部门依法向社会筹集的资金）建设的人防工程，以及依法按照规定比例结合新建民用建筑修建的防空地下室，所有权属于国家；法定义务以外投资建设的人防工程，所有权属于投资者。

2007年1月，省民盟提出《关于加强应急管理和民防建设的若干建议》，被列为省政协九届五次会议第084号提案。6月8日，省政府办公厅做出明确答复：提案中提出的加强制度、组织体制和防空防灾一体化建设3项建议很有针对性，具有重要参考价值，将在今后工作中积极采纳。

三、社会监督

1984年1月，省委办公厅《信访摘报》以“人防战线浪费惊人”为题，摘报镇江市“人防一职工”致中央整党工作指导委员会的一封信，反映镇江市人防办存在严重浪费问题。省人防办根据省委领导的批示，组成工作组，先后两次赴镇江市人防办调查，认为来信所反映的情况基本属实。1台价值1.5万元的锻钎机因无人管理，长期放在露天日晒雨淋，变成一堆废铁；试制防护门造成近2万元的浪费；人防建筑工程处违反关于发放进洞补助费的规定，多发部分人员补助费。镇江市委、市政府领导在听取省人防办工作组关于调查结果及其处理建议的汇报后，决定责成市人防办写出书面检查报告，并就浪费问题召开全体人员会议，认真吸取教训；进一步清理物资，整顿财务，加强管理，建立健全责任制，堵塞漏洞。4月，省人防办专题向省委、省政府书面报告调查情况及处理结果。6月，省人防办向全省转发镇江市人防办《关于我办存在浪费问题的检查报告》。

2001年起，全省全面推行人防行政管理公示制，各级人防部门向社会公开人防行政审批、审核、核准事项，公开审批依据、审批条件、审批程序、审批时限、审批责任人等，自觉接受社会监督。2005年，江苏省人防政务门户网站开通后，利用网络发布政务信息。开辟网上办事、监督投诉、网上咨询、民意调查等栏目。2006年，接收咨询投诉50余件，均及时回复，咨询人、投诉人满意，及时平息一些社会矛盾。2006年6月，张家港市港城名邸和江阴王府名邸小区业主投诉开发商违法出售结建人防工程，省民防局分管领导带队赴两市调查，及时纠正开发商违法出售人防工程问题。

2007年起，全省各级人防部门通过建立和完善公民、法人和其他组织对人防机关工作人员违法行政和不当行政行为申诉、检举的受理、处理机制，设立举报电话，健全举报制度和网络，聘请行风监督员，走访管理相对人，重视新闻舆论监督，对新闻媒体曝光的人防违法行政案件，认真调查核实，依法及时处理等措施，拓宽社会监督渠道。2007～2008年，每年受理投诉及咨询件50～60件，均及时办理。

四、层级监督

1997～2001年，全省人防系统重点加强具体行政行为的监督。包括有关行政执法制度的建立和落实情况，行政执法的资格、依据、程序和法定职能的履行情况等。

2002年起，在强化对具体行政行为监督的同时，根据全省人防依法行政工作会议、省人防办《关于全面推进人民防空依法行政工作的意见》和《江苏省人民防空规范性文件备案审查规定》，开始实施对抽象行政行为的监督。省人防办规定，人防部门制发的规范性文件，在向本级政府报备的同时，向上级人防机关报备；本级政府及其所属其他部门制发的涉及人防工作的规范性文件（包括地方性法规、规章），人防部门负责搜集并及时转报上级人防机关。审查发现不合法或不适当的规范性文件，及时修订或废止。

2005年起，上级人防机关开始实施对下级人防机关法制工作专项考核。考核重点包括执法、规范性文件制定、法制宣传教育等。

2007年起，省人防办通过完善行政处罚、行政复议、行政许可和行政应诉统计分析制度，强化规范性文件的合法性审查、组织案卷评查等措施，实施层级监督。

第九章　科技和学术研究

1978 年，各级人防部门成立技术革新领导小组，在没有人防科研经费的条件下，实行领导干部、技术人员和群众相结合的方式，主要在工程建设中开展技术革新活动，加快施工进度，降低材料消耗，保障安全和质量。1979 年，人防科研经费列入人防业务经费内支出，全省人防科研工作正式启动，相继展开工程、通信、指挥、警报、财务、平战结合等研究。研究项目由各市人防部门和省人防办相关部门或直属单位提出，经省人防办批准后实施。1980 年 4 月，省人防工程设计科研所成立，为全省第一个人防科研机构。1985 年 7 月 2～16 日，全国人防建筑科技成果及产品交流交易会在北京举办。江苏省部分平战结合人防工程图片及太阳能活性炭降湿装置、光面爆破、丙凝注浆、警报车等科研成果参加展出。1987 年 2 月，省人防办印发《关于人防科研管理工作几个问题的通知》，初步规范科研管理工作。开始实施人防科研 5 年和年度计划，明确计划外项目须经省人防办批准。1988 年 11 月印发《江苏省人防工程科研管理工作实施办法(试行)》，明确课题提出与论证、任务编拟与下达、研究试验与总结、成果鉴定与推广等，实施全面计划管理。省、市人防办分别负责省、市管项目的课题论证、成果鉴定和推广的组织、技术审查工作。进入 21 世纪后，全省加大人防科技投入，拓展研究范围。2002 年 11 月，省人防办印发《江苏省人防科学研究计划管理暂行办法》，进一步规范立项、实施、验收、经费管理。全省人防科研进入科学管理，人防系统专业研究和与院校、科研单位相结合的发展新阶段，研究质量和水平明显提高。1978～2008 年，全省人防科研项目共 55 项，45 项形成成果，13 项获奖，7 项在全国人防系统广泛应用，24 项在全省推广应用。

第一节　科研成果

一、人防工程科研

喷锚支护在松软地质条件的人防工程中应用研究　1978 年 5 月，南京市机械工业局、五台山人防工程指挥部完成的该研究课题，获江苏省科学大会奖。此后，该技术广泛应用于全省大型掘开式人防工程的边坡支护。1979 年 2 月，南京军区召开人防工程建设经验交流会，印发该成果，在南京军区范围内推广应用。

光面爆破锚喷支护推广和改进研究　徐州矿务局人防工程施工队和邯(郸)邢(台)煤炭建设指挥部第 31 工程处、中国矿业学院(徐州)、清华大学等单位共同完成该课题研究。研究成果获 1983 年度煤炭部科技成果特等奖。1979 年，南京、徐州、连云港、无锡、镇江等市，在坑道人防工程施工中，广泛应用广光面爆破、锚喷支护新技术。

喷锚支护施工锚杆拉拔试验、喷锚网支护加载试验　1980年5月24日，南京市人防办与解放军工程兵工程学院对市105工程喷锚支护施工实施锚杆拉拔试验、喷锚网支护加载试验，市人防办拨试验经费4万元。1982年11月，工程兵工程学院提出《105工程喷锚支护的试验研究报告》。1992年，南京市人防办组织有关专家对105工程喷锚支护情况进行技术鉴定，认为岩体趋于稳定，支护效果良好。

人防工程注浆堵漏试验　1980年7月8日，省人防办批复同意盐城地区人防工程队采用丙烯酰胺实施注浆堵漏试验，并拨经费9000元。试验取得成功。1981年6月，南京军区人防工作会议在盐城召开，向全战区推广这一经验。是年年底，全省已堵漏89个工事，550条缝，解决7万余平方米的工事渗漏水问题。1982年10月，在全国人防工程防水技术经验交流会议上，盐城人防办介绍《人防工程运用丙凝注浆堵漏的做法》，得到与会代表一致好评。1983年3月，南京军区副司令员张明在军区人防工作会议上指出："推广盐城丙凝注浆防水堵漏的经验后，全区已有31万平方米的工事得到了防水处理，防水堵漏的技术和工艺也有了新的发展。"6月15～21日，盐城市人防工程队（1984年4月更名为盐城市人防工程公司）受国家人防办委托，在秦皇岛市举办丙凝注浆防水堵漏技术训练班，全国19个人防重点城市和南京军区空军、东海舰队、北京军区、国家水利电力部等单位共79人参训。此后，盐城市人防工程队先后为全国各地培训技术骨干323人。1987年7月7日，盐城市人防工程公司的丙凝注浆堵漏技术被国家人防委授予部（委）级人防工程科技进步三等奖。至该年年底，盐城市人防工程公司已承包26个省、市、自治区的68个军、地单位的工程防水堵漏，使20余万平方米工程解决渗漏水问题。

化学注浆防水试验　1980年7月8日，省人防办批复同意苏州市人防办进行化学注浆防水试验，拨科研经费1.2万元。试验采用氰凝注浆防水堵漏，取得成功，使该市早期人防工程渗漏水问题得到有效治理。

太阳能—活性炭降湿装置研究　1981年12月22日，省人防办赋予省人防工程设计科研所研究太阳能—活性炭降湿装置的任务。1982年10月，该装置研发成功并通过鉴定。鉴定认为：该装置利用活性炭板除湿、太阳能再生等途径，扩大太阳能的应用范围，为地下工程的除湿提供一种新型的办法，其结构简单，构思新颖，节能效果显著，在国内属于首创，在国外也未见文献报道。1985年8月，应国际太阳能协会邀请，省人防设计科研所董立国代表中国出席在哥本哈根举行的第一次世界暖通空调大会，《太阳能—活性炭降湿装置研究》收入论文集。1987年7月7日，国家人防委授予该成果部（委）级人防工程科技进步二等奖。

无锡惠山坑道大跨度防护门科研　根据国家人防办下达的科研课题，1982年7月2日，省人防办赋予无锡市人防办大跨度防护门FM3028(12)、防护密闭门FM8028(3)、密闭门M3028的设计、加工、安装科研任务。经无锡市人防办会同国家建筑科学研究院等多方共同努力，1983年5月，该项目通过鉴定。该成果成为国家设计、制造大跨度防护门、防护密闭门、密闭门的依据之一。

浅层粉沙地区修建防空地下室基础处理研究　1987年8月6日，省人防办同意南通市人防办、省人防科研设计院在浅层粉沙地区修建防空地下室基础处理的研究课题立项。并拨科研费2.8万元。1988年形成成果。研究认为，在浅层粉沙土地区进行防空地下室施工，采用井点降水，降低地下水位，防止流沙，是行之有效的办法。根据地下水位的高低和防空地下室的埋置深度，采取机井抽水降水法和真空泵下管抽水（井点）降水法，降低地下水位，遏制浅地下沙层流动，保证浅层沙土地区施工安全。工程挖土深度3～4米，采用一级井点降水法；工程开挖深度4～6米，采用两级井点降水法；工程开挖深度6米以上，采用三级井点降水法。该成果在南通地区得到广泛应用。

利用人防工事储藏果品、禽蛋的研究试验 1987年9月26日，省人防办同意盐城市人防办对该课题的立项，拨给科研费1.2万元。1990年10月结题。试验证明，利用人防工事储藏果品、禽蛋，具有明显的经济效益。在人防工事内储藏果品30天的好果率高于常规法储藏的14.6%，50天的好果率高于65%。较冷库贮藏每年每吨节约成本费180元左右。储藏鸡蛋，好蛋率高于冷库储藏6.9%，储藏费用下降75%。

双排静压桩原体测试试验 1989年5月30日，省人防办同意南京市人防办项目立项。南京市人防办与铁道部第四工程局在现场测试中，探索出双排桩实用简化计算法。测试结果及实用简化计算法，被载入1997年12月出版的《建筑基坑边坡稳定与支护》一书。

普通地下室应急加固措施研究 2001年9月21日，为开发现有普通地下室防空资源，省人防办批复无锡市人防办，同意将该项目列入科研计划，在“十五”期间重点攻关。省市共投入科研经费56万元，其中，省人防办拨款18万元。2004年4月20日，国家人防办在无锡召开科技成果鉴定会。以中国工程院院士陈肇元为主任委员的鉴定委员会一致同意通过鉴定，认为该课题在全国率先提出普通地下室应急加固改造的一种新的防护标准，并考虑口部防护和次生火灾具备防倒塌荷载及防弹片、气浪的能力，是一种投资少、施工周期短、见效快、增加城市人员掩蔽面积的有效途径，具有科学性和先进性，并有重大的经济效益和战备效益。课题组在试验研究基础上，提出多种实用应急技术，在加固改造工程中效果显著，技术含量高，施工简便、快速，总体上能实现平战功能快速转换，达到国内领先水平，部分成果达到国际先进水平。专家建议，该项目还可进一步研究编制相应的技术规程，以便在国内推广使用。2004年10月，省人防办增拨科研经费5万元，深化该科研成果。2005年12月，该项目获军队科技进步三等奖。

防空地下室基底土反力模型和底板设计研究 2002年11月4日，省人防办同意苏州市人防办将该课题列入当年科研计划项目。经费预算15万元，其中省拨款9万元。2005年12月，省人防办鉴定委员会组织中国建筑科学研究院研究员等5位专家函审该课题，认为该项目提出桩—筏基础筏底土分担荷载的分析模型，编制相应的计算程序，把筏板视为弹性体，采用广义协调有限元，对地基土采用有限层法，可用于分析筏板承受的地基土反力和筏板内力以及桩筏基础设计，科学合理，具有创新性。深入研究桩—筏基础与地基共同作用的非线性工作性状，给出软土地基上20层以上、10～20层高层建筑和多层建筑分担荷载的范围，提供科学依据，提出设计原则和方法，具有很强的指导意义，达到国内领先水平，具有较高的推广应用价值，可取得较高的经济效益。

JIS通风系统在人防工程中应用研究 2003年6月27日，省人防办将该项目列入当年科研计划，与解放军理工大学工程兵工程学院合作攻关。核定经费12万元。其中，省人防办拨款10万元。取得成果后，2005年12月10日，省人防办召开该项目鉴定会并予以通过。鉴定认为，该项目针对人防工程特点，开发低噪声诱导通风机和模拟软件，研制无风管诱导送风系统自动控制装置及平战结合与转换，运用流体力学实测手段计算，取得最佳诱导通风形式和排烟方式，为人防工程特别是人防地下车库通风防排烟的设计和改造提供可靠的技术依据，达到国内领先水平。

成果应用于南京火车站人防地下车库等，取得明显的社会、经济效益。2007 年 7 月，该项目获得军队科技进步三等奖。

二、人防通信和警报科研

人防警报通播指挥机研制　1979 年年初，为适应人防警报统一发放要求，省军区司令部和省人防办成立科研小组，省人防办投入研制经费 26 万元。经过 1 年多的努力，联合研制人防警报通播指挥机。1980 年 4 月 5 日，省人防办批准该指挥机投入批量生产，共生产 30 门总机 3 部，分机 30 部。

JKZ－81－1 型人防警报遥控装置研制　1980 年 2 月，为确保防空警报的准确、及时发放，无锡市人防办提出研制人防警报遥控装置设想。8 月，省人防办通过反复组织方案论证后批准立项，交由无锡市人防办和无锡市电子技术应用研究所组成课题组联合攻关。经过 1 年多的努力，先后完成战术技术指标确定、电路设计、电路实验、初步联试、电路板设计、加工制造、装配调试、现场试验等任务。省和无锡市投入试验经费 3 万元。1982 年 6 月 26～29 日，省人防办、省无线电管理委员会、省邮电管理局、南京工学院、南京通信工程学院、南京邮电学院、无锡轻工业学院、省邮电科学研究所、省无线电科学研究所、省电子产品例行试验站、无锡市人防办、无锡市科学技术委员会、无锡市邮电局、无锡市电子技术应用研究所、南京军区通信部、省军区司令部通信处、浙江省人防办、杭州市人防办等 33 个单位的有关专家组成鉴定委员会，对该装置进行技术鉴定。通过技术性能测试和文件资料审查，并在市区和半径为 58 公里的丘陵山区实地操作，一致同意通过省级鉴定。鉴定认为：该设备采用数字编码控制方式，通过有线—无线双重控制，设计合理，技术先进，有效遥控距离远、抗干扰能力强、无故障连续工作时间长，能有线守候、无线应急，运行可靠，维修方便，优于设计任务书规定的战术技术指标。

人防通信选型试验　根据总参谋部和南京军区通信部要求，1983 年 11 月 23 日～12 月 5 日，南京市人防办组织城区人防 10 W 单边带电台通信实验，为人防通信设备选型提供数据参考。

RJ－CH1 型人防警报车研制　1984 年，根据总参谋部通信部要求，省人防办、扬州市人防办和沙洲客车厂联合研制装配该人防警报车。省人防办投入研制经费 8.5 万元。省级鉴定认为：该车具备在运动中发放防空警报信号，扩音广播和与人防指挥所通信联络的功能，车体轻便灵活，有一定的越野能力。各种设备安装可靠，布局合理，防震措施得力，使用操作方便，主要设备能拆能装，便于维修。

图 9－1　1984 年，江苏省人防办、扬州市人防办和沙洲客车厂联合研制的人防警报车

400MHZ 无线电话机组网试验　1986 年 10 月和 12 月，省人防办、无锡军分区、无锡市人防办、无锡邮电局、无锡建筑工程局、无锡市交通战备办公

室、上海无线电二厂先后两次在宜兴、常州、江阴、泰州 4 个方向，分地面、地下工程、水面进行该电话机组网试验。省和参试城市投入试验经费 1.1 万元。通过多种地形条件下的通话距离的拉锯、定点试验，无线电话的通播试验、接转进入市话网和遥控、中转试验，为改进完善提供技术参考。

无线电指挥电话网试验 1987 年 10 月 20～24 日，连云港市人防办为掌握特定地貌下无线电通信效果，在南京、徐州、扬州市人防办通信站的大力协助下，使用 3 台 FTL 型 25 瓦、3 台 FTL 型 10 瓦、4 台 3 瓦无线电指挥电话机，进行该地区无线电指挥电话网试验，对连云港市的 3 县 4 区 94 个点进行定点和运动通信试验。通过通信距离、无线电话通播性能、转接进入市话、遥控等功能试验，检验多种地形的通话效果、组网功能等，为该地区无线通信建设提供依据，取得成功。

6JDE－1 型无线接力机城市间组网试验 1988 年 8 月上旬，省人防办通信处组织镇江、扬州、泰州市人防办，应用该无线接力机进行城市间组网试验，取得成功。总参谋部第 61 研究所、南京大桥机器厂参与试验。省和参试城市共投入 2.5 万元。试验为建设人防专用通信网提供技术参考。

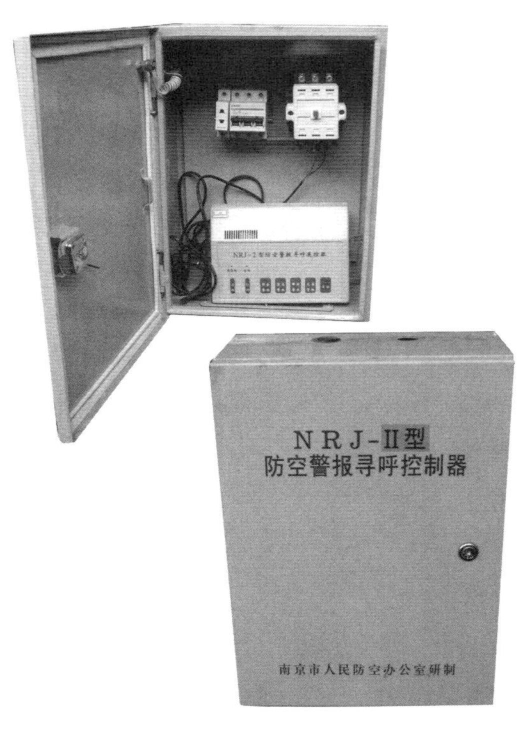

图 9－2 南京市人防办研制的 NRJ－Ⅱ型防空警报寻呼控制器

NRJ－Ⅰ型防空警报寻呼控制器研制 1996 年，南京市人防办通信站与南京军区通信修理所联合研制开发利用寻呼机遥控防空警报器装置。1997 年 12 月 23 日，该装置通过南京市科委技术鉴定。1998 年 4 月，改型为 NRJ－Ⅱ型。同月 20 日在南京召开演示订货会。29 日，省人防办发出通知，在全省推广应用该成果。1999 年 12 月 20 日，该成果获国家人防办人民防空科学技术进步四等奖。2000 年，获得南京市科技成果二等奖。

音响警报自动控制箱和 4 千瓦电动音响警报器研制 1997 年，南通市人防办组织研制该控制箱和警报器并取得成功。1998 年 4 月，省人防办发出通知，在全省推广应用该两项成果。

LHMF－2 型警报监控系统研制 1999 年，无锡市人防办与中国航空工业总公司第 607 所联合研制成功 LHMF－2 型警报监控系统。监控系统由中央监控系统、前端监控系统和终端监控系统构成，既能控制音响警报器动作，又能监测音响警报器技术状况；既能监控户外电动音响警报器，又能控制广播电台、电视台、寻呼台发放防空袭警报；既能通过无线实施监控，又能通过有线实施监控；既能用于战时发放防空警报，又能用于平时发放防灾警报。10 月 15 日，警报监控系统投入无锡城区警报试鸣。

HB2002 大功率挂壁式电声警报器研制 2002 年，常州市人防办和常州华博电子有限公司联合研制该警报器取得成果。5 月，省人防协会邀请南京大学、南京航空航天大学、江苏省电子产品检测中心等单位的 7 位专家、教授，组成鉴定委员会，对成果进行技术鉴定。鉴定委员会认为：产品生产工艺规范、科技含量高、质量稳定可靠、平战两用、操作安装维修方便，可在人防系统推广使用。是年，南京市人防办对音响警报器进行更新换代，实行公开招标，该产品中标，一次性销售39台。此后，全省普遍使用该产品。

基于CDMA网络多媒体警报发放系统试验　2002年11月26日，省人防办同意镇江市人防办与东南大学无线电系移动通信国家重点实验室合作进行该系统的研制，并列入当年科研计划。预算经费7万元，其中省拨款6万元。取得成果后，2003年9月27日，省人防办主持召开鉴定会。鉴定委员会认为：系统总体方案合理，采用的数据发送技术先进，总体技术达到同类警报发放系统国内先进水平。将CDMA移动通信网的无线宽带通信能力和多媒体警报发放功能相结合，组成以无线通信方式为传输手段的多媒体警报发放系统，在CDMA网络的覆盖范围内建设速度快、费用低、移动性较强的多媒体警报发放系统，对人防建设有重要意义。

人防升降警报站研制　2005年年底，省和苏州市、张家港市三级人防办共同投入经费75万元，由张家港市人防办与长沙浦湘科技发展有限公司共同研制的ZRFPY2004型升降警报站，形成成果。2006年1月，省人防办邀请有关专家组成鉴定委员会对该成果进行鉴定。鉴定委员会认为，该成果设计思路先进、采用技术成熟、系统集成一体、隐蔽性和抗毁能力较强。整套系统达到国内先进水平，具有推广价值。该警报站由升降架、底架、液压系统、电气系统、监视系统、警报器等部分组成。升降警报塔顶盖开启时间为30秒，塔架上升时间1分50秒，塔架收回时间1分钟，顶盖关闭时间35秒。警报器伸出地面高度29.74米。2006年12月，该成果取得国家专利。2007年，该成果获张家港市科技创新三等奖。到2008年年底，苏州地区已安装升降警报站5个。张家港市人防办先后接待全国人防系统300余人参观该成果，得到一致好评。

图9-3　2006年，由张家港市人防办与长沙浦湘科技发展有限公司共同研制的ZRFPY2004型升降警报站

三、人防指挥科研

DCCC-1人防指挥中心控制台　1991年11月23日，由南京市人防通信站研制。省人防办组织南京邮电学院、解放军通信工程学院和省人防办等有关专家组成的鉴定委员会，确认：该控制台用于指挥中心和多种场合，技术先进、功能齐全、性能稳定、可靠性高，属国内人防系统首创，建议推广应用。

南京市人防指挥所指挥自动化系统　1999年，南京市人防办和陆军指挥学院共同研制，该系统由人防指挥信息接收、交换、检索、处理、传输系统和防空袭斗争辅助决策系统、指挥实施模拟训练系统组成。经国家人防办组织专家鉴定，该系统达到国内同行领先水平。1999年12月20

日,国家人防办授予该系统人民防空科学技术进步二等奖。

图 9-4　2004 年 5 月 13 日,江苏省人防办组织召开“江苏省重要经济目标常规毁伤分析评估系统”科研成果验收会

江苏省重要经济目标常规毁伤分析评估系统　2001 年 9 月 21 日,省人防办批复同意省人防指挥与通信处和解放军理工大学工程兵工程学院合作进行“江苏省防空重要目标毁伤分析与对策”研究,经费预算 6 万元,列入 2001 年科研计划。取得成果后,2004 年 5 月 13 日,省人防办组成验收委员会,一致同意通过该系统的验收。验收认为:该成果基础信息管理、瞄准点配置、目标毁伤分析、次生毁伤计算、防护措施建议查询等符合实际需求,功能较齐备,便于扩充,能较真实地表现重要经济目标受袭后果,具有二维动态模拟和三维虚拟现实显示,结论可信,具有较强科学性、实用性、可操作性、通用性,有较全面合理的基础数据推荐值和其他提示,能为重要经济目标防护决策提供科学依据,符合高技术局部战争条件下军事斗争准备的需要,方便推广应用,有重要实用价值。该成果在理论与应用上有重要突破和创新,在有关典型目标得到应用,填补该领域的空白,处于国内领先水平。

研制防电磁辐射配线桥架　2004 年 5 月,省人防办同意镇江市人防办“研制防电磁辐射配线桥架”项目列入科研计划。省人防办一次性补助科研经费 2 万元,用于测试费支出。2006 年形成成果,并应用于该市指挥所。7 月,经全军国防工程电磁脉冲防护研究测试中心检测,确认桥架符合设计规范,屏蔽良好。此后,该成果在国防工程和人防工程建设中广泛应用(该成果于 2009 年 12 月获国家实用新型专利,电磁脉冲屏蔽桥架专利号:ZL200920037270.4)。

第二节　信息化研究

省人防固定资产、物资文档管理系统软件研发　1990 年 8 月 24 日,省人防办与省计算技术研究所共同研发的《江苏省人防固定资产、物资文档管理系统软件》在南京通过验收。该系统的研发为全省人防固定资产、物资文档管理自动化、现代化、规范化打下基础。

南京市人防办机关办公自动化微机局部区域网建设　该网采用联想集团设备和 NODELL 网络技术,由 12 台网络工作站和 1 台主服务器构成。1992 年 7 月 4 日,该网建成并投入使用,为全国人防系统机关办公自动化之首。

地方人防经费收费管理系统研制　1995 年 11 月 23 日,省人防办在南京召开“地方人防经费收费管理系统”成果鉴定会。该收费系统由南京市人防办与南京思索电脑公司网络工程部联合研制。专家一致通过鉴定后认为,该成果在国内人防系统处于领先地位。是月,省人防办决定在全省推广使用。

人防工程信息管理系统研发　1997年8月19日，省人防办决定与南京市人防办联合研发该软件，投资2万元。取得成果后，1999年12月20日，该成果获国家人防办人民防空科学技术进步三等奖。2000年1月，获南京市1999年度科技进步三等奖。2002年2月，省人防办在南京举办《城市人防工程信息管理系统2.0版》软件培训班，各省辖市人防办派员参加。3月，省人防办发出通知，在全省推广使用该成果。7月，大部分城市完成该系统安装和调试运行。到年底，全省13个省辖市全部运用该系统实施人防工程信息管理。

人防指挥自动化系统研发　1999年6月28日，省科委邀请省人防办、南京陆军指挥学院、南京工程兵学院、苏州军分区、苏州大学、苏州城建环保学院及苏州市电子信息推广中心等有关单位的7名人防指挥、计算机方面的专家，组成鉴定委员会，对苏州市人防办自主开发的“人防指挥自动化系统”进行鉴定。经过听取汇报、系统观摩、资料审查、功能测试及全面论证等程序，鉴定委员会一致认为系统软件集指挥、通信、控制、信息为一体，紧密结合人防指挥过程的各个环节进行开发，具有较强的实用性，可为市领导战时城市防空袭、平时防灾害及应付突发事件决策提供信息和辅助决策手段。随后在苏州市几个区、县(市)试用，取得满意效果。2000年2月获南京军区国防动员委员会指挥自动化系统软件评比一等奖。5月，省人防办发出通知，在全省推广使用。7月22～26日，省人防办在南京举办培训班，培训软件操作及维护管理。到年底，全省13个省辖市全部安装使用该软件。

图9-5　1999年6月28日，江苏省科委组织的专家组对苏州市人防指挥自动化系统进行鉴定

南京市民防地理信息系统研发　2004年，南京市人防办和南京莱斯大型电子系统工程有限公司共同研制开发该系统。系统采用B/S与C/S相结合的架构设计，由7大功能模块、110个业务子模块组成，采集11万余个人防业务数据。12月30日，该系统通过省人防办组织的验收。2005年3月，由国家人防办、南京军区、省人防办、省科技厅、省软件测试中心、南京大学、南京航空航天大学等有关单位的专家组成的鉴定委员会，对该成果进行鉴定，认为该系统平台先进、功能实用、操作方便，具有精确定位、辅助决策、实施指挥、地图导航信息查询、定制专题、定量计算和报表统计等功能，在全国人防系统中达到领先水平，为人防防空作战和平时应急救援指挥奠定坚实基础。

南京防空防灾信息网研发　2006年2～11月，南京市人防办研制开发该信息网。该系统以网络和数据库为依托，以人防业务为基础、办公业务为纽带、信息共享为核心，通过应用集成平台，在统一的门户系统框架下，将办公自动化系统与人防指挥系统、数字化人防信息系统、工程管理与维护系统等其他人防业务系统集成，形成一个覆盖市人防各级部门，以办公管理为核心，互联互通和资源共享的综合办公业务管理系统。信息网设立12个子系统、47个子栏目，收录926篇近480万字的文章、430幅图片，制作47个含flash动画效果的页面框架，加快内部信息的流转，实现信息共享，协同工作，并能对工作流程进行监控，合理组织市人防公文和文档流程等办公作业，全面提高人防系统的办公效率。

第三节　学术研讨

江苏省人防学术研究始于20世纪80年代。先后围绕城市防空袭预案拟制、城市人防通信警报的组织与实施、城市人口疏散、城市人防专业队伍的组织和运用、人防通信警报发展战略、人防平战结合以及人防宣传等，展开专题研究或召开研讨会。1989年，省人防办创立《江苏人防》杂志，定期发表人防学术研究成果。20世纪90年代以后，伴随着人防事业的快速发展和国际形势的变化，人防学术研讨活动增多，研究的范围不断扩大、深度不断增加。进入21世纪，省人防协会成立后，人防学术研究涵盖人防、民防的各项事业建设，研究氛围浓厚，成果丰硕，为人防事业发展提供理论支撑和导向引领，成为江苏民防工作的一个特色。

一、编纂教材和编制相关规定

人防专业队教材编写　1987年10月6日，根据国家人防办组织编写全国人防系统专业队训练教材的委托，南京军区人防办安排江苏省人防办组织编写其中的《工程抢险抢修》《给排水设施抢险抢修》《道路桥梁抢险抢修》《燃气设施抢险抢修》《电力设施抢险抢修》等教材。省人防办组织南京、苏州、无锡、常州市人防办，南京市煤气公司、苏州市市政公司、无锡市供电局、常州市自来水公司等单位的有关技术人员，积极争取有关军事部门，供水、供电、热力、市政、交通部门的支持与协助，于1989年7月15日完成编写任务，报送国家人防办审查。1990年，经国家人防办审定，印发全国人防系统使用。

人防工程预算、工期定额编写　1984年6月，国家人防办委托江苏省人防办组织编制全国人防工程定额。1987年，省人防办人防工程定额编制组完成《人防工程预算定额》(第一册掘开式工程、第二册坑地道工程)和《人防工程工期定额》编制，通过国家人防办组织的审查。经国家计委审核同意后，国家人防委于1988年3月28日颁发，7月1日起执行。该成果于1992年8月5日被国家人防委授予国家人防科学技术进步三等奖。

《江苏省人防工程设计文件深度规定》编制　1990年5月29日，省人防办为规范全省人防工程设计深度，决定由省人防科研设计院牵头，拨给科研经费0.7万元，编制《江苏省人防工程设计文件深度规定》。1992年12月，省人防办颁发试行，明确人防工程的方案设计、初步设计、施工图设计各阶段的图纸和说明书等设计深度。

《人防通信无线话务》教材编撰及审定　1990年，省人防办完成国家下达的《人防通信无线话务》教材的编撰及初审工作。1991年，经国家人防办审定，印发全国人防系统。

《建筑基坑边坡稳定与支护》编写　1996年12月20日，省人防办同意南京市人防办编写该书，补助科研经费1万元，并列入次年科研项目计划。1997年12月，该书出版，印发全省人防系统，作为工程建设管理、设计和施工技术人员培训教材。

《普通地下室应急加固改造技术规程》研究编制 2004 年 12 月 14 日，省人防办同意无锡市人防办该《规程》的编制立项，并补助经费 5 万元。2005 年 9 月 23 日，书稿审查会在无锡市召开。审查委员会一致认为：该《规程》包含当前适用于人防工程应急加固的主要方法和技术措施，吸收该领域的最新科研成果和工程应用的实践经验，结构严谨，内容全面，设计概念清晰，计算方法可靠，构造措施明确，技术资料丰富，可操作性强，对将普通地下室应急加固成具有抗倒塌荷载的人防地下室，有重要技术支撑作用。2007 年 4 月 24 日，省建设厅、省人防办发布该《规程》。

人防工程产权问题研究 2004 年 5 月，省人防办拨款 8 万元，与南京理工大学共同开展人防工程的产权问题研究。2006 年 5 月 30 日，省人防办邀请省社会科学院、南京大学、南京航空航天大学、省律师协会、省政府法制办、省人大城建环保委、省建设厅、省国土资源厅等单位的专家、学者组成鉴定委员会进行成果鉴定。鉴定结论认为，课题组针对中国现阶段城市建设发展与人防工程产权问题现实的复杂性、紧迫性，运用相关科学理论及方法，结合实际，形成《人防工程产权问题现状研究》和《完善人防工程产权制度体系架构》两个研究报告。各项文件资料齐全，所提出的分析框架和体系建议有坚实的科学理论基础，提出的产权体系设计架构合理，方法得当，研究成果处于国内领先水平。鉴定委员会一致同意通过鉴定。2006 年 12 月，省政府、省军区采纳成果中关于人防工程权属界定的结论，对人防工程权属做出明确界定。同月，该成果被江苏省哲学社会科学联合会授予“江苏省社科应用研究精品工程优秀成果一等奖”。

图 9-6 2006 年 5 月 30 日，江苏省人防办公室召开“江苏省人防办公室《人防工程产权问题研究》项目鉴定会”

《人民防空工程设计文件编制深度规定》编制 2005 年 11 月 10 日，省人防办同意苏州市人防办对该《规定》的科研立项，并列入当年科研计划。项目经费预算为 12 万元（含鉴定验收费用），其中省拨款 6 万元。2007 年 5 月，形成《江苏省人民防空工程设计文件编制深度规定》和《江苏省人民防空地下室设计文件编制深度规定》两项成果。经省建设厅、省人防办组织审查并批准颁布，印发全省。自 2007 年 9 月 1 日起施行。

二、人防现代化建设研讨

南京军区人防研究班分配课题的研究 1983 年，根据南京军区要求，省人防办完成“关于拟制城市防空袭预案问题”“关于战争初期城市人民防空通信警报的组织与实施”“战争初期的城市人口疏散”“关于战争初期城市人防专业队伍的组织和运用问题”4 个课题的研究任务。是年 11 月，南京军区在合肥市举办人民防空研究班，将 4 项成果印发参加研究班的各省、市人防重点城市政府和军事部门领导及人防部门人员。

1986 年 10 月，省人防办杜方礼撰写的《谈人民防空的总体防护能力》，被评为中国人防发展战略讨论会优秀学术论文一等奖。

人防建设发展战略讨论会 1987年12月下旬，全省人防建设发展战略讨论会在南通召开。会上宣读40篇论文，共评出优秀学术论文一等奖3篇、二等奖8篇、三等奖15篇。1988年5月，省人防办将其中29篇论文汇编成《江苏省人防建设发展战略学术论文选编》，印发全省。

1990年11月，在全国人防工程和地下室空间开发委员会第一次学术年会上，省人防办杜方礼撰写的《论人防建设的总体平战结合》，获优秀论文二等奖。

海湾战争学术研讨会 1991年9月24～27日，省人防办在南京组织召开海湾战争学术研讨会。研讨会以海湾战争对中国人防工作的启示为主线，从不同角度研究探讨新时期人防建设的发展方向、主要职能及作用等。会议共征集学术论文30余篇，评出优秀论文10篇，其中一等奖2篇、二等奖3篇、三等奖5篇。

图9-7 2001年9月11日，“江苏省人民防空协会年会暨人民防空现代化建设学术研讨会”在南京召开

人民防空现代化建设学术研讨会 2001年9月11日，省人防协会年会暨人防现代化建设学术研讨会在南京召开。研讨内容涉及人防现代化建设的指导思想和原则、人防工程建设、组织指挥、通信警报、法制建设、宣传教育、经费筹集、人才培养、科研设计等领域。会议共收到论文94篇，大会交流65篇，24篇论文分获一、二、三等奖。

社会主义市场经济条件下人防建设学术研讨会 2002年8月12日在南京召开。研讨会共收到论文30篇，其中17篇分获一、二、三等奖。

2002年，省人防办组织撰写的《认清差距努力工作加快推进江苏人防建设实质性准备》《联合反空袭斗争中人民防空力量的运用》，在国家国动委、国防大学组织召开的研讨会上被评为二等奖。

人防建设投资主体多元化学术理论研讨会 2003年12月4～5日在南京举行。研讨会共收到论文40余篇，14篇论文分获一、二、三等奖。

落实科学发展观推进人防向民防转变理论研讨会 2005年1月13～14日在南京召开。共收到论文56篇，25篇论文分获一、二、三等奖。

人防产权制度改革理论研讨会 2005年9月27～28日在南京召开。会议收到论文44篇，22篇论文分获一、二、三等奖。

图9-8 2005年1月13～14日，“省人民防空协会第四次年会暨落实科学发展观推进人防向民防转变理论研讨会”在南京举行

人防（民防）建设为构建社会主义和谐社会服务理论研讨会 2007年12月25日，省人防协会年会暨人防现代化建设学术研讨会在南京召开。共收到论文90余篇，其中26篇分获一、二、三等奖。

三、人防通信警报建设研讨

人防通信警报建设发展探讨　1987年7月，根据国家人防办《关于开展人防发展战略研讨的通知》和分配的研究专题，省人防办从南京、无锡、镇江、泰州市人防办抽选人员，经过1个月的研讨论证，完成《人防通信警报建设发展探讨》，8月25日报国家人防办。

人防通信学术研究　1989年，省人防办组织开展人防通信学术研究活动。6篇论文获奖。

参加全国人防通信学术研讨　1990年12月，总参谋部通信部在北京举办全国人防通信学术论文评选活动，有20篇论文获优秀论文奖(一等奖3篇、二等奖6篇、三等奖11篇)，其中江苏获得一等奖1篇、二等奖1篇、三等奖3篇，是全国获奖最多的省。

全省人防通信建设研讨会　2008年6月11～13日在泰州召开。大会交流连云港、无锡、常州、苏州、南通、淮安、扬州、宿迁市人防办的论文。

四、人防应用理论研讨

参加全国人防工程平战功能转换技术研讨会　1988年9月20～24日，在国家人防办和总参谋部工程兵部召开的全国人防工程平战功能转换技术研讨会上，徐州市人防办朱凤宫的论文《从古彭地下商场设计浅谈平战功能转换》获一等奖，南京市张家群、温惠兰，扬州市乔瑞通的论文获二等奖，无锡市蔡耀忠的论文获三等奖。

全省人防建设平战结合研讨会　1990年10月25～26日在无锡市召开。会议共收到论文54篇，内容涉及人防的发展战略、自身建设、城市总体防护、组织指挥与抢险救灾、人防通信建设、工程建设、企业发展、平战结合与三个效益、化学事故应急救援、依靠科技进步发展平战结合等。与会人员采取打分和评委评议相结合的办法，评选出优秀论文10篇。

人防应用理论研究　2003年3月14日，国家人防办下发通知，要求以新时期军事战略方针为指导，以适应信息化战争组织实施人防需要为目标，按照统一高效、灵敏可靠、精干过硬和保障有力的基本要求，组织人防应用理论研究，解决人防平时战时建设和组织实施的重点、难点问题，指导和规范人防建设实践。全省人防系统高度重视、精心组织、积极参与，从不同层面、不同角度，深入探索人民防空建设应用理论。2004年10月7日，国家人防办评选出获奖文章109篇，其中江苏有16篇。

五、人防应急防护和救援研讨

全省人防化学救援应急分队建设学术研讨会　1992年10月21～23日在淮阴市召开。会议交流学术论文21篇，有11篇论文获奖。

全省核应急工作学术研讨会　2004年11月11～14日，省核应急办在苏州召开。研讨会探讨核应急救援的新思路、新方法和针对准备工作中所遇新问题的对策措施。24篇论文获奖。2005年7月，省核应急办将征集论文汇编成册，发给核应急协调委成员单位学习参考。

全省防空防灾一体化建设理论研讨会　2006年12月22日在南京召开，着重研究加强防空防灾一体化建设的思路，切实承担起“两防一体化”建设的任务。研讨会收到论文75篇，其中25篇论文获奖。

“汶川震灾与民防建设”理论研讨会 2008年12月12日在南京召开。会议收到论文100余篇，其中50篇获奖。会议认为，未来民防建设必须坚定贯彻“为民造福”的指导思想，进一步增强尽快实现人防向民防实质性转变的责任感，通过反思汶川抗震救灾存在的问题和不足，着眼未来应战、应灾使命需要，大力加强和改进民防组织指挥、通信建设、工程建设、法制建设、宣传教育和社区基层建设。

第十章　宣传教育培训

1978～2008年，江苏结合人防建设实际，不断明确和调整人防宣传教育的指导思想、目标、任务与措施，逐步形成宣传与教育互补、教育与培训并举、传统手段与现代手段结合，形式多样化、对象社会化、内容系统化的具有江苏特色的人防宣传教育格局。广泛深入的宣传教育，逐步形成各级领导干部重视、支持人防工作，全社会了解、理解、依法参与人防建设的良好氛围。江苏人防建设走在全国前列，宣传教育工作功不可没。

第一节　人防宣传

一、宣传内容

（一）战备思想宣传

1978年，中共十一届三中全会做出党和国家工作中心转移到经济建设上来的重大决策。面对新的形势和任务，有的干部群众对和平环境下搞好人防建设的认识不足，对现代战争的特点以及人防设施在未来战争和经济建设中的作用认识不清，对人防建设方针政策不够了解、不够理解。1980年4月和1981年4月，全省人防战备宣传工作会议先后在镇江和苏州召开，部署国民经济调整时期人防宣传工作重点、主要任务和措施。广泛开展"提高警惕，加强战备，准备打仗""深挖洞、广积粮、不称霸"及人防建设地位、作用的战备宣传，同时加强对特定人员的宣传。比如1981年5月，南京市有一位干部，给《新华日报》《南京日报》写信，对人防战备工作及修建人防工程表示不理解。南京市人防办经专门研究，于7月7日给予答复。答复信紧紧扣住来信反映的几个问题，从现代战争的特点，第一次、第二次世界大战，以及朝鲜战争、越南战争中军人和平民的伤亡比例，国外修建民防工事的状况以及人防工事平时为生产、生活服务的情况等方面给予有理有据的解答。南京军区人防办于7月23日加按语，将来信与复信刊载在第27期《人民防空》上。10月15日，国家人防办将来信和复信及南京军区人防办的按语，全文刊载在第129期《人民防空》上。

附：南京市人防办复信（摘录）

你给《新华日报》《南京日报》的信均已转来我办。你所提的一些问题反映了一部分同志的思想情绪，也反映了人防工作中的一些缺点，对人防战备工作的意义宣传不够，人防施工中还存在着浪费现象等等，同时，也可以看出你对人防工作的情况了解很少，不能全面地客观地掌握好情况，是很难做出正确的判断的。

20世纪，能不能靠挖洞来战胜敌人？当今世界是不是只有中国在挖洞？挖洞是不是就是因为中国人怕死？这些问题，确实是非弄清楚不可的。

由于军事科学技术的发展，特别是核武器的出现，现代战争与过去相比，突然性增大了，破坏性增强了，前后方的差异缩小了，对后勤补给的依赖性大了，军队的机动能力提高了，组织指挥更加复杂困难。党中央和国务院决定在重点防卫城市构筑人防工事，正是为了适应现代战争突袭性大、破坏性强的特点所采取的战备措施，以利保存战争潜力，确保未来反侵略战争的胜利。这是关系国家安危、民族存亡的大问题。

随着军事科学技术发展，战争破坏力变化的状况，可以向你提出一个数字供你思考：第一次世界大战时，使用的只是枪炮子弹，后期才有些飞机参加运输，军人和平民伤亡比例二十比一；第二次世界大战时，使用了飞机炸弹，最后还在长崎、广岛丢了原子弹，军人和平民伤亡比例是一比一；朝鲜战争时上升到一比五；越南战争时上升到一比二十。据一些军事科学家估计，未来战争中，军人和平民伤亡比例将是一比一百。这些数字，除了最后一个是预计以外，其余都是已经发生过的历史事实。面对这一情况，我们不居安思危，不在和平时期想到战争，不早做准备构筑好防空洞，一旦战争爆发，将会像叶剑英副主席所指出的那样，“成为历史的罪人”。

在当前世界上，深挖洞的不只是我们中国一个国家，许多国家都在挖。苏联的民防工事已经可以容纳一点八亿人，占苏联人口的69%左右；美国的民防工事可以容纳一亿人，占美国人口的47%；瑞士、瑞典是两个永久中立国，已经几百年没有打过仗，他们还积极搞工事，瑞士的工事可容纳全国人口的72%，瑞典可容纳全国人口的56%；最近，德国、印度也在成立民防机构搞工事。可见构筑人防工事并非中国一国在搞。

至于构筑了工事，打起仗来，群众能不能躲进去，能躲多少人，国家有个规定，一类防卫城市，要求市区人口每人有工事一平方米，听到警报后，十分钟内能够进洞。我市虽已搞了十多年工事，离此要求尚有很大差距，只有继续努力，再接再厉，才能适应战备的要求。

请你根据以上介绍的情况，认真思考一下，在美苏争霸，战争危险严重存在的时代，究竟是搞人防对呢，还是不搞人防对？如果人防真的下马了，那正是敌人所欢迎的。党中央高瞻远瞩，忧国忧民，在国民经济调整期间非常重视人防工作。去年年底，国务院、中央军委专门发了《坚持搞好人民防空工作的通知》，我们大家都应该坚决贯彻执行，积极支持人防工作。

你如对人防工作不了解，我们愿意向你介绍更多的情况，也愿意陪同你到一些工事去走一走，看一看。最近，省级机关党委组织省级机关各分党委书记和部、委、办、厅、局支部书记以上干部三百五十多人参观南京市人防工事，普遍反映和原来想象的大不一样。概括起来有六个没有想到：一、人防工程建设这么重要，没有想到；二、人防工事这么好，没有想到；三、人防工事这么多，没有想到；四、人防工事这么大，没有想到；五、人防工事这么坚固，没有想到；六、人防工事平时可以为生产、生活服务，没有想到。不少同志深有感受地说，国家花一部分钱和材料搞人防工程非常必要。可见，看与不看大不一样。

1983年5月起，省各级宣传部门和人防机关按照全省人防宣传工作会议的部署，紧紧抓住社会普遍关注的热点、难点问题，突出人防平战结合，宣传人防建设与经济建设、城市建设的关系，宣传现代战争的特点及人防的地位作用。宣传对象不仅是普通群众，更注重对各级领导干部和领导机关的宣传。

1988年8月，全省人防宣传工作座谈会在连云港召开。会议侧重研究进一步加强人防战备宣传的办法和措施。1989年10月，全省人防宣传现状与发展研讨会在南通召开。会议研究战略指导思想转变后人防战备宣传的指导思想、地位、作用、形式与内容以及宣传机制与效果等，交流论文18篇。

1991～1994年，根据新时期军事战略方针和海湾战争实际，全省注重现代高技术局部战争特点、规律，以及人防地位、作用的宣传。通过多种新闻媒体、新闻发布会、专题研讨会、专题讲座、文艺会演等进行广泛宣传，增强社会公众忧患意识、居安思危意识。初步形成领导重视、社会支持人防建设的局面。

图10-1 1995年8月15日，江苏省人防委召开“江苏省人防委纪念抗日战争世界反法西斯战争胜利五十周年座谈会”

1995年8～9月，结合纪念抗日战争和世界反法西斯战争胜利50周年，省及各省辖市人防部门以召开座谈会、报告会、展览会、文艺演唱会等形式，紧密联系江苏省抗日战争时期遭受日军空袭的历史事实，记取历史经验教训，在加强经济建设和城市建设的同时，加强人民防空建设，做好反侵略战争准备。

1996～2000年，随着《人防法》《省实施〈人防法〉办法》颁布施行和科索沃战争爆发，特别是北约悍然空袭中国驻南联盟使馆，全省掀起新一轮宣传人防战备新高潮。突出宣传风云变幻的国际和周边安全形势，认清霸权主义的侵略性、扩张性和冒险性，增强全民国防观念和忧患意识。突出宣传现代高技术战争的危害性，增强做好人防工作的责任感、紧迫感。

2001～2008年，全省在贯彻落实第四次、第五次全国人防会议精神过程中，广泛深入开展人防应急准备宣传工作。宣传高技术局部战争的特点和规律以及高技术局部战争条件下人防的地位和作用；宣传国际形势和中国周边安全形势，教育干部群众战争的危险依然存在，忘战必危；宣传反对分裂、维护祖国统一的形势与任务；宣传人防在巩固国防，遏制战争，保护国家、人民群众生命财产安全和促进经济社会发展、城市建设、社会公共安全中的重要地位和作用；宣传人防应急准备目标和任务。通过宣传，促进各项人防应急准备工作的落实。

（二）人防知识宣传

1978年12月，省人防办编绘的《人民防空知识连环画》由江苏人民出版社出版，在全省及全国29个省、市、自治区发行，共发行27万册。次年，为满足兄弟省市需要，再版发行24万册。

1981年起，南京、徐州、苏州、无锡、常州、南通、扬州、清江（今淮安市）等市人防办，在市区公

图 10-2　1981 年,徐州市在中山南路设置的人防宣传画廊

共场所建立人防宣传橱窗或画廊,以图片、书画、文字、摄影等形式,宣传战备形势、人防建设方针政策及法律法规、防空知识、人防工程平战结合及人防建设成果等。一般每季度更换一次展出内容。20 世纪 90 年代,随着城市建设的加快,沿街拆墙透绿,沿街设置的橱窗、画廊逐步消失。从 21 世纪初开始,南京、徐州、无锡、苏州、常州、南通等市陆续在居民小区、大中学校校园、党政机关、企事业单位,以及人流较密集的广场、公园等处,设置人防知识宣传栏,宣传人防、民防知识。

2007 年 4 月 23 日,南京市委宣传部、南京警备区政治部、南京市人防办在鼓楼广场联合举办"纪念南京解放暨渡江战役胜利 58 周年,防空防灾为民造福宣传活动",电信大屏幕不停播放《铸造和平之盾》电视片,展出《新南京新人防》系列图片,举行公益演出,集中亮相新型民防指挥车和各个时期防空警报器,展示民防救灾帐篷、人防专业队服装,并请市民试穿防化服,开展人防(民防)知识咨询,发放宣传册和宣传品等。

图 10-3　2007 年 4 月 23 日,南京市人防办在鼓楼广场举办"防空防灾　为民造福"宣传活动

2007 年 4 月 27 日,省人防办领导走进"中国江苏"网站,以"加快人防(民防)建设,服务经济社会发展"为主题,与公众在线交流。向社会公众介绍人防(民防)建设情况,解答公众所关心的人防(民防)宣传教育、工程建设及经费筹集、人防依法行政、防空防灾一体化建设等热点问题。访谈活动持续 2 个多小时,网民共提出 97 条问题和意见,大部分问题在访谈中得到回答,有的意见和建议在工作中加以吸纳。

图 10-4　2007 年 4 月 27 日,江苏省人民防空办公室领导及机关在"中国江苏"网站与公众在线交流

（三）法律法规宣传

《人民防空条例》宣传　1984 年 7 月 20 日，国务院、中央军委颁布中华人民共和国成立后第一部人防法规《人民防空条例》（以下简称《人防条例》）。徐州、连云港、无锡、常州、淮阴、泰州等市人防办与宣传部门联合编写宣传提纲，召开科以上干部大会，由市委、市政府领导宣讲。1985～1986 年，南京市人防办先后举办《人防空例》讲座、纪念《人防条例》发布两周年新闻发布会，省、市新闻单位开辟专栏或专题，宣传《人防条例》内容及贯彻实施动态和经验。

1994 年 7 月，省委宣传部、省人防办举行纪念《人防条例》颁布 10 周年新闻发布会。新华社、《人民日报》、中央人民广播电台、《经济日报》及《新华日报》、省电视台、省广播电台等 20 余家新闻媒体与会。省委常委、常务副省长季允石，省军区参谋长吕振林出席会议并讲话。与会人员观看《地下长城在江苏大地延伸》电视录像片。全省各人防重点城市，包括部分县（市）分别召开纪念大会或新闻发布会，在报刊、电视台、广播电台开设专栏或专题节目。全省共设宣传站（点）45 个，布置人防宣传“一条街”6 条，悬挂宣传横幅 500 余幅，张贴标语 7000 多条，出宣传橱窗 270 多处，黑板报 1300 余块，印发宣传资料 40 万余份，报纸杂志刊登人防宣传稿件 210 多篇，开展人防知识竞赛活动 10 余次。有的市还出动宣传车进行街头宣传。

《人防法》和《省实施〈人防法〉办法》宣传　1996 年 10 月《人防法》公布后，省委宣传部、省人防办即部署在全省开展《人防法》宣传活动。11 月 25 日和 28 日，副省长季允石、省人大常委会副主任凌启鸿分别在省电视台发表电视讲话。12 月 6 日，省委宣传部、省政府法制局、省人防办联合举行宣传贯彻《人防法》新闻发布会，中央驻南京主要新闻单位代表、省及南京市主要新闻单位应邀参加。省人防办主要领导回答记者的提问。12 月 20 日，省暨南京市人防办进行街头宣传，省、市新闻单位现场采访报道活动情况。南京、徐州、无锡等市分别在市报上刊登《人防法》知识竞赛试题，发行量数 10 万份，参与答卷进行公开抽奖，吸引社会各界广泛参与。在近 2 个月的宣传活动中，全省各市悬挂过街横幅 1166 条，编印、散发宣传材料 37 万余份，出宣传橱窗、黑板报 3128 块，市级以上报刊刊登宣传稿件 260 篇，省、市电台、电视台播发新闻、专题片 212 条（部），出动宣传车 12 辆，举办《人防法》培训班 33 期，培训人数 1340 人。

图 10－5　1997 年 10 月 30 日，“江苏省纪念《人民防空法》颁布一周年新闻发布会”在南京举行

1997 年 10～11 月，为纪念《人防法》颁布 1 周年，全省开展贯彻实施《人防法》宣传周活动。省和各省辖市采取座谈会、新闻发布会、新闻专访、电视专题、报刊专版、知识竞赛等形式广泛开展宣传。无锡、苏州、常州、连云港等市人防部门把学习、宣传《人防法》与依法解决本地区人防建设中的重点难点问题紧密结合，向市政府或有关部门提出并解决随意减免人防费，人防行政执法队伍的体制、编制等问题。

1999 年 2 月 25 日，省人大常委会、省政府、省军区召开电视电话会议，对全省宣传贯彻《省实施〈人防法〉办法》进行动员部署。4～8

月，全省开展《人防法》和《省实施〈人防法〉办法》宣传活动。着重宣传人防建设方针，宣传人防建设与经济建设相协调、与城市建设相结合的原则，让公民、法人和其他组织了解人防法律法规的基本内容和规定。各市把领导干部和领导机关列为重点宣传对象，通过召开干部大会，举办法律讲座或开办培训班等，宣传人防法律法规。南京、徐州、无锡、苏州等市把《人防法》和《省实施〈人防法〉办法》列入普法内容。9～10 月，省人防办组织全省人防法律法规知识竞赛活动，共收到答题卡 4.05 万份。10 月 29 日，省人防办举行抽奖仪式，抽出一等奖 1 名、二等奖 5 名、三等奖 10 名、优秀奖 30 名。

2005 年 2 月，省人防办部署全省各级人防领导干部和行政机关工作人员学法和依法行政工作。省及各市人防办建立领导干部学法制度，并列入人防事业发展考核内容。

2006 年 10 月，全省各地开展纪念《人防法》颁布 10 周年系列宣传活动。10 月，徐州市人防办、徐州经济广播电台在彭城广场举行纪念《人防法》颁布 10 周年大型直播宣传活动。扬州市人防办主办、扬州歌舞团承办纪念《人防法》颁布 10 周年文艺晚会。苏州市人防办印发人防宣传手册、宣传品 3 万份，在繁华公园设置人防法律法规宣传展台。泰州市委宣传部、军分区政治部、市级机关工委、市法制局、市人防办联合举办人防知识竞赛。常州市人防办在文化宫广场举行《前进中的常州人防》图片展览和人防法律法规咨询与宣传活动。

图 10－6　2006 年 10 月，徐州市人防办在彭城广场举行“纪念《中华人民共和国人民防空法》颁布十周年大型直播宣传活动”

2008 年 7 月，省人大常委会颁布新修正的《省实施〈人防法〉办法》。全省人防系统将学习宣传《省实施〈人防法〉办法》作为一项重要工作列入议事日程，纳入中心工作。从 9 月 1 日起，各省辖市、各县(市)人防部门在主要街道或广场悬挂横幅、张贴标语、印发宣传材料，通过广播、电视、互联网、报纸等广泛开展宣传活动。9 月 4 日，省人大、省政府、省军区在南京召开贯彻实施《省实施〈人防法〉办法》座谈会。省人大常委会副主任朱龙生、副省长何权、省军区副司令员刘长意出席座谈会并对贯彻实施《省实施〈人防法〉办法》提出意见和要求。

二、宣传形式

（一）书刊、简报

《江苏省人民防空简报》和《江苏人防信息》　1978 年，省人防办继续编印于 1976 年创刊的《江苏省人民防空简报》，1988 年停刊，共出版 126 期。1988 年 10 月，省人防办秘书处主办的《江苏人防信息》试刊，1991 年省新闻出版局审核批准办刊。每月 2 期，截至 2008 年年底，共出版 428 期。杂志反映全省人防工作动态，介绍人防建设成果和经验。印发全省人防系统，报送省政府、省军区领导，以及省政府、省军区、省人大、省政协有关部门。

《江苏人防》 全省人防系统综合性内部刊物。1983年年初由省人防办试办。1988年改版后，由省人防办牵头，各省辖市人防办轮流编辑出版。1989年8月，《江苏人防》编辑部成立。1991年3月，经省委宣传部、省新闻出版局批准正式办刊。2000年，《江苏人防》改由省人防协会承办。《江苏人防》杂志栏目设置主要有工作动态、领导论坛、主任访谈、探索与思考、组织指挥、工程建设、通信警报、财务资产管理、核应急、平战结合、宣传教育、县(市)区天地、人防文苑、自身建设、简讯、他山之石等，主要为省人防办指导工作服务，为全省人防系统干部职工了解人防工作状况，学习先进、开阔视野、提高工作水平服务，为上级领导和机关了解人防情况服务。宣传报道的重点：党中央、国务院、中央军委关于人防建设的方针政策；省委、省政府、省军区有关人防工作的指示、决议；全省人防(民防)建设的成果和经验；介绍全省人防(民防)建设动态和信息。1991～2000年为季刊，2001年改为双月刊，每期5万余字，发行量3000～5000份。

图10-7 江苏省人防办主办的《江苏人防》部分杂志

《江苏人防概览》画册 1989年7月，由省人防办组织编印出版。中顾委委员杜平为画册题名。画册大16开，从全省报送的照片中精选70余幅照片，反映全省人防建设各方面情况和主要成就。

图10-8 1992年出版的报告文学集《地下之春》

报告文学集《地下之春》 1992年3月，《地下之春》一书由省人防办编纂，副省长季允石作序，江苏文艺出版社出版发行。该书共收入17篇专业作者和人防系统业余作者的文章，介绍江苏人防建设的重大事件、先进人物，从各个不同断面记录江苏人防建设者在数十年风雨征程上默默奉献的足迹。

(二) 影视

1980年，苏州市人防办拍摄反映苏州“五五”计划期间人防建设成果的电影纪录片《喜看姑苏又一村》，当年放映964场次，观众达200万人次。同年，苏州市人防办录制的电视片《人民路人防工程对外开放》，在苏州市电视台播放。

1981年3月，由省人防办与南京电影制片厂拍摄的第一部反映平战结合的电影《春满洞天》，经省委宣传部、省文化局批准，在全省各地公映。共放映1100场，观众达100万人次。

1988年6月，省电视台和省人防办联合摄制的人防专题节目在省电视台《衣食住行》节目中播出，每次播出9分钟。该节目以人防建设与城市建设相结合、以方便城市人民生活为主题，从不同侧面反映江苏人防建设的新面貌。

1989年，省人防办组织拍摄全省人防建设成就专题片。内容有：平战结合成果、人防工程集锦、地下空间开发利用、“三防”教育巡礼、通信警报建设、专业队伍训练及演习等。

1990年1月31日，中央电视台在晚间新闻节目中报道“徐州市合理使用人防工程，成绩显著”的新闻。

1993年3月，省人防办与省电视台联合组织全省人防建设电视系列报道。从4月初至10月底，每月在《江苏新闻》节目中播出2～3次。

图10－9　1981年3月，《春满洞天》摄制组在无锡市龙光洞拍摄现场

1994年和1996年，省人防办分别组织拍摄《地下长城在江苏大地延伸》《江苏人防在改革中前进》两部电视专题片。

图10－10　2000年8月，国家人民防空办公室《新中国人民防空》大型电视系列专题片摄制组在江苏进行现场拍摄

2000年8月，为纪念中国人民防空成立50周年，国家人防办组织《新中国人民防空》大型电视系列专题片摄制组来江苏进行现场拍摄。摄制组在南京等地分别拍摄了人防工程建设、人防指挥所建设、人防工程开发利用、防空警报设施等镜头，反映江苏人防建设成果。该片在中央电视台播出。

2002年3月，由国家国动委综合办公室、中国国际电视总公司联合摄制的大型电视系列片《胜利之基》摄制组，来江苏采访拍摄。摄制组先后采访省委常委、省军区司令员蒋文郁，省委常委、苏州市委书记陈德铭。拍摄省人防指挥所、苏州市人防指挥所和苏州市人防工程等镜头。

图 10－11　2002 年 3 月，中央电视台《胜利之基》摄制组在江苏采访拍摄

2003 年 8 月，省人防办完成摄制全面记录江苏人防建设成就的《江苏人防在前进》电视专题片。

1978～2008 年，全省人防系统组织拍摄电影、电视专题片 69 部。

（三）报刊

1979 年，全省人防系统在《新华日报》刊登稿件 18 篇、照片 13 幅。1980～1985 年，省、市主要报纸报道人防建设尤其是平战结合方面成果文章达 300 余篇。1986～1990 年，在全国和省市报刊上发表反映人防工作动态、建设成果、经验等文章 400 余篇。

1987～2008 年，全省人防系统踊跃为国家人防办主办的《人防工程》《人民防空》《中国人民防空》杂志投稿。刊用稿件在全国领先。省人防办连续 21 年被评为宣传报道先进集体。南京、苏州、无锡、南通、常州等市都多次被评为先进集体。

1990 年 4 月，省人防办邀请《人民日报》《经济日报》《中国商报》《建设报》《新华日报》和新华社的编辑记者，对南京、常州、无锡、苏州、徐州 5 市进行为期 10 天的参观采访，各报发表采访文章，宣传江苏人防建设的成果。同月，省人防办、新华日报社联合举办《今日江苏人防》征文比赛。5～9 月，每周在报纸上刊登一次，共刊载文章 20 篇、照片 10 幅。

1991～1995 年，省、市报纸刊载人防工作稿件 1000 余篇。1993 年 5 月 4 日，中国香港《大公报》在显著位置载文，介绍江苏人防建设成就。

1996～2000 年，省、市报纸刊载人防工作稿件 2000 余篇。

2000 年 8 月，国家人防办副局长李扬率中央新闻单位采访团来江苏采访。采访团由《人民日报》、新华社解放军分社、中央人民广播电台、解放军总政治部宣传部、《解放军报》《中国国防报》《光明日报》《经济日报》《法制日报》《中国青年报》等新闻单位的编辑记者组成，分别采访副省长王荣炳，省人防办和南京、常州、苏州市人防办的领导，参观省和南京市人防指挥所，南京市正洪街人防工程、常州市江南商场和文化宫广场人防工程、苏州市人防指挥所工程和江苏人防苏州培训基地。采访结束后，各新闻媒体从不同侧面报道江苏人防建设成果。省人防办和各市人防办从 10 月～12 月分别在省、市主要报纸集中报道人防 50 年来的建设成就和发展历程。

2003～2008 年，全省人防系统在市级以上主要报纸、杂志上发表人防建设成果及工作动态的文章（含新闻稿）4000 余篇。

（四）展览

1979年国庆节，南京市机械局五台山人防工程按园林风格布置一新，分为欣园、赏园、探园等几个部分，设置音乐茶座、盆景展览、趣味游戏等供市民游览休闲。这是南京市首次将人防工程向社会开放。3天内吸引6万余名市民参观游览。这次开放不仅揭开人防工程神秘面纱，而且更为重要的是，通过亲眼看见、亲身感受，让广大市民了解人防工程不仅是战时防空袭的藏身之所，也是平时服务群众生活的休闲娱乐之地。

1981年4月～1992年，南京市人防办在鼓楼小学沿街墙面设立人防建设宣传橱窗，每期刊出12版面。共刊出58期，展出图片、书画等3614幅，观众51.8万人。

图10-12 1988年5月27日，南京军区司令员向守志参观江苏省人民防空摄影作品展

1983年11月，省人防办在苏州市文化馆举办人防摄影展览。参展照片271幅，反映全省人防成果及先进人物特写。参展作品在苏州展出结束后，赴各市巡回展出。

1984年12月，徐州市人防办在户部山人防工程内举办人防展览。接待观众7.5万人次。

1987年6月，南京市人防办在北极阁地下展厅举办南京市人防建设成果展览。南京军区司令员向守志、政委傅奎清以及社会各界人士参观展览。

1988年5月，省人防办举办的江苏省人防摄影作品展在南京市工人文化宫开幕。参展作品88幅。27日，南京军区司令员向守志参观展览并讲话。6月初～8月中旬，摄影作品分别赴苏州、无锡、常州、镇江、扬州、泰州、南通、盐城、淮阴（今淮安市）、徐州、连云港市巡回展览。省人防办在连云港市进行摄影作品评选，评出优秀作品19幅。

1988年8月，南京市人防办在南京市鼓楼公园主办全国10城市（南京、苏州、无锡、武汉、南昌、重庆、长沙、合肥、杭州、厦门）人防建设风貌摄影展，展出摄影作品100余幅。

图10-13 1996年7月，江苏省人防"八五"成果展在南京市举办

1992年，南京国防园对外开放。园内设人防展览，常年对外展出。

1996年7月，省人防办在南京举办江苏省人防"八五"成果展览。出席江苏省人防工作会议的代表参观展览。该展览保持到年底，先后接待国家和兄弟省、市人防办领导和工作人员的参观。

2005年,苏州市人防办在应急救援指挥中心展示厅布展,宣传苏州市人防建设成果。

2007年5月,徐州市人防办在地面指挥中心负一层设置防空防灾知识展厅,反映徐州人防建设的历程和主要成果。

（五）广播

1978～2001年,全省人防系统通过向省市广播电台投稿,宣传人防工作。2002年,南通市人防办在市广播电台开办《人防天地》栏目,每周四早、中、晚各播放1次,向社会公众宣传人防知识、人防法律法规等。2003年后,盐城、徐州、无锡、常州等市分别在各市广播电台开办《人防之声》专题节目,每周播放1～3次,稿件由市人防办提供。2005年,徐州沛县人防办在县广播电台设人防知识专栏,利用农村大喇叭,每周播出1次,每次10分钟,向全县农民宣传人防知识。

（六）网络

进入21世纪后,随着互联网技术的发展,省及直辖市先后开通人防网站。开辟人防动态、机构概况、政策法规、规划计划、政务公开、在线受理、投诉建议等专题。2008年年底,省、市、县(市)人防办全部开通人防网站。

第二节 人防教育

一、学校人防知识教育

20世纪80年代初,江苏开始重视在校学生的人防知识教育。1982年,在3个重点城市的部分大、中、小学进行"三防"常识教育试点。1984年,试点范围扩大到10个重点城市。1985年,全省12个重点城市全面启动城区中、小学"三防"常识教育。到1987年,全省有2所大学、233所中学、138所小学开展"三防"常识教育。1988年起,全省主要在初级中学开课。1990年,将《"三防"常识》课本,改为《人防知识》课本,增加地震、火灾、化学事故等防护内容。1992年,人防知识教育在全省人防重点城市城区初中基本普及,部分县城初中开始启动。1996年,全省31个县级市和3个县的城区初中开展人防知识教育,2000年开始,逐步向乡镇初中拓展。2007年,《人防知识》课本改为《民防知识》,增加突发灾害事故自救互救等内容。到2008年,全省所有初中普及《民防知识》教育。

（一）试点与普及

1982年8月,省人防办、省高教局、省教育厅决定在南京市1所小学、1所中学,徐州市1所大学,无锡市2所中学进行人防常识教育试点。教育对象和教学时间安排为:小学五、六年级,1学年不少于12课时;高中一年级,1学年不少于15课时;大学一年级,结合军事训练安排授课。教材、课本由省人防办统一编写印发。11月,省人防办印发《"三防"常识(中学试用教材)》和《"三防"教育参考资料》,供试点学校教学使用。

1983年下半年，南京市在市第二中学和建邺路小学进行“三防”常识教育试点。市第二中学在高中一年级的6个班级开课，334名学生参加，学习18个课时；建邺路小学在五年级的4个班级开课，208名学生参加，学习12个课时。结业测试均取得较好成绩。无锡市在市第十一中学、湖滨中学开展“三防”常识教育试点，市教育局负责教学的组织领导，拟定教学计划，选好任课老师；市人防办负责培训师资，提供教学课本和保障教学器材；试点学校负责具体教学，保证教学质量。任课老师在教学中尽量运用实物样品、模型、挂图、幻灯、录音等直观教具或进行实验，做到通俗易懂、生动形象。人防和教育部门共同督促检查教学情况。徐州市在徐州师范学院化学系进行试点。市人防办和徐州师范学院联合组成人防知识教育领导小组，共同研究制定教学方案，院长动员，市人防办领导做“现代战争特点与徐州战略地位”的演讲。分别邀请驻徐某防化部队教官、徐州第三人民医院外科主任、市消防支队干部担任“三防”常识、战地救护知识、消防知识教员。采取理论与实际操作演练相结合的教学方法，取得良好教育效果。11月，省人防办、省教育厅转发《无锡市“三防”常识教育试点工作报告》，向全省推广其试点经验。

1984年，南京、徐州、连云港、苏州、无锡、常州、镇江、扬州、盐城、泰州等市分别在21所中学、17所小学的40个班级开展试点。徐州市增加中国矿业大学试点。

1985年5月，省人防办、省教育厅印发《关于在城市中、小学开展“三防”常识教育若干问题的通知》，同时颁发《初中、小学“三防”常识教育大纲》。6月，省人防办、省教育厅在南京市召开全省“三防”教育工作会议，总结交流各市中小学“三防”常识教育试点的情况，听取无锡、盐城、扬州、苏州、徐州等市人防办，以及南京市二中、无锡市十一中经验介绍，观摩南京市二中的“三防”教学，研究和探索进一步推动“三防”教育的办法和措施。

1987年起，全省人防重点城市按照省人防委、省教委制定的《关于在初级中学进行人民防空“三防”知识教育的实施办法》，在部分初中二年级学生中开展“三防”知识教育。教学内容：人防的任务与作用，核武器、化学武器、生物武器的性能及防护措施。教学工作由各市教育部门组织实施，人防部门予以协助。师资由学校的物理、化学、生物、生理卫生、体育等学科教师兼任，也有学校聘请军事、人武、人防、环保和卫生防疫等部门的专业人员授课。各校除课堂教学外，还安排必要的训练和参观，看电影、录像片，举办“三防”夏令营、“三防”知识竞赛等。各市人防部门积极协助开课学校解决教育师资培训费、“三防”挂图、幻灯片、影视片和参观人防工事等。接受过“三防”知识教育的学生基本达到会做防护动作，会制作简易防护器材，会自救互救。是年，全省共有115所中学、544个班级进行“三防”知识教育。受教育学生2.87万人，占全省应受教育学生总数的35.6%。

1987年10月，省人防办、省教委、无锡市人防办和教育局、南京市二中出席国家人防委、国家教委在四川省自贡市召开的全国人防重点城市初级中学“三防”知识教育座谈会，在会上介绍“三防”教育的经验。

1988年4月，省教委、省人防办召开第二次全省初中“三防”知识教育工作会议，并印发《1988～1995年全省中学“三防”知识教育八年规划》。规划要求各市教育和人防部门把中学“三防”知识教育作为一项长期的国防教育任务来抓，纳入教育规划，落实教学任务。规划明确教育范围是各人防重点城市城区和郊区乡镇中学，各厂矿企业的职工子弟中学，一般在初中二年级上学期进行，授课时间为12～14课时。11月，省教委、省人防办印发《江苏省初级中学“三防”知识教育考察评比条件》。明确考试对象及实施办法、成绩评定标准、学校成绩考察评比条件、任课教师考察评比条件等。全省初中“三防”知识教育开始进入制度化、规范化、经常化轨道。

1989 年，全省有 215 所中学 1071 个班级开展人防知识教育，接受教育的学生 54543 名。

1990 年 8～10 月，南通市、盐城市人防办根据省人防办、省教委要求，为培养人防知识教育师资力量，分别在南通师范专科学校、盐城高等师范专科学校开设人防知识教育课。1990 年，全省有 254 所中学 1287 个班级开展人防知识教育，67549 名学生接受教育，普及率 66%。

1991 年 5 月，省教委、省人防办在无锡市召开第三次全省人防知识教育工作会议，研究部署“八五”期间人防知识教育的任务和措施，确定各市城区初中在“八五”末期达到普及，同时逐步在郊区、县初中和企事业单位、机关、居民中开展防空知识教育。9 月，南通市在启东市长江中学开展县城初级中学人防知识教育试点。是年，全省有 341 所中学 1752 个班级开展人防知识教育，87887 名初中二年级学生接受教育，普及率 86%。

1992 年 4 月，省人防办、省教委在启东市长江中学召开县(市)城区初中人防知识教育现场会，推进县(市)城区初中人防知识教育。是年，全省有 362 所城区初中开展人防知识教育，受教育学生 9.26 万人。其中南京、徐州、苏州、无锡、常州、南通、扬州、镇江、淮阴(今淮安市)、盐城、泰州 11 个城市的市区初中学生受教育率达到 100%，提前 3 年完成“八五”计划确定的目标。另有 14 所县级市城区初中的 3621 名学生参加试点。南通、无锡等市以人防知识竞赛、自制教具和防护器材展评、中学生人防运动会等形式，激发学生学习兴趣和掌握防空知识与技能。

图 10－14　1993 年 8 月 17～18 日，江苏省教委、省人防办在扬州市召开“江苏省人防教育自制教具展评会”

1993 年 7 月，省教委、省人防办决定在全省师范专科学校和教育学院中扩大教育试点。8 月，省教委、省人防办在扬州召开江苏省人防教育自制教具展评会，聘请有关专家对参展的 126 件自制教具进行评选，评出一等奖 5 件、二等奖 10 件、三等奖 15 件，南京、南通、扬州市获组织奖。9 月，南京师范专科学校、镇江师范专科学校、连云港教育学院开始在理、化、生专业新生中开设人防知识教育课。教材统一使用由南通师专、盐城师专合编，河海大学出版社出版的《高等师范院校“三防教材”》。各试点学校的人防知识教育教学时间为 45 学时。9 月，徐州市在郊区中学初中二年级开设人防知识教育课，在各县(市)城区中学进行试点。是年，连云港市实现城区初中人防知识普及教育。

1995 年 9 月，全省各县级市普遍在市区初中开展人防教育。到 1996 年年底，全省已有 31 个县级市和 3 个县的城区初中开展人防教育。

1998 年 8 月，省教委、省人防办在无锡召开人防知识教育研讨会，13 个省辖市教委中教处处长、人防办指挥处(科)长和教师代表与会。会议总结 10 年人防教育经验，分析困难和问题，研究修订《人防知识》课本。

2000 年 10 月，省教育厅、省人防办下发《关于继续搞好初级中学人防知识教育的意见》。各省辖市、县(市)建立由教育、人防和有关部门负责人组成的人防知识教育领导小组。

图 10-15　2002 年 8 月 23 日，江南大学进行学生防突袭科目演习

2002 年 8～9 月，南京、无锡两市在高校开展人防教育试点。无锡市在江南大学对 5000 多名大学新生进行人防教育。采取老师讲课、观看《城市防空》与《三防知识》录像和实际操作演练等方法，学习人防知识。

2003 年 4 月 14 日，南京市下关区人防办、教育局在区人防知识教育基地举办“核生化武器防护综合演练”公开课，各学校分管人防知识教育的校领导、人防知识教师近 300 人观摩 200 多名中学生的个人防护演练。公开课运用警报器、发烟罐和航模配合，参演学生穿迷彩服和戴防毒面具，演练效果逼真，形式新颖活泼。9 月，南京师范大学、南京审计学院、中国矿业大学、淮海工学院、苏州大学、江苏大学、淮阴工学院、盐城师范学院等 13 所高校，根据省委宣传部、省教育厅、省全民国防教育办公室、省人防办的安排，在当年度新生军事训练课教学中安排 2 个课时，对学生进行人防知识教育试点。各试点高校人武部具体组织实施，各省辖市人防办业务指导。教育内容主要有：战时防空袭，核、化、生武器的防护，核化事故的防护，地震、火灾事故的预防和扑救，现场急救等。教材统一使用省教育厅组织编写的《军事理论教程》。各试点高校采取专题讲座、看录像、参观、防空演习等生动活泼、形式多样的教育教学方法，保证教学质量。

图 10-16　2004 年 5 月 19 日，“江苏省县(市)人防知识教育现场会”在通州市金沙中学召开

2004 年 5 月 17～19 日，省人防办、省教育厅在通州市金沙中学召开全省县(市)初中人防知识教育现场会。13 个省辖市和 59 个县(市)教育局、人防办的领导参加会议。与会人员听取金沙中学开展人防教育的经验，观摩示范教学，观看教育录像。金沙中学将人防知识教育课程纳入学校日常教学管理，探索渗透式教育。物理课教师结合物理知识，介绍核武器的性能、杀伤破坏因素和有效防护；化学、生物老师结合化学、生物课教学，介绍生、化武器的性能、杀伤破坏因素及防护；健康教育课讲授自救、互救知识与技能。在校区开设人防知识专栏、画廊、知识园地等，营造浓郁的教育氛围。通过这种全方位、多层次、网络渗透式的教育，达到教学效果和目的，克服学时上的矛盾，推动人防教育深化，其经验和做法具有较好的示范作用。

2005 年 9 月，省内高校全面开设人防知识教育课程，把人防知识教育纳入军训和军事理论课教学内容，采取专题讲座、看录像和多媒体教学方法，保证教学课时安排和教学质量。

2006 年 5～8 月，徐州市人防办会同团市委、教育局、未成年人保护委员会办公室在全市开展青少年人防(民防)知识集中教育活动。各学校利用黑板报、广播、网站、宣传栏、专题讲座、主题班会、知识竞赛,与媒体联办防灾及自护节目,举办自护教育训练营等形式,实施防空、防灾的自救自护知识主题教育,增强青少年的防空防灾和自护意识,提高应对自然灾害和突发事件的能力。

2007年9月起,人防知识教育改为民防知识教育,使用《民防知识》课本。

图10-17 2008年11月26日,无锡科技职业学院开展人防技能竞赛

2008年11月,无锡科技职业学院组织当年入学新生,开展外伤包扎、伤员搬运、防化服穿戴等自救互救防护技能竞赛。是年年底,全省初中普及民防知识教育。

(二)教材与师资培训

教材 1980年4月,根据南京军区人防领导小组指示,省人防办会同安徽省人防办及两省的教育、卫生、公安、军事等部门的专业人员完成编写《人民防空常识(中学版)》初审稿。教材内容分为人防在现代战争中的地位和作用,军用飞机的识别和敌机空袭时的行动,核武器、化学武器、细菌武器的性能及其防护,人防工程,扑灭空袭火灾和战伤救护等5个部分。

1985年10月,省人防办重新编发《三防常识(中学课本)》和《三防常识(小学课本)》。

1990年9月,新学年开始,全省初中“三防”知识教育改用省人防办、省教委新编写的《人防知识》课本,“三防”知识教育改称人防知识教育。新编课本增加对地震、火灾、化学事故等常见灾害的防护知识。

1990年,南通、盐城两市人防办分别与南通师范专科学校、盐城高等师范专科学校联合组织力量,编写《高等师范院校“三防”教材》。经省人防办、省教委审定,于1991年由河海大学出版社出版,列为江苏省高等师范院校人防知识教育用书。南通市摄制的师范院校人防知识教育录像在国家人防委和国家教委召开的全国师范院校人防知识教育工作座谈会上放映。

1994年2月新学期开始,全省统一使用由省教委、省人防办重新编写,南京大学出版社出版的《人防知识》课本。该教材突出战时防空与平时防灾相结合的原则,增加防灾救灾的内容。

2001年9月起,全省初中统一使用省教育厅、省人防办重新编写的《人防知识》课本。新编教材深入浅出、内容新颖、图文并茂、实例生动,兼备知识性、实用性、趣味性和可读性。

2003年,全省高校统一使用省教育厅组织编写的《高校军事理论教程》。

2007年9月起,全省初中统一使用由省人防办、省教育厅新编的《民防知识》课本。该课本在原《人防知识》课本基础上,增加平时应对突发灾害事故的自救互救等内容。

师资培训 1987年,全省各市共举办21期师资培训班,培训教师522名。

1989年7月26~30日,省教委、省人防办在连云港市联合举办江苏省中学生“三防”教师夏令营。任课教师,部分中学校长、教导主任,以及省、市、区教育、人防部门的人员共241人参加。其间,开展“三防”教育学术论文交流,观摩连云港军分区防化分队侦测、洗消、动物试验、喷火等表演，参观人防工程，进行“三防”文艺会演等活动。从理论和实践上，对“三防”知识任课教师进行专业培训。是年，各市培训师资298人。

1991年3月，省教委、省人防办组织评选初中人防知识优秀教案。从176份教案中评出一等奖16篇、二等奖16篇、三等奖16篇。

1993年8月，省教委、省人防办在扬州召开全省人防知识教育自制教具展评会。126件教具参展，评出一等奖5件、二等奖10件、三等奖15件。南通、南京、扬州市人防办获组织奖。9月，徐州市教育局、市人防办举办郊区和县城中学人防知识教育师资培训班，47名教师参训。

1996年7月，省教委、省人防办在徐州市举办全省县级市初中人防知识教育师资培训班。南京、徐州、苏州、无锡、常州、南通、扬州、镇江、淮阴市各2人，盐城、连云港和泰州市各1人参训。

1997年7月，无锡市人防办设立人防知识教育中心。

2003年8月，省人防办、省教育厅在苏州市人防干部培训中心举办全省人防知识教育教师培训班，省辖市教育局、人防办的部门领导和人防知识教育教师60人参训。培训班邀请南京陆军指挥学院教授讲授国际形势和中国周边安全，请苏州新区实验中学教务长介绍人防知识授课经验体会。培训期间，还对人防知识教育存在问题及其解决办法进行研讨。是年，无锡市人防办与市教育局举办人防知识任课老师培训班，对60所中学的任课老师进行3天的培训。

（三）夏（冬）令营与知识竞赛

图10-18　1985年8月，参加南京市中学生“三防”夏令营的师生观看南京军区防化团模拟表演

1984～2008年，省及各省辖市共举办“三防”夏令营81期。

1984年暑期，苏州市人防办在全省率先举办“三防”夏令营活动，由开展“三防”教育的新苏师附小五年级的两个班学生及其他年级的三好学生和有关老师共120人参加，观看现代兵器电视录像，参观人防工事、驻军机场和军营生活，组织“三防”知识讲座。

1985年8月1～4日，南京市人防办、市教育局举办第一期中学生“三防”夏令营，115名师生参加。通过看录像、听个人防护知识讲座，参观南京军区防化团模拟表演，利用地形地物进行防核、化武器训练，“三防”知识问答及登山、游泳、晚会等活动，学生们受到形象生动的“三防”知识教育，掌握制式防护和简易防护的基本要领。市人防办将夏令营活动摄制成《夏令花蕾》和《军营一日》两部电视纪录片。

1985年12月，常州市人防办、市教育局组织中学生“三防”知识智力竞赛，省人防办组织南京、徐州、无锡、南通等市人防办领导和有关学校的教师观摩。1986年7月，南京市人防办、市教育局举办南京市中学生“三防”智力竞赛，南京军区司令部防化部、省教育厅、省人防办及全省各人防重点城市人防办派员观摩。

1986年8月，经省人防委批准，省教育厅、省人防办在无锡市举办全省中学生“三防”夏令营。全省12个人防重点城市的120名中学生和领队、带队老师计156人参加。其间听取中越自卫作战战斗功臣的报告，参观人防工程，观摩解放军防化兵分队在模拟原子爆炸条件下的防化综合演练。由部队战士指导学生穿戴防护器具，学习防护知识。进行人防知识竞赛。按照江苏省中学生“三防”知识竞赛规程和竞赛细则，先后进行预、决赛。无锡、南京、苏州市代表队分获团体总分前三名。

1987 年 11 月，南京市人防办、市教育局和南京军区防化部队联合举办“三防”演习。演习分为 4 个分队，并编成战斗班，按照战术要求，进行快速穿戴防毒面具、个人防护、侦毒消毒等防护动作及其操作表演。各校还推派男女学生各 1 名，穿戴防毒衣具进行百米赛跑。市区 3000 名中学生观摩。

1989 年 8 月，徐州市人防办、市教育局联合举办“我爱三防演讲会”，18 名师生分别以诗歌、散文、小品、配乐朗诵等形式参加演讲。是年，南京、徐州、苏州、无锡、南通、扬州、淮安等市举办中学生“三防”夏令营 8 期，知识竞赛 16 期。

图 10 - 19　1989 年 8 月 10 日，徐州市“我爱三防演讲会”现场

1993 年 9 月，南京市人防办与市委宣传部、南京军分区及市教育局联合举办人防知识有奖竞赛。大量工人、农民、解放军官兵、学校师生、机关事业单位的干部职工以及离退休老人参赛。收到答卷 33246 份，其中有效答卷 29372 份。在竞赛期间还收到 35 封言真词切、热情洋溢的信件，表达了参赛者对人防事业的理解和支持，有的还对发展人防事业提出很好的建议。竞赛在扩大人防建设社会影响的同时，使人防部门深深感受到社会各界对人防事业的关心和支持。

图 10 - 20　2004 年 10 月，“无锡市初中学生人防知识竞赛宜兴赛区”决赛现场

2004 年 9～10 月，无锡市人防办和市教育局联合组织初中学生人防知识竞赛。全市 9 个县(市、区)的初中全部参赛。23 所学校的 115 名学生进入复赛，6 所学校的 24 名学生进入决赛。10 月 16 日，无锡市教育电视台现场直播决赛实况。无锡市第九中学获得冠军。12 月，连云港市人防办和市教育局举办全市中学生人防知识竞赛。各学校踊跃报名，积极准备。经过预赛、决赛，连云港市海宁中学获得第一名。连云港市电视台播放竞赛实况。

2008 年 1 月，镇江市人防办与市特教中心组织以“和平岁月警钟长鸣”为主题的人防知识教育冬令营活动。对残疾、智障儿童开展防空防灾知识教育，培养其防灾自救的应变能力和生存能力。7 月，南通市人防办、市教育局在南通高等师范学校举办中学生防空防灾影评夏令营，通过观看地球灾难题材电影，进行集体影评活动，还安排防震减灾知识教育和个人防护技能培训，组织模拟地震灾害发生时的紧急疏散演练。

（四）人防知识教育基地

1992 年，苏州市人防教育中心成立，在苏州市景范中学建立人防教育基地。

1996 年 4 月，扬州市建成人防知识教育参观见学基地。该基地由“782”“792”部分干道工程改造而成，可进行实景、实物、实地教学。

图 10－21　2006 年 7 月，“无锡市人防知识教育基地揭牌仪式”在惠山区洛社中学举行

2003 年 3 月，南京市人防知识教育基地在市第十三中学人防工事内挂牌启用。该基地分人民防空、核生化防护、地震应急、城市消防和防护技能 5 个专题展室，配备多媒体计算机和模拟地震仪、防空警报器、制式核生化监(检)测设备、个人防护器材和用于紧急救护训练的橡胶模拟人、应急防护救灾图片等多种实物。

2006～2007 年，无锡市惠山区洛社中学、石塘湾中学和锡山区东亭中学利用学校校舍和教学资源，相继建成人防知识教育基地。运用多媒体技术及展板、实物、模型，给学生以直观的防空防灾知识教育。同时还设有防空防灾技能演练室。

二、党政机关和党校人防知识教育

2002 年 6 月，省人防办根据国家人防办的相关要求，经与省委组织部协商，从 2002 年秋季开始，将人防教育列入省委党校、省行政学院的教育内容。10 月 22 日，省人防办主要领导首次在省委党校县处级干部培训班开办“高技术条件下的人民防空”讲座。是年，南京、连云港、无锡、镇江等市委党校将人防(民防)知识列入教学内容并组织授课，省及各省辖市党校共举办人防(民防)知识讲座 19 次，各级干部 2790 人次接受人防教育。次年，徐州、苏州、南通、扬州、淮安等市委党校陆续开设人防(民防)知识课程。2004 年，苏州市人防办在市、区两级机关开展人防知识教育。截至 2008 年，全省有 418 个机关、55 所党校开设人防(民防)知识课程，省、市人防办领导 28 人次到党校为 6800 多名科级以上干部宣讲人防(民防)知识。

图 10－22　2002 年 10 月 22 日，江苏省人防办领导在江苏省委党校县处级干部培训班开办人民防空讲座

三、社区、企业人防知识教育

2001年6月，南京军区及上海、江苏、浙江、安徽、福建、江西等6省(市)联合印发的《南京战区贯彻第四次全国人防会议精神的实施意见》中要求，在城市居民中普及防空防灾常识，增强全民国防观念、人民防空意识和自我防护能力。

2001年，苏州市人防办在平江、沧浪、金阊区开始居民小区人防教育试点。编写下发《小区人防工作基础知识手册》《居民防空防灾指南》等通俗易懂的读本；制作人防宣传图板和专题片，在小区巡回展示播出；演出防空防灾知识的小节目；把有关防护技能训练科目纳入小区体育健身活动，寓教于乐。在安全教育中，指导居民掌握防空防灾、自救互救的能力和技巧。2002年4～11月，无锡市分别在市供电公司、崇安区崇安寺小区、南长区通扬小区、北塘区荷花里小区、滨湖区住友佳苑小区开展人防知识教育试点。接受教育人数近3万人次。5月，无锡市人防办在滨湖区召开全市小区人防知识教育现场会，观摩住友佳苑小区居民紧急疏散、防火灭火、防毒消毒、制作简易防护用品的演练。南京市委宣传部、市委工业交通工作委员会、市司法局、市全民国防教育办公室、市人防办联合发出《关于在本市高等院校、大中型企业和小区开展人民防空教育工作意见》，市人防办组织和指导各区人防办在高校、大中型企业和社区开展教育试点。8月，建邺区在陶李王巷社区开展人防宣传教育演示活动，由居民演练城市防空袭人员隐蔽、地震，以及火灾发生时的逃生、救助及灭火等。扬州市人防办会同各街道社区开展主题为“人民防空进社区”的人防教育系列活动，先后举办以居委会主任为主要对象的社区人防教育骨干培训班、以青少年为主要对象的暑期人防知识讲座。在社区放映《铸就和平之盾》《永远的蓝天》等人防教育电视片，举办文艺晚会和人防知识有奖竞答等，众多居民积极参与。

图10-23　2002年4月，无锡市在北塘区荷花里社区开展《人防法》教育试点现场会

2003年年初，全省推进人防(民防)知识教育进社区、进机关、进企事业单位，当年全省有75个社区、18个大中型企业开展人防(民防)知识教育。南京市栖霞区在迈皋桥、马群街道的6个社区试点，开展报告会、组织参观、专题讲座、观看录像片、组织知识竞赛和演练等活动，取得圆满成功。玄武区锁金四村把社区人防教育与创建学习型社区、普法工作相结合，以日常生活常识为切入口，通过举办知识讲座、参观人防设施、印发知识手册、开展知识竞赛及防空演练和动手制作简易防护器材等活动，使居民初步学会逃生、自救互救简易方法。秦淮区太平苑社区用悬挂横幅、张贴宣传画、黑板报展评、设立咨询台等形式，对社区居民开展人防知识教育。还组织居民进行消防灭火、自救包扎、自制防毒面具等操作演示，激发社区居民的参与热情。苏州市沧浪区人防办统一制作11块“人防宣传教育进示范社区”铜牌和142块“人防法律法规宣传和三防知识教育”的图板，分别安装在各社区活动室的墙壁或各社区的活动室内，5个多月共有6万多居民观看，其

图 10-24　2003 年 7 月，南京市栖霞区马群街道"人防进社区"教育活动示范点揭牌仪式

中 2 万多居民基本了解人防法律法规和"三防"知识。

2004 年，全省有 69 个机关、24 所高校、42 家企业、442 个社区近 257 万人接受人防知识教育。苏州市人防办组织编写《社区干部人防基础知识培训讲义》，部分社区将人防知识教育纳入社区党建工作。9 月，扬州市人防办确定三里桥社区为市区首家人防教育基地并授予铜牌。该社区把人防宣传教育纳入社区党员生活、干部学习、市民学校、青少年教育的重要内容，组织人防教育义务宣传员 60 人，运用社区丰富的文化资源和优良的人文环境，开展寓教于乐的文艺活动，实现社区文化和人防文化相互渗透和融合。

图 10-25　2008 年 5 月 30 日，苏州市创建民防工作示范社区启动仪式在娄门街道举行

2008 年 3 月，扬州市人防办与广陵区汶河街道联合举行《市民防空防灾》教育片发放暨首映式。市人防办向汶河街道 11 个社区和驻地两家大单位分发以战时防空袭、紧急呼救、防火灭火、安全用电、安全使用燃气、交通安全、传染病防治、食物中毒预防和处置、气象灾害防护、化学事故防护常识为主要内容的民防知识教育片。5 月 30 日，苏州市人防办和平江区政府在娄门街道新湘苑社区举行"创建民防工作示范社区"的启动仪式。该社区率先把民防工作纳入社区工作的重要议程，确立"以人为本、以防为主"的思路，制定社区民防工作职责和制度，建立社区民防工作室，开辟民防宣传橱窗，设置社区民防电子信息发布亭，组建社区民防志愿者队伍，成立民防医疗急救站，规定群众紧急疏散集结点并立牌标志，制定战时防空和平时避灾人口疏散预案，向每户居民发放《苏州市居民防灾应急手册》。8～9 月，镇江市举办首届防空防灾知识竞赛。竞赛由镇江军分区、市人防办、市广播电视总台主办，市人民广播电台承办。经过预赛，丹徒区、镇江新区、京口区、润州

图 10-26　2008 年 9 月 16 日，"镇江市首届防空防灾知识竞赛（决赛）"现场

区的6支社区代表队进入决赛。决赛在市电视台演播大厅举行，经过必答题、抢答题、风险题三轮比赛，丹徒区代表队获得冠军。镇江电视台向全市播放预、决赛实况。

截至2008年年底，全省已有858个社区、367家企事业单位开展人防（民防）知识教育。

第三节　培　　训

1978～1996年，全省人防系统主要通过专题培训、以会带训等进行指挥、通信、工程、财务等业务技术培训，以不断提高业务技术干部的工作能力和水平。同时根据国家计划，适时选送人防系统工作人员到军队或地方院校进行人防工程、指挥、通信、防化等专业的学习培训。经过2～3年的在校系统学习后，成为人防建设的专业骨干力量。1997～2008年，全省在注重提高业务干部素质的同时，加强对人防领导干部和行政执法人员的培训。进入21世纪后，全省人防系统人员培训逐步常态化。

一、人防部门领导培训

1978～1996年，人防部门领导主要参加相关专业培训。1997～2008年，多次组织领导干部专题培训。

1997年6月下旬，省人防办组织省、市、县级市人防办主任进行《人防法》培训。国家人防办《人防法》起草负责人苏瑞森就贯彻施行《人防法》若干问题讲课，省人大常委会办公厅法规室主任刘克希、省政府法制局局长张耀东，分别就地方立法和行政执法讲课。通过培训，参训人员掌握法律条文，统一执行《人防法》的思想。

2002年8月，全省人防办主任研讨会在南京召开。各省辖市人防办主任和分管指挥通信工作的副主任，省级机关有关部门的领导，部分县（市、区）人防办领导以及大型企业人防部门领导等共70余人参加研讨会。会议针对高技术战争条件下人防建设的理论和实践问题，采用专题讲座、论文交流、座谈等形式展开。通过研讨进一步理清新时期人防工作思路，确立构建江苏统一高效的人防组织指挥体系、布局合理的防护工程体系、灵敏可靠的通信警报体系、精干过硬的专业队伍体系、保障得力的人口疏散体系、现代化的科研和人才培育体系，提高人民防空的整体抗毁能力、快速反应能力、应急救援能力，实现自我发展能力的总目标。

2003年3月下旬，全省部分县（市、区）人防办主任培训班在南京举办。省人防办领导及各业务处处长辅导人防的历史进程、人防的地位作用，以及新时期人防建设的指导思想、方针原则和相关业务知识。昆山市和无锡市滨湖区的人防办主任介绍工作经验。

2004年7月上旬，全省县（市、区）人防办主任培训班在南京市举办。全省58个县（市、区）人防办领导参训。省人防办各业务处处长辅导有关业务知识。组织研讨交流活动并参观省人防指挥所。张家港市和无锡市滨湖区人防办主任分别介绍经验。

2005年9月中旬，省人防办在南京举办县（市、区）人防办主任培训班，全省52个县（市、区）人防办主任参训。省人防办主任及其机关处长授课，特邀南京陆军指挥学院教授做专题讲座，张家港市、无锡市滨湖区人防办主任分别介绍工作经验。参训人员参观省和南京市人防指挥所、南京市河西中央公园人防工程。

2007年8～9月，省人防办(民防局)举办各省辖市人防办主任(民防局局长)以及省人防办(民防局)部分处室负责人培训班，采取国内培训与国外培训相结合、课堂学习与实地考察相结合的办法进行。8月9～12日，听取解放军理工大学和南京陆军指挥学院专家关于城市地下空间开发利用、国外民防应急救援体系建设的辅导，阅读《民防学》和《城市地下空间规划》等资料。8月15日～9月4日，先后在加拿大、美国的4个地区听取专家学者对当地城市地下空间开发利用和应急救援建设方面的情况介绍。在加拿大蒙特利尔市，听取加拿大高级规划师、国际地下空间学会专家《让地下网络变得便捷、可靠而安全》的演讲，实地考察该市地下城和消防、应急指挥中心，听取指挥官员关于组织应急行动的情况介绍。蒙特利尔市警方特邀培训班领队、省民防局局长进入指挥大厅观摩当时正在处置煤气泄漏事故的实况。在美国波士顿市，学员参观马萨诸塞州应急管理机构(局)，听取局长关于该州应急管理机构建设和应急管理情况介绍。在华盛顿市，听取马里兰大学全球华人事务研究中心高级研究员(前美国审计署官员)关于风险与紧急状态管理(处理)的报告，马里兰州紧急事件处理署(EOC)官员介绍机构建设、部门设置、内外关系、职能发挥以及灾害预警、灾害报知、灾害应急处置、灾后重建等方面的情况。在华盛顿AEPA国际有限公司，与公司总裁、建筑结构学教授进行学术交谈，从工程建筑设计角度，广泛交流城市地下空间开发、风险预防、人口疏散、城市地下交通等问题。在新奥尔良市，听取该市突发事件处置办公室官员和专家介绍“卡特里娜”飓风袭击过程和政府组织抢险救灾、灾后重建情况。

2008年7月21～25日，省人防办在南京举办全省部分县(市、区)人防办主任培训班，徐州、连云港、淮安、盐城、宿迁、扬州、泰州等7市人防办主任、副主任及所属县(市、区)人防办主任共52人参训。聘请南京陆军指挥学院，解放军理工大学通信工程学院、工程兵工程学院等单位的专家、教授辅导，围绕信息技术在人防建设中的地位作用、当前国防战略背景与安全形势、人防工程防护与地下空间开发利用、实现防空防灾一体化等，进行专题学习和研讨。

二、指挥业务培训

1984年8～9月，省人防办组织省、市人防办领导和指挥处(科)长，参加为期21天的南京军区人防指挥干部集训班。了解国外民防概况、外军战略空袭基本观点及反空袭作战基本原则，进一步认清人防指挥工作的地位作用，增强做好指挥工作的责任感，系统学习战时人防指挥工作的内容、程序、方法和指挥业务知识。

1995年5月，全省人防指挥干部集训班在南京举办。参加集训的有省、市人防办的分管领导、指挥科(处)长共45人。省人防办邀请国防大学、南京军区空军、南京陆军指挥学院、工程兵工程学院的专家、学者讲授“世界战略形势和我国安全环境”“学习领会我国新时期军事战略方针”“高技术常规空袭与城市人防”“人防指挥概述及指挥学”等。

1998年12月，省人防办举办指挥自动化培训班，全省省辖市人防办指挥干部和部分县级市人防办领导参训。培训班由专家、教授讲授指挥自动化知识，介绍省人防指挥信息统计系统，学习指挥信息软件使用方法。

2008年3月，省人防办在南京组织全省人防指挥干部培训，南京陆军指挥学院专家从人防应急行动组织指挥、信息化条件下城市人口疏散、人防应急行动协同、各种保障等方面进行理论辅导。各市人防办分管领导、指挥通信处长及部分县、市(区)人防办领导参训。

三、通信业务培训

1978～1981年，全省通信人员业务培训，主要结合值勤通过以老带新、互帮、自学进行。

1982年10月29日～12月17日，省人防办在泰州市举办有线电技工培训班。20人参训。

1983～1985年，培训重点逐步转移到对现有通信技术人员的技术更新上，涉及微机、录像、传真应用、报(话)务、有(无)线机务、汽车(摩托)驾驶、电缆敷设与维修等。省人防办在全省推广徐州市开展一专多能训练的经验。各市采取因地制宜、因需制宜、因人制宜和学与用结合、机上与机下结合、分散与集中结合、自训与代训结合、新与老结合的办法组织培训，共培训通信骨干226人次。

1986～1990年，全省选送18人到军队通信院校深造，集中组织微机、传真、机务、话务、微波及电气等10多类技术培训。各市人防办还通过多种渠道实施自训和代培，共培训专业人员527人次，人均达2.7次。全省通信人员掌握两种专业技能以上的有156人，占总人数的87.1%。南京市人防通信技术人员基本上达到一专两能，其中有60%达到一专三能。

1989年8月20～27日，省人防办组织南京、徐州、连云港、苏州、无锡、常州、南通、扬州市人防通信站站长，参加南京军区司令部通信部在南京举办的人防通信新技术培训班。学习无线电移动通信、程控交换、微波接力通信、无线电组网知识以及建设程序和方法。

1991年6月2～21日，全省人防数字程控交换机技术培训班在苏州举办。省、市人防通信站技术人员参加培训。培训内容：数字程控交换机性能、特点和系统结构；技术参数与功能，程控交换机设备的安装与开通、维护与操作方法等。

1992年8月，省人防办下发《人民防空通信训练大纲》。全省按纲施训。

1993年9月，省人防办在苏州市举办为期10天的通信电源技术培训班。省人防办和各重点城市人防通信站30人参训。培训内容：充放电设备的配置、防爆密闭电池、免维护电池、UPS电源等设备的结构、特性、工作原理、使用要求及维护管理方法。

2000年3月，省政府、省军区要求：加强通信业务训练，建立通信干部业务训练制度，提高通信业务素质。采取短期集训、在职自学、函授教育、进修培训、网上教学、学术研讨、专业演练等方式训练。年度训练时间不少于60课时。

2001年4月9～14日，省人防办在苏州举办人防通信新技术集训暨通信建设研讨班。省市人防办分管领导、通信处(科)长、通信站站长等61人参训。军事科学院、武汉通信指挥学院、南京解放军理工大学等单位11位专家、教授讲授高技术条件下人防、城市联合反空袭战役人防通信保障、微波通信、光纤通信、无线电通信、计算机网络技术。

2003年1月，省人防办决定在全省人防系统开展学习现代通信基础知识学习活动。8月，省人防办在南京举办保密机安装和使用培训班。12月，省人防办组织全省人防通信人员进行《现代通信基础知识》函授作业考试。

图 10-27　2001 年 4 月 9～14 日，江苏省人防办在苏州举办“江苏人防通信新技术集训暨通信建设研讨班”

2005 年 3～6 月，省人防办在省军区通信教导队举办无线通信人员培训班。各市人防通信站各 1 人参训。培训内容为收报训练、机上勤务、通报用语、抗干扰收报等。5 月 15～21 日，省人防办结合机动通信系统竣工验收，在南京举办无线应急机动通信系统培训班，各市人防办分管主任、指挥通信处处长参加。

2006 年 5 月，省人防办在苏州举办光纤通信培训班，全省人防通信技术干部 28 人参训。是年，省人防办在组织开通无线短波通信网络后，利用全省无线短波通信网，进行无线短波通信训练，落实每周三的全省通信网络联调、联测训练。

2007 年 7 月，省人防办在镇江举办人防通信及信息化培训，全省人防通信技术人员 35 人参加培训。11 月 19 日，省人防办组织徐州、连云港、苏州、无锡、扬州市人防办和省人防通信站视频会演。徐州、连云港、苏州、扬州市人防办和张家港、昆山市人防办在指挥所内与省人防办地面指挥中心进行视频对通演练，无锡市人防办启用图传设备传送无锡市供电公司场外图像至省人防办，田湾核电站将核电站工况等视频传送至省人防办。

2008 年 6 月，省人防办在泰州市举办人防通信及信息化培训，全省人防通信技术人员 45 人参训。7 月，在南京举办视频会议系统及线路维护技术培训，全省人防通信技术人员 41 人参训。11 月，在南通举办机动指挥通信系统培训，全省人防通信技术人员 62 人参训。培训内容：机动指挥通信系统（车）接受任务，进行开设场地选择，统一规范开设中各作业手动作，供电油机启动与供电，室外电信光纤电缆（2M）接入，卫星天线架设与快速对星，机上电话、数据、视频开通，开通指挥通信系统与城市人防指挥所之间的电话、数据、视频通信。

四、工程技术培训

1978 年 4 月，省人防办和省建委组织全省人防工程技术人员学习人防工程设计的有关规定和战术技术要求。

1981 年 6 月，省人防办组织全省人防工程技术人员学习《人民防空工程设计规范》和《人民防空地下室设计规范》。

1997 年 2～3 月，省人防办举办人防工程设计规范培训班，150 人参训，聘请新规范的主编单位专家授课，采取“同时开学、分班上课、分期结业”的办法，顺利完成 5 个专业的课程培训，取得预期效果。

2000 年 4 月，省人防办举办人防工程防护专业培训班，70 多人参训。解放军理工大学工程兵工程学院 4 位教授授课，并结合人防工程进行现场教学。

2004 年 7 月，省人防办举办全省人防工程战术技术要求培训班，160 人参训。同年 8 月，省建设厅、省人防办举办全省甲、乙级勘察设计单位，甲、乙级施工图审查机构及专业人防设计院技术骨干参加的人防设计规范培训班，主要学习《人民防空地下室设计规范》《人民防空工程防火规范》《江苏省城市6B级人民防空工程设计技术标准》等内容。

五、行政执法培训

1995年11月15日～12月8日，省人防办举办行政执法人员培训班。省人防办领导、机关各处(室)及有关直属单位行政执法人员36人参加培训。培训期间，学习行政执法基础知识、《人民防空条例》《人民防空工程管理规定》等内容。培训结束时，参训人员经考核全部合格，4人领取行政执法监督证，32人领取行政执法证。

1997年9月18～19日，全省人防行政执法培训班在无锡举办。培训围绕人防行政执法的基本程序、操作规范展开，重点推广无锡市人防办行政执法工作组织机构、执法人员和行为规范"三到位"经验。参训人员观看无锡市法制局和市人防办联合摄制的《人防行政执法操作规范》录像片，该录像片被全国22个省、市、自治区人防机关作为人防行政执法培训教材。

1998年8月，省人防办举办为期3天的机关公务员行政执法培训班，邀请省法制局领导和专家，讲解《行政处罚法》《行政诉讼法》《国家赔偿法》《行政复议条例》等有关法律知识。11月，省人防办机关公务员全部通过法制教育考试。

1999年11月25～26日，省人防办在无锡市举办全省人防行政执法培训班。传达学习全省依法行政工作会议精神，邀请法制工作专家重点辅导执行《行政处罚法》和《行政复议法》，推广无锡市开展人防行政执法的经验，观摩无锡市人防办组织的模拟听证会。学习《江苏省人民防空行政执法规定》，突出解决执法行为、执法程序、执法案卷规范问题。

图10-28　1999年11月26日，参加全省人防行政执法培训班的学员阅览无锡市人防执法档案

2000年8月，省人防办在苏州举办全省人防行政执法培训班，重点学习《江苏省人民防空法律文书格式》，规范各类法律文书的应用。举办人防行政处罚调查取证专题讲座。苏州、常州市介绍依法实施报建管理，推进人防工程建设和依法实施人防工程建设质量管理的经验。组织参训人员进行相关法律、法规基础知识的测验，总评成绩良好以上。

2003年11月26日，全省人防行政执法培训班在南京举办。邀请专家就执行《行政许可法》和规范性文件清理与制定等有关问题进行辅导，无锡、常州、泰州市和昆山市、无锡市滨湖区人防办介绍推进人防依法行政和行政执法工作的经验和体会。

图 10-29　2003 年 11 月 26 日，江苏省人防行政执法培训班在南京举行

2005 年 3 月，在全省人防法制业务工作会议期间，就加强人防法治建设进行专题培训，学习省人防办《关于加强全省人民防空法治建设的意见》。

图 10-30　2005 年 3 月 29～30 日，江苏省人防法制业务工作会议在常州市召开

2007 年 10 月和 11 月，省人防办、省文化产业教育培训中心联合举办两期《突发事件应对法》培训班。省人防办领导、机关相关工作人员以及市、县(市、区)人防办的业务骨干 160 余人参训。培训班邀请南开大学公共安全研究中心、香港民安队专家以及省内地震、卫生、消防部门的专家讲课。

2008 年 9 月 22～24 日，省人防办召开省辖市人防办主任会议，专题学习修订后的《省实施〈人防法〉办法》。邀请省人大法制工作委员会副主任刘克希、省政府法制办副主任沈秋潮、南京大学法学院教授单锋做学习辅导，各市交流新修订的《省实施〈人防法〉办法》颁布以来的宣传贯彻情况，研究贯彻实施的具体措施。

1995～2008 年，全省举办人防法制培训班 605 次，5 万余人次参训。

1978～2008 年江苏民防大事记

1978 年

1 月 8 日　省革委会发出《关于下达 1978 年人防工程建设任务的通知》。

1 月 16 日　省革委会下发《贯彻〈国务院、中央军委关于进一步加强人防工程建设计划管理的通知〉的意见》。

1 月 19～21 日　全省人防业务工作会议在南京召开。会议贯彻省第六次党代会和第五届人代会对人防战备工作要求，总结 1977 年人防战备工作，研究落实 1978 年人防工程建设任务措施。12 个重点城镇和有关地区人防办及工程科(组)负责人，省计委、基建局、物资局、财政局、机械局、交通局负责人参加会议。省人防领导小组副组长、省军区副司令员李国厚主持会议。

2 月 25 日　全国人防领导小组批转《全国人防办公室关于 18 个城市人防工程建设情况的报告》。报告指出：建设速度慢，分布不平衡。最差的是成都、乌鲁木齐、南京，平均 5～7 人还不到 1 平方米；地上地下缺乏统一规划，互相干扰、互相影响。人防工事被复结构不合理，回填不密实，工事倒塌，影响地面房屋和城市道路、地下管网倒塌、裂缝、下沉。最严重的是广州、上海、南京三市，因基建、城建毁掉的人防工事占工事总数的 2.4%～6.1%。

2 月 28 日～3 月 9 日　省人防办委托南京市人防办举办喷锚支护施工技术训练班，徐州、连云港、苏州、无锡、镇江、盐城等市 70 人参加培训。

3 月 21 日　省委批复同意南京市委《关于人防地下干道工程建设有关问题的报告》。

4 月 5～12 日　省人防办和省建委在盐城召开首次全省人防工程设计会议。

4 月 19 日　省建委、省计委、省人防办下发《关于结合基本建设修建人防工事的意见》。

4 月 20 日～5 月 25 日　南京军区司令员聂凤智率领军区机关、军区空军、军区炮兵、江苏省军区、江苏省和南京市人防办联合工作组，对南京市的战备工作进行为期 35 天的调查研究。在调查研究基础上，分别拟制南京市人防、城防作战计划。

5 月 9 日　省委书记胡宏任南京军区人防领导小组副组长。

7 月 1 日　省人防领导小组召开会议，对全省人防工程建设做出初步规划，研究审议人防工程建设先进集体名单，确定全省人防工程建设先进集体、先进工作者代表大会的安排，研究为南京军区在无锡市召开人防工程建设经验交流会的准备事项以及省人防领导小组成员调整的意见。

7 月 19～22 日　省委、省革委会、省军区在南京召开全省人防工程建设先进集体、先进工作者代表大会。南京军区副司令员向守志出席会议并讲话，省委书记、省军区第二政委钟国楚做《加强人防工程建设　做好反侵略战争准备　为实现新时期总任务而奋斗》报告，全省 72 个单位、486名个人分别被授予人防工程建设先进集体、先进工作者称号。

8月13日 省人防办副主任王锐在参加全国人防工程建设计划会议时因心肌梗死逝世。12月14日,省军区政治部批准王锐为革命烈士。

9月30日 南京军区领导廖汉生、张希钦、向守志、邓岳、王展、廖荣标、黄振棠等,在省军区司令员黄朝天等陪同下,视察南京市仓顶、五台山、水西门菜场、大桥饭店等人防工程。

10月13日 国务院、中央军委重新调整全国人防工作重点城镇。南京、徐州、连云港为一类城市,苏州、无锡、常州、南通、扬州为二类城市,镇江、清江(今淮安市)、泰州、盐城为三类城市。

10月14日 南京军区副司令员向守志视察南京狮子山、钟山化工厂、104电站和市人防指挥所等人防工程。

10月21日～11月4日 第三次全国人防会议在北京召开,省委常委、省革委副主任丁可则等28人参加会议。无锡市市委介绍《坚持质量第一 搞好人防工程建设》经验,全国人民防空领导小组授予无锡市全国人民防空战备建设先进城镇称号。江苏省12个单位、18名个人分别被授予全国人民防空战备建设先进单位、先进工作者称号。

11月8日 省人防领导小组召开扩大会议,研究贯彻第三次全国人防会议精神。12日,省委常委、省革委副主任丁可则在省委召开的地、市委书记会议上,传达第三次全国人防会议精神。14日,省委在南京人民大会堂召开机关干部大会,传达第三次全国人防会议精神。

12月4日 省委书记、省军区政委钟国楚,省军区副政委罗晴涛,视察南京市五台山、仓顶、水西门菜场和大桥饭店等人防工程。

12月14日 省和各人防重点城镇主管人防工作的领导及人防办领导,在全国人防领导小组组织下,参观中国第25次核试验。

12月19日 省军区印发《关于各级人防办公室编配军队干部的通知》。

1979年

2月7日 省人防领导小组会议确定:1979～1985年全省人防工程建设,一、二、三类城市分别按平均每人0.7、0.5、0.3平方米标准规划。1979年人防工程建设计划,按15万平方米下达;地方财力安排人防经费,南京、徐州、无锡、苏州、常州5市按4%,其他市按2%的财政分成水平提取。南京、苏州先行试点组建人防建筑公司。

2月22～27日 南京军区人防工程建设经验交流会在无锡召开。军区人防领导小组成员,上海警备区,各省军区、野战军,军区各兵种,各人防重点城镇领导等250人参加会议。会议推广无锡市人防工程建设经验,参观该市15个人防工程。

3月18日 全国人防领导小组印发《全国人防办公室关于1978年人防工程建设情况的报告》。报告指出:江苏省单建式人防工程完成年度计划的84%,口部处理完成年度计划的54%。

4月18日 省计委、省人防办、省财政局下发《关于贯彻执行〈国务院关于地方和集体所有制单位自筹人防工程经费的解决办法〉的意见》。

4月19～20日 南京军区司令员聂凤智、副司令员向守志等,在省委、省革委会、省军区领导胡宏、储江、黄朝天陪同下视察南京市人防工程。

4月24日 南京军区副司令员向守志等，来省人防办听取江苏人防工作汇报。省人防办主任车洪声、省计委副主任顾定祥、省建委副主任刘登仁等参加汇报。

4月26日 省人防办、省粮食局、省财政局、省商业局下发《关于贯彻〈国务院中央军委关于参加人民防空战备施工人员防护用品和奖励的规定〉的意见》。

5月3日 南京军区副司令员向守志、副参谋长张挺等，在省军区副司令员李国厚、省人防办主任车洪声等陪同下，视察常州人防工作。听取工作汇报，检查戚墅堰机车车辆厂、801库、造船厂、帆布厂、市疏散干道、市指挥所等人防工程。

5月7日 省人防办、省计委、省基建委下发《关于贯彻执行国务院、中央军委〈关于在基本建设、城市建设、农田水利建设和人防工程建设中贯彻平战结合方针的暂行规定〉的通知》。

6月9～10日 南京军区副司令员向守志在省军区副司令员李国厚陪同下，检查盐城市人防战备工作。

6月13日 省委召开办公会议，听取省人防领导小组副组长、省军区副司令员李国厚，省人防办主任车洪声人防战备工作情况汇报，就省以下各级人防机构编制、省人防战时指挥所建设、从民用建筑中抽6%经费建人防地下室、省人防办成立科研所编制等做出决定。

6月23日 省革委会下发通知，要求按照国务院、中央军委《关于各级人民防空领导小组及其办事机构和有关部门的主要任务及体制编制的规定》和人防战备工作的实际需要，编设各地人防办事机构。

7月29日 全国人防领导小组批复江苏省，同意成立江苏省人防工程设计科研所。

10月13～15日 省人防领导小组和省军区在扬州市联合召开人防专业队伍防空演习现场会议。

11月6日 省人防领导小组会同安徽省人防领导小组组织两省教育、卫生、公安、军事和人防部门专业人员，完成《中学生防空常识教育大纲(送审稿)》编写任务，报送南京军区人防领导小组。

12月6日 省委书记胡宏主持召开省委办公会议，听取省人防办主任车洪声关于全国人防工程建设会议情况汇报。就国民经济调整期间人防工程建设重点、人防经费保障、人防工程施工队伍建设、成立人防科研机构等做出决定。

1980年

1月14日 省政府下达年度人防工程建设计划。人防工程建设经费、材料，由省计划委员会另行下达。

1月中下旬 总参作战部副部长张峰率全国人防工作组先后检查省和南京、扬州、镇江、无锡、苏州等市的人防战备工作。

4月 南京军区副司令员向守志率工作组到省人防和南京、徐州、无锡、苏州、清江(今淮安市)等人防重点城市，调查了解人防工程建设贯彻执行“调整、改革、整顿、提高”方针情况，指导人防战备建设。

5 月 28 日 南京军区副司令员向守志在省军区副司令员李国厚陪同下观看扬州市组织的“消除空袭后果”演习。

6 月 16 日 省政府批转省人防办、省计委、省建委、省经济委员会、省财政厅、省劳动局《关于组建人民防空工程公司(处、队)的报告》。

11 月 11～16 日 全国人防领导小组办公室主任、总参作战部部长谭旌樵率各大军区和各省、市、自治区人防领导小组暨业务部门领导等 160 多人,参观南京、无锡、南通市 30 余个不同类型、10 多种用途的平战结合人防工程,听取经验介绍。

12 月 14 日 朝鲜民主主义人民共和国煤炭工业部副部长崔亨文率煤炭工业代表团一行 10 人,参观徐州卧牛山人防工程。市人防办介绍光面爆破施工方法及喷锚支护技术等。崔亨文在留言簿上写下:“中朝友谊,万古长青。”

1981 年

2 月 21 日 南京军区副司令员向守志视察南京五台山人防招待所、工艺装备厂等人防工程。

3 月 根据省政府规定,全省有 10 个重点城镇陆续组建专业人防施工队伍。有固定职工 2361 人。

3 月 省人防办印发《坑、地道和掘开式工事工程预算定额》和《劳动定额》,这是全国最早的人防工程定额。

是月 省人防办与南京电影制片厂拍摄江苏第一部反映人防平战结合的电影——《春满洞天》。

4 月 8 日 省政府、省军区发出《贯彻国务院、中央军委〈关于坚持搞好人民防空工作的通知〉的意见》。

5 月 5～9 日 省人防办与省总工会、团省委、省妇联联合组织全省各市人防办、工会、团委、妇联负责人,参观常州、无锡两市人防平战结合工事。《工人日报》驻江苏记者站、新华日报社、群众杂志社、江苏电视台等新闻单位派记者参加活动。

5 月 18 日 中共中央联络部办公厅主任王箴西率领中央机关参观团一行 18 人,参观南京市人防工程。

6 月 5 日 中共江苏省委省级机关工作委员会组织省级机关各部、委、办、厅、局党支部书记以上干部 350 余人参观南京市人防工程。省委常委徐方恒及部分厅、局负责人参加。

6 月 25～29 日 南京军区人防工作会议在盐城召开。推广盐城地区人防办运用丙凝注浆处理人防工程渗漏水经验。南京军区副司令员向守志、副参谋长郭涛等出席会议并讲话。

9 月 25 日 省政府对全省第二轻工业系统集体所有制单位人防经费做出规定:从 1982 年起,把税后积累中提取的 4%人防工程经费,专户储存,并将数字告人防部门列入计划,由二轻主管部门自己掌握。该经费只用于修建本系统的人防工事,年终结余可以结转使用。二轻集体所有制单位的人防工程建设由人防部门和二轻部门共同研究安排。

12 月 1 日 省委、省政府、省军区下发《关于各级人民防空委员会及其办事机构和有关部门的主要任务及体制编制调整的通知》。在规定人防部门平时与战时任务的同时，决定各级人防领导小组改为人民防空委员会。省人防办内编 6 个处。

12 月 19～21 日 全省人防工作会议在常州召开。南京军区副司令员向守志，省委书记、副省长周泽出席会议并讲话。19 日下午，与会人员观摩常州市反空袭演习。

1982 年

1 月 10 日 省人防委主任周泽主持召开省人防委会议。安排 1982 年人防经费，研究《战时人口疏散方案》，人防工程平战结合优惠政策等问题。

1 月 23 日 省人防委规定人防音响警报信号。

1 月 23 日 省人防委批复连云港、常州、南通市人防领导小组：原则同意连云港、常州、南通市城市人口疏散方案。

2 月 6 日 省人防委、省军区下发《关于人民防空专业队伍建设有关问题的规定》。

2 月 10 日 省人防办会同省政府有关部门下发《人民防空工程建设经费管理暂行规定》《人防业务经费管理暂行规定》《人防工程公司（处、队）固定资产管理办法》《关于集体所有制单位人防工程经费和结合基本建设修建防空地下室经费以及人防工程公司人员经常费的筹集办法的通知》。

2 月 23 日 省人防委、省军区下发《关于研究拟制徐州市战时防空袭预案的意见》。决定在徐州市进行拟制战时城市防空袭预案试点。

3 月 9～15 日 省委宣传部、省人防办召开宣传人防战备建设会议。组织部分新闻单位参观常州、无锡、苏州、南通等市人防工程。

3 月 17 日 省人防办、省财政厅下发《关于人民防空专业队伍集中脱产训练费用开支标准的通知》。

3 月 19 日 省委书记、副省长周泽，任南京军区人防委副主任。

3 月 20 日 省人防委批复，原则同意徐州市城市人口疏散方案。

3 月 全省 12 个重点城镇人防领导小组全部改为人民防空委员会。

4 月 30 日 省政府、省军区向国务院、中央军委报送《关于贯彻调整人防组织体制情况的报告》。

6 月 26～29 日 省人防办、省无线电管理委员会、省邮电管理局及南京工学院、省无线电科学研究所等 33 个单位的有关专家组成鉴定委员会，对无锡市人防办、无锡市电子技术应用研究所研制的 JKZ—81—1 型人防警报遥控装置进行技术鉴定。通过技术性能测试和在市区及半径为 58 公里的丘陵山区实地操作，顺利通过省级鉴定。这是全省第一个有线和无线双重手段控制音响警报发放的遥控系统。

6 月 30 日～7 月 2 日 全省人防通信警报建设规划座谈会在无锡召开，研究贯彻落实《国家人防委关于拟制“六五”期间人防通信警报建设规划》措施。

8月10日 省人防办、省高教局、省教育厅发出《关于在部分学校开展人民防空常识教育的通知》。决定在南京、徐州、无锡市部分大中小学进行人防常识教育试点。

10月11～18日 全国人防工程防水技术经验交流会议在南京市召开。会上，南京市人防办介绍在人防工程中采用混凝土结构自防水的做法，盐城地区人防办介绍人防工事运用丙凝注浆补漏的做法，并做现场补漏操作表演。

10月25日 省人防委批复，原则同意苏州、无锡市人口疏散方案。要求抓好1个区或街道疏散方案试点，抓好各项保障方案的落实。

11月26日 省人防办、省高教局和省教育厅联合发出《关于教育部门要把人民防空的有关内容纳入大、中、小学教育计划的通知》。

12月7～11日 省政府、省军区在南京召开江苏省人防先进集体、先进工作者表彰大会。向20个先进集体授予锦旗，向83个先进集体和159名先进工作者授予奖状。

1983年

1月4日 省人防办印发《关于进一步加强人防工程勘察设计管理工作的通知》。

1月16日 省人防委、省军区下发《人民防空专业队伍训练纲目》。

2月18日 省政府常务会议议定：续建省战时指挥所地下工程，工程总投资由省人防委会同省计委、财政厅审核。

3月12日 南京军区人防战备工作会议代表，从上海赴苏州参观公园会堂、苏州火车站、新光服装厂、第一人民医院、人民路地下一条街等人防平战结合工事。

3月18～21日 经省政府、省人防委批准，省建委、省人防办在苏州市召开结合基本建设修建防空地下室会议。总结全省结合基本建设修建防空地下室情况，研究制定《按民用建筑总投资6%的比例结合基建、城建修建防空地下室的暂行办法》。提出进一步加强结合基建修建防空地下室意见。苏州、徐州、常州、镇江、清江(今淮安市)等市介绍结合基本建设修防空地下室经验。

4月5日 省基建委、省计委、省人防办下发《关于继续贯彻执行按民用建筑总投资的6%结合基建修建防空地下室规定的通知》。

4月22日 省政府、省军区下发《关于加强人民防空通信和警报建设有关问题的通知》。规定省和重点城市人防办成立人防通信站，通信站为事业编制，主要担负本级人防系统的指挥通信和警报通信保障任务。

5月4～6日 全省人防指挥工作会议在南京召开。会议贯彻国务院、中央军委批转《国家人防委关于加强人民防空通信和警报建设有关问题报告》，总结交流全省人防组织指挥和通信警报工作情况和经验，安排1983年全省人防指挥通信工作任务。

5月4～6日 省委宣传部、省人防办在连云港市召开全省人防宣传工作会议。从1978年年底至1983年4月，省以上新闻媒体录用人防稿件94篇，各地、市新闻媒体录用人防稿件590篇。省人防办与南京电影制片厂先后拍摄《今日地下城》《观新城》《春满洞天》《喜看姑苏又一村》等4部反映人防工作的影片。其中《春满洞天》经省委宣传部、省文化局批准，在全省各地公映。共放映人防专场电影1100场，观众100万人次。

5月13日 省人防委、省军区转发《省人防办关于制定战时城市防空袭预案的意见》。部署制定战时城市防空袭预案工作。

6月15～21日 盐城市人防工程队受国家人防办委托，在秦皇岛市举办丙凝注浆防水堵漏技术训练班，全国19个人防重点城市和南京军区空军、东海舰队、北京军区、水利电力部共79人参加培训。

6月18日 省人防办、省财政厅下发《关于调整人防工程公司(处、队)规模的通知》。将全省1万人规模的各人防工程公司(处、队)调整为5200人。

6月22日 省人防办、省人事局、省劳动局发出《关于人防通信站人员调配有关问题的通知》。下发《1983年省市人防通信站人员编制计划分配表》，全省计划分配32人。

7月14日 省长顾秀莲主持召开省政府常务会议，研究省人防指挥所工程建设问题。

7月27日 全国人大常委会副委员长彭冲视察南京市北极会堂人防工程。

9月2日 省人防办下发《江苏省人防工程预算定额(上、下册)》，在全省试行。1981年编制的《江苏省人防工程预算定额》停止执行。

9月9日 省委批准省人防办领导班子成员的任职：主任、党组书记车洪声，副主任、党组成员汪盛俊、杨国华、丁新全。

11月2日 省人防办、省教育厅转发《无锡市“三防”常识教育试点工作报告》。

11月4日 省委调整省人防委成员。省委副书记周泽任主任，金逊、陈焕友、李执中、甄申、刘奎基任副主任。

11月4～19日 省人民防空摄影展在苏州展出。此后，参展作品在全省各市巡回展出。

12月5～9日 省人防办、省建委在南京召开江苏省第四次人防工程设计会议。并首次组织优秀设计评选活动，35个优秀设计项目获奖。

1984年

1月24日 省人防办下发《关于防敌突袭警报信号传递的规定》。

1月26日 省委副书记周泽主持召开省人防委会议。研究健全人防机构、抓好人防工程完善配套、发展平战结合和拟制防空袭预案、省人防指挥所工程建设等工作。

2月10～12日 省人防办和省建委在南京召开全省人防工作会议，总结1983年工作，部署1984年人防战备任务。省委副书记周泽、省军区司令员甄申、副司令员刘奎基、省政府顾问李执中到会并讲话。

2月17日 省人防办、省基建委、省财政厅、省编委印发《关于人防工程设计管理工作的若干规定》。

3月10日 南京军区副司令员张明、副参谋长巴忠倓视察南京市104电站、北极会堂、北极地下商场、北极岩地下宫等人防工程。

4月4日 省长顾秀莲主持召开省政府常务会议，研究安排年度人防经费预算。

6月11日 省人防办颁发《江苏省人民防空工程防火暂行规定》。

6月15日 国家人防办下发《关于委托江苏省人防办组织编制全国人防工程建设定额的通知》,确定由江苏省人防办公室牵头组织,编制全国《人防工程建设定额》。

7月 省人防通信站成立。为省人防办直属副处级事业单位,设站部、修理所、总机班、警报台。

8月29日～9月19日 南京军区人防委委托江苏省人防办在南京举办南京战区人防指挥干部集训班。上海市、江苏、浙江、安徽省及各人防重点城市的人防指挥干部158人参训。南京军区司令员向守志、政委郭林祥和副司令员张明审定教学计划,听取汇报并看望参训人员。郭林祥做集训总结。

10月4日 孟加拉国工程兵20多名青年军官,在夏赫德率领下,参观南京市北极会堂和北极岩地下宫。

10月 省人防办提出人防工作改革措施:① 下放人防工程建设项目的审批权限;② 各人防工程设计单位逐步实行技术经济责任制;③ 各人防工程公司、处、队要进一步改善经营管理,提高经济效益;④ 改进业务费管理办法,实行预算包干结余留用;⑤ 机关建立岗位责任制。

12月4～8日 省人防委、省军区在南通市召开南通市防空袭预案审议会议。

1985年

1月8～18日 省人防办组织工程技术人员检查验收全省1984年竣工的人防工程以及平战结合使用、工程维护管理情况。

2月27日～3月2日 全省人防工程平战结合座谈会在南京召开。研究推进人防工程平战结合的办法和措施。

3月15～16日 南京军区司令部在无锡市召开全战区城市民兵和人防专业队伍建设研究会。

3月16日 省长顾秀莲主持召开省人防委会议,审议并原则同意《江苏省人民防空工程维护管理实施细则》。

3月16日 省人防委下发《1985年全省人防战备工作要点》。

3月31日～4月2日 省军区、省人防委在无锡市召开全省人防工作会议。

4月10日 南京军区司令员向守志、副政委李宝奇、顾问吴仕宏等视察南京市北极会堂、北极地下商场、市人防指挥所、五台洞天旅社和玻璃纤维设计研究院地下教室等平战结合人防工程。

4月16日 省政府、省军区颁发《江苏省人民防空工程维护管理实施细则》。

5月11日 省委决定:省长顾秀莲任省人防委主任。免去周泽省人防委主任、金逊省人防委副主任职务。

5月17日 省人防办、省教育厅下发《关于在城市中(小)学开展“三防”常识教育若干问题的通知》。

5 月 22 日 省军区党委决定：车洪声离职休息，不再担任省人防办主任。省人防办工作由副主任杨国华主持。8 月 24 日，省委决定免去车洪声省人防办主任、党组书记职务。

6 月 4～6 日 省人防办和省教育厅在南京召开首次全省“三防”教育工作会议，总结交流“三防”教育试点经验。

8 月 23 日 省人防设计科研所董立国携带太阳能—活性炭降湿装置研究成果，参加在丹麦首都哥本哈根举行的第一次世界暖通空调大会。

9 月 7 日 巴基斯坦军事代表团团长、工兵司令舒加特少将，巴基斯坦驻华使馆武官塔里克准将等一行 4 人，在总参谋部工程兵部领导陪同下，参观南京市北极会堂、北极地下商场和玻璃纤维设计研究院地下教室等平战结合人防工程。

9 月 9 日 省税务局对人防工程队征税等问题批复：凡属于人防工程收入暂免缴所得税，非人防工程收入按税法规定分别缴纳国有企业所得税和集体企业所得税。

9 月 26 日 南京军区人防办转发江苏省人防办《积极贯彻改革方针　提高人防战备建设效益》经验。

10 月 10 日 南京军区司令员向守志视察盐城市人防建设，听取人防工作汇报，察看部分人防工程。

10 月 11～14 日 全省人防业务工作会议在淮阴市（今淮安市）召开。总结全省“六五”期间的人防工作，研究制定全省人防“七五”建设规划。

10 月 22 日 省长顾秀莲任南京军区人防委副主任。

10 月 省人防办、省教育厅下发重新编写的《三防常识》（中学课本）。

11 月 5～20 日 全国人防通信工作会议在南京召开。省人防办在会议上做题为《我们抓通信值勤管理的几点做法》的经验介绍。

11 月 25～28 日 全省人防指挥通信会议在连云港召开。会议总结交流“六五”期间全省人防指挥通信工作情况和经验，讨论修改《全省人防指挥工作“七五”计划》和《全省人防通信“七五”建设计划》。

11 月 30 日 省委决定：杨国华任省人防办公室党组副书记。

12 月 26 日 省人防办、省财政厅下发《关于人防工程公司利润分配的暂行规定》。

1986 年

1 月 21 日 国家人防委下发《全国人防通信“七五”建设计划纲要》。要求江苏省完成人防通信、警报自动化试点任务，省与所属一类城市间人防通信，基本实现高速传真和汉字信息传递。

1 月 23 日 南京军区人防办通知，军区警报台从 1986 年 1 月 1 日起，停止播发信号。南京、徐州、连云港、苏州、无锡、常州、南通 7 市人防办无线电警报接收台随即停止接受南京军区警报信号和空情报知信号。

2 月 27 日～3 月 1 日 全省人防系统设计座谈会在南京召开，研究加强人防工程设计与管理工作的办法和措施。

3月1日 10时起，省人防办无线电警报接收台停止接收统帅部无线电警报信号。

3月15日 省建委、省人防办下发《结合民用建筑修建防空地下室实施细则》。

3月20日 省人防委转发省人防办《制定城市区级防空袭预案的意见》，部署区级防空袭预案制定工作。

4月5日 省人防委、省军区下发《关于贯彻国家人防委〈关于城市人民防空专业队伍建设的规定〉的实施办法》。

4月9日 全省人防办主任会议在南京召开。会议传达国家人防委关于开展人防工程大检查的通知和南京军区人防工作业务会议精神，研究部署人防工程大检查的相关工作。

4月18日 省长顾秀莲主持召开人防委领导会议，研究"七五"期间省地方财力对人防经费的安排方案等。

4月20～22日 省建委、省人防办在常州召开全省第二次防空地下室工作会议。

4月29日 省人防办通知，为进一步做好结合民用建筑修建防空地下室工作，南京、徐州、苏州、无锡、常州市人防办各选派1～2人，连云港、南通、扬州市人防办各选派1人，到市建委人防管理机构协助工作。

5月30日 省政府决定，镇江市结合民用建筑修建防空地下室，按二类人防重点城市有关规定执行。

7月1日 全省人防系统通信设备、设施全部由各人防通信站自行维护管理。邮电部门不再维护管理。

8月5～9日 省教育厅、省人防办在无锡市举办全省中学生"三防"夏令营。全省12个人防重点城市的120名中学生和领队、带队老师计156人参加。

8月29日～9月6日 总参谋部防化部部长徐光裕率国家人防委检查组一行7人，检查南京、无锡市人防工作。

9月10～12日 省人防办在南京召开城市区级防空袭预案试点座谈会。

10月7日 省人防办印发《关于加强人防财务物资管理的通知》。

10月29日 省政府决定：盐城市结合城市建设和民用建筑修建防空地下室，按二类人防重点城市规定执行。

11月19日 南京军区人防委通报表彰平战结合优秀人防工程。江苏省的47个平战结合工程受表彰，占5省1市受表彰工程总数的31%。

11月30日 省人防委、省教委下发《关于在初级中学进行人防三防知识教育的实施办法》。

12月4日 省编委批复：同意江苏省人防工程设计科研所更名为江苏省人防工程科研设计院。更名后，其人员编制、级别均不变。

12月17日 省长顾秀莲主持召开省长办公会议，听取国家人防委在厦门召开的人防建设与城市建设相结合座谈会精神的汇报，研究贯彻意见。确定省建委、省人防办组织起草《江苏省人防建设与城市建设相结合实施细则》，南京市进行人防建设与城市建设相结合总体规划试点工作，徐州市进行人防部门承担抗震、抢险、救灾组织指挥工作试点。

12月20日 省军区司令部、省人防办组织开展核观测、监测和报知能力的普查。

1987 年

1 月 24 日 省人防委下发《1987 年全省人民防空工作要点》。

2 月 24 日 省人防办、省财政厅转发国家人防委、财政部《人民防空财务管理规定》和《人民防空会计制度》，并结合江苏实际做出 15 条补充规定。

2 月 24 日 省人防办、省财政厅联合颁发《关于平时使用人防工程收费的暂行规定》。

2 月 25 日 省政府、省军区批转省人防委《关于贯彻国务院、中央军委国发〔1986〕9 号文件的意见》，要求：人防工程建设与城市开发利用地下空间相结合；推进人防工程平战结合，积极为社会服务；逐步实行人防事业单位企业化管理；按照国家规定筹集人防建设经费；对开发利用人防工程实行政策优惠。

3 月 7 日 省长顾秀莲主持召开省人防委会议。审议全省人防建设“七五”规划（草案）、江苏省人防建设先进集体和先进个人表彰名单、全省各市防空袭预案。

3 月 16～19 日 省政府在南京市召开全省城镇建设和人防建设工作会议。传达全国人防建设与城市建设相结合工作座谈会精神；总结“六五”期间人防建设工作，表彰先进；明确全省人防建设工作任务和具体措施。南京军区副司令员王成斌、省长顾秀莲、副省长张绪武和省军区司令员甄申、政委岳德旺出席会议并讲话。省政府、省军区表彰 74 个人防先进集体和 143 名先进个人。

3 月 17 日 省委、省政府决定撤销省人民防空委员会，有关工作由省人防办会同省军区和有关部门负责办理。

6 月 15～30 日 省人防办在徐州举办全省人防话务员培训班。全省 28 人参加培训。

7 月 5～8 日 以省军区三级首长、机关抗登陆战役演习为背景，省人防办首次组织省、市人防指挥部防空演习。省和 12 个人防重点城市及部分区级人防部门参加。

7 月 7 日 国家人防委决定授予 37 个项目部（委）级人防工程科技进步奖。其中，江苏省人防工程设计科研所研制的太阳能—活性炭通风除湿装置获二等奖、盐城市人防工程公司的丙凝注浆堵漏技术研究获三等奖。

7 月 7 日 国家人防委表彰“六五”期间为人防工程科研做出较大贡献的 7 个先进单位和 11 名先进个人，省人防工程设计科研所耿章大受到表彰。

7 月 8 日 无锡市、常州市被国家人防委表彰为全国人防建设平战结合先进城市。

7 月 21～24 日 全省人防平战结合经验交流会在盐城召开。

7 月 27 日 南京军区人防委批复，原则同意南京、徐州、连云港三市《防空袭预案》的基本方案和保障计划，并分别提出修改意见。

8 月 7 日 省委决定：邵夏光任省人防办副主任、党组副书记（主持工作），免去杨国华党组副书记职务。

9 月 7 日 省人防办表彰全省 11 个人防工程优秀设计项目。

9 月 22～27 日 省建委、省人防办在南京召开江苏省人防建设与城市建设相结合总体规划编制工作研讨会。

10月6～9日 国家人防委、国家教委在四川自贡市召开全国人防重点城市初级中学“三防”知识教育座谈会。省教委、省人防办就《加强领导、认真组织，努力使“三防”知识教育工作健康发展》，无锡市人防办和教育局就《抓认识、重实效、积极开展中学“三防”知识教育》，南京市第二中学就《融思想、知识、实践于一体，搞好中学“三防”知识教育》在会议上做经验介绍。

10月9日 省人防办组织各市人防办领导和指挥通信处(科)长等观摩淮阴市(今淮安市)防空袭斗争室内研究性演习。

10月10日～11月20日 省人防办组织全省人防财务物资大检查。

10月14日 省建委、省人防办下发《江苏省人民防空建设总体规划编制工作的意见》。

11月17日 省人防办组织各市人防办领导和指挥人员，观摩无锡市、区人防指挥所携带部分通信工具的防空袭研究性演习。

12月22～25日 全省人防建设发展战略讨论会在南通召开。

1988年

3月3～4日 南京军区副司令员郭涛检查省和南京市人防工作。

3月9～12日 省政府、省军区在徐州召开全省人防工作会议。省政府副省长张绪武、省军区司令员甄申、副司令员陈月星等出席会议并讲话。

3月26日 省人防办印发《江苏省人防工程建设计划管理实施细则(试行)》。

3月28日 国家人防办委托江苏省人防办编制的《人防工程预算定额》(第一册掘开式工程、第二册坑地道工程)和《人防工程工期定额》，经国家计委审核同意，由国家人防委颁发各地执行。

3月28日 国家人防委决定成立国家人防工程标准定额站，设在江苏省人防办，暂编8～10人，为县(处)级事业单位，由国家人防办和江苏省人防办双重领导，承担全国人防工程建设的标准定额管理工作，对国家人防办负责。8月9日，省编制委员会批复省人防办，同意国家人防委在江苏设立国家人防工程标定额站，同时挂江苏省人防工程标准定额站牌子。

3月29～31日 全省人防工程科研设计工作会议在无锡召开。会议总结部署设计、科研工作，表彰全省第二次人防工程设计评优成果，讨论修改《人防工程设计工作管理规定实施办法》和《人防工程科研管理工作实施办法》。

3月30日 国家人防委授予常州地下靶场、无锡机床电器厂人防工程国家人防级优秀设计一等奖，南京北极会堂、苏州公园会堂、无锡环城河人防工程国家人防级优秀设计二等奖。

4月5～7日 省教委、省人防办在常州召开第二次全省初级中学“三防”知识教育工作会议。

4月6日 省军区司令员甄申检查南通市人防战备工作。

4月27日 省教委、省人防办下发《1988～1995年全省中学三防知识教育八年规划》。

5月4日 省政府批转省军区司令部《关于江苏省人防工作情况的报告》。

5月7日和5月9日 总参作战部部长兼国家人防办主任隗福临及各大军区作战部部长，检查南京市人防工作。

5 月 25 日 《江苏省人民防空摄影作品展》在南京市文化宫展览馆开幕。南京军区参谋长刘伦贤出席开幕式并讲话。5 月 27 日，南京军区司令员向守志参观该展览并讲话。6 月～8 月，该展览在全省 11 个人防重点城市巡回展出。

6 月 1 日 省人防工程科研设计院联合体成立。

6 月 2 日 省政府决定：泰州市、淮阴市（今淮安市）结合民用建筑修建防空地下室，按二类城市有关规定执行。

6 月 24 日 省委决定：张军任省人防办副主任。8 月 8 日，省政府任命张军为省人防办副主任，免去汪盛俊省人防办副主任职务。

6 月 28 日～7 月 1 日 省建委、省人防办在无锡召开全省第三次防空地下室建设工作会议。总结交流各市防空地下室建设情况和经验，展示人防建设与城市建设相结合规划成果，研究提出进一步搞好结建工作的要求和措施。省军区副司令员陈月星参加会议并讲话。

7 月 22 日 省人防办决定在镇江、扬州、泰州三市间组织无线接力机组网试验。

8 月 1 日 省建委、省人防办下发《江苏省人民防空工程设计工作管理实施办法（试行）》。

8 月 18～20 日 全省人防宣传工作座谈会在连云港召开。

9 月 20～24 日 总参工程兵部在九江市召开全国人防工程平战功能转换技术研讨会，江苏 4 篇论文获奖。

10 月 18 日 国家人防委表彰全国人防工程设计、设计管理先进单位和先进个人。省人防办为全国人防工程设计管理先进单位；南京市人防工程设计所、常州市人防工程设计室、无锡市人防工程勘察设计室为全国人防工程设计先进单位。省人防工程科研设计院龚运风等 4 人为全国人防工程设计先进个人。

10 月 25～29 日 第二次全国人防工程设计工作会议在无锡召开。省人防办副主任邵夏光介绍江苏人防工程设计和管理经验。会议代表参观江苏省人防工程设计成果展览和无锡、常州市平战结合人防工程。

11 月 8 日 省人防办下发《江苏省人防工程科研管理工作实施办法（试行）》。

11 月 8 日 省人防办决定将全省平战结合管理工作交由“791”工程管理处承担，对外称平战结合管理处。

11 月 18 日 省军区司令员章昭薰检查指导省人防办工作。

11 月 30 日 省人防办印发《关于执行〈人防工程预算定额〉〈人防工程工期定额〉和〈江苏省人防工程建设综合费用定额〉的通知》。

12 月 6～9 日 省人防办在南通召开全省人防计划工作会议。

12 月 13 日 南京军区参谋长刘伦贤视察南京市人防工作。

12 月 22 日 省人防办在苏州市举行防化学突发事故应急救援研究性演习。

1989 年

2 月 18 日 省人防办下发《人防经费有偿投资暂行办法》。

2月23～27日 省政府、省军区在常州召开全省人防工作会议。副省长张绪武、省军区司令员章昭薰、副司令员陈月星等领导出席会议并讲话。

3月3日 南京军区副司令员郭涛来省人防办调查研究，检查指导工作。

3月13日 副省长张绪武视察南通人防工作。

4月10～18日 总参作战部副部长刘朝明等一行5人，检查省和南京、常州、无锡、扬州4市的人防工作。南京军区副参谋长郑炳清和省军区司令员章昭薰等陪同检查。副省长张绪武会见检查组成员。

5月6日 瑞典民防救护局副局长鲁纳·达廉参观访问苏州市人防办。

5月8～17日 南京军区副司令员、军区人防委副主任郭涛等一行5人，在省军区副司令员陈月星等陪同下，调研常州、无锡和苏州市发挥人防优势，为经济建设服务，推进人防建设进一步发展等问题。

6月24日 省人防办决定：对在人防财务物资管理工作中取得优异成绩的省人防办综合处等6个单位授予“人民防空财务物资管理先进单位”称号，对许江等18名个人授予“人民防空财务物资管理先进个人”称号。

7月4日 省政府、省军区决定恢复省人防委。省长陈焕友任主任，省军区司令员章昭薰、副省长张绪武、省军区副司令员陈月星任副主任。

7月9～12日 省人防办在南京召开全省人防办主任座谈会。

7月15日 省政府转发省水利厅、省人防办《关于使用人防通信线路保障防汛抢险指挥通信方案的通知》。在历时70天的防汛工作中，全省人防系统131人参加指挥通信保障，开设短波、超短波电台61部，接转电话2900余次，架设线缆4.7千米。在实施中也暴露出现有通信手段单一，设备设施落后等问题。

7月25～27日 江苏省地下建筑火灾扑救研讨会在南京召开。南京市人防办作《人防工程防火措施管理》发言，并配合南京市消防支队利用人防工事进行灭火演习。

7月26～30日 省教委、省人防办在连云港市联合举办江苏省中学生“三防”教师夏令营。

7月 省人防办组织编印的《江苏人防概览》画册出版。中顾委委员杜平为画册题名。

8月4～6日 《江苏人防》杂志编辑部在南京召开第一次编辑会议，研究确定《江苏人防》的指导思想、工作分工和工作制度。杨国华任主编。

8月19日 省军区政委缪国亮视察苏州市察院场地下人行环道工程。

8月20～27日 省人防办组织南京、徐州、连云港、苏州、无锡、常州、南通、扬州市人防通信站站长，参加南京军区司令部通信部在南京举办的人防通信新技术培训班。

9月4日 省委书记韩培信视察苏州市察院场地下人防工程。

10月8～10日 省人防办在南通召开全省人防宣传工作研讨会。

10月25日 省人防办、省财政厅下发《江苏省各级人防办工作人员劳动保护用品管理暂行办法》。

10月31日 省人防办在苏州召开全省人防地下商场经理座谈会。会议交流地下商场经营管理情况，研讨人防地下商场面临的问题和发展方向，成立江苏省人防大中型地下商场联合会。

11月9～19日 省人防办全面调查和重点抽查全省人防专业队伍建设情况。

11月25日 省人防办对在组织建设、精神文明建设、战备训练、平战结合、参加抢险救灾等方面做出显著成绩的南京电信局人防通信连无线排、徐州市第一人民医院医疗救护连、连云港市化工公司人防防化连化工厂防化排等 12 个人防专业分队给予通报表彰。

11 月 30 日～12 月 5 日 省人防办在南京召开全省人防计划会议和人防工程施工管理工作会议。省军区副司令员陈月星等出席会议。

1990 年

2 月 6 日 副省长季允石在省人防办《关于 1989 年全省人防工作情况报告》上批示：发扬成绩，总结经验，平战结合，多做贡献。

2 月 25 日 参加省政协七届二次全会的 180 余名委员参观南京市北极舞厅、北极会堂和市人防指挥所等人防工程，观看反映江苏人防建设成就的专题片《地下又一春》，省人防办向各位委员赠送《江苏人防概览》画册和有关资料。

3 月 10～13 日 省政府、省军区在苏州召开全省人防工作会议。省军区政委岳德旺、副省长季允石、省军区副司令员陈月星到会并讲话。

3 月 29～4 月 3 日 国家人防办、建设部、总参工程兵部组成的审查组，在南京审核南京市《人防建设与城市建设相结合规划》。

4 月 8～18 日 应省人防办邀请，《人民日报》、新华社、《经济日报》、《中国商报》、《建设报》和《新华日报》记者，采访南京、常州、无锡、苏州和徐州市人防工作。

4 月 14 日 省人防办、新华日报社决定从 5 月初开始，联合举办“今日江苏人防”征文比赛活动。10 月 14 日，组成专家组评选参加征文竞赛的稿件，其中 14 篇作品分获一、二、三等奖。

5 月 7～15 日 南京军区人防办组成联合调研组，围绕发挥人防建设优势，为经济建设服务问题，对苏州市 200 多个人防工事平战结合和工程管理情况进行调查研究。

5 月 10 日 原工程兵司令员陈士榘等一行 4 人，在省委办公厅领导陪同下参观南京北极阁人防工程。

5 月 12 日 省军区副司令员陈月星检查盐城市人防工作，20 日检查扬州市人防工作。

5 月 22 日 省委副书记邓鸿勋检查无锡市五爱广场人防工程工地。

5 月 23～24 日 全省人防通信设备维护管理现场会在徐州召开。推广徐州市人防通信设备维护管理的试点经验。

6 月 18 日 省人防办遵照省政府、省军区指示，组织无锡市供电局人防抢修专业队、常州市自来水公司人防抢修专业队、镇江市第一人民医院人防医疗救护专业队共 99 人，车辆 19 台，参加全省民兵、预备役部队军事技术汇报表演。

7 月 13 日～8 月 1 日 省人防办组织检查全省 13 个通信站的通信保障能力、设备维护管理、值勤与训练、平战结合、行政管理和创建“先进人防通信站”等情况。

7 月 18 日 省委副书记孙家正视察徐州市人防工作，在古彭地下商场实地调研。

7 月 20 日 省委任命邹敖孙为省人防办副主任、党组成员。

8 月 6～9 日 省人防办在无锡召开全省人防秘书宣传工作研究会。

9 月 10 日 省人防办建立《大中型人防工程建设前期工作计划制度》。

9 月 24 日 无锡市西门地下商场开业。省军区副司令员陈可吼、副政委陈春耕和省人防办领导以及无锡市党政军领导参加揭幕仪式。

10 月 8～13 日 省人防办在南京、扬州、连云港市组织召开全省化学事故应急救援现场研讨会议。

10 月 23～24 日 江苏省人防平战结合理论研讨会在无锡市召开。

10 月 24～30 日 省政协副主席刘星汉率省政协一行 14 人，调研省和常州、苏州、无锡三市人防工作。

10 月 25～26 日 全省人防建设平战结合业务座谈会在无锡召开。会议总结交流“七五”期间全面开展平战结合工作的经验和体会，研讨“八五”平战结合工作规划。

10 月 26 日 省政协副主席、省民盟主委陈敏之，率省民盟 200 多名盟员参观南京市人防工程。

10 月 30 日 副总参谋长、国家人防委副主任徐惠滋，视察南京市夫子庙地下商场。

11 月 23 日 总参工程兵部副部长徐新江等 15 人视察苏州市人防工程建设。

12 月 11～12 日 全省人口疏散城乡挂钩试点研讨会在常州召开。

12 月 13～18 日 全国工程设计高科技展览在北京市中国革命军事博物馆展出 9 个人防工程。其中，江苏省南京市夫子庙地下商场、常州市江南商场、徐州市古彭地下商场、苏州市察院场环道工程和苏州公园会堂等 5 个人防工程参展。

1991 年

1 月 4～7 日 全省人防计划、业务会议在南京召开。

2 月 19 日 省长陈焕友任南京军区人防委副主任。

3 月 1 日 省人防办办公楼二楼的微机操作室发生火灾。造成经济损失总计 4 万多元。

3 月 27 日 省教育委员会、省人防办表彰初级中学人防知识课优秀教案。48 篇教案分获一、二、三等奖。

3 月 经省委宣传部、省新闻出版局审核批准，《江苏人防》杂志正式发刊。

4 月 19～22 日 省政府、省军区在南京召开全省人防工作会议。副省长季允石、省军区副司令员陈可吼等领导出席会议并讲话。

4 月 27 日 省暨南京市政协委员在南京北极阁地下工事群举办联谊活动，省政协副主席徐英锐、市政协主席方明等参加。

5 月 11 日 省人防办印发《第八个五年人防指挥业务建设和人防教育计划》。对“八五”期间的人防指挥业务、专业队伍建设、人防知识教育做出部署。

5 月 27～29 日 全省第三次人防知识教育工作会议在无锡召开。

5 月～6 月 省建委、省人防办组成检查组，检查各市贯彻落实防空地下室建设政策、防空地下室设计、施工质量情况以及结建式防空地下室经费收支情况。

6月10日 副省长季允石任南京军区人防委副主任。

6月15日 南京军区司令员固辉、副司令员郭涛、上海市副市长倪天增、福建省副省长刘金美、浙江省副省长柴松岳、安徽省副省长吴昌期、江西省人大常委会副主任钱家铭及南京军区人防委扩大会议代表参观南京市人防指挥所等人防工程。副省长季允石主持。

6月16日 南京军区人防委表彰"七五"期间人防建设先进单位和先进个人。江苏省15个先进单位、13名先进个人受到表彰。

6月中旬～7月中旬 全省遭受百年未遇特大暴雨袭击，134个人防工程9.24万平方米被淹，130余台工程设备被水浸泡。18处山体滑坡，造成7个人防工程口部被埋，2万余平方米工程结构严重受损。国家人防办两次拨款共70万元，用于人防工程抢险。河北省人防办向省人防办发来慰问电，并捐赠2万元。

11月 团中央书记洛桑调研苏州搪瓷玻璃设备厂利用人防工事建起的"青年之家"。

12月27日 省政府、省军区调整省人防委部分成员。副省长季允石、省军区副司令员陈可吼任副主任。

1992年

1月7～9日 全省人防计划工作会议在南京召开。

2月23日 国家人防办副主任、总参作战部副部长刘朝明一行18人，视察南京市人防指挥所和夫子庙地下商场、洪武路地下车库等平战结合人防工程。听取省人防办领导的工作汇报。

3月16日 国家人防办副主任、总参作战部副部长刘朝明一行6人，视察扬州市人防工作。

4月8日 省人防委表彰"七五"期间人防建设先进单位和先进工作者。80个先进单位、186名先进工作者受表彰。

4月13日 省政府、省军区在南京召开全省人防工作会议暨"七五"总结表彰大会。常务副省长高德正、省军区副司令员陈可吼等出席会议并讲话。

4月24日 省无线电管理委员会办公室同意省人防办在镇江、扬州、泰州、连云港、淮阴市(今淮安市)人防利用省广播电视厅微波干线，建立接力通信网。

4月25日 国家人防委表彰全国人防工作先进单位、先进工作者。省人防办和南京、常州、无锡市人防办以及17名个人受到表彰。

5月14日 南京军区、省人民政府批准省人防指挥所划为军事禁区。

6月30日～7月2日 全省人防平战结合座谈会在无锡市召开。会议代表参观无锡、苏州市部分平战结合人防工程。

8月5日 国家人防委授予86项科研成果国家人防科学技术进步奖。其中，省人防工程标准定额站编制的《人防工程预算定额》第一册《掘开式工程》、第二册《坑地道工程》和《人防工程工期定额》获三等奖。

10月1日 苏州市人防工程设计所主任王超，被国务院授予中青年专家称号，享受政府特殊津贴。

10月15～22日 省政协副主席刘星汉率领省政协视察组一行12人，对连云港、徐州、淮阴三市的人防建设情况进行实地考察。

10月21～23日 全省人防化学救援应急分队建设学术研讨会淮阴市(今淮安市)召开。

10月27～30日 全国居住区人防工程建设研讨会在苏州召开。其间，70余名会议代表参观苏州、无锡市居住区人防工程。

11月10日 省人防办颁发《江苏省人防工程建设定额管理实施细则》。

11月12日 省人防办向省政府、省军区呈报《关于在县级市开展人民防空工作的请示》。

12月17～19日 全省人防计划会议在南京召开。传达全国人防办主任会议精神，总结1992年全省人防工程建设情况，部署1993年人防工作。受国家人防委委托，省人防办领导向获得全国人防先进单位的南京、无锡、常州市人防办和17名全国人防先进个人颁奖。

1993年

1月30日 南京军区副司令员刘伦贤等一行4人，检查省和南京市人防工作。

2月9日 省政府、省军区调整省人防委成员。省军区司令员郑炳清任省人防委副主任。

3月5日 省人防办发出《关于与江苏电视台联合组织全省人防建设电视系列报道的通知》。

4月6～8日 省政府、省军区在南京召开全省人防工作会议暨平战结合经验交流大会，副省长季允石、省军区副司令员陈可吼等到会并讲话。

4月12日 省人防办印发《江苏省人防工程造价计价改革办法》。

4月13～14日 总参谋部作战部人防局副局长张永林一行2人，检查江苏人防工作，听取省人防办汇报，并检查南京、镇江、常州、苏州等市人防通信设施和部分人防工程。

5月4日 中国香港《大公报》介绍江苏人防建设成就。

6月18日 省委决定：颜伟兼任省人防办主任。6月21日，省委决定：颜伟兼任省人防办党组书记。

7月8日 省教委、省人防办决定在全省师范专科学校和教育学院中扩大人防知识教育试点。

7月20日 南京军区副参谋长、军区人防办主任丁炳生和省军区司令员郑炳清等为镇江南门大街人防工程竣工剪彩。

8月17～18日 全省人防知识教育自制教具展评会在扬州市召开。30件教具分获一、二、三等奖，南通、南京、扬州三市获组织奖。

9月2日 省人防办颁发《江苏省人民防空工程施工管理办法》。

11月13日 省政府、省军区批复，同意将县级市定为省级人防重点城市，开展人防工作。规定各县级市设人民防空委员会，在同级政府和军事部门的领导下，负责组织实施本地区的人防工作，并接受上级人防委的领导。

12月12～19日 总参作战部人防局副局长张永林调研南通、盐城、淮阴(今淮安市)、徐州等市人防工作，听取汇报，实地察看部分人防工程。

12月21～24日　全省人防业务工作会议在苏州召开。

12月28日　连云港市举行841人防工程(云台山隧道)通车典礼。

12月29日　省财政厅、省物价局、省建委、省人防办发出《关于公布建设、人防系统行政事业性收费项目及标准的通知》。

1994年

2月5日　南京军区副司令员阎琢一行4人,在省军区副司令员刘博学陪同下检查南京市人防工作。

2月23日　省军区司令员郑炳清、副司令员徐鸣皋视察徐州市人防工作。

2月27日　南京军区政委方祖岐、参谋长陈炳德在省军区副司令员徐鸣皋陪同下,视察连云港市云台山隧道工程。方祖岐题词:“常备不懈,居安思危。”

3月4日　省政府、省军区调整省人防委成员。省委书记、省长陈焕友任主任,省军区司令员郑炳清、副省长季允石、省军区副司令员徐鸣皋任副主任。

3月17日　省政府、省军区批转《1994年全省人防工作要点》。

3月20日　省军区司令部、省人防办下发《关于在县级市开展人民防空工作的通知》。

4月6日　省人防办颁发《江苏省人民防空工程建设项目管理若干规定》。

4月6日　全国政协副主席洪学智视察连云港市云台山隧道。

5月3日　南京军区空军副司令员施永根在省军区司令员郑炳清、副司令员徐鸣皋等陪同下视察南京市人防工程。

5月18日　原南京军区司令员向守志视察连云港市云台山隧道,并题词:“十载成龙。”

5月26日　省人防办1000门程控交换机正式入网开通使用。

6月7日　省人防办、省财政厅、省物价局下发《江苏省地方人防建设资金筹集规定》。

6月16～19日　经省政府、省军区批准,全省人防工作会议在无锡市召开。省委常委、常务副省长季允石做工作报告,省委常委、省军区司令员郑炳清做会议总结。

6月28～30日　省人防办、省军区司令部在扬州召开全省县级市人防工作会议。

7月19日　省委宣传部、省人防办联合举办纪念《人民防空条例》颁发10周年新闻发布会。省委常委、常务副省长季允石,省军区副司令员吕振林出席会议并讲话。新华社、《人民日报》、中央人民广播电台、《经济时报》等近20家新闻媒体与会。

7月25日　省委决定:陈能文任省人防办党组成员。9月12日,省政府任命陈能文为省人防办副主任。

10月13～16日　中央国家机关人防委组织国务院机关事务管理局、铁道部、交通部、核工业总公司、国内贸易部、建设部、中国科学院、航天工业总公司等主管人防工作的司局领导一行12人参观考察南京、苏州两市人防建设情况。

10月14日　全省首例人防行政诉讼案件,由无锡市中级人民法院做出终审判决:原告(无锡泰信和房地产有限公司)败诉。该案例被最高人民法院列入《中国审判案例要览·1995年综合本行政卷》,对全国人防行政执法产生很大影响。

11月7日 省政府办公厅发出加急传真电报,要求各地认真贯彻落实南京军区、上海市和江苏、浙江、安徽、福建、江西省人民政府联合签发的《南京战区人防工作深化改革的若干问题》。

11月22～29日 省人大常委会城乡建设环境保护委员会组织部分省人大代表视察南京、苏州、扬州、镇江市人防建设工作。

12月4日 省委决定:酆祥林任省人防办副主任、党组成员(正厅级)。12月29日,省政府任命酆祥林为省人防办副主任(正厅级)。

12月 省人防办对南京、苏州、无锡、常州、南通等市人防系统长途自动通信网开通投入使用。省人防办对上述五市人防通信容量比原来增加12倍,网内用户实现一次拨号。该网的建成标志着江苏人防有线电通信又迈上一个新台阶。

1995年

1月5～7日 省人防办在镇江召开全省人防业务工作会议。

1月6日 国务委员兼国防部部长迟浩田为无锡市地下商城题词:"军民结合　平战结合　居安思危　繁荣商城。"

2月11日 南京军区副司令员、军区人防委副主任阎琢,军区副参谋长丁炳生,在省军区司令员郑炳清、副司令员种明辉陪同下,检查南京市人防工作。

2月24日 南京军区司令员固辉,在省军区司令员郑炳清陪同下,视察连云港市云台山隧道,并题词:"开拓云台巨龙,提高综合国力。"

2月24日 省人防办颁发《江苏省人防工程消防安全管理规定》。

4月19～28日 南京军区副司令员、军区人防委副主任阎琢,在省军区副司令员种明辉陪同下视察淮阴、徐州、连云港、盐城、南通、无锡6城市人防工作。

4月26～28日 全省人防办主任会议在南京召开。

5月7日 省人大常委会原主任韩培信参观连云港市云台山隧道,并题词:"云台山隧道地下长城巨龙。"

5月9～14日 全省人防指挥干部集训班在南京举办。

6月1日 国家人防办副主任、总参作战部副部长许和震,总参作战部人防局副局长王胜利一行6人,来江苏省和南京市检查指导人防工作。

6月7日 省军区司令部、省人防办下发《江苏省县级市人民防空建设暂行规定》。

6月13～15日 全省人防通信平战结合座谈会在南京召开。

7月1日 省人大常委会主任沈达人等一行,视察连云港市云台山隧道。

7月31～8月4日 部分省人大代表,视察连云港、淮阴、盐城、泰州市人防工作。

8月12日 省委、省政府明确省人防办为省政府工作机构。

8月15日 省人防委召开纪念抗日战争和世界反法西斯战争胜利50周年座谈会。南京军区和省人防委老领导向守志、郭涛、周泽、李执中、甄申、章昭薰应邀参加,南京军区副司令员、军区人防委副主任阎琢，军区副参谋长丁炳生，省军区副司令员徐鸣皋出席会议。向守志、阎琢、季允石等先后发言。

8 月 28 日 省人防办、省档案局下发《江苏省人民防空工程档案管理办法》。

9 月 13 日 瑞典民防局副局长一行 6 人，访问苏州市人防办。

9 月 14 日 省国防动员委员会成立。省委书记陈焕友任第一主任，省委副书记、省长郑斯林任主任，省军区司令员郑炳清任常务副主任，省军区政委魏长安、副省长姜永荣任副主任。省人防办主任颜伟任委员并兼任省国动委人防办公室主任。

11 月 1 日 省人防办颁发《江苏省人防工程间接费定额》。

11 月 7～10 日 省人防办在南京举办人防工程维护管理培训班。

11 月 15 日～12 月 8 日 省人防办举办行政执法人员培训班。

11 月 20～23 日 国家人防办副主任、总参作战部副部长许和震，人防局副局长王胜利调研省和苏州、无锡、南京市人防工作，副省长张连珍在南京陪同调研。

1996 年

1 月 26 日 省政府办公厅下发《省人民防空办公室职能配置内设机构和人员编制方案》。

3 月 29 日 省委决定：李向群任省人防办主任、党组书记。丛遵昌任省人防办副主任、党组成员。免去颜伟省人防办主任、党组书记职务。

3 月 30 日 中共中央委员、原南京军区政委刘安元在南京军区副政委雷鸣球、江苏省军区副政委张宝康陪同下，视察连云港市云台山隧道和建设中的龙河广场人防工程，并题词：“加快连云港建设，促进陆桥经济发展。”

4 月 4～9 日 香港民众安全服务队（民安处）处长梁乃鹏一行 16 人访问省人防办和南京、无锡市人防办，参观人防工程，观摩南京第 29 中学人防知识教育课、南京市人防专业队伍应急救援演习。

5 月 4 日 省人防办召开处以上干部会议，省委组织部部长宣读省人防办领导的任职决定。新任省人防办主任李向群、副主任丛遵昌到职。省委常委、常务副省长季允石讲话，对新领导班子提出要求。

5 月 6～13 日 瑞典民防局副局长一行 2 人访问南京市人防办。

5 月 8 日 南京战区 6 省、市人防委领导等 20 余人，参观南京市人防指挥中心和通信枢纽。

5 月 22 日 中共中央纪委副书记刘丽英视察连云港市云台山隧道，并题词：“人防建设，利国利民。”

6 月 27 日 省人防办、省人事厅下发《关于表彰全省“八五”期间人民防空工作先进集体和先进工作（生产）者的决定》。授予南京市第一人防工程公司等 7 个单位“江苏省人民防空工作先进集体”荣誉称号；授予王运庭等 15 人“江苏省人民防空先进工作（生产）者”荣誉称号（享受市级劳动模范待遇）。

6 月 27 日 省人防办下发《关于表彰“八五”开展达标创先进人防办公室活动先进单位的决

定》。南京、无锡、苏州、淮阴4个市人防办被评为先进单位；徐州市人防办机关建设，镇江、扬州、徐州市工程建设，南通市人防指挥工作，常州、连云港市人防通信工作，常州市人防平战结合工作，盐城、常州市人防财务工作，泰州市人防宣传工作被评为单项先进。

7月1日 省人防办下发《关于表彰全省人民防空工作先进集体和先进工作(生产)者的决定》。对南京市人防北极文化娱乐管理处等15个先进集体和李新宁等60名先进工作(生产)者予以表彰。

7月2日 省委、省政府、省军区调整省国动委部分成员。省人防办主任李向群任委员并兼任省国动委人防办主任，颜伟不再兼省国动委人防办主任。

7月4～5日 省政府、省军区在南京召开全省人防工作会议。省委书记陈焕友、省长郑斯林、省军区司令员郑炳清、常务副省长季允石、省人大常委会副主任高德正、省政协副主席沙人麟和省军区副司令员徐鸣皋等出席会议。南京军区副司令员何其宗、军区副参谋长丁炳生等到会指导。郑斯林代表省委、省政府讲话。何其宗代表南京军区对江苏人防建设提出要求，季允石总结“八五”人防建设的经验，部署“九五”人防建设任务。李向群做工作报告。

7月22～26日 省人防办、省教委在徐州举办全省县级市人防知识教育师资培训班。

8月1日 省人防办下发《江苏省人民防空建设第九个五年计划》。

8月7日 常务副省长季允石视察省人防指挥所工地。

8月8日 省长郑斯林主持召开第75次省政府常务会议，研究恢复省人防指挥所工程建设。决定省财政拨款，用4年时间，完成指挥所工程建设任务。

8月14日 国家人防办副主任、总参作战部副部长许和震视察省人防办，参观省人防“八五”成果展。

8月30日 全省县级市人防工作会议在南京召开。

9月23～26日 全国人大法工委副主任乔晓阳率《人防法(草案)》调研工作团一行14人来江苏调研。在省人防办召开《人防法(草案)》座谈会，省人大、省政府及相关部门负责人参加。调研团还赴南京、无锡、苏州等市调研。

9月28日 省人防指挥所工程正式恢复建设。

10月14日 省人防办下发《关于加快发展江苏人防经济的意见》

10月16日 省人防办在苏州召开“化学事故救援”试点工作座谈会。

10月17～23日 省人防办在南京召开全省宣传《人防法》研讨会。

10月28日 省人防办印发《江苏省人防办固定资产管理暂行规定》。

10月31日 省委宣传部、省人防办下发《关于全省开展〈人防法〉宣传活动的通知》。

11月1日 省国动委下发《江苏省国防动员委员会工作规定》，规定省国动委人防办工作职责。

11月2日 省委任命邵夏光为省人防办巡视员，免去其省人防办党组副书记、副主任职务。

11月14～24日 李向群以省对外友协副会长身份，率省对外友协代表团访问日本。

11月21～25日 省政协副主席沙人麟和部分政协常委视察省和苏州、无锡、常州市人防工作。

11月25日、11月28日 常务副省长季允石、省人大常委会副主任凌启鸿分别发表电视讲话，提出贯彻执行《人防法》要求。

11 月　常务副省长季允石视察连云港市云台山隧道人防工程。

12 月 6 日　省委宣传部、省政府法制局、省人防办联合召开宣传贯彻《人防法》新闻发布会。中央和省、市 16 家新闻单位负责人、记者 30 余人出席会议。

12 月 14～18 日　应香港民众安全服务队邀请，省人防办副主任邵夏光一行 15 人访问香港。

12 月 20 日　江苏省暨南京市《人防法》街头宣传活动在南京举行。

1997 年

1 月 8 日　省政府、省军区批转省军区司令部、省人防办《关于加快江苏人防工作改革与发展的若干意见》。

1 月 25～26 日　全省人防办主任会议在南京召开。南京军区副司令员何其宗、常务副省长季允石出席会议并讲话。

2 月 10 日　常务副省长季允石视察苏州市人防工作，听取工作汇报，实地察看建设中的人防指挥所、观前街地下人防停车场等工程。

2 月 25 日～3 月 1 日　全省人防工程设计规范培训班在南京举办。

3 月 8～12 日　南京军区人防办主任王加木一行检查徐州、淮阴(今淮安市)、扬州市人防工作。

3 月 18 日　省人防办决定在常熟、太仓市进行县级市编制人防工程建设规划试点。

4 月 1 日　经省纪委常委会同意，成立省人防办党组纪检组、监察室。

4 月 8～9 日　全省县级市人防财务工作会议在常熟市召开。

4 月 22 日　南京军区副参谋长苏京一行检查省人防办工作，观摩省人防办研制的人防指挥自动化系统，参观全省“八五”人防建设成果展览。

5 月 13～21 日　省人防办地下空间开发考察团赴日本考察。

6 月 3～7 日　南京战区六省(市)人防办主任联席会议在南京召开，南京军区副司令员何其宗、常务副省长季允石出席会议并讲话。会后参观南京、苏州、无锡人防工程。

6 月 10～17 日　省人防办主任李向群等一行 5 人赴瑞典考察民防建设。

6 月 23～25 日　省人防办在南京举办《人防法》培训班。

6 月 30 日　《南京军区国防动员》刊文推广江苏加快人防工作改革发展的办法。

7 月 27 日　省人防办举办庆祝中国人民解放军建军 70 周年联欢会。南京军区副司令员何其宗、军区副参谋长苏京、省人大常委会副主任凌启鸿等军地领导出席并讲话。与会人员观看省人防办机关自编自演的文艺节目。

8 月 11 日　省委常委、省军区司令员蒋文郁，政委魏长安，副司令员种明辉，副政委陈春耕，参谋长吕振林，政治部主任陆殿义等，视察省人防指挥所工地和应急指挥中心。

8 月 13 日　常务副省长季允石视察淮阴市(今淮安市)淮海广场人防工程。

9 月 5～10 日　日本爱知县建筑防灾对策考察团一行 13 人，与南京市人防办交流地下空间开发利用情况，参观南京市部分人防工程。

9月15～17日 省人防办组织人防系统带通信工具防空袭演习。

9月18～19日 全省人防行政执法培训班在无锡举办。

10月20～21日 省人防办在盐城召开苏北8市人防办主任座谈会。

10月30日 省委宣传部、省人防办、省法制局在南京联合召开纪念《人防法》颁布一周年新闻发布会。常务副省长季允石、省人大常委会副主任凌启鸿、省政协副主席沙人麟和省军区副司令员徐鸣皋等出席,季允石、徐鸣皋分别讲话。

11月9～11日 国家核电办副主任、国家核应急办常务副主任王法率中国核电总公司、国家核安全局6位专家,考察连云港市云台山隧道、市人防指挥所和人防办公设施。听取市人防办关于兼容场外核应急工作的建议后表示,支持人防、救灾和核应急工作融为一体,为建设民防创造条件。

11月13日 南京军区司令员陈炳德在南京军区副参谋长丁炳生、省军区司令员蒋文郁等陪同下,视察常州文化宫广场人防工程建设现场。

11月17～21日 省人大立法调研组到南京、苏州、无锡市对制定《省实施〈人防法〉办法》进行立法调研。

12月9日 省政府批准省人防办为首批向国家公务员过渡部门。

12月16～19日 省政府法制局立法调研组到南京、苏州和常州进行制定《省实施〈人防法〉办法》调研。

12月17日 省委决定:免去邵夏光省人防办巡视员职务。

12月18日 国防大学副校长何道泉率省军区干部进修班一行62人,参观无锡八佰伴、火车站地下商城等人防工程并听取无锡市人防建设汇报。

1998年

1月8～9日 全省人防办主任会议在南京召开。南京军区副参谋长苏京、常务副省长季允石、省军区副司令员徐鸣皋参加会议并讲话。李向群做工作报告。

3月2日 省人防办印发《江苏省人防系统工程设计单位CAD技术“九五”发展规划》。

3月5日 省政府、省军区批转《1998年全省人防工作要点》。

3月23日 省政府决定:免去邵夏光省人防办巡视员职务。

4月16日 省政协副主席段绪申、胡序建视察省人防办。

5月5日 省人防办在南京召开部分县级市人防办主任座谈会,专题研究县级市人防工作尽快全面步入正轨问题。

5月13～15日 省人防办在扬州召开防空地下室建设工作会议。国家人防办副局长王胜利应邀出席会议并讲话。

5月15日 省军区司令员蒋文郁、副司令员徐鸣皋视察南京市人防工作。

5月15日 南京军区国动委下发《民防试点工作实施意见》。确定南京市为军区试点单位之一。

6月17～28日 省人防办主任李向群率江苏民防考察团赴美国考察民防建设。

7月8～9日 省人防办在南京召开全省人防办主任会议。

7月10日 省政府召开第7次常务会议，审议通过《省实施〈人防法〉办法(送审稿)》，提请省人大常委会审议。

7月10日 省政府法制局、省军区司令部、省人大城建环保委、省人防办组成联合检查组，检查镇江市贯彻执行《人防法》情况。

7月10日 全省县级市人防办主任业务培训班在南京举办。

7月15～17日 省人大城建环保委主任王朝元率省人大、省军区、省人防办联合检查组，检查南通、泰州市及姜堰市贯彻执行人防法情况。

7月31日 省人防领导班子成员到省军区汇报工作。省军区司令员蒋文郁、政委魏长安等领导听取汇报。省军区决定：将人防工作纳入“双拥”评比内容，增补省人防办为“双拥”领导小组成员单位。

8月中旬 省教委、省人防办在无锡召开人防知识教育研讨会。

9月8日 加拿大蒙特利尔市城市规划局局长皮埃尔·乌埃莱特一行4人访问苏州市人防办。

9月24～25日 全省县级市人防工作会议在太仓市召开，会议分析全省县级市人防工作形势，交流经验，研究做好县级市人防工作措施。

10月6日 省人防办下发《关于加快县级市防空音响警报建设的通知》。

10月27～28日 全省人防经济工作座谈会在南京召开。

11月6日 省人大常委会副主任黄孟复等考察南京市人防工作，观看人防建设录像片，实地察看正洪街、市指挥所等人防工程。

11月17日 省政协副主席段绪申、胡序建，秘书长卜承祖率省政协部分常委、委员考察省和南京市人防工作，参观省、市人防指挥所，夫子庙地下商场，正洪街人防工程。

11月17～18日 全国人防宣传报道工作座谈会在广西柳州市召开。江苏省人防办连续第12年被评为宣传报道先进集体并在会议上介绍经验。

12月9～10日 全省人防指挥自动化培训班在南京举办。

12月17日 省委组织部决定：王明君任省人防办主任助理、党组成员。

12月23日 省人防办向省政府报送《关于承担连云港核电厂场外核事故应急管理工作的请示》。

12月31日 省地方税务局、省人防办联合下发《关于人防工程建设营业税有关免征问题的通知》。

1999年

1月初 副省长王荣炳检查省人防办工作。听取省人防办工作汇报，察看建设中的省人防指挥所。对加强人防建设提出要求。

1月上旬 省人防办被评为1998年度省级机关开展“三优三满意”创建活动先进单位。

1月16日 常州市文化宫广场人防综合工程举行竣工典礼。南京军区副司令员何其宗、副参谋长苏京、省军区司令员蒋文郁、副省长王荣炳、国家人防办副局长王胜利等为工程竣工剪彩。

1月22～23日 全省人防办主任会议在南京召开。南京军区副参谋长苏京，省委常委、省军区司令员蒋文郁，副省长王荣炳等出席会议并讲话。

1月29日 省九届人大常委会第八次会议审议通过《省实施〈人防法〉办法》，自公布之日起施行。

2月9日 省人防办被评为1998年省级预算外管理先进单位。

2月25日 省人大常委会、省政府、省军区召开电视电话会议，动员部署全省宣传贯彻《省实施〈人防法〉办法》。

3月5日 美国洛杉矶市市长助理艾丽斯·斯坦利一行2人，访问苏州市人防办，双方就城市防护、抗震救灾等进行交流。

4月5～16日 省人防办副主任丁新全率考察团一行6人，考察美国洛杉矶、纽约、华盛顿、旧金山等城市地下空间开发利用。

4月12日 省法制宣传教育领导小组办公室、省委宣传部、省军区政治部、省人防办下发《关于开展人民防空法律法规宣传教育的通知》。

4月13日 经国务院、中央军委批准，国家人防办发出《关于启用中国人民防空标志的通知》。自1999年5月1日起，全省人防系统启用该标志。

4月20～22日 中央机构编制委员会办公室和国家人防办组成调研组来江苏调研人防机构设置情况，与省编办交换意见，并以中编办、国家人防办名义邀请南京军区副参谋长苏京、南京军区作战部副部长高幼苏和省军区副司令员徐鸣皋等进行座谈。

4月22～23日 全省贯彻《省实施〈人防法〉办法》座谈会在南京召开。

5月26日～6月16日 应美国洛杉矶市政府的邀请，省人防培训团一行20人，赴美进行地下空间开发利用培训。

5月27日 副省长王荣炳在省政府办公厅《信息简报》关于“全省新区、经济技术开发区和城市住宅小区人防工程建设严重滞后”的信息上批示：“这一问题应引起重视。请建委、开放办阅研，并请人防办会同这两个部门商拟改善措施。”6月2日，王荣炳在省人防办给省政府的报告上批示：“开发区逐步成为一个地区的经济密集区，宜从长远安全考虑，结合规划建设人防工事，可考虑几家联合发文，提出工作要求。”11月5日，经省政府同意，省计经委、省建委、省人防办、省政府开放办印发《关于加强全省城市新区、开发区和新建住宅小区人防工程建设的意见》。

7月8～9日 全省人防办主任会议在南京召开。会议总结上半年工作，部署下半年任务。

7月15～16日 全省人防财务工作会议在泰州市召开。会议交流执行新的人防财务管理规定和会计制度情况。

7月19日 省人防办颁发《江苏省人防工程施工发包与承包价格管理实施细则》。

7月30日 副省长王荣炳在省政府《信息简报》第144期“省人防办确定下半年工作重点”的信息上批示：今年已确定的人防工程任务，务必确保按期完成。人防工程的开发利用要加大力度，以更好地实现平战结合。

8月2日 省人防办公布全省第五次人防工程优秀设计获奖项目。16个项目获奖，其中一等奖3项、二等奖5项、三等奖8项。

8月9日 省委决定：程智培任省人防办副主任、党组副书记。8月27日，省政府任命程智培为省人防办副主任。

8月11日 上午，南京军区参谋长朱文泉、副参谋长苏京视察南京市人防指挥所、大钟亭、洪武路人防工程及在建的正洪街人防工程。下午，在省军区副司令员吕振林、省政府副秘书长蒋田杰陪同下视察省人防指挥所。

8月22日 省军区司令员蒋文郁视察扬州市人防工程。

8月27日 省人防办决定在全省组织开展人民防空法律法规知识竞赛活动。

9月21日 省人防办印发《江苏省人民防空工程规划编制办法(试行)》。

9月23日 省政府下发《江苏省核电厂核事故应急机构方案》。决定成立省核事故应急协调委员会，下设核应急办公室与场外核应急指挥部，省核应急办设在省人防办。

10月10日 省政府法制局、省人防办下发《江苏省人民防空行政执法规定》。

10月27～28日 省政府、省军区在南京召开全省人防工作会议。南京军区副参谋长苏京、副省长王荣炳、省军区参谋长吕振林出席会议并讲话。

11月12日 省政府办公厅下发《关于成立江苏省核事故应急协调委员会的通知》，明确协调委的20个成员单位与具体人员。副省长陈必亭任协调委主任，省政府副秘书长何权任核应急办主任，省人防办主任李向群任常务副主任。省人防办负责省核应急办日常工作。协调委下设应急管理、公众信息、应急支援3个组。连云港市市长夏耕任场外核应急指挥部总指挥。

12月22～24日 全省人防工程造价管理工作座谈会和人防工程业务会议在南京召开。

2000年

1月10日 省委决定：丛遵昌任省人防办巡视员，免去其省人防办副主任、党组成员职务。

1月14日 省军区司令员蒋文郁、政委任朝海、副政委陆殿义、参谋长吕振林、政治部主任吴齐调研省和南京市人防工作，听取工作汇报，参观南京市人防指挥所、正洪街人防工程和正在建设中的省人防指挥所。

1月18日 省委常委、省军区司令员蒋文郁视察无锡市战时指挥所、人防应急指挥中心，观看人防指挥自动化演练。

1月20～21日 全省人防办主任会议在南京召开。会议总结1999年全省人防工作，部署2000年人防工作任务。

2月13日 省军区司令部、省人防办联合发出《关于贯彻落实全省县级市人防工作会议精神情况的通报》。

2月 省人防办被评为1999年度省级机关“三优三满意”创建活动先进单位，并受到表彰。

3月8日 国家人防办授予人民防空科学技术进步奖项目(获奖时间从1999年12月20日算起)，其中，由南京市人防办、陆军指挥学院共同研制的南京市人防指挥所指挥自动化系统获二等奖，由省人防办、南京市人防办研究的“城市人防工程信息管理系统”获三等奖，由南京市人防通信站研制的 NRJ－I 防空警报寻呼控制器获四等奖。

3 月 10 日 省政协副主席胡福明、胡序建，秘书长卜承祖及部分省政协常委、委员，考察省和南京市人防工作，参观南京市正洪街人防工程，省、市人防指挥所工程和设施。

3 月 20 日 省政府、省军区批转省军区司令部、省人防办《关于加强全省人民防空指挥、通信工作的意见》。

3 月 21 日 中国工程院院士钱七虎考察南京市新街口地下商城。

4 月 25 日 省人防办下发《关于全面推进人民防空依法行政工作的意见》。

4 月 26～28 日 省人防办、省财政厅、省物价局、省地税局组成检查组，检查无锡、扬州、泰州三市人防经费筹集、使用、管理工作。

5 月 12 日 省人防办在扬州召开人防指挥、通信建设试点工作会议。

5 月 20 日 省委决定：张永康任省人防办主任、党组书记。李向群不再担任省人防办主任、党组书记。宋玉友兼任省人防办副主任、党组成员。免去陈能文省人防办副主任、党组成员。5 月 24 日，省政府任命张永康为省人防办主任，宋玉友为省人防办副主任。免去陈能文省人防办副主任职务。

5 月 25 日 省政府任命张永康兼任省核应急办常务副主任。

6 月 2～6 日 南京军区副参谋长苏京检查镇江、扬州 2 市人防工程建设和指挥通信建设情况，察看镇江梦溪广场人防工程、扬州汶河北路人防工程等。

7 月 6 日 省人防办、省财政厅转发国家国动委、财政部《人民防空财务管理规定》《人民防空会计制度》。结合江苏实际，提出贯彻落实意见。

7 月 19～20 日 全省人防办主任会议在南京召开。

7 月 21 日 江苏省人民防空协会成立大会在南京召开。原南京军区司令员向守志担任协会顾问。会议审议通过协会章程，选举第一届理事会。省人防办主任张永康为名誉理事长，李向群为理事长，陈能文、丛遵昌、孙德南为副理事长，龚运凤为秘书长。

8 月 3 日 省人防办下发《江苏省人民防空法律文书格式》。

8 月 8～10 日 国家人防办副局长李扬率中央新闻单位采访团采访江苏人防工作。王荣炳副省长接受采访，介绍江苏人防建设 50 年所取得的主要成绩和经验。采访团还采访了南京、常州、苏州等市人防建设情况。

9 月 6 日 省核应急办在南京召开《江苏省场外核应急计划(提纲)》审评会。

9 月 11～18 日 省人防办主任助理、党组成员王明君率江苏省地下空间开发利用考察团赴日本考察。

9 月 18 日 国家核应急办主任徐玉明来江苏考察指导核应急准备和机构建设等工作。

9 月 22 日 省政府办公厅下发《江苏省人民防空办公室职能配置、内设机构和人员编制规定》。明确省人防办为省政府人防工作主管部门，也是省国动委的常设办事机构，列入省政府直属机构序列；省核应急办设在省人防办，列事业编制 8 名，参照国家公务员制度管理，所需经费列入省财政预算。

10 月 11 日 省教育厅、省人防办下发《关于继续搞好初级中学人防知识教育的意见》。

10 月 22 日 国家国动委表彰全国人防先进城市、先进单位和先进工作者。南京、苏州被评为先进城市，省人防办等 7 个单位被评为先进单位，李向群等 12 人被评为先进工作者。

11 月 6～8 日 第四次全国人防会议在北京召开。副省长王荣炳、省军区参谋长吕振林等 29 人参加会议。

11 月 28 日 省军区司令员蒋文郁调研连云港市人防工作，视察市人防指挥所和“951”人防工程。

11 月 29 日 南京军区副参谋长苏京，省军区参谋长吕振林、政治部主任吴齐等观摩指导苏州市“狮山—2000”城市防空演练。

12 月 12～14 日 省核应急办在南京举办场外应急计划编写培训班。省核应急协调委成员单位联络员参加培训。

12 月 13 日 省长季允石主持召开省政府第 54 次常务会议，听取省人防办关于第四次全国人防会议精神及江苏贯彻意见的汇报，议定：人防经费由国家和社会共同负担。县级以上地方政府负担的人防经费，列入地方各级预算；关于人防工程实行产权证制度问题，由省人防办与省财政厅协商；省辖市机构改革要保持人防机构的相对稳定，县（市、区）政府要明确人防工作主管部门，并有专门人员负责此项工作；省计委根据第四次全国人防会议精神，把人防建设纳入省国民经济和社会发展“十五”计划，把人防工程人均面积纳入“十五”期间各市城市建设的考核指标体系；同意在南京、苏州、连云港 3 个城市进行民防工作试点。

12 月 20～21 日 副省长王荣炳调研苏州、无锡、常州三市人防工作。

2001 年

1 月 5～6 日 省政府、省军区在南京召开全省人防工作会议。传达第四次全国人防会议精神，总结“九五”人防工作情况，部署“十五”人防工作任务。南京军区副司令员董万瑞、省委书记回良玉、省军区司令员蒋文郁、副省长王荣炳出席会议并讲话。省长季允石、南京军区副参谋长苏京、省人大常委会副主任黄孟复、省政协副主席李仁等出席会议。省政府、省军区表彰无锡等 9 个全省人防先进城市（区）；省人事厅、省人防办表彰全省人防系统 10 个先进集体、15 名先进工作者和 1 名劳动模范；省人防办、省军区司令部表彰全省人防 26 个先进单位、69 名先进个人。

1 月 9 日 副省长于广洲率省安全检查组，检查镇江梦溪广场人防工程（红苹果娱乐广场）安全情况。

2 月 7 日 省政府任命王明君为省人防办副主任。

3 月 3 日 全省人防法制业务会议在南京召开。

3 月 6 日 省人防办印发《2002～2005 年全省人防科研计划项目指南》。

3 月 21～25 日 国家人防办副主任王胜利专题调研江苏人防指挥与通信建设，先后考察省和南京、苏州市人防指挥所。

3 月 30 日 省政府、省军区下发《关于进一步加强全省人民防空工作的意见》。

3 月 省委保密委授予省人防办“1998～2000 年度全省保密工作优胜单位”。

4 月上旬 国际民防组织（LACDE）秘书长阿维 · 罗宾诺维奇、副秘书长莎拉 · 阿卜维尔一行对苏州人防办进行友好访问，就民防防备和抗击突发性事故等问题进行交流。

4月9日 副省长王荣炳在省政府办公厅《信息简报》第64期刊登的"全省人防工程建设开局良好"的信息上批示:"今年人防建设开局良好,请人防办继续狠抓各地重点项目的推进,狠抓已拟政策的落实,狠抓年度目标的分解落实。力争通过连续几年的努力,改变人均人防工事面积偏低的局面。"

4月9～14日 省人防办在苏州举办全省人防通信新技术集训和人防通信建设研讨班。

4月25日 省人防办成立核应急管理处,具体承办省核应急办的业务工作。

4月28日 省核应急指挥中心开工建设。

5月14～22日 省人大常委会副主任黄孟复率领省人大执法检查组检查省和南京、无锡、常州、扬州、镇江、泰州等6市实施人防法律法规情况。

6月2～4日 南京军区国动委第五次会议在南京召开。省委书记回良玉、省长季允石等参加会议。与会人员先后参观江苏省和南京市、苏州市人防指挥所,观摩苏州市城市防空实兵演练。

6月8～15日 省人防办副主任王明君参加国家核应急考察团赴法国考察核应急工作。

6月14日 省军区司令员蒋文郁考察南通市南大街地下商城、德明花苑等人防工程。

6月25～27日 全省人防工程建设管理座谈会在苏州市召开。会议研究落实"十五"人防工程建设任务的办法和措施,讨论《江苏省人民防空工程建设管理办法》。

7月10日 省人防办、省发展计划委下发《江苏省人民防空建设第十个五年计划和2010年发展纲要》。

7月20日 省人防办印发《江苏省人民防空建设第十个五年计划实施计划》。

7月 省人防办主任张永康率地下空间开发利用考察组一行5人,赴美国考察访问。

8月13日 省人防办印发《人防法制宣传教育五年规划》。

8月15日 省军区司令员蒋文郁、政委任朝海、副司令员王永怀、参谋长王海棠以及机关干部100余人参观省人防指挥所。

8月17日 副省长王荣炳听取人防工作汇报,对指挥所建设,人防建设纳入国民经济和社会发展计划,人防工程规划纳入城市总体规划等提出具体要求。

8月24日 全省人防通信建设工作会议在南京召开。会议研究省人防办与苏北5市及南通、镇江市人防办图像通信系统及全省人防信息网络系统建设方案等问题。

8月30日 省委决定调整省国动委成员,张永康任委员并兼任省国动委人防办主任。

9月19～24日 省和各省辖市人防办共220人参加省军区"天网—2001"城市防空袭网上演习。

9月25日 江苏省核应急专家咨询组在南京成立。

9月25～27日 《江苏省田湾核电站场外应急计划》通过省核应急专家组的审评。

10月31日 省军区司令员蒋文郁检查指导省人防办工作,听取工作汇报,察看省人防指挥所后续工程,并对加强人防重点城市建设提出要求。

11月13日 省人防办、省军区司令部下发《关于县(市、区)开展人防工作的意见》。

11月26日 省政府办公厅转发省人防办《关于进一步加强全省人防工作的几点具体意见》。

11月26～27日 全省人防宣传教育工作会议在泰州市召开,会议明确"十五"期间人防宣传教育工作的总体思路、主要内容和基本要求,讨论修改《全省人民防空宣传教育工作要点》。

11 月 28～29 日 全省人防依法行政工作会议在无锡市召开，会议总结交流全省人防依法行政的经验，研究部署今后一个时期人防依法行政的基本任务和目标。

12 月 5～7 日 省人防办副主任王明君率江苏观摩团，观摩广东省第四次核电站核事故场外核应急演习。

12 月 10～11 日 省人防办在连云港召开人防向民防转变试点工作座谈会。

12 月 22 日 省政府调整省核应急协调委员会成员：副省长吴瑞林任主任，省政府副秘书长吴经起任常务副主任，张永康任副主任、省核应急办主任。

2001 年 12 月 27 日～2002 年 1 月 5 日 省人防办副主任丁新全一行 5 人，考察澳大利亚、新西兰民防工作。

2002 年

1 月 15 日 省军区司令员蒋文郁检查徐州市人防工作，视察市人防指挥所、云龙山隧道。

1 月 16～18 日 全省人防工作会议在南京召开。南京军区副参谋长苏士亮、省军区司令员蒋文郁、副省长王荣炳出席会议并讲话。

2 月 5 日 副省长吴瑞林在南京主持召开省核事故应急协调委第一次全体会议。讨论通过《江苏省田湾核电站场外应急计划》。国家核应急办主任徐玉明到会指导。

4 月 4 日 副省长王荣炳在省政府办公厅《信息简报》第 60 期“全省人防工程建设开局良好”上批示：“今年人防工程建设开局好，拟总结经验。鉴于‘十五’期间人防工程建设任务十分艰巨，要解决人均面积不足的问题还需做出巨大的努力，请省人防办及时掌握动态，对工作薄弱的地区要商有关市政府采取措施跟上来。”5 月 15～16 日，省人防办在苏州市召开全省人防工程建设座谈会。专题研究落实王荣炳的批示，推进新区、开发区和行政区划调整后新设区人防工程建设。

4 月 10～13 日 省委研究室、省政府办公厅、省人防办组成调研组，先后到常州、无锡、苏州、扬州市，对人防建设与经济建设相协调、与城市建设相结合做专题调研。

4 月 11 日 省军区副司令员王永怀、参谋长王海棠一行考察徐州人防工作。

4 月 13 日 省军区副司令员王永怀等考察连云港市人防指挥所选址工作。

4 月 15 日 省军区司令员蒋文郁、副司令员王永怀、参谋长王海棠等考察南通市人防指挥所建设和防空战备工作。

4 月 26～27 日 南京军区副参谋长苏士亮视察省和常州市人防办工作。

4 月 30 日 国家核应急办批准《江苏省田湾核电站场外应急计划》。

5 月 9～16 日 省军区参谋长王海棠考察扬州、淮安、泰州、苏州、常州、镇江市人防工作。

5 月 15～16 日 全省人防工程建设座谈会在苏州市召开。

5 月 31 日 江苏省人防工程质量监督站成立。单位性质为自收自支的事业单位，列人员编制 5 名。负责全省人防工程质量监督管理工作。

6 月 12～13 日 全省县级市人防财务管理经验交流会在苏州市召开。

6 月 18 日 省核应急办公室主办的《核应急信息》创刊。

6月23～25日 国家人防办副主任李扬率领调研组调研省人防办和无锡市人防办机关“准军事化”建设。

7月9日 副省长吴瑞林签发《江苏省田湾核电站场外应急计划》。

7月24～29日 由省核应急办、省教育厅主办，连云港市核应急办、连云港市教育局、江苏核电有限公司承办的江苏省中学生核应急知识夏令营在连云港市宿城中学教育基地开营。来自连云港市新浦区、连云区近10所学校初中二年级的40多名师生参加夏令营活动。

7月31日～8月2日 以法国部际核安全委员会秘书长德尚为团长的法国部际核安全委员会代表团一行6人，到南京、苏州等地考察交流核应急准备工作。副省长吴瑞林在南京会见代表团。

8月1日 省人防办下发《江苏省人民防空规范性文件备案审查规定》。

8月13～16日 全省人防办主任研讨会在南京召开。省委常委蒋文郁、军事科学院研究员张培高分别就高技术战争条件下人防建设理论和实践问题做专题讲座。

8月14日 省人防办、省财政厅、省地税局下发《关于地方税务机关征集人防建设经费若干问题的通知》。

8月15日 省政府办公厅转发省人防办、省军区司令部《关于南京市、苏州市、连云港市人民防空试点工作实施意见》。该实施意见是根据中共中央、国务院、中央军委《关于加强人民防空工作的决定》和南京战区《贯彻第四次全国人民防空会议精神的实施意见》，为提高江苏人民防空水平，推进平战结合，实现人防向民防转变，确定在南京、苏州、连云港三市进行人防向民防转变工作试点。

8月22日 省军区司令员李增林视察南通市人防工作。

8月27日 省人防办下发《江苏省人防指挥工程通信建设有关规定》。

9月12日 省军区司令员李增林视察省人防指挥所和地面指挥中心。

9月19～20日 省委常委蒋文郁考察常州人防工作。

9月27日 省人防办下发《江苏省人防工程施工图设计审查暂行实施办法》。

10月15～17日 省人防办主任张永康、副主任程智培应邀赴上海参加主题为“城市可持续发展中减少危险和脆弱点”的第五届地方政府应对灾害和紧急事件国际会议。

10月22日 省委党校决定，从2002年秋季开始，人民防空教育纳入党校教学内容。省人防办主任张永康为县处级干部培训班作首课“高技术条件下人民防空”专题讲座。

10月31日 省人防指挥所工程通过竣工验收。国家人防办副主任王胜利、南京军区人防办主任徐金才、省军区司令员李增林、副省长王荣炳、中国工程院院士钱七虎等参加竣工验收会议并讲话。

11月27日 省人防办下发《江苏省人防科学研究计划管理暂行办法》。

12月2日 省人防办向省国动委呈报《江苏省人民防空袭方案》。

12月3～6日 省人大调研组调研南京、无锡、镇江、盐城市“三区”人防工程建设、人防工程产权、人防转民防工作。

12月6日 省政协主席曹克明，副主席顾浩、胡序建、周桑漪、林玉英、吴冬华、林祥国等考察省人防指挥所和地面应急指挥中心。

12月17日 泰州市常务副市长万门祖、镇江市副市长黄宝荣被南京军区人防办评为“关心人防建设十佳市长”。

12月30日 省人防办下发《江苏省人民防空工程质量监督管理暂行实施办法》。

2003年

1月12～13日 全省人防工作会议在南京召开。南京军区副参谋长苏士亮、副省长王荣炳、省军区副司令员苏海杉出席会议并讲话。

3月1日 省军区副政委杨森视察丹阳市人防工作。

3月5日 副省长黄卫视察省人防指挥所、地面应急指挥中心。

3月5日 省政府决定副省长李全林任江苏省核事故应急协调委员会主任。

3月6～9日 全省人防办秘书、宣传处(科)长培训班在南京举办。

3月9日 省人防办、核应急办组织专家组对连云港核应急指挥通信系统工程项目进行竣工验收。该工程项目由省核应急办批准，总投资270万元，包括大屏幕投影、LED显示、数字会议、音响、集中控制、监控、便携式投影显示、局域网、多路电话通知、非编刻录、时钟、卫星电视、有线电视、电源等系统及有关附属配套设施。专家组认为该项目技术先进、功能齐全、经济实用，能够满足场外核应急和人防指挥通信的需要。通过竣工验收。

3月20日 省委宣传部、省教育厅、省全民国防教育委员会办公室、省人防办下发《关于在部分高等院校开展人民防空知识教育试点工作的通知》。

3月24～27日 全省县(市、区)人防办主任培训班在南京举办。45个县(市、区)人防办主任参训。

5月19日 省核应急协调委第二次会议在省核应急指挥中心和连云港指挥所分会场，利用视频会议系统召开。审议通过《江苏省田湾核电站场外应急计划执行程序》《田湾核电站核事故场外应急综合演习方案》《江苏省核事故应急协调委员会工作规则》和《江苏省核事故应急协调委成员单位职责分工》。副省长李全林出席会议并讲话。

6月5日 省人大常委会副主任叶坚率省人大城建环保委委员视察省人防办。

6月11日 原中央政治局委员、中央军委副主席、国务委员兼国防部长迟浩田视察常熟市人防指挥所，并为常熟市人防办题词——“居安思危，有备无患”。

6月25日 连云港市召开田湾民兵防化营组建大会。该防化营是为加强田湾核电站场外应急救援工作，经解放军总参谋部批准组建的。

7月18～20日 国家人防办副局长于成林检查指导连云港市人防工作。

7月30日 省核应急办下发《江苏省田湾核电站场外应急计划执行程序》。

8月4～8日 省人防办和省教育厅在苏州市举办全省人防知识教育教师培训班。

8月6～8日 省国动委在省人防指挥所进行国动委指挥所研究性演练。7日，南京军区司令员朱文泉、省委书记李源潮、省长梁保华视察省人防指挥所，观看专题片《江苏人防在前进》。8日，省委常委议军会在省人防应急指挥中心召开。

8月11日 江苏省第二期中学生核应急知识夏令营在连云港市宿城中学教育基地开营。来自连云港地区20多所中学的近70名中学生参加夏令营活动。

8月11～13日 省核应急办、省教育厅在连云港市联合举办中小学核应急知识教育师资培训班。连云港25所中学、12所小学的60名教师参训。

8月26～27日 省人防办在徐州召开苏北5市人防工作座谈会。

9月4～6日 国家核应急办主任徐玉明等检查指导江苏省田湾核电站场外应急准备工作。

9月11日 省军区司令员陈一远、政委吴齐视察无锡市人防指挥所。

9月14日 省政府副秘书长韩庆华任省核应急协调委员会常务副主任。

9月15～17日 省人防办召开苏南、苏中人防工作情况通报和苏南、苏中县(市、区)人防办主任座谈电视电话会议,分析工作形势,交流工作经验,研究提升苏南、苏中人防建设整体水平的对策措施。

9月23～26日 国家人防办在沈阳召开全国人防机关"准军事化"建设工作会议。省人防办和无锡市人防办被国家人防办评为全国人防机关"准军事化"建设先进单位。

9月26日 省政府办公厅下发《江苏省核事故应急协调委成员单位工作职责分工》和《江苏省核事故应急协调委员会工作规则》。

10月9日 省核应急协调委第三次全体会议在南京召开。

10月30日 省核应急协调委以田湾核电站1号核岛可能发生的事故为模拟背景,在南京和连云港两地16个场所同步组织首次场外核应急综合演习。副省长李全林任总指挥。参演单位76个,参演人员近4000人,动用车辆150台。国家机关和上海、浙江、广东、四川等省、市,以及俄罗斯、加拿大、日本等国专家观摩演习。国家核应急办主任徐玉明率评估团全程评估,综合考评指标达到优秀。

11月4日 省委决定刘传梓任省人防办副主任、党组成员。12月6日,省政府任命刘传梓为省人防办副主任。

11月6日 副省长张卫国视察省人防办、省人防指挥所和地面应急指挥中心,观看《江苏人防在前进》专题片。

11月6日 全省人防应急机动通信系统建设会议在南京召开。

11月17～21日 南京战区5省1市人防办主任联席会议在南京召开。与会代表参观省人防指挥所、南京市民防大厦、南京大行宫人防工程、淮安市楚州区漕运广场人防工程、徐州市云龙山隧道工程、徐州市人防指挥所工程、连云港田湾核电站和连云港市核应急指挥中心。

11月26～27日 全省人防行政执法培训班在南京举办。

12月11日 省人防办、省军区司令部召开全省人防向民防转变试点工作汇报电视电话会议。

12月23日 省政府、省军区召开全省人防工作电视电话会议。副省长张卫国、省军区司令员陈一远出席会议并讲话。国家人防办副主任王胜利应邀出席会议并讲话。

12月24～26日 国家人防办副主任王胜利考察苏南5市人防工作。

12月29日 省人防办下发《江苏省人防工程监理企业资质管理规定》《江苏省人防工程竣工验收备案管理暂行办法》。

12月31日 省核应急协调委第四次全体会议在南京召开。

2004 年

1 月 12～13 日 全省人防工程业务会议在常州召开。

1 月 13～14 日 全省人防财务工作会议在镇江召开。

2 月 2～3 日 国际原子能机构组织的田湾核电站“运行前安全检查团”专家，分别在南京、连云港两地，对田湾核电站场外应急计划和准备工作情况进行检查评估。

3 月 5 日 省军区副司令员刘长意考察无锡市人防指挥所。

3 月 8 日 省军区司令员陈一远在南通市听取该市人防工作汇报。

3 月 12 日 全省人防指挥工作会议在南京召开。

3 月 24～26 日 省核应急办组织经贸委、公安、民政、环保、通信、地震、消防、边防等部分协调委成员单位联络员，开展省、市对口进行核电站装料前场外核应急准备工作联合大检查。

3 月 25 日 省人防办向南京军区人防办呈报人民防空应急行动课题研究成果《人民防空应急行动研究》。

4 月 8～10 日 省人大常委会副主任李佩佑率省人大部分代表视察田湾核电站核事故应急及核污染防治工作。

4 月 14 日 省核应急办印发《江苏省核事故场外应急值班管理规定(试行)》。

4 月 14～16 日 国家人防办副主任王胜利检查泰州、徐州 2 市人防工作。

4 月 27 日 省军区司令员陈一远、政委吴齐，南京军区司令部空军部副部长丁文全等观摩苏州市国动委在观前街举行的城市防空演习。

5 月 17～19 日 省人防办、省教育厅在通州市金沙中学召开全省县(市)人防知识教育现场会。

5 月 26 日 省核应急协调委组织第一次全省范围的核应急通信演习。

5 月 27～29 日 总参军训和兵种部副部长黄斌等一行，检查连云港市核应急准备工作。

6 月 21 日 国家核应急协调委专家咨询组组长徐玉明，到连云港市检查核应急准备工作，视察市核应急指挥中心、应急场所、指挥通信系统建设。

6 月 25～28 日 全省人防通信管理工作会议在南京和苏州召开。

6 月 26～27 日 省国动委在无锡市人防指挥所召开全省市县国动委工作机构规范化建设观摩会。与会人员参观无锡人防指挥所正规化建设。

6 月 全省第一个街道人防指挥所——无锡市滨湖区蠡湖街道人防指挥所投入使用。该指挥所指挥通信设备设施齐全，具备视频显示，图形处理，信息控制，以及远程图像、语音传输等功能。

7 月 5～8 日 全省人防工程战术技术要求培训班在张家港举办。

7 月 6～9 日 全省县(市、区)人防办主任培训班在南京举办。

8 月 5～7 日 由省应急办公室、省教育厅主办，连云港市核应急办、连云港市教育局承办的省第三期中学生核应急知识夏令营在连云港市连云区连岛素质教育基地举行。

8月5日 省军区司令员陈一远视察连云港市人防指挥所施工现场和核应急指挥中心。

8月16日 省军区副司令员许尔杰视察连云港市人防指挥所施工现场。

8月30日 省委、省政府、省军区在南京联合举行江苏省暨南京市城市防空演习。省委书记李源潮、省长梁保华等四套班子领导，省军区司令员陈一远、政委吴齐，省政府秘书长李小敏和省国动委各成员单位领导，各省辖市四套班子领导及市国动委成员单位领导，省军区三级首长机关共1900余人，网上异地同步观摩。省长梁保华在演习结束后讲话。

9月7～9日 全省重要经济目标防护会议在南京召开。副省长何权就开好会议作批示。省军区副司令员刘华建、国家人防办副局长于成林出席会议并讲话，南京军区人防办副主任任从林、省人大常委会城建环保委主任杨任远到会指导。

9月7日 国家国动委综合局局长马龙渝一行考察无锡市人防指挥所。

9月20～26日 省人防办主任张永康率国家核应急代表团访问俄罗斯。

10月20日 全省防空袭预案修订研讨会在无锡召开。

11月1～7日 省人防办组成4个检查组，检查全省人防工程维护管理情况。

11月5日 扬州市举行城市防空袭实兵演习。

11月8～10日 南京军区人防办在上海召开战区六省(市)人防办主任联席会议暨人民防空先进单位和个人表彰会。江苏省和南京市分别介绍编制人防应急指导手册和人防应急预案情况。南京市人防办、扬州市人防办被评为“人民防空建设先进单位”。无锡市市长，徐州市常务副市长庄华平被评为“关心人民防空建设的好市(区)长”。连云港市人防办主任李中军、张家港市人防办主任王良其被评为“人防工作成绩突出好主任”。

11月15日 省政协副主席、致公党江苏省委主委黄因慧视察省人防办。致公党江苏省委副主委吉文辉、戈琳、高瑛等参加视察活动。

11月18日 南京军区司令员朱文泉、省军区司令员陈一远、第12集团军军长戚建国等视察徐州市人防指挥所。

11月20日 省军区司令员陈一远视察无锡市滨湖区人防指挥所。

11月22日 省军区副司令员刘华建调研徐州市人防工作。

11月23日 省军区副司令员刘华建视察连云港市人防指挥所。

11月28日 省军区司令员陈一远视察常州人防工作和人防指挥所。

11月29日 省人大常委会副主任叶坚率部分省人大代表视察重要经济目标防护工作。

12月2日 经省委、省政府批准，苏州市人防办增挂“苏州市民防局”牌子。

12月2～4日 全省人防机关“准军事化”建设工作会议在无锡召开，省军区副司令员刘华建出席会议并讲话。

12月8日 省政府副秘书长张大强检查省人防办工作。

12月10日 省核应急指挥中心启用。

12月13日 韩国全罗北道民防灾难管理课访问团访问江苏，在南京参观省核应急指挥中心。

12月30日 省政府办公厅转发省人防办《江苏省重要经济目标防护暂行规定》。这是全国第一个关于重要经济目标防护的规范性文件。

12月31日 省委决定尚华宁任省人防办副主任、党组成员。2005年2月7日，省政府任命尚华宁为省人防办副主任。

2005 年

1 月 11～13 日 全省人防工作会议在南京召开。国家人防办副主任王胜利、南京军区副参谋长苏士亮、省军区司令员陈一远、副省长何权出席会议并讲话。

1 月 21 日 南京军区副参谋长顾守成、人防办主任徐金才调研无锡市人防指挥所、指挥通信、正规化建设等情况。省军区副司令员刘华建陪同调研。

1 月 24 日 省委常委、省军区政委吴齐视察无锡市滨湖区蠡湖街道人防指挥所，网上检验该区两级人防指挥通信系统。

2 月 3 日 省人防办、省军区司令部印发《江苏省重要经济目标分类分级标准》，在全国率先明确重要经济目标分类分级标准。

2 月 21 日 省人防办下发《关于加强全省人民防空法治建设的意见》。

2 月 24 日 副省长张卫国视察武进市民广场人防工程。

2 月 25 日 省人防办印发《人民防空战备值班实施细则和有关职责规定》。

3 月 12 日 省军区副司令员许尔杰考察无锡市人防指挥所。

3 月 23 日 南京军区司令员朱文泉在省军区司令员陈一远、政委吴齐陪同下，视察南京市人防指挥所，听取南京警备区和南京市人防办工作汇报。

3 月 29～30 日 全省人防法制业务工作会议在常州召开。会议总结交流人防法制工作情况，研究部署迎接省人大执法检查工作，筹划“十一五”人防法治建设工作。

4 月 26～27 日 全省人防应急行动方案编制工作会议在南京召开。

4 月 30 日 省人防办、省军区司令部下发《关于加强全省人防机关准军事化建设的意见》。

5 月 15～21 日 省人防办在南京举办无线应急机动通信技术培训班。

5 月 23～27 日 省人防办组成 3 个检查组，检查 9 个省辖市和 9 个县(市)人防法律法规执行情况。省人大常委会城建环保委副主任姜弘道参加对盐城、泰州 2 市的检查。

5 月 29 日 京沪高速公路淮安段发生氯气泄漏事故，导致 28 名群众死亡，几百名群众住院观察。省核应急办针对这一事故，组织专题调研。

6 月 3 日 省委书记李源潮视察徐州市中山路、淮海路交叉口人防地下人行通道及商场建设工地。

6 月 8 日 省人防办向省军区汇报省预备指挥所建设方案。

6 月 13～17 日 省人大常委会副主任叶坚，率部分省人大常委和省人大代表组成的执法检查组，听取省人防办、发改委、财政厅、建设厅、卫生厅等部门自查情况汇报，并抽查南京市、徐州市贯彻执行人防法律法规情况。

6 月 27 日 省人防办下发《全省人防机关准军事化建设达标考核实施办法》。

8 月 3～14 日 省人防办主任张永康率江苏省民防考察团一行 6 人，赴法国、瑞士等国考察民防工作。

8月15日 南京军区副司令员徐小岩和省军区副司令员刘华建等，观摩南通市国动委组织的“江海-2005”城市防空实兵综合演习。

8月18日 省人防办下发《江苏省人防工程防护功能平战转换预案编制办法》。

8月31日 淮安市举行城市防空作战和反恐维稳演习。省军区副司令员刘华建等观摩演习。

8月 原南京军区司令员向守志为《江苏人防》纪念抗日战争胜利暨世界反法西斯战争胜利60周年专栏题词——“忘战必危，永固国防”。

9月9日 无锡市举行城市防空作战和反恐维稳演习。省军区副司令员刘华建等观摩演习。

9月13～16日 省人防办在南京举办县(市、区)人防办主任培训班。

9月16日 省军区副司令员刘华建观摩宿迁市“宿防-2005”城市防空和反恐维稳演习。

9月20日 省军区副司令员刘华建等观摩泰州市国动委组织的城市防空和反恐维稳实兵演习。

10月17日 徐州市城市防空、反恐维稳实兵演习暨市党政军领导国防日活动在市中心古彭广场举行。省军区副司令员刘华建讲话。

10月25日 省军区副司令员刘华建等观摩连云港市城市防空袭演习。

10月27～28日 第五次全国人民防空会议在北京召开。省委副书记张连珍、省军区司令员陈一远等30位江苏代表参加会议。会议表彰南京市、苏州市、常州市为人防先进城市，省人防办，无锡、徐州、连云港、扬州、泰州市人防办为人防先进单位，张永康等8人为人防先进个人。

11月10日 国家核应急办检查组检查江苏省核应急准备工作。

11月23～25日 全省人防系统420人参加省军区司令部、省人防办组织的“苏防-2005”应急作战城市防空袭指挥所研究性演习。

12月1日 省军区政委吴齐检查徐州市人防工作，视察市人防指挥所。

12月19～28日 省人防办“准军事化”建设考核组，对徐州市，无锡市及所辖滨湖区、江阴市，扬中市，苏州市及所辖张家港市、昆山市人防办“准军事化”建设进行达标考核。

12月21～23日 省军区政委吴齐考察常州市、苏州市、南通市、扬州市，及昆山市、太仓市人防工作。

12月29～30日 全省人防办主任座谈会在苏州市召开。会议研究贯彻第五次全国人防会议精神问题，讨论2006年人防工作目标任务和省人防建设第十一个五年规划。

12月31日 省长梁保华主持召开省政府第60次常务会议，传达学习第五次全国人民防空会议精神并研究贯彻意见。决定省和各省辖市人防办增挂“民防局”牌子。

2006年

1月16日 南京军区人防办会审南京、徐州、连云港3个一类人防重点城市《城市人防应急行动方案》。

2月4日 原副总参谋长吴铨叙视察常熟市人防办，并题词——“地下长城，生命绿洲”。

2 月 14 日　国务院核应急办在国家核应急指挥中心检查核应急指挥通信系统待命状态，通过视频会议系统检查国家与江苏省核应急办点对点信息传输情况。

2 月 17 日　省人防办表彰全省第一批通过考核验收的“准军事化”建设达标单位：徐州市、苏州市、无锡市、张家港市、昆山市、江阴市、扬中市和无锡市滨湖区。

3 月 2 日　南京军区司令部军训和兵种部在南京召开军地核应急互联互通系统建设协调会。

3 月 8 日　南京军区副参谋长孙正禄检查江苏省和南京市人防工作。

3 月 12 日　省编委通知，省人防办增挂“江苏省民防局”牌子，各省辖市人防办增挂“市民防局”牌子。

3 月 21～22 日　省发改委在南京召开《江苏省人防建设第十一个五年规划纲要》论证会和《601 工程可行性研究报告》评审会。国家人防办副局长于成林、省军区副司令员刘华建出席会议并讲话。会议一致通过《江苏省人防建设第十一个五年规划纲要》论证和《601 工程可行性研究报告》评审。

3 月 24 日　省核应急协调委第五次会议在连云港市召开。副省长李全林出席会议并讲话。

3 月 27～31 日　省人防办邀请南京陆军指挥学院、工程兵学院专家成立会审组，会审 10 个二、三类国家人防重点城市《人民防空应急行动方案》。

4 月 13 日　国家人防办副主任李扬一行检查指导江阴市人防工作。

4 月 24 日　省人防办下发《关于人防通信建设几个问题的通知》。

5 月 8 日　省人防办下发《关于开通无线电短波通信网的通知》。开通全省无线电短波通信网。

5 月 15 日　省民防局挂牌仪式在省人防办举行。国家人防办发来贺电。省军区政委吴齐和副省长为省民防局揭牌并讲话。

5 月 15 日　全省人防办主任座谈会在南京召开。

5 月 26 日　省核应急办、省财政厅联合下发《江苏省核应急准备资金使用管理办法》。

5 月 30 日　省人防办在南京召开“人防工程产权问题研究”课题鉴定会。

6 月 8 日　省核应急办与田湾核电站，就核电站有关工况信息的传输、核电站及周边地区自动气象站观测数据的共享、事故后果评价系统的使用管理，以及视频会议系统、传真、电话的定期测试等进行协商，达成一致意见。

6 月 21 日　省人防办发出通知：在全省人防系统开展向崔森、王良其学习活动。

6 月 27 日　省人防办、省建设厅下发《关于执行人防工程设计新规范有关问题的通知》。

6 月　省核应急办在互联网开设“江苏核应急网站”。

7 月 10～14 日　省核应急办组成检查组，抽查部分单位核应急工作。8 月 28 日，省核应急办下发《关于核应急工作检查的情况通报》。

7 月 10 日　省政府办公厅印发《江苏省核事故应急预案》。

7 月 18～19 日　全省重要经济目标防护工作会议在南京召开。

7 月 20 日　省人防办、省军区司令部下发《表彰全省人防先进单位、先进个人的决定》，表彰全省 70 个先进单位、114 名先进个人。

7 月 28～29 日　省政府、省军区在南京召开全省人防工作会议。省委书记李源潮、省长梁保华、省军区司令员陈一远出席会议并讲话。省政府与 13 个省辖市签署“十一五”人防建设目标责任状。

8月15日 省军区政委吴齐视察镇江市人防指挥中心。

8月28日 省人防办印发《法制宣传教育第五个五年规划》。

9月15日 省政府办公厅下发《江苏省战时人防指挥部编成》。

9月20～28日 省人防办组织省、市和部分县级市人防办，参加省军区“苏防-2006”防卫作战研究性网上演习。

9月22日 省人防办召开防空林建设专家咨询会。

10月24日 由省民政厅和连云港市核应急办牵头，省交通厅、省公安厅、省军区司令部参与组织田湾核电站事故场外应急撤离安置综合演习。

11月3日 全省人口疏散地域建设现场会在无锡召开。

11月17日 省核应急办举行省和连云港市两级核应急指挥机构应急响应演习。

11月23日 省人防办下发《江苏省人防工程防护设备质量管理办法》。

11月24日 省人防办下发《江苏省人防工程平战转换暂行规定》。

11月27日 国家人防办副主任李扬考察常州市人防工作。

11月28日 常州市举行人防预备指挥所暨武进区人防应急指挥中心落成仪式。国家人防办副主任李扬为常州市人防预备指挥所和武进区人防应急指挥中心揭牌。

11月28日 全省人防通信建设座谈会在常州召开。国家人防办副主任李扬出席会议并讲话。

12月4日 全省人防依法行政工作会议在南通市召开。

12月6日 全国人防宣传工作会议在昆明召开。省人防办和南京、苏州、无锡、常州、南通市人防办受表彰。江苏有8人获全国人防书画摄影作品大奖赛10个奖项。

12月8日 省委第二巡视组由陈章浩带队，对省人防办进行巡视。2007年2月8日巡视工作结束，3月16日，陈章浩做巡视工作情况反馈。

12月28日 省人防办、省绿化委办公室下发《关于开展防空林建设的意见》。

2007年

1月11日 省人防办召开人防向民防转变专家咨询会。

1月16～17日 全省人防财务工作会议在常熟召开。

1月19日 启用“江苏省民防局”印章。

1月26～27日 全省人防工作会议在南京召开。省军区司令员陈一远出席会议并讲话。

1月31日 省人防办下发《关于加强全省人口疏散体系建设的意见》。同时下发《江苏省人口疏散地域建设暂行标准》。

2月 省核应急办制作完成《核电和核应急常识》电视宣传片。

3月16日 省审计厅领导率审计组对省人防办进行领导经济责任审计、年度部门审计。6月底，审计工作结束。

3月29日 省人防办、省军区司令部下发《关于加强人防专业队建设的意见》。

3月30日 省人防办下发《关于抓紧开展防空林建设的紧急通知》。

4月6日 全省人防机动指挥所建设研讨会在南京召开。会议围绕机动指挥所的定位、载车平台的选型、通信手段的确定、车载发电机的选型和安装、系统安全性、项目动作程序等展开研讨。

4月12～13日 全省人防指挥业务工作会议在徐州市召开。

4月24日 省建设厅、省人防办发布《普通地下室人防应急加固改造技术规程》。这是全国第一部关于普通地下室加固改造设计的技术文献。

4月27日 省人防办主任张永康、纪检组长周蒲生在“中国江苏”网站，以“加快人防(民防)建设，服务经济社会发展”为主题，与公众开展在线交流。这是省人防办在省政府门户网站首次开辟专题访谈。

5月28～30日 国家人防办副主任李扬先后考察南通、泰州、扬州、南京等市人防工作。

5月 在全国人防工程建设工作会议上，江苏省和南京、苏州、无锡、南通、泰州市人防办被表彰为先进单位，蒋永生等12人被表彰为先进工作者。

6月13～14日 省物价局和省人防办组成联合调研组，调研常州市人防行政性收费工作。

6月21～22日 省人防办组织南京、扬州、镇江3市召开人防区域联动研讨会。

6月27～28日 全省县(市)人防工作会议在泰州召开。

7月16～21日 省人防办邀请南京林业大学有关专家，组成防空林建设调研组，调研南通、盐城、连云港等市的防空林建设试点工作。

7月26～27日 全省人防工程防护设备质量管理工作会议在徐州召开。

8月9～10日 南京军区人防办检查评估省和南京市、无锡市人防应急准备能力。

8月9日～9月4日 省人防办(民防局)举办全省人防领导干部培训班。

8月21日 国家核应急协调委发出《关于举办首次国家核事故应急演习有关问题的通知》，明确江苏省核应急协调委成员单位及专家咨询组、省核应急办、连云港市核应急办、江苏核电有限公司参演。

9月22～28日 省人防办组织省、市两级人防办共626人参加省军区“苏防-2007”网上演习。

9月29日 省战时人防指挥部成立大会在南京举行。省军区司令员陈一远出席大会并讲话。

9月29日 省人防预备指挥所工程开工。省军区司令员陈一远出席开工典礼并讲话。

10月15日 南京军区副参谋长许纪文，在省军区副司令员刘长意陪同下考察淮安市人防工作。

10月27～28日 省人防办、省文化产业教育培训中心联合举办《突发事件应对法》培训班。

10月30日～11月2日 省人防办在扬州市组织召开人防专业队建设试点工作会议。

11月2日 省军区副司令员刘华建考察常州市武进区人防工作。

11月14～15日 国家核应急演习准备工作组在江苏省核应急指挥中心召开演习准备会议。

11月22日 全省人防卫星通信建设和机动指挥所建设方案论证会在南京召开。

11月25～27日 全国人防机关“准军事化”建设工作会议在湖南长沙召开。省人防办和无锡、南通、徐州、南京、苏州、常州市人防办被表彰为“全国人防机关准军事化建设先进单位”。

11月29～30日 全省人防综合信息统计培训班在南通举办。

11月 江苏省全面推进依法行政工作领导小组确定无锡市人防办(民防局)为省级依法行政示范点。省人防办(民防局)决定在全省宣传学习无锡市人防办(民防局)依法行政的经验、做法。

12月6日 省人防办组织防空林建设专题讲座。

12月13日 省人防办下发《江苏省县(市)人民防空预决算管理暂行办法》。

12月13日 江苏省暨南京市隆重举行“悼念侵华日军南京大屠杀30万同胞遇难70周年暨侵华日军南京大屠杀遇难同胞纪念馆扩建工程竣工仪式”。南京市人防办组织全市试鸣防空警报。

12月14～15日 全国人防宣传工作会议在扬州召开。省人防办和南京、苏州、无锡、常州、南通5市人防办受到表彰。

12月21～22日 省人大常委会副主任叶坚等一行11人,到镇江和常州市进行立法调研,为省人大审议修改《省实施〈人防法〉办法》做准备。

12月25日 省人防协会在南京召开人防(民防)建设为构建社会主义和谐社会服务理论研讨会。

12月29日 省人防办通报表彰完成年度目标任务单位。对成绩优异的南通、南京、常州、无锡、苏州、徐州、泰州市人防办,成绩良好的连云港、扬州、镇江、淮安市人防办,完成任务的盐城、宿迁市人防办给予表彰和奖励。

2008年

1月15～16日 全省人防工作会议在常州召开。省军区司令员陈一远出席会议并讲话。

3月24日～4月1日 全省人防指挥干部培训班在南京举办。

3月27日 省人大常委会法工委副主任刘克希一行到淮安、无锡、常州,就修改《省实施〈人防法〉办法》进行调研。

4月10日 省人防办、省军区司令部在常州市武进区组织召开人防专业队伍整组点验现场观摩会。省军区副司令员刘华建出席会议并讲话。

4月24～26日 南京、扬州、镇江3市应急行动区域联动工作座谈会在扬州召开。

5月5～7日 财政部国防司和国家人防办一行6人,到江苏专题调研人防经费保障问题。

5月5日 省人大常委会法工委副主任刘克希一行到省人防办调研修改《省实施〈人防法〉办法》。

5月13日 连云港市人防专业队组建单位紧急组织医疗救护、供电、消防抢险救援队,赴四川抗震救灾一线参加救援。

5月19日 14时28分,按照国务院和省政府要求,全省人防系统2130台警报器统一鸣放防空警报,哀悼汶川地震遇难同胞。

5月27日 南通市人防办接到四川绵阳关于亟须解决音响警报器的紧急请求后,在3小时内快速组织 6 台电动防空警报器，并赠送 10 台手摇式警报器，落实运输车辆，于 5 月 29 日送抵绵阳。

7 月 17～18 日 省核应急办在宿迁市举办首期无核设施省辖市核应急骨干培训班。

7 月 21～25 日 全省部分县(市、区)人防办主任培训班在南京举办，参加培训班的有徐州、连云港、淮安、盐城、宿迁、扬州、泰州等 7 市及所属县(市、区)人防办主任共 52 人。培训围绕信息技术在人防建设中的地位作用、人防工程防护与地下空间开发利用、实现防空防灾一体化等进行学习和研讨。

7 月 24 日 省十一届人大常委会第四次会议审议通过关于修改《省实施〈人防法〉办法》的决定，自 9 月 1 日起施行。

7 月 30 日 省政府办公厅下发《关于调整江苏省核事故应急协调委员会组成人员的通知》，副省长史和平担任省核应急协调委主任。

8 月 7 日 南京军区人防办主任徐金才考察徐州市人防工作。

8 月 19～22 日 南京军区副参谋长许纪文考察常州、苏州、无锡等市人防工作，并就南京军区人防训练试点问题与省、市人防部门和省军区有关部门领导座谈。

8 月 21 日 省军区政委李笃信考察睢宁县人防指挥中心建设工地。

8 月 25 日 省人防办下发通知，要求做好《省实施〈人防法〉办法》学习宣传工作。

9 月 4 日 省人大、省政府、省军区在南京召开贯彻实施《省实施〈人防法〉办法》座谈会。省人大常委会副主任朱龙生、副省长何权、省军区副司令员刘长意出席座谈会并讲话。

9 月 22～24 日 省辖市人防办主任会议在南京召开，专题学习新修订的《省实施〈人防法〉办法》，邀请省人大法制委、省政府法制办、南京大学法学院等有关部门的领导、专家、教授做学习辅导，交流宣传贯彻《省实施〈人防法〉办法》情况，研究进一步学习贯彻的措施。

10 月 16 日 南京市举行民防应急救援志愿大队成立暨授旗仪式。这是全省第一支民防志愿者队伍。

11 月 4～5 日 南京军区人防训练试点观摩会议在苏州市召开。总参作战部副部长、国家人防办副主任徐经年和南京军区副参谋长许纪文出席会议并讲话。会议代表参观苏州市人民防空训练场地建设，观摩苏州市人防指挥部带部分专业队的城市防空袭研究性演习，听取苏州市开展人防训练试点的经验介绍。

11 月 7 日 省军区副司令员刘华建视察连云港市人防基本指挥所和应急指挥中心。

11 月 24～28 日 江苏省人防系统首次机动指挥通信系统检验性演练在南通举行。

11 月 28 日 省核应急协会成立大会在南京召开。省人防办主任张永康兼任协会理事长。江苏核电有限公司副总经理申彦锋、省人防办宋玉友、南京工业大学副校长蒋军成、南京大学公共管理学院院长童星任副理事长，秘书长由宋玉友兼任。

12 月 11 日 全国人民防空通讯报道工作会议在南京召开。国家人防办副局长柳庆森出席会议并讲话，《中国人民防空》杂志社社长胡凌云做工作报告。会上，省人防办和南京、苏州、无锡、南通市人防办以及 7 名个人受表彰。

12 月 12 日 省人防协会在南京召开汶川震灾与民防建设理论研讨会。

附　　录

一、重要文献辑存

（一）江苏省实施《中华人民共和国人民防空法》办法

（1999 年 1 月 29 日江苏省第九届人民代表大会常务委员会第八次会议通过；根据 2004 年 4 月 16 日江苏省第十届人民代表大会常务委员会第九次会议关于修改《江苏省实施〈中华人民共和国人民防空法〉办法》的决定第二次修正；根据 2008 年 7 月 24 日江苏省第十一届人民代表大会常务委员会第四次会议关于修改《江苏省实施〈中华人民共和国人民防空法〉办法》的决定第二次修正）

第一条　为了加强人民防空建设，保护人民的生命和财产安全，保障社会主义现代化建设顺利进行，根据《中华人民共和国人民防空法》等法律、法规，结合本省实际，制定本办法。

第二条　人民防空是国防的组成部分，是国民经济和社会发展的重要方面，是现代城市建设的重要内容，是利国利民的社会公益事业。人民防空实行长期准备、重点建设、平战结合的方针，贯彻与经济社会发展相协调，与城市建设相结合，与防灾、救灾和处置突发事件相兼容的原则，坚持防空防灾一体化。

县级以上地方人民政府应当将人民防空建设纳入本行政区域国民经济和社会发展规划。

国家鼓励和支持企业事业单位、社会团体和个人，通过多种途径，投资人民防空工程建设。人民防空工程平时由投资者使用管理，收益归投资者所有。

第三条　县级以上地方人民政府保护人民防空指挥通信、警报、掩蔽、疏散等工程和设施不受侵害。

禁止任何组织或者个人破坏、侵占人民防空工程和设施。

第四条　省人民政府、省军区领导本省的人民防空工作。

设区的市、县（市、区）人民政府和同级军事机关领导本行政区域的人民防空工作。

第五条　县级以上地方人民政府人民防空行政主管部门（以下简称人防主管部门），管理本行政区域的人民防空工作，受本级人民政府和同级军事机关领导。其职责和任务，按照国务院、中央军事委员会的规定，由本级人民政府和同级军事机关共同确定。

县级以上地方人民政府发展和改革、建设（规划）等部门各司其职，做好相关的人民防空工作。

中央和省属企业事业单位人民防空工作，受上级主管部门和所在地设区的市或者县（市）人民政府领导，以所在地设区的市或者县（市）人民政府领导为主。

市区街道、镇应当指定机构或者人员按照有关规定做好人民防空工作。

第六条　本省行政区域内按国家人民防空分类防护确定的城市，是省组织人民防空的重点。

省人民政府、省军区根据国务院、中央军事委员会的规定，确定省人民防空重点市、镇。

第七条　县级以上地方人民政府应当根据国务院、中央军事委员会的要求，分类规定本级重点防护目标，并将防护措施列入规划。

前款所称重点防护目标，是指城市党政机关，广播电视系统，交通、通信枢纽，重要的工矿企业、科研基地、桥梁、江河湖泊堤坝、水库、仓库、电站和供水、供电、供气工程，以及其他空袭次生灾害源等目标。

重点防护目标单位应当建立防护组织，制定防护方案，建设防护设施，落实防护措施，组织防护演练。企业所需防护经费列入企业成本。电台、电视台等公益性组织的防护经费由政府承担。

人防主管部门应当对重点防护目标单位的防护工作进行指导和监督检查。

重要经济目标中涉及人民防空要求的重要工程布局和重大项目，投资主管部门在审批、核准前，应当征求人防主管部门的意见。

第八条　县级以上地方人民政府应当制定本级防空袭方案及实施计划，按照有关规定报上级批准，并组织演练。

编制防空袭方案及实施计划所涉及的部门和单位，应当提供真实情况和资料，指定专人完成有关编制任务。

第九条　设区的市、县(市)人民政府应当组织规划、人防等部门制定人民防空工程建设规划，并纳入城乡总体规划。开发区(高新区)、保税区、工业园区和高教园区等应当依法落实人民防空建设要求。

规划行政主管部门编制控制性详细规划，应当征求人防主管部门的意见，落实人民防空工程建设规划；审查建设工程规划方案时，落实人民防空工程建设要求。

第十条　城市地下空间的开发利用，应当兼顾人民防空需要。人防主管部门负责城市地下空间开发利用中人民防空防护等事项的管理和监督检查，并与发展和改革、建设(规划)等部门按照各自职责做好城市地下空间的规划、开发利用和审批工作。

城市的地铁等地下交通干线、交通综合枢纽以及其他地下工程的关键部位和重点设施，必须符合人民防空防护标准，其防护设计的审查应当有人防主管部门参加。人民防空疏散干道和连接通道，应当尽可能与城市地下交通等设施相连通。

第十一条　人民防空指挥和通信工程、公用的人员掩蔽和疏散干道工程，由人防主管部门负责组织建设和管理。

人民防空专业队工程由人防专业队组建单位负责建设。医疗机构应当按照人民防空工程建设规划，在新建医用建设工程时，结合修建医疗救护工程。鼓励其他组织建设人民防空专业队工程和医疗救护工程。

重要通信企业应当加强地下通信设施建设，增强抗毁和保障能力。

第十二条　城市新建民用建筑，必须按照国家有关规定修建战时可用于防空的地下室(以下简称防空地下室)，并与地面建筑同步规划、设计、建设、竣工验收，其建设经费纳入建设项目投资计划。

防空地下室的战时功能、防护级别、建设规模、布局由人防主管部门根据国家有关规定确定。

因地质、地形、结构或者其他条件限制，不能结合地面建筑就地修建防空地下室的，经人防主管部门批准，建设单位按照国家规定缴纳易地建设费，由人防主管部门进行易地修建和管理。

任何地方和部门不得制定少建、不建防空地下室或者减免易地建设费的优惠措施。

城市新建民用建筑项目未按规定列入修建防空地下室内容的或者未缴纳易地建设费的，规划行政主管部门不予核发建设工程规划许可证，建设行政主管部门不予核发施工许可证。

第十三条 人民防空工程建设应当符合国家规定的建设程序、防护标准和质量标准。

人民防空工程建设项目应当按照国家和省有关规定，实行招标投标制度。承担人民防空工程任务的单位，应当具有与该工程项目相适应的工程设计、施工和监理资质，并严格执行国家规定的人民防空工程防护标准、质量标准、技术规范等。

单独建设的人民防空工程，其设计文件应当报经人防主管部门审查同意。城市新建民用建筑项目，有关部门在审批时应当征询人防主管部门的意见，人防主管部门应当按照国家有关规定负责对项目中的防空地下室防护方面的设计进行审查并出具审查意见。

人民防空工程质量应当符合国家规定的防护标准和质量标准。人防主管部门负责人民防空工程建设质量的监督管理，可以委托人民防空工程质量监督站或者有关建设工程质量监督机构实施监督。

接受委托的工程质量监督机构应当按照国家有关法律、法规，强制性标准及设计文件，对工程质量进行监督，对建设单位申报竣工的工程，出具人民防空工程质量监督报告。

人民防空工程建设单位应当自工程竣工验收合格之日起十五日内，将工程竣工验收报告和接受委托的工程质量监督机构及有关部门出具的认可文件报人防主管部门备案。

第十四条 建设单位建设平战结合人民防空工程，应当按照规定制定平战转换方案，备好器材、构件，与工程同步验收。

第十五条 国家鼓励平时利用人民防空工程和设施为经济建设和人民生活服务。人民防空工程除重要的指挥、通信等工程外，在不影响防空效能的条件下，经人防主管部门同意，均可以开发利用。

对于开发利用人民防空工程和设施的，有关部门依法核发营业执照和许可证，保障用水用电，并按照有关规定给予规费减免。

人民防空工程因租赁等情形使用权发生变更的，应当向人防主管部门备案。

依法按照国家和省规定的比例结合城市新建民用建筑修建的防空地下室，应当按照设计文件在实地标注，任何单位和个人不得出售。

开发利用人民防空工程和设施，应当与其设计用途相适应，符合环境保护、消防安全等有关要求，并按照国家有关规定办理相应手续。

第十六条 县级以上地方人民政府应当充分利用指挥、通信工程、掩蔽工程等人民防空资源，发挥人民防空资源在平时防灾、救灾和处置突发事件中的作用。人防主管部门应当建立健全防空防灾相结合的工作机制。

现有人民防空资源可以满足防灾救灾的，县级以上地方人民政府不得投资新建功能相同、相近的其他工程。

第十七条 人民防空工程的平时维护管理实行分类负责。公用的人民防空工程，由人防主管部门负责；单位修建或者使用的人民防空工程，按照国家规定由单位负责；个人投资建设的人民防空工程由投资者负责。

人民防空工程的平时维护管理应当执行国家和省有关规定，落实维护管理资金，使其保持良好使用状态。

人民防空工程的拆除、报废、改造，应当报经人防主管部门批准。经批准改造的人民防空工程，不得降低国家规定的防护标准；经批准拆除、封填的人民防空工程，建设单位应当按拆除、封填的建筑面积、防护等级就近补建；就近补建确有困难的，必须向人防主管部门缴纳易地建设费，由人防主管部门组织易地建设。

第十八条　任何组织或者个人不得进行下列影响人民防空工程使用或者降低人民防空工程防护能力的作业：

（一）在危害人民防空工程安全的范围内进行采石、伐木、取土、爆破、挖洞、开沟、植桩等；

（二）在影响人民防空工程进出和正常使用的范围内设置障碍、堆放物品、新建建筑物；

（三）向人民防空工程内排入废水、废气和倾倒废弃物；

（四）在人民防空工程内或者危及其安全的范围内生产、储存爆炸、剧毒、易燃、放射性和腐蚀性物品；

（五）擅自将管网、线缆穿越人民防空工程；

（六）毁损人民防空工程孔口伪装、地面附属设施以及防洪、防倒灌设施，堵塞或者截断人民防空工程的出入口、进排风竖井、进排水管道；

（七）擅自改变人民防空工程主体结构、拆除防护设施，进行穿墙打孔等影响防护效能的改造和装修；

（八）占用人民防空工程通风、配电等设备用房作其他用途。

人民防空工程安全范围，由人防主管部门按照国家规定的战术技术要求划定，并设置标志。

第十九条　县级以上地方人民政府应当将人民防空信息化建设纳入政府信息化建设总体规划。人防主管部门负责制定人民防空信息化建设规划和实施计划，按照有关规定和技术标准，组织建设和管理。

通信、广播电视、无线电等管理部门和电力、通信企业应当在网络、频率、供电等方面提供优先保障，确保人民防空通信和警报信号传递发放顺畅稳定。用于人民防空通信的专用频率和防空警报音响信号，任何单位和个人不得占用、混同。

禁止擅自搬迁或者拆除、毁坏人民防空通信警报设施。确因建设需要拆迁的，必须按照城市通信警报规划和战备要求进行易地重建，拆迁和重建经费由拆迁单位承担。

第二十条　设区的市、县（市）人民政府应当每年组织防空警报试鸣，试鸣的五日前必须发布公告。

鸣放防空警报信号时，通信、广播、电视、网络等新闻传播和信息服务单位，应当按照预定方案迅速准确地接收、传递和发放，并协助完成有关通信保障任务。

第二十一条　人民防空通信、警报等设施，平时应当为抢险救灾及应对突发事件服务。

第二十二条　人民防空疏散由县级以上地方人民政府统一组织。人民防空疏散必须根据国家发布的命令实施，任何组织不得擅自行动。

设区的市、县（市、区）人民政府应当按照本级防空袭方案，组织制定人民防空疏散计划和疏散接收安置方案。

人防主管部门应当明示有关人民防空工程和设施，但国家规定应当保密的除外。

第二十三条 设区的市、县（市、区）人民政府，平时应当组织预定疏散对口地区的有关部门和单位，共同做好预定的疏散地区建设。

城市人民政府应当组织制定城市居民疏散掩蔽方案，明确疏散掩蔽的人员、集结地点、行动路线、场所，适时组织疏散掩蔽演练。

城市人民防空疏散组织实施后，交通、通信、治安、生活物资、医疗卫生、教育等有关保障，由城市人民政府会同预定的疏散地区人民政府组织有关部门负责解决。

第二十四条 县级以上地方人民政府应当组织人防、绿化、建设（规划）、林业、园林、交通、水利等部门开展用于防空防灾的林地（林带）建设。

第二十五条 设区的市、县（市、区）人民政府应当根据有关规定，按照专业对口组建人民防空专业队伍，并根据需要组建人民防空志愿者队伍。

各有关部门和单位负责组建相应的人民防空专业队，各专业队战时承担相应的任务：

（一）建设、公用、电力等部门组建抢险抢修队。抢险抢修队承担公共设施的抢险抢修，以及抢救人员、物资等任务。

（二）卫生部门组建卫生应急专业队。卫生应急专业队承担医疗救护和疾病预防控制等任务。

（三）公安部门组建消防队、治安队。消防队承担灭火救援等任务；治安队承担治安保卫、交通管理等任务。

（四）卫生、环保、安监、公安等部门组建防化防疫队。防化防疫队承担对核、化学、生物武器袭击的监测、侦察、化验、消毒、洗消等任务。

（五）通信主管部门协调各基础电信运营企业组建通信队。通信队承担通信保障等任务。

（六）交通运输部门组建运输队。运输队承担运输人员、物资等任务。

（七）相关部门和单位应当根据任务需要组建平战转换、引偏诱爆、伪装设障、信息与网络防护等新型专业队伍。各新型专业队承担人民防空工程平战功能转换、信息防护等任务。

除前款规定之外的灯火管制等战时其他任务，由设区的市、县（市）人民政府规定。

人民防空专业队所需装备、器材和经费由组建单位负责提供，特殊专用装备、器材，由各级人防主管部门负责。

第二十六条 人民防空专业队平时应当纳入应急救援体系，协助政府完成抢险救灾任务。

平时执行抢险救灾任务或者战时执行人民防空勤务的人民防空专业队及人民防空志愿者队伍的伤亡人员，按照国家规定进行安置和抚恤。

第二十七条 人民防空专业队平时由负责组建的部门训练、管理，接受人防主管部门和军事机关的业务指导，定期组织整组，确保组织、训练的落实；战时接受人民防空指挥机构统一指挥。组建各人民防空专业队的部门，应当明确专门机构或者责任人，具体负责人民防空专业队的训练和管理工作。

人民防空专业队的训练内容按照战时防空、平时防灾的要求安排，训练计划由人防主管部门制定下达，组建部门或者单位应当结合工作和生产组织实施。人防主管部门和组建部门或者单位可以根据需要组织短期脱产训练或者演练，组建部门或者单位应当为训练和演练以及执行任务提供相应条件，并保证参加人员在脱产训练、演练期间的工资、奖金、福利和其他待遇与其在岗时等同。

人防主管部门应当定期对人民防空专业队的整组、训练情况进行督促检查。

第二十八条　县级以上地方人民政府应当开展人民防空和防灾、救灾宣传教育，并将其纳入国防教育计划和普法教育规划。

在校学生的人民防空和防灾、救灾知识教育，由人防和教育主管部门组织实施。教育主管部门应当将人民防空和防灾、救灾知识教育纳入教育计划，开展形式多样的教育教学活动。人防主管部门应当协助培训教员，并提供专用器材和教材。

国家机关、社会团体、企业事业单位人员的人民防空教育，由所在单位组织实施；其他人员的人民防空教育，由基层人民政府组织实施。

人防主管部门应当加强对人民防空和防灾、救灾教育的指导和检查。

第二十九条　人民防空经费是进行人民防空战备建设的专项经费，由国家和社会共同负担，人防主管部门统筹管理，接受上级政府人防主管部门和同级审计、财政、物价等部门的监督。

县级以上地方人民政府负担的人民防空建设经费，应当列入同级财政预算，主要用于指挥工程、通信设施建设与管理和重大演习保障等。

社会负担的人民防空经费包括：

（一）结合城市新建民用建筑修建防空地下室的经费或者易地建设费；

（二）维护本单位人民防空工程的经费；

（三）国家和省人民政府规定应当由社会负担的其他人民防空经费。

第三十条　依法筹集的社会负担的人民防空经费，必须缴入同级财政专户管理，专款专用，任何组织或者个人不得截留、挪用。财政、审计部门应当予以监督检查。

任何组织或者个人不得擅自减免社会负担的人民防空经费。城市新建民用建筑项目确需减免防空地下室易地建设费的，应当按照规定报国家人防主管部门同意。

人民防空经费和人民防空工程建设，可以按照国家和省的有关政策规定享受国防工程和社会公益性建设项目的税收优惠和规费减免以及其他优惠政策。

第三十一条　人防主管部门负责人民防空国有资产的专业管理，接受上级人防部门的监督。其中经同级人民政府授权，用于经营的人民防空国有资产还应当接受同级国有资产管理机构的监督。

第三十二条　各级人民政府和军事机关应当将人民防空工作纳入拥军优属、拥政爱民的内容。

县级以上地方人民政府和同级军事机关，对在人民防空工作中做出显著成绩的组织和个人应当给予奖励。

第三十三条　违反本办法第十二条第一款的规定，不修建防空地下室的，由人防主管部门对当事人给予警告，责令限期修建，可以并处五万元以上十万元以下的罚款；因主体工程完工无法补建的，应当缴纳易地建设费，并处五万元以上十万元以下的罚款。

建设单位不按规定缴纳易地建设费的，由人防主管部门责令限期缴纳，当事人逾期未缴纳易地建设费的，按日加收千分之二滞纳金。

第三十四条　违反本办法第十八条第一款规定，或者有下列行为之一的，由人防主管部门对当事人给予警告，并责令限期改正违法行为，可以对个人并处一千元以上五千元以下的罚款，对

单位并处一万元以上五万元以下的罚款;造成损失的,应当依法赔偿损失:

(一)侵占人民防空工程的;

(二)不按照国家规定的防护标准和质量标准修建人民防空工程的;

(三)拆除人民防空工程后拒不补建或者拒不补偿的;

(四)占用人民防空通信专用频率、使用与防空警报相同的音响信号、延误传递防空警报信号或者擅自拆除人民防空通信、警报设备设施的;

(五)阻挠安装人民防空通信、警报设施,拒不改正的;

(六)人民防空工程未组织竣工验收或验收不合格擅自交付使用的;

(七)未经人防主管部门同意,擅自使用人民防空工程的。

人防主管部门在对人防工程进行监督检查时,发现人防工程维护管理不当影响防护效能的,应当责令人防工程维护管理责任人限期修复,可以对个人并处一千元以上五千元以下的罚款,对单位并处一万元以上五万元以下的罚款。

第三十五条 建设、设计、施工、监理等单位违反人民防空工程质量管理规定从事相关活动的,由县级以上建设、人防等相关行政主管部门在其职责范围内按照《建设工程质量管理条例》的有关规定予以处罚。

第三十六条 国家工作人员有下列情形之一的,对直接负责的主管人员和其他责任人员依法给予行政处分;构成犯罪的,依法追究刑事责任:

(一)违反规定批准免建防空地下室的;

(二)违反规定批准减少应建的防空地下室面积或者批准减免易地建设费的;

(三)违反本办法第十二条第五款规定核发建设工程规划许可证或者施工许可证的;

(四)截留、挪用人民防空经费的;

(五)隐瞒人民防空工程安全隐患的;

(六)对违反人民防空法律、法规行为不查处、不追究的;

(七)其他违法、失职行为。

重要经济目标防护单位不制定防护方案,不落实防护力量和防护经费的,对直接负责的主管人员和其他责任人员依法给予行政处分。

第三十七条 当事人对行政处罚决定不服的,可以依法申请复议或者提起诉讼。当事人逾期不申请复议,也不提起诉讼,又不履行行政处罚决定的,由作出处罚决定的机关申请人民法院强制执行。

第三十八条 人防主管部门可以委托具有公共事务管理职能的事业单位实施行政处罚。

第三十九条 本办法自公布之日起施行。

(二)江苏省人民防空工程维护管理实施细则

(江苏省人民政府、江苏省军区1985年4月16日发布;根据江苏省人民政府1997年第101号令第一次修正;根据江苏省人民政府2002年第199号令第二次修正)

第一章 总 则

第一条 人民防空工程(以下简称人防工程)是战时掩蔽人员、储藏物资,进行防空袭斗争的战备设施，平时必须保持良好的状态，保证战时能充分发挥作用。现根据国务院、中央军委发布的《人民防空工程维护管理规定》和国家人防委、财政部《关于平时使用人民防空工程的若干规定》，结合我省的实际情况，特制定本细则。

第二条 凡经人防部门登记的坑道、地道、掘开式、防空地下室等类型的人防工程及其地面伪装、风、水、电、通信、进出道路等附属设施，均属人防工程维护管理的范围，都必须做好维修、保养、保护和管理工作，保证平时、战时都能使用。

第三条 人防工程维护管理是一项长期的战备任务。各级人防部门和有人防工程的单位，都要加强领导，认真贯彻执行国家和地方政府有关人防工程维护管理的《规定》、《细则》和《规程》，定期检查维修，及时解决存在的问题，并注意总结经验。维护管理人员要热爱本职工作，努力学习专业技术，严格执行维护管理制度，遵守操作规程，认真负责地做好维护管理工作。

第四条 各级人民政府和有关部门要积极支持、配合人防部门共同搞好人防工程的维护管理工作。城市建设、规划部门在安排建设项目时，要注意保护人防工程及其附属设施。政法部门要积极协助人防部门做好人防工程的安全保卫工作。

第二章 维护管理

第五条 人防工程维护管理，实行以块为主，条块结合，统一指导，分工负责的原则组织实施。公用人防工程以及中、小学和街道的人防工程，由市、区(局)人防部门组织维护管理；各单位的人防工程，由本单位负责维护管理；已使用的公用人防工程，由使用单位负责维护管理。各市、区(局)人防部门，对分管范围内的人防工程维护管理工作，负有检查、督促、指导的责任。

第六条 凡有人防工程的单位，都必须按照国家和地方有关人防工程维护管理和平时使用等规定，落实维护管理人员，建立健全使用和维护管理制度，切实做好人防工程维护管理工作，做到有领导分管，有部门负责，有人员管理，有规章制度，使人防工程经常保持良好状态。

第七条 各市人防部门可根据维护管理任务的需要，从现有人防工程公司(处、队)总员额中组建人防工程维护管理队伍，主要担负公用人防工程的维护管理工作，亦可承包单位人防工程的维修、保养任务。

第八条 市、区人指挥工程，由市、区人防部门负责管理。并根据其工程的规模和设备、设施情况，从人防工程公司(处、队)总员额中调配人员组成维护管理小组，专门负责指挥工程的维护管理、设备损伤及维修保养任务。维护管理工作人员和有关人员进入人防指挥工程，必须持有本级人防部门印发的专用证件。

第九条 人防工程的维修保养，要按照《人民防空工程维护管理技术规程》的要求进行。

凡已完善交付使用的人防工程，维修保养必须达到下列标准：

(一) 工程结构完好；

(二) 工程内部整洁，无渗漏水，空气新鲜，饮水符合卫生要求；

(三) 防护密闭设备、设施性能良好，风、水、电系统运行正常；

(四) 金属、木质部件无腐蚀损坏；

(五) 进出口道路畅通，孔口伪装设施完好。已完成主体部分尚未全部竣工的工程，其工程主体和内部设备、设施的维修保养，应达到交付使用工程的相应标准。主体未完但已停缓建的工程，已被复好的，应保持工程主体被复不受损坏；未被复的，要采取措施防止倒塌和损坏。

第十条 口部未处理和停缓建的坑、地道工程，必须在口部设置管理门或临时封闭。掘开式、防空地下室等工程，其孔口都应设置管理门（栅）。

第十一条 人防工程的孔口及其地面的一切设施，应有安全保护措施，防止雨水倒灌、倒塌、堵塞和毁坏，确保人防工程及其附属设施的安全。

第十二条 人防工程内部的各种设备、设施，要登记造册，妥善保管。要建立维修保养制度，定期维修保养，对损坏和腐蚀变质的，要及时修理或更换。

第十三条 建立健全人防工程维护管理的检查、报告制度。区（局）人防部门每半年对所管辖范围内的人防工程维护管理情况普查一次；市人防部门每年对人防工程维护管理情况检查一次。其检查情况都要向上一级人防部门书面报告。

第十四条 建立健全人防工程消防安全管理制度。凡已使用的工程，特别是会堂、影院、商场、会议室、教室、招待所、物资库以及文娱活动场所等，要严格按照消防有关规定建立安全管理制度，设置防火、灭火、报警等消防设施。工事内电气照明设备的安装要符合技术要求，要有可行的安全措施，并经常检修，确保安全。

第十五条 建立健全人防工程卫生管理制度。对已使用的工程，要分别情况，建立温度、湿度、粉尘、细菌及其他空气参数测试制度。工事内部要经常打扫，通风换气。长期封闭的工程，人员需进入时，应事先打开孔口进行足够的通风换气，经检查内部空气无害，方可进入，防止发生事故。

第十六条 为了平时使用，需要对人防工程进行改造，必须报经市人防部门批准，并按人防工程设计的图纸在保证战时使用不受影响的前提下组织实施。

第十七条 平时可以使用的人防工程，要本着因地、因洞、因需制宜的原则，有计划地安排使用，充分发挥效益，为社会生产、生活服务，做到以洞养洞，以用促管，用管结合。

第十八条 平时使用人防工程，必须向所在市（大城市所在区）人防部门申请，办理批准手续。如停止使用或改作它用，亦需向人防部门办理手续。市、区（局）人防部门和有人防工程单位，要把可以用的工事尽量使用起来。平时使用的工程，要有必要的安全、保健措施，具备一定的生活、生产条件，以保证人员的安全与健康。对使用不当的人防工程，人防部门应当督促使用单位限期改善。

第十九条 市、区人防部门和工程建设单位，都要按照有关规定，建立健全人防工程技术档案。对已建工程的加固改造、维护管理、平时使用等有关图纸、资料和记录，都要整理归档。

第三章　经费和材料

第二十条 人防工程维护管理的经费、材料，根据国家和省有关规定按下列办法解决：

一、未使用的公用人防工程和区以上的各级人防指挥工程，维护管理经费和材料从地方安排的人防工程经费和材料中解决。

二、已使用的公用人防工程，维护管理的经费、材料，由使用单位负责。向人防部门交纳租金或维修保养费用的，其维修保养由人防部门负责。

三、各单位的人防工程应列入本单位的资产进行管理。

企业单位工程的大修理费用从大修理基金中开支；中、小修理费用和设备更新费用计入生产成本；机关、团体和事业单位的人防工程维护管理和设备维修更新费用，凡平时使用有收入的，从收入中开支;没有收入的,从本单位固定资产修缮中开支。各单位的工程维护管理所需材料,列入本单位的有关计划解决。

四、军队人防工程的维护管理经费,按国务院、中央军委国发〔1983〕198号文件规定,从国防费中开支。

第二十一条　因平时使用需要改造、完善人防工程,所需经费,全民企业在生产发展基金或更新改造基金中开支;集体所有制单位在更新改造资金或税后积累中开支;行政事业单位在其行政事业费中解决。

第二十二条　人防工程维护管理人员的劳保用品和生活补助:

一、从事人防工程维修保养作业人员的口粮补助,按照人防工程公司(处、队)有关补助标准执行。生活补助,按参加人防工程施工的生活补助标准执行。

二、在人防工程内从事管理工作的人员,按照在人防工程地下工作人员的生活补助标准执行。

三、工作中接触有毒物品,可按有关规定享受保健津贴(食品)。

四、从事人防工程维护管理的人员,应根据工种和施工条件,按照有关规定配备必要的个人劳动保护用品。

第四章　工程保护

第二十三条　保护人防工程,是每个单位、每个公民应尽的职责。各单位都要教育广大干部、职工、群众保护人防工程及其各种附属设施,发现有危害人防工程及其附属设施时,要坚决加以制止,并及时向有关部门报告。任何单位和公民必须遵守下列规定:

一、禁止向人防工程内部及其孔口附近排泄废水、废气,倾倒垃圾和便溺。防止影响工程的使用和安全。

二、设有人防工程的山体一般不得设置采石场。如确需采石、取土时,须征得市人防部门同意,可在距工事外侧五十米以外不影响工程安全和使用的指定范围内进行。严禁在工程的上方和周边五十米范围内采石、取土。

三、禁止在地道和掘开式、防空地下室等人防工程的安全范围内取土。如确需取土时,须征得市人防部门的同意。根据工程防护要求,应距工程外墙边缘两米以外按一比四放坡取土,取土区不得积水,并做好善后工作。

四、禁止在危及人防工程安全、影响人防工程进出道路的范围内,修建地面工程设施和埋设地下管道等。确需修建地面工程和埋设地下管道等设施时,须征得市人防部门的同意,并采取必要的安全措施。

五、禁止擅自在工事有防护密闭要求的外墙、隔墙、门框墙、临空墙等处开孔。必须开设时,须报经市人防部门批准,并由设计、施工部门提出处理措施,确保工程的防护密闭性能。

六、严禁擅自拆除人防工程。必须拆除时,简易级人防工程,须经市人防部门批准,报省人防部门备案;五级以上人防工程须报省人防部门批准。拆除的人防工程,由拆除单位按规定予以补建或赔偿。赔偿标准,每平方米建筑面积为:简易级工程二百五十元,五级混合结构工程四百元,钢筋混凝土结构工程六百元,材料按定额收取,安装有各种设备、设施的工程根据实际造价确定。办理人防工程赔偿事宜,由市人防部门负责。所收经费、材料由市人防部门统一安排补建人防工程。

七、除专用库房外，禁止在人防工程内部存放、携带和使用易燃、易爆、剧毒、放射性和腐蚀性物品。专用库房的设置和安全措施，应按有关的规定执行。

第二十四条 人防工程不得轻易报废，确需报废的，应报经省人防部门批准。凡经批准报废的工程，应按有关规定做好拆除、回填等善后工作，防止发生事故，单位工程由单位负责，公用工程由人防部门负责。各级人防部门对报废工程的善后处理工作，负有督促、检查的责任。

第二十五条 认真做好人防工程的保密工作。严禁向无关人员泄露工程的性质、坐标和防护能力的有关数据，不得遗失工程的机密图纸、资料、文件。

第二十六条 各级人防指挥工程一律不得列为开放项目，严禁无关人员进入。如因战备工作需要，有关单位需参观人防指挥工程时，各市要严加控制，对参观单位、人员姓名、职务、参观的时间、项目等，必须进行登记。

第二十七条 凡经中央批准的开放城市，都可准备一些人防工事项目供外宾参观，这些项目仅限于群众掩蔽工事、医院、车间、会堂、游艺、商业点等已完善的平战结合工程。对各级指挥所、重要物资库、疏散干道、通信枢纽和正在施工的项目以及坚守城市防卫作战的设防工程，一律不准开放；涉及到全市的作战设想、工程规划、工事布局、数量、具体技术标准等，一律不准向外宾介绍；凡供外宾参观的人防工程项目，禁止外宾拍照、摄影，并应事先通知外宾。

第五章　奖励与处罚

第二十八条 对人防工程维护管理成绩显著的单位和个人，应给予精神鼓励或物质奖励。对成绩显著的单位和个人，一般由单位、区(局)给予表彰、奖励，成绩特别显著的单位和个人，可报省、市给予表彰、奖励。区(局)以上的人防部门召开表彰大会，其奖励费用可在人防经费中开支，奖励的标准按有关规定执行。

第二十九条 对人防工程维护管理不善的单位和个人，要进行批评教育，并限期改正。对不负责任，造成损失的，要酌情给予经济赔偿或行政处分。

第三十条 有下列行为之一的，由县级以上人民政府人防主管部门对当事人给予警告，并责令限期改正违法行为，可以对个人并处5000元以下罚款、对单位并处10000元至50000元的罚款；造成损失的，应当依法赔偿损失：

(一) 侵占人防工程的；

(二) 违反国家有关规定，改变人防工程的主体结构、拆除人防工程设备设施或者采用其他方法危害人防工程的安全和使用效能的；

(三) 拆除人防工程后拒不补建的；

(四) 向人防工程内排入废水、废气或者倾倒废弃物的。

第三十一条 故意损坏人防工程，在人防工程内生产、储存爆炸、剧毒、放射性等危险品，尚不构成犯罪的，依照治安管理处罚条例的有关规定处罚；构成犯罪的，依法追究刑事责任。

第三十二条 人防主管部门的工作人员玩忽职守、滥用职权、徇私舞弊或者有其他违法、失职行为构成犯罪的，依法追究刑事责任；尚不构成犯罪的，依法给予行政处分。

第三十三条 本细则自颁发之日起执行。对细则的解释责成省人防办公室负责。

（三）江苏省重要经济目标防护暂行规定

（2004年12月30日，由江苏省政府办公厅转发各市、县人民政府，省各委、办、厅、局，省各直属单位贯彻执行）

第一条 为规范重要经济目标的防护工作，减轻战时遭敌空袭损失，保存战争潜力，保障正常的社会秩序，根据《中华人民共和国人民防空法》、《江苏省实施〈中华人民共和国人民防空法〉办法》及国家有关规定，制定本规定。

第二条 本省行政区域内重要经济目标的防护适用本规定。

本规定所称重要经济目标，是指直接关系国计民生和战争潜力的重要的工矿企业、科研基地、交通枢纽、通信枢纽、桥梁、水库、仓库、电站等。

第三条 重要经济目标的防护应当贯彻合理布局、突出重点、措施可靠、防护有效的要求，提高整体抗毁能力、快速反应能力、应急救援能力。

第四条 重要经济目标防护工作在人民政府和军事机关的领导下，实行属地、分级管理。

县级以上地方人民政府应当加强领导，统筹安排，组织、监督有关部门和单位做好重要经济目标防护工作。

重要经济目标单位应当采取有效防护措施，做好本单位的重要经济目标防护工作。

第五条 在重要经济目标防护工作中成绩显著、贡献突出的单位和个人，由县级以上地方人民政府和有关部门给予表彰和奖励。

第六条 重要经济目标分为七类，即新闻通信类、能源动力类、交通枢纽类、军工基地潜力类、生命线工程类、次生灾害源类、金融管理类。

第七条 依据重要经济目标在战时的地位、作用，对战争的支持能力，对人民生命、生产、生活的影响程度，以及生产规模和价值，按重要程度由高到低分为三级，即一级、二级、三级。

第八条 重要经济目标的具体分级标准根据国家有关规定确定，国家没有规定的，由省人民防空主管部门和省军区司令部制定。

第九条 一、二级重要经济目标由省人民政府和省军区批准，三级重要经济目标由设区的市人民政府和同级军事机关批准。国家另有规定的，从其规定。

第十条 人民防空主管部门负责管理本行政区域内重要经济目标防护工作，其主要职责是：

（一）按照人民防空的要求，指导、监督和协调重要经济目标防护工作；

（二）组织重要经济目标单位制定防护预案及防护工作规划、计划；

（三）指导重要经济目标单位防护专业队伍的组建和训练；

（四）对重要经济目标的防护建设进行监督检查；

（五）对重要经济目标单位开展人民防空教育情况进行监督检查；

（六）组织支援重要经济目标单位消除空袭后果的行动。

第十一条 重要经济目标单位负责本单位的防护工作，其主要职责是：

（一）制定本单位防空袭防护预案及实施计划；

（二）根据战时可能担负的任务和需要，按照专业对口、便于领导、便于指挥、便于抢险救灾的

要求,组建防护专业队伍,组织专业训练和演习;

(三)配备必要的防护装备、物资和器材,保障防护经费,落实防护措施;

(四)组织开展人民防空知识教育,使所属人员掌握人民防空的基本知识和技能;

(五)组织指挥本单位力量进行临战准备及消除空袭的后果。

重要经济目标单位防护工作实行法人负责制,并建立防护工作领导小组,日常工作由本单位人防办或者指定的部门负责。

第十二条 县级以上地方人民政府有关部门以及重要经济目标的上级单位应当在职责范围内,做好相应的重要经济目标防护管理工作。

第十三条 一级重要经济目标的防护预案应当报省人民防空主管部门和同级军事机关批准,二、三级重要经济目标的防护预案应当报设区的市人民防空主管部门和同级军事机关批准。

第十四条 重要经济目标防护预案应当包括下列内容:

(一)基本情况:重要经济目标概况,包括规模、价值、生产能力、年经营收入、战时的地位和作用等;

(二)情况设想:对重要经济目标在战时遭敌空袭和空袭后可能产生的毁伤程度做出预测;

(三)任务和决心:根据对各种情况所做出的判断结论,确定本重要经济目标需要确保的关键部位,明确抢救抢修的重点、任务区分和遂行任务的步骤、方法等;

(四)防护措施:包括疏散、隐蔽、伪装及其平时遭受自然灾害和意外事故的防护措施等;

(五)抢险抢修行动:包括任务、遂行任务单位、人数、行动路线和方式及抢险、抢救、抢修、抢运的任务区分;

(六)组织指挥:包括指挥机构组成,指挥所开设的位置、通信联络等规定;

(七)各种保障:包括通信警报、专业技术、物资、设备器材、安全保卫、政治工作等。

第十五条 重要经济目标防护预案应当根据实际情况的变化,并针对训练演习中发现的问题,及时进行修订和完善;涉及重大事项调整的,应当报经原批准机关同意。

第十六条 改建、扩建或者维修重要经济目标应当按照人民防空的需要,落实和完善防护措施,增加工程技术防护设施,以提高抗毁能力。

新建重要经济目标,在规划和建设时,应当充分考虑人民防空的需要,并征求有关军事机关和人民防空主管部门的意见。对适合地下工作环境的关键部位应当尽量建在地下,不能建在地下的应当采取相应的防护措施。

第十七条 城市防空警报应当覆盖重要经济目标单位。必要时重要经济目标单位可以单独安装防空警报器。

第十八条 重要经济目标防护经费由重要经济目标单位承担,列入企业运行成本。政府有关部门应当承担的重要经济目标防护经费列入本级财政预算,本级使用。

第十九条 重要经济目标的防空袭临战准备工作,根据人民防空指挥部下达的防空袭命令统一实施。其准备工作主要有:

(一)组织人员和物资疏散、隐蔽,将关键设备、物资转入地下或者转移至安全地域;

(二)采取制式和就便器材相结合的办法,综合运用多种手段,实施工程伪装;

(三)加强内部安全和警戒;

(四)完善防空袭方案,扩编专业队伍,落实临战训练,补充装备器材,开展防护技能培训。

第二十条　根据人民防空指挥部下达的防空袭命令，重要经济目标单位应当加强伪装防护，调整防护专业队伍的部署，按照规定鸣放警报，组织安全警戒，组织人员紧急疏散。

第二十一条　重要经济目标单位遭敌空袭时应当尽快掌握遭袭情况并及时上报，根据目标毁伤程度，按照防护方案，迅速组织力量消除空袭后果，尽快恢复生产。

第二十二条　本规定自下发之日起施行。

二、先进名录

（一）全国人防领导小组、国家人防委、国家国动委表彰

1978 年 10 月 21 日，全国人防领导小组表彰全国人民防空战备建设先进城镇、先进单位和先进工作者。无锡市被授予“全国人防战备建设先进城镇”称号。铁道部浦镇车辆工厂、徐州矿务局卧牛山人防施工队、苏州东吴酒厂、无锡市纺织工业局人防办公室、常州市纺织工业局、连云港市海州区人防施工连、南通市第一轻工业局、扬州市师范学院、镇江市运输公司、泰州市第二农业机械厂、淮阴发电厂、盐城地区纺织厂等 12 个单位被授予“全国人防战备建设先进单位”称号。南京市机械局人防工程指挥所主任徐子良、南京市下关区人防工程指挥所工人王仕芳（女）、南京市国营晨光机器厂人防施工队指导员徐玉良、徐州市人防办工程师路汉三、徐州市建材局人防施工队队长郝忠香、苏州市东吴丝织厂人武部副部长朱汉忠、苏州市东风区人防办公室施工员曹永发、无锡水泵厂副厂长王富洲、无锡溶剂厂党支部副书记丁娟华（女）、常州市人防工程维修队组长朱志刚、铁道部戚墅堰机车车辆工厂人防专业队木工班长顾惠南、连云港市盐区人防工程连连长朱文田、镇江市商业局朝阳人防工地负责人刘丙照、南通市化工局人防施工队负责人蔡圣元、扬州市人防办公室作训组负责人杨文祥、淮阴地区食品公司副科长陈儒汉、泰州市微生物化学厂行政副组长蔡明恕、盐城地直人防专业队机修工吕文华等 18 人被授予“全国人防战备建设先进工作者”称号。

1987 年 7 月 7 日，国家人防委授予 37 个项目部（委）级人防工程科技进步奖。其中，江苏省人防工程设计科研所研制的太阳能—活性炭降湿装置获二等奖，江苏省盐城市人防工程公司的丙凝注浆堵漏技术研究获三等奖。同日，国家人防委表彰人防工程科研先进集体和先进个人。江苏省人防工程设计科研所耿章大被表彰为先进个人。

1987 年 7 月 8 日，国家人防委表彰全国人防建设平战结合先进城市。无锡市、常州市被表彰。

1987 年 11 月 17 日，国家人防委表彰先进人防通信站。南京市人防办通信站被表彰。

1988 年 3 月 30 日，国家人防委授予国家人防级优秀设计奖项目。其中，常州市地下靶场、无锡机床电器厂人防会议室获一等奖；南京市北极会堂、苏州市公园会堂、无锡市环城河人防工程获二等奖；常州齿轮厂人防会议厅（通风专业）、苏州火车站地下候车厅（电气专业）、无锡自行车厂人防会议厅（建筑专业）获专业奖；常州市第一中学科教活动中心、淮阴市人防指挥所获鼓励奖。

1988 年 10 月 18 日，国家人防委表彰全国人防工程设计、设计管理先进单位和先进个人。南京市人防工程设计所、常州市人防工程设计室、无锡市人防工程勘察设计室为全国人防工程设计先进单位。江苏省人防办为全国人防工程设计管理先进单位。江苏省人防工程科研设计院龚运风、无锡市人防工程勘察设计室葛嘉祥、常州市人防工程设计室恽荣华、苏州市人防工程设计室王超为全国人防工程设计先进个人。

1988 年 12 月 15 日，国家人防委表彰全国人防财务物资管理先进单位和先进个人。省人防

办综合处(计划财务物资)、常州市人防办财务物资科为全国人防财务物资管理先进单位。省人防办主管会计许江、苏州市人防办会计羊福明、常州市人防办主管会计吴建英、无锡市人防办财务物资科科长顾志远为先进个人。

1992年4月25日,国家人防委表彰全国人防工作先进单位、先进工作者。省人防办、南京市人防办、常州市人防办、无锡市人防办为全国人防工作先进单位。省人防工程标准定额站副站长耿章大、南京市人防办主任单为民、南京市玄武区人防办主任吴见如、南京市人防地下商城总经理黄岑、南京市人防办7501工程办公室主任黄建中、徐州市人防办副总工程师路汉三、徐州市鼓楼区人防办负责人牛金山、连云港市人防办秘书科科长臧德芹、苏州市人防办代主任徐亚德、苏州市人防办科长钱景良、无锡市人防办副主任周培尧、无锡市人防办党总支副书记朱启新、常州市人防办副主任龚炳如、常州市人防办工程设计室副主任缪锡楠、泰州市人防办主任詹永太、南通市人防办人秘科科长朱德洪、盐城市人防办综合科科长李汝香等17人为全国人防工作先进工作者。

1992年8月5日,由江苏省人防办工程定额编制组编写的《人防工程预算定额》第一册掘开式工程、第二册坑地道工程和《人防工程工期定额》获国家人防科学技术进步三等奖。

2000年10月22日,国家国防动员委员会表彰全国人防先进城市、先进单位和先进工作者。南京市、苏州市为全国人防先进城市。省人防办、徐州市人防办、连云港市云台山人防隧道管理处、淮阴市人防淮萃商场管理处、无锡市人防办、扬州市人防工程公司、常州市人防办为全国人防先进单位。省人防办原主任李向群、南京市人防办原主任孙德南、徐州市人防办主任赵成顺、盐城市人防办纪检组长李汝香、泰州军分区司令员赵挺、南通市人防办主任施汉明、镇江市金山空调制冷工程公司经理徐道悟、常州市人防办主任何玉清、宜兴市人防办主任张保良、苏州市市长陈德铭、苏州市人防办主任潘国华、江苏省第二建筑设计研究院无锡设计所所长蔡耀忠为全国人防先进工作者。

2005年10月24日,国家国防动员委员会表彰“十五”全国人防先进城市和先进单位。南京市、苏州市、常州市为全国人防先进城市。省人防办和南京、苏州、常州、无锡、连云港、徐州、扬州、泰州等8市人防办为先进单位。

(二)国家部门表彰

1999年1月28日,国家人防办表彰全国人防工程建设造价管理先进单位和先进个人。国家人防工程标准定额站(江苏省人防工程标准定额站)为先进单位。省人防工程标准定额站站长耿章大、副站长陆明为先进个人。

2000年3月8日,国家人防办授予人民防空科学技术进步奖项目(获奖时间从1999年12月20日算起)。其中,由南京市人防办、陆军指挥学院共同研制的南京市人防指挥所指挥自动化系统获二等奖;由省人防办、南京市人防办研究的城市人防工程信息管理系统获三等奖;由南京市人防通信站研制的NRJ-Ⅰ防空警报寻呼控制器获四等奖。同日,国家人防办授予无锡火车站广场人防工程(A、B区)优秀设计一等奖;南京市大钟亭人防工程、镇江市南门大街人防工程、淮阴市交通广场人防工程、连云港市龙河广场人防工程获二等奖;扬州市石塔路人防工程获三等奖。

2003年9月9日,国家人防办表彰人防机关“准军事化”建设先进单位。省人防办、无锡市人防办受表彰。

2003年10月13日，国家人防办表彰2002年度通讯报道先进单位。省人防办、无锡市人防办受表彰。

2004年9月9日，国家人防办表彰2003年度通讯报道先进单位。省人防办、无锡市人防办、苏州市人防办受表彰。

2005年5月17日，国家人防办表彰人防工程防护设备定点生产先进单位。宜兴市人防设备厂受表彰。

2005年10月20日，国家人防办表彰"十五"全国人防先进个人。省人防办主任张永康、南京市人防办主任汪国福、连云港警备区司令员戴元安、扬州市人防办调研员孙玉淦、南通市副市长蓝绍敏、镇江市人防办主任夏如祥、泰州市人防办主任周兆明、张家港市人防办主任王良其受表彰。

2005年10月22日，国家人事部、国家人防办表彰全国人防先进工作者。无锡市滨湖区人防办主任崔森为全国人防先进工作者。

2005年12月7日，国家人防办表彰2005年度通讯报道先进单位。江苏省人防办、南京市人防办、苏州市人防办、无锡市人防办、南通市人防办受表彰。

2006年11月22日，国家人防办表彰2006年度通讯报道先进单位。江苏省人防办、南京市人防办、苏州市人防办、无锡市人防办、南通市人防办、常州市人防办受表彰。

2007年4月9日，国家人防办表彰全国人防工程建设先进单位和先进工作者。江苏省人防办、南京市人防办、苏州市人防办、无锡市人防办、南通市人防办、泰州市人防办为先进单位。江苏省人防办工程处长蒋永生、南京市人防办工程处主任科员袁学新、徐州市人防办总工程师李玉辉、连云港市人防办工程处主任科员王志钦、常州市人防办工程处长何敏、扬州市人防办工程处副主任科员陈福祥、丹阳市人防办工程科副科长杨志荣、淮安市人防办总工程师孙邦宾、盐城市人防办工程处副处长王正楼、宿迁市人防办工程处科员王德忠、常熟市人防办副主任徐洪远、无锡市人防办副主任王根龙为先进工作者。

2007年11月16日，国家人防办表彰人防机关"准军事化"建设先进单位。江苏省人防办、无锡市人防办、南通市人防办、徐州市人防办、南京市人防办、苏州市人防办、常州市人防办受表彰。

2007年12月4日，国家人防办表彰2007年度通讯报道先进单位。江苏省人防办、南京市人防办、苏州市人防办、无锡市人防办、南通市人防办、常州市人防办受表彰。

2008年11月13日，国家人防办表彰2008年度通讯报道先进单位。江苏省人防办、南京市人防办、苏州市人防办、无锡市人防办、南通市人防办受表彰。

（三）南京军区表彰

1986年11月19日，南京军区人防委表彰平战结合优秀人防工程。江苏省有47个人防工程受表彰：南京市北极会堂、南京玻璃纤维研究设计院地下教育中心、南京汽车制造厂人防会堂、南京铁路分局人防旅社、南京铁道学院地下培训中心、南京市大厂区太子山公园太子宫、梅山冶金公司动力部地下会议室、华东输油管理局地下教室、徐州汽车货运公司地下招待所、徐州市人防地下会议室、连云港市人防指挥所、连云港市百货一店地下商场、连云港市麻纺厂人防俱乐部、苏州市人防公园会堂、苏州火车站地下候车厅、苏州市人民路地下商业街、苏州市日用工业品批发市场地下商场、苏州市第一制药厂地下职工食堂、苏州彩香街道地下自行车库、无锡市环城河人防工程、无锡市自行车厂人防会场、无锡市纺织工业局人防招待所、无锡市机床电器厂地下职乐园、无锡水泵厂地下民兵青年宫、无锡市档案局地下档案库、常州市唐家湾人防招待所、常州市地下青少年俱乐部、常州市戚墅堰地下游艺场、常州齿轮厂地下工人俱乐部、常州市地下靶场、常州市冶炼厂地下工人俱乐部、南通市城西文化宫地下游乐场、南通市汽车公司汽车站地下招待所、南通自行车总厂地下活动室、南通市粮食局地下粮库、扬州苏北人民医院地下病房、扬州市种子公司地下低温种子库、扬州师范学院人防会堂、镇江市官塘桥地下粮库、镇江少年宫地下少儿活动中心、淮阴市人防指挥所、淮阴市清江商场地下营业部、盐城市盐阜人民商场地下仓库、盐城发电厂人防招待所、泰州市人防会堂、泰州市人民医院地下病房、江苏省档案局地下档案库。

1987 年 9 月 3 日，南京军区人防委表彰先进人防通信站。南京市人防办通信站受表彰。

1990 年 11 月 26 日，南京军区人防委表彰人防通信先进单位和先进个人。南京市、连云港市、常州市人防办通信站为先进单位。南京市人防办通信站副站长徐智毅、连云港市人防办通信站站长蒋祖南、常州市人防办通信站工程师万伟达为先进个人。

1991 年 6 月 16 日，南京军区人防委表彰“七五”期间人防建设先进单位和先进个人。江苏省有 15 个先进单位：机械电子工业部第十四研究所、南京玻璃纤维研究设计院、江苏省人民医院、徐州市彭城饭店、连云港市百货大楼、苏州市沧浪区吴门桥街道办事处、无锡市纺织工业局、无锡市油嘴油泵厂、常州市团委、南通市总工会、扬州市种子公司、镇江市焦化厂、淮阴市清江商场、盐城市盐阜人民商场、泰州市人民医院。13 名先进个人：南京市人防办主任单为民、南京市玄武区人防办主任吴见如、南京市人防办管理处负责人黄岑、徐州市人防办副总工程师路汉三、连云港市人防办秘书科科长臧德芹、苏州市人防办代主任徐亚德、无锡市人防办党总支书记朱启新、无锡市人防办工程科科长惠介正、常州市人防办秘书科科长汪志良、南通市人防办人秘科科长朱德洪、镇江市人防办人秘科科长徐贵华、盐城市人防办综合科科长李汝香、省人防办指挥处处长杜方礼。

2001 年 1 月 18 日，南京军区国动委通报表彰人防动员指挥自动化建设先进个人。省人防办主任科员吴舟、南京市人防办处长王亚美、苏州市人防办科员林莉、无锡市人防办主任科员曹爽芝受表彰。

2002 年 12 月 13 日，南京军区国动委表彰关心人防建设的好市长和人防工作成绩突出的好主任。镇江市副市长黄宝荣、泰州市常务副市长万门祖为好市长，南京市人防办主任汪国福、昆山市人防办主任傅荣南为好主任。

2004 年 10 月 26 日，南京军区国动委表彰人防建设先进单位、关心人防建设的好市(区)长和人防工作成绩突出的好主任。南京、扬州市人防办为先进单位。徐州市常务副市长庄华平为好市长。连云港市人防办主任李中军、张家港市人防办主任王良其为好主任。

2005 年 6 月 25 日，南京军区国动委表彰国防动员工作先进单位和先进个人。省人防办主任张永康为先进个人。

2006 年 5 月 29 日，南京军区国动委表彰经济动员、人民防空、交通战备工作先进单位和先进个人。省人防办、南京市人防办和张家港市人防办为人防工作先进单位，扬州市副市长桑光裕为关心人防建设的好市长，昆山市人防办主任潘连兴、南通市人防办主任金元、扬中市人防办主任张大顺、盐城市人防办主任王克林为先进个人。

2006 年 6 月 3 日，南京军区人防办表彰“十五”期间人防工作先进个人。南京市鼓楼区人防办主任王黎平、连云港市人防办副主任王文镇、无锡市人防办秘书处处长江水、泰州市人防办副主任李东升、宿迁市人防办指挥通信处处长王维华受表彰。

2007年6月20日，南京军区国动委表彰国防动员工作先进单位和先进个人。常州市人防办主任张曾鸣为先进个人。

（四）省委、省政府、省军区、省人防委、省国动委表彰

1978年7月17日，中共江苏省委表彰人防工程建设先进集体和先进工作者。

授予锦旗的人防工程建设先进集体（14个） 中共南京市秦淮区委、铁道部南京浦镇车辆厂、南京市机械工业局五台山人防工程指挥所、徐州矿务局卧牛山施工队、徐州市云龙区户部山人防施工队妇女掘进班、苏州东吴酒厂、无锡水泵厂、无锡市纺织工业局人防办、连云港市海州区人防工程施工连、常州市纺织工业局、南通市第一轻工业局、镇江市运输公司、扬州师范学院、盐城地区纺织厂。

授予奖状的人防工程建设先进集体（58个） 国营晨光机器厂、南京市秦淮区饮虹园街道革命委员会、南京市秦淮区仓顶人防工程指挥所、南京市建邺区蔬菜食品水产办事处、南京气象学院、国家建筑材料工业总局南京玻璃纤维工业研究设计院、南京市燕子矶中学、南京市重工业局狮子山人防工程指挥所、南京市第一工业交通办公室、南京市第一商业局第二商业局外贸局狮子山人防工程指挥所、南京港务局菠萝山人防工程指挥所爆破班、徐州市建材局人防工程队、徐州市交通局人防施工队第一小组、徐州市云龙区革委会、徐州市冶金局铝厂、省第四监狱人防中队、徐州市人防办工程组、连云港市盐区人防工程连、省淮北盐务管理局人防工程连、连云港市连云区墟沟公社人防工程连、连云港市化学工业局、连云港市锦屏磷矿人防施工掘进队、苏州家具厂、苏州市东方红丝织厂、国营长风机械总厂、无锡模具厂、无锡市城建局人防坑道工程指挥部、无锡铁葫芦厂、无锡市南长区人防工程专业队、无锡市环城河人防工程指挥部、无锡市环城河人防工程商业局工段指挥部、无锡溶剂厂、无锡麻棉纺织厂、铁道部戚墅堰机车车辆工厂、常州市机械工业局人防公共工程施工队、常州市卫东区人防战备施工专业队、南通市塑料五厂、南通市仪表局人防泵房小组、南通市化工局人防施工专业队、南通市交通局人防施工专业队、南通地区汽车运输公司、镇江市第二轻工业局东区人防工地、镇江市建筑材料工业局砖瓦厂人防工地、镇江市房地产管理局人防工地、镇江市化学工业局花山人防工地、镇江市北固人民公社人防工地、扬州地区第二人民医院、江苏省扬州中学、扬州市第三建筑工程公司、泰州轧钢厂、泰州第二农业机械厂、淮阴发电厂、淮阴地区食品公司政秘科、清江机械厂、盐城地区人防办、盐城地直工业党委、盐城地直人防专业队、盐城县商业一局。

授予奖状的人防工程建设先进个人（486名） 南京市：李德胜、罗元明、葛庆宝、汪树孝、王金成、何永杰、王维忠、陈国伟、王秀兰（女）、陈永大、罗来金、陈鸿芳（女）、徐良玉、梁振松、李源泉、张士良、李连顺、蒋爱娣（女）、刘来喜、车世善、程御三、庄美萍（女）、宋开荣、宦火明、蔡大成、杨德余、徐学余、谢家杰、王方玺、朱春江、尹茂济、张国忠、陶长青、张水根、邵炳和、陈学华、周云（女）、魏秀萍（女）、韩修维、刘剑平、陈建中、王龙根、侯怀祥、印春松、倪景发、汤广成、俞惠琴（女）、丁正圣、唐治虞、王仕芳（女）、陈香进、郝振富、贡万进、朱学明、何爱兴、鲁瑞亭、张顺田、黄本建、于伯俊、彭泽良、高少洲、薛敦莹、李贵洪、朱瑞发、何立、许贤武、吴妙根、李德贵、周仰东、张礼义、梅建南、王余友、刘瀛、郭加友、许菊顺、尹万春、顾兴祖、宾建宇、洪世祥、李金龙、

王家强、崔书玖、姚正才、凌大法、栾其玉（女）、李全和、王金标、张长河、张耀棠、高德礼、傅木清、丛培山、王均瑞、高春龙、陈兴旺、黄永兴、王德龙、管永生、裘有贵、杨洪礼、唐直静、蔡良才。徐州市：顾怀成、马朝玉、刘振举、刘安坤、焦正和、刘继品、陆异忠、赵荣法、王德启、王景文、邵长学、冯玉德、傅晓光、周启春、渠治文、王召宽、郝忠香、于文英（女）、叶秀兰（女）、刘传庚、李平义、李九洲、冯正文、李治家、秦玉兰（女）、李恒心、徐廷振、尤兴成、张延新、毛元善、张元同、王成喜、薛森官、徐公田、许海城、蒋其宪、李宝荣、王广华、陈开元、赵宜华、徐传芳（女）、姜敏、程宝银、孙昭景、尚书亭、赵立信、刘顺华、陈立群、刘福贵、吴明贵、郑振周、裴兴云、郝敬品、朱孝春、豆道岑、晁岱芝、陈克英、傅化伦、张大剑、葛亚超、赵振云、徐国铨、李财忠、路汉三、朱凤宫、董正芳。连云港市：张炳好、张文柱、李玉成、伊方宗、王立岭、袁连喜、马树连、杨守明、王新好、郭士顺、王道义、陈玉松、李正芝、韩兴平、万运才、王亚武、陈洪举、胡运、卢明宣、张伦贵、史艳华、曾文富、郑作钦、王占林、刘明利、周福康、董桂芝（女）、何元英（女）、史开善、郑维珍、孙凤亮、杨升发、罗保元、杨通才、丁长春、杨汝左、蒋继明、朱文田、王振敏、李鸣春。苏州市：徐景春、陈敏虹、朱献青（女）、李俊康、周志康、骆桂新、朱汉忠、卞大运、刘尧基、陈真一、沈荣福、薛春元、徐长富、凤毛、邱建章、吴惠贤、蒋雄超、陆金源、胥爱健、王荣、薛其云、张心农、蒋华荣、谭刚、时家元、杨祥兴、黄虎林、周海云、张敏、许瑞诒、杨殿元、周志宏、刘大海、王春林、刘敦欣、唐洪庚、桑震凡、史德余、柯义寿、谢阿土、孙晓东、陈惠庭、陈厚花、孙得刚、黄甫卿。无锡市：刘家彬、袁云忠、戴连华、张登祥、袁茂林、魏正新、华荣泉、秦汝庆、孙文德、严畅先、徐银度、高祖兴、张琦、钱荣宝、黄盘堃、周忆、沈忠和、陈林才、陆惠民、蒋洪良、蒋正银、胡根宝、张凤岐、孙爱琴（女）、朱国华、嵇福洪、高旭明、华庆钊、邵永康、潘泉寿、朱锡甫、徐鑫、袁德馨、咸桂林、戚杰仁、张仁根、赵菊保、张桂秋、卞万余、张来好、陈洪根、刘银起、黎广森、沈金生、陆干城、赵昭石、梅仁清、贡友生、张宝伦、钱海金、顾志远、殷建清、汤惠荣、朱兰珍（女）、姚广海、严仲兴、曹国兴、俞冠、王永华、王义明、陈裕根、赵银坤、郁建兴、骆同仁、孙丁元、邓裕昌、徐毛大。常州市：徐蓉萱、华荣清、孙焕兴、张柏清、闵阿平、徐德胜、董瑞官、苏南平、邵兴生、顾惠南、张兴大、顾俊、蒋根元、周生根、谈焕金、夏正连、朱志刚、王笃志、宋桂亨、恽荣华。南通市：沈德泉、杨井元、顾长宣、刘德泉、杨明清、周春林、秦德、许照田、王才保、陈应才、朱鹤九、王金锁、吴树芳（女）、陈二保、郭亚明、刘志义、侯济南、姚德义、王奎、蔡迪琪、沈鹤春、崔广才、王树均、杨广富、杨月珍（女）、袁荣生、唐茂臣、钱宝林、陆玉明、卫叔平、蔡圣元、王爱成、顾林升。镇江市：唐广芳、陆阳春、赵志达、韩龙山、张魁生、康潮银、袁华成、刘丙照、季光明、崔恩铭、马振喜、夏有才、刘国清、张玉山、谈成年、曹龙虎、朱启之、徐忠俊、林双喜、刘广慧、杨锦宝、李而林、蒋美珠（女）、方国平、汪恩迎、刘玉明、王发珠、谈大贵、杨海宁、杨奇鸿、孙明发、孙大杏（女）、赵有荣、杨化美。扬州市：杨文祥、夏开骏、乔瑞通、丁发胜、胡诗奎、姜林宏、赵春礼、张家明、于金山、刘鑫龙、周林轩、王益明、孙洪来、苏芝田、钱桐生、许炳炎、田铭贵、朱宝祥、顾澎英、李继超、沈顺兴、池鸿平、袁存志、冯远良、孙万坤、汤家亮、刘孝如、张玉清、高惠泉、张青禾、周正贵。泰州市：郑天成、储国成、陈阿妹（女）、李文保、张石樑、李荣山、刘培芝、刘凤祥、倪胜太、童本珍（女）、刘发林、解宝年、冯瑜章、石长贵、沐龙华。清江市：吴存虎、蔡素华（女）、马连生、罗国权、蒋通顺、石连珠、张枚芬（女）。盐城地区：王守文、王信富、薛国才、李广荣、王开雍、马礼让、吕文华、毛均山、花耀先、廖运成、韩廷林、郑发良、张臣泉、陈福贵、朱有才、陈万年、凌兆鹏、王长贵、李华荣、周洪奎、钱习吾、赵张根。省级机关：张兴基、丁新全、彦幸霞（女）、崔文保。

1980年4月10日，省政府表彰省劳动模范和先进集体、先进个人。铁道部南京浦镇车辆厂人防工程施工队、徐州矿务局卧牛山人防工程施工队为先进集体。连云港市朱文田、南通市蔡圣元、无锡市钱海金、常州市傅福康、苏州市高洪生为先进个人。

1982年12月2日，省政府、省军区表彰省人防先进集体和先进工作者。

授予锦旗的省人防先进集体(20个) 南京人防会堂工程指挥所、南京汽车制造厂、共青团南京市白下区洪武路街道委员会、南京市下关区狮子山人防旅社、南京人防北极岩地下宫、徐州矿务局人防施工队、华东输油管理局人防办、省淮北盐务管理局人防工程连、无锡市第四棉纺织厂、无锡市模具厂、苏州市二轻局产品地下道门市部、苏州市新光服装厂、铁道部戚墅堰机车车辆工厂、常州绝缘材料厂、南通地区汽车运输公司南通汽车站人防招待所、南通市城西工人文化宫、镇江市粮食局官平人防粮库、淮阴化工机械厂、泰州市印染厂、盐城地区人防工程队。

授予奖状的省人防先进集体(83个) 南京市白下区人防办太园旅社、南京晨光机器厂、南京轧钢厂、南京工艺装备制造厂、国营长江机器制造厂人防办食用菌班、解放军第三五〇三厂、南京市第三建筑工程公司、南京港务局第二作业区、南京钢铁厂、南京化学工业公司催化剂厂、南京长江石油化工厂、南京战斗机械厂人防施工队、国家建筑材料工业局南京玻璃纤维研究设计院、梅山工程指挥部动力部、南京市第一人防工程公司第五工程队、南京市第一人防工程公司819指挥所后勤组、南京市人防五台洞天招待所、南京市人防汽车运输队、南京市人防北极岩地下宫冷饮配料组、南京市第二人防工程公司堵漏班、徐州市交通局地下招待所、徐州市政府地下会议室管理小组、徐州市云龙区人防施工队掘进班、徐州市云龙区天桥办事处社会福利厂、徐州矿务局第一机电修配厂武装部、徐州市鼓楼区人防施工队、徐州市人防办工程科、徐州市人防工程公司二队防渗堵漏班、连云港市轻工业局人防招待所、连云港市第一百货商店、连云港市食品公司、连云港市新浦区车站街纸盒厂、无锡市北塘区顾桥街道锡澄路居委会、无锡市电容器二厂、无锡市水泵厂、无锡市溶剂总厂、无锡市第三纺织机械厂、无锡市建筑构件厂、无锡市麻棉纺织厂、无锡市朝阳饭店、无锡供电局、无锡市第一丝织厂、无锡市电子技术应用研究所人防警报遥控装置课题组、苏州市邮电局市话机线室人防台、苏州市人防工程公司妇女班、苏州医学院附属第一人民医院、国营长风机械总厂、苏州助剂厂、苏州刺绣厂、苏州第一制药厂、苏州市铸造机械厂、常州市财政局、常州市戚墅堰区人民政府、常州市第三毛纺织厂、常州市绣品手帕厂、常州电机电器总厂、常州市钟楼区西新桥人防旅馆、常州市树脂厂、常州市齿轮厂、常州市自来水公司、南通市絮棉厂、南通市人民印刷厂、南通市第二轻工业局人防办、南通市第二棉纺织厂、南通市环西路百货商店、南通市第一粮食仓库、南通市人防办工程设计科、南通市人防工程公司第二工程队钳工组、扬州师范学院、扬州合成化工厂、扬州市蚕种场文昌冷饮室、扬州市人防工程队、镇江市风车山人防电影院、镇江市第三建筑工程公司人防旅社、镇江市聚氯乙烯树脂厂基建科、江苏省食品公司淮阴分公司储运科、泰州市博物馆、泰州市蛋品厂、盐城地区纺织厂、盐城地区物资局、盐城市盐阜人民商场、盐城县童装厂、省计量局人防招待所。

授予奖状的省人防先进工作者(159名) 南京市：彭立友、李长明、屠方、张希圣、张喜亭、罗元明、盛宝明、陈宗喜、周帆、秦万清、卓之献、何纪法、徐家淇、周云(女)、蒋明富、李之修、彭泽良、张海峥(女)、胡家荣、高春修、吴其宏、王世清、张逊生(女)、陈国元、王如林、伍星(女)、曾秋生、蔡绍斌、王离平、肖立智(女)、曹有刚、纪道德、周振谷、王正环、冯建中、池光荣、苏毓斌、丁武林、武军、王利国、汤少华。徐州市：于文英(女)、牛金山、王书义、田学明、李庭安、刘安坤、杨德全、赵荣法、董正方、路汉三、练云涛、韩久仁、隋立华、裘洪鑫。连云港市：孙建武、李招兰（女）、何庆福、陈素芹（女）、杨思干、杨思恩、胡运、浦连士。无锡市：王义明、王永华、王杰发、卞万余、华芝芬（女）、成桂兴、朱传仁、刘阿和、陆培良、封仁惠、徐毛大、顾锦榆（女）、黎广森、胥传光、俞明兴、蒋汉琪、钱海金、钱君琪、蔡耀忠、戴连华。苏州市：周同丰、徐亚德、龚庆苏、李雪明、肖家华、贾玉良、朱献青（女）、陆惠林、费园园（女）、范龙琪、王银奎、方全生、陈振华、邓其发。常州市：陆兴昌、缪锡楠、刘湘林、殷元兴、薛孟喜、张绍忠、蒋荷英（女）、陈宝洪、邱玉淦、姚圣海、许元金、邵德培、张卫春、王福南、王玉林、黄文东、赵文武、陈友泉。南通市：王培生、顾瓦如、徐桂宝、陈应才、朱德洪、黄珍友、王发林、胡林、孙洪铎、张有功、于国程、孙长生、吴松涛、徐先道、祁采平、徐贤、于清官。扬州市：徐与人、袁仁章、匡海林、殷长春、张云腾、吴友仁、田铭贵。镇江市：郭正安、汤世明、许金永、王锋、张玉山。清江市：王祥武、罗国权。泰州市：朱宜林、陆顺红、俞言顺、曹同正。盐城地区：邵洪标、黄天禄、潘仁杰、曹恒斌、翟星儒、徐士良、徐永源。省级机关：耿章大、朱晓明。

1987 年 3 月 10 日，省政府、省军区表彰全省人民防空建设先进集体和先进个人。

授予锦旗的省人防先进集体（21 个）　无锡市、常州市，南京人防办、南京市鼓楼区人防办、南京汽车制造厂人防办、南京市铁路分局人武部、徐州市交通招待所、华东输油管理局人武部、连云港市麻纺织厂、苏州市公园会堂、苏州市供电局人防专业队、无锡市人防办、无锡市自行车厂、常州市冶炼厂、常州市青少年俱乐部、南通市供电局人防抢修专业队、扬州市苏北人民医院、镇江市粮食局、淮阴市电化厂人武部、盐城市人防工程公司、泰州市人民医院。

授予奖状的省人防先进集体（53 个）　南京市北极会堂、南京玻璃纤维研究设计院、南京铁道医学院附属医院地下教育中心、南京市人防办指挥通信处、上海梅山冶金公司、南京轧钢厂、南京市第二中学、南京市大厂区太子山公园太子宫、南京市人防通信站、南京市第一人防工程公司 101 工程处、徐州市人防工程设计室、徐州市矿务局人武部人防施工队、徐州市化学工业公司防化专业队、徐州市鼓楼区人防办、徐州市第三中学、连云港市百货大楼地下商场、连云港市人防工程公司施工运输队、苏州市人防工程设计室、苏州市人民路地下道轻工产品门市部、苏州市火车站、苏州市金阊区彩香街道办事处五号人防地下车库、苏州市三益公司水电安装队水班、苏州市人防办财务物资科、无锡市水泵厂、无锡市纺织工业局、无锡市教育局、无锡市人防公司人防旅社、无锡市供电局、无锡市市政建设工程公司、无锡市机床电器厂、常州市人防办、常州市人防通信站、铁道部戚墅堰机车车辆工厂、常州市税务局、常州绝缘材料总厂、常州市自来水公司人防抢修专业队、常州市人防招待所、南通市城西工人文化宫、南通汽车站旅客招待所、南通市人防工程设计室、扬州师范学院、扬州市种子公司、扬州市鲁迅中学、镇江市人防办财务物资科、镇江市人防通信站话务班、淮阴市人防设计室、淮阴市人防工程公司财务科、盐城市发电厂、盐城市盐阜人民商场、泰州市人防通信站、泰州市博物馆地下展览厅、省人防通信站话务班、省档案局。

授予奖状的省人防先进个人（143 名）　南京市：单为民、林俊良、陈国群、张瑾、范一鸣、江古林、庄伯煊、黄建中、徐永北、徐茂成、徐慧鸣（女）、周振谷、徐智毅、潘学文（女）、王景梅、许建军（女）、谷和平、朱新生、甘惠明、谢家杰、李金龙、蒋定芝、王家祥、刘贤德、刘彦玉、陈德祥、张福生。徐州市：董正方、冯加高、路汉三、许海城、于政仁、党振明、劳昌贵、祁贵明、程学能、张桂林、高效民、孙茂好、林平、周胜平。连云港市：朱炳言、臧德芹、陶文超、陶为渡、蒋德国、李云培、顾介成。苏州市：钱关金、朱寅昌、徐春红（女）、许重庆、陈敏虹、朱国钧、魏廷扬、姜惠琴、王伟荣、钱卫东、王承湘、徐中、张国萍（女）、叶寿福、颜华松、羊福明。无锡市：朱启新、惠介正、潘敏、周坤海、蔡耀忠、张桂秋、蒋菊清、杨晋兴、胥传光、王栋良、董达义、冯振德、钱云龙、范振林、屠兴良、李军、季心田。常州市:米庚庆、陈宝洪、张再志、陈国诚、谈曼丽(女)、王仁良、单国明、都贵芳、王建伟、潘建萍(女)、王建春、王渭鸿、卞东杰、晏海宝、戚琴妹(女)、陈友泉、汪志良。南通市:卢汉明、陈应才、徐先道、徐金泉、徐尔铸、王国君、程松涛、施歧山、马丽华(女)、陆汉生。扬州市:杜福、许杰明、陈风元、许德荣、陶惠裕、殷长江。镇江市:方国平、陈岳兴、卞汝山、陈定宜、倪宗文、徐贵华。淮阴市:丁承兰、蒋通顺、周正荣、张新淮、马立云(女)、徐国云。盐城市:周洪顺、智柏安、钱习吾、刘卫宏、孙洵、陆顺苑。泰州市:邓焱、肖剑、谢玉殿、谭余生、钱忠民、苏丽君(女)。省级机关:杜方礼、冯守珍(女)、唐宁生、王玉庆、任玉生。

1992年4月8日,省人防委表彰"七五"期间人防建设先进单位和先进工作者。

"七五"期间省人防建设先进单位(80个) 南京市人防办、无锡市人防办、常州市人防办、苏州市人防办、南通市人防办、泰州市人防办、南京市建邺区人防办、南京市人防办通信站、南京市人防工程设计所、南京市人防工程建设管理所、南京市人防北极文化娱乐管理处、南京市第一人防工程公司101工程处、南京市规划局、南京市税务局、南京市第十三中学、国营华东电子管厂、国家建筑材料工业局南京玻璃纤维研究设计院、江苏省人民医院、国营南京制药厂、机械电子工业部第十四研究所、徐州市人防办综合档案室、徐州市人防古彭地下商场、徐州市彭城饭店、徐州市化学医药公司人武部、徐州市王杰中学、连云港市连云区人防办、连云港市人防通信站、连云港市人防"841"工程办公室、连云港市化学工业公司人武部、苏州市人防办财务物资科、苏州市人防工程设计室、苏州市公园会堂、苏州市人防工程公司土建工程处施工一队、苏州市税务局三分局征收三股、苏州丝绸印花厂档案科、苏州市军人转运接待站招待所、苏州市教育局中教科、苏州市供电局人防专业队供电抢修连、无锡市人防工程勘察设计室、无锡市人防工程开发服务部、政协无锡市委办公室、无锡市惠山油酥食品厂、无锡市机械工业局人武部、无锡市供电局、无锡市教育委员会、《无锡日报》社党群政法部、无锡市财政局综合计划科、无锡市工业设备安装公司、常州市江南商场、常州市戚墅堰区人防战备工程队、常州市财政局、常州市税务局、常州市自来水公司、常州市第十五中学、常州市绝缘材料总厂、常州市第二电子仪器厂、常州市青少年俱乐部、常州市齿轮厂、南通市人防办指挥通信科、南通市人防工程公司第一工程队、南通市教育局中教科、省汽车运输公司南通分公司汽车站旅客招待所、南通市工商银行信托服务部、扬州农学院人武部、扬州师范学院附属中学、扬州市苏北人民医院、镇江市人防办平战结合管理科、镇江市云台洞天游乐场、镇江市税务局、淮阴市清江商场、淮阴市成志中学、淮阴市电化厂、盐城市人防工程总公司防水一队、盐城市公路管理处人防招待所、盐城市电化厂、泰州市档案局、泰州市人民医院、泰州市教育局普教科、省人防通信站总机班、省公安厅行政管理处。

"七五"期间省人防建设先进工作者(186名) 南京市:单为民、张兴基、黄建中、朱正修、龚如萍、吴见如、顾福九、谢家杰、王家强、李文虎、黄岑、徐子良、朱新生、高大刚、吴伟亚、储达川、周振谷、姚顺章、冯广显、王正寰、郝耀明、李新宁、徐永北、林有志、施逸卿、徐震东、张瑾、焦孝礼、严才余、李尚贤、孔庆高、陶志伟、李季松、李自荣、徐必飞、杨鲁生、燕风林、薛敦莹、徐荣瑛、丁家持、王庭荣、倪加才、徐克兵、张才保、傅俊萍、丁允芳、王金保。徐州市:陈显荣、路汉三、朱凤宫、许海成、牛金山、张法堂、赵成志、王传义、张道恕、张秀芝、周胜平、宋田瑞、夏洪胜、姜岩、徐步芝、张培开。连云港市:金同法、臧德芹、朱炳言、王伊浦、韩惠民、顾介成、周广生、王文镇。苏州市:徐亚德、钱景良、羊福明、陶克明、刘宗辉、徐龙海、谷耀先、曹永发、王超、黄年丰、王宝成、吴晓明、钱关金、蔡建新、朱惠兴、王荣、沈大才、张一雯、丁家钧、程国明。无锡市：殷南伟、顾志远、成桂兴、蔡耀忠、刘必胜、王汉如、刘少亭、王宏南、缪国忠、胥传光、陈必高、沈银官、阮荣生、王栋良、周斌、殷湘君、冯振德、姜飞、张凤岐、徐克忠。常州市：龚炳如、汪志良、袁文行、缪锡楠、万伟达、傅福康、王建伟、袁国喜、王宏祥、高斌忠、张永华、顾自力、鲍文雅、金仲良、王国荣、马剑锋、陈万世、邵洪才、王根法、叶炳万、游福镇。南通市：朱德洪、陆进茂、徐士芳、蒋海清、顾瓦如、洪积浩、朱晓朝、何志良、徐金泉、马丽华、汪开。扬州市：邵承娟、谭锦荣、王才和、王锦贵、张新国、糜松年、童家强、展明道。镇江市：徐贵华、张瑞乾、汪致中、杨远亮、符梅福、狄息生、方国平。淮阴市：黄宗悫、陆彦超、薛子仁、李汉中、徐兆武、王绪岗、王桂萍。盐城市：钱习吾、李汝香、刘卫宏、顾家治、李凤岭、韩延林、朱国林。泰州市：詹永泰、朱宜林、朱利群、马荣斌、王一民、陶卫平、成启宇。省级机关：耿章大、杜方礼、冯守珍、季明新、朱晓明、仝德志、黄诚明。

1996 年 2 月 29 日，省政府表彰 1995 年度省级机关政府部门政风先进单位和政风先进标兵。省人防办耿章大为政风先进标兵。

2000 年 12 月 29 日，省政府、省军区表彰全省人防先进城市(区)。无锡市、江阴市、武进市、张家港市、启东市、江都市、扬中市、泰兴市和南京市大厂区为先进城市(区)。

2004 年 2 月 8 日，省国动委表彰国防动员理论研讨先进单位和先进个人。省人防办为先进单位。淮安市人防办主任丁俊连、盐城市人防办主任王克林、扬州市人防办处长尹江声、苏州市人防办主任杜杭宁、无锡市人防办调研员张志康、泰州市人防办主任周兆明、苏州市人防办处长高波为先进个人。

2006 年 5 月 9 日，省政府、省军区表彰全省人防先进县(市、区)。宜兴、邳州、张家港、昆山、金坛、启东、东台、江都、扬中、泰兴、金湖 11 个县(市)和南京市鼓楼区、玄武区，无锡市滨湖区，连云港市新浦区受表彰。

(五) 省部门表彰

1996 年 6 月 27 日，省人防办、省人事厅表彰“八五”人防工作先进工作者。先进工作者(享受市级劳模待遇)15 名：南京市地下工程建筑设计院王运庭、南京市第一人防工程公司朱新生、南京市宁方商业总公司吴宁、徐州市人防工程施工处徐海洋、连云港市人防办臧德芹、苏州市人防办潘国华、无锡市人防办周森源、常州市人防办严支茂、常州市江南商业总公司庄建南、江苏省第二建筑设计研究院南通设计所钱锦澄、扬州人防工程公司蔡美华、镇江市人防办潘老五、淮阴市人防办蒋箐、盐城市人防办李汝香、省人防办龚运凤。

2000 年 12 月 25 日，省人事厅、省人防办表彰全省人防系统先进工作者和劳动模范。先进工作者 15 名：南京市人防办指挥通信处处长王亚美(女)、徐州市人防办工程管理科科长李玉辉、连云港市人防通信站话务员常敏(女)、苏州市人防办副主任顾蟾光、苏州市人防通信站电工黄年丰、无锡市人防办主任张志康、常州市人防办组宣处处长金勇兵、南通市人防办主任科员沈忠武、仪征人防办主任李德金、扬中市人防办主任陈廷龙、淮阴市人防办主任蒋箐、盐城市人防办人秘科科长李修林、泰州市人防办工程师尹必荣、省人防办秘书处主任科员彦幸霞(女)、省第二建筑设计研究院工程师陆美(女)。劳动模范 1 名：南京市人防二公司经理兼亚华酒店经理吴伟亚。

2006 年 4 月 10 日，省人事厅、省人防办表彰人防系统先进工作者。南京市江宁区人防办主任陈之宝、南京市人防办工程处长徐利国、徐州市古彭地下商场管理处处长段峰、连云港市人防办主任李中军、苏州市人防工程管理处高级技师徐继明、常熟市人防办主任顾根元、无锡市人防办主任焦进甫、无锡市惠山区人防办主任科员靳东亮、南通市人防办技师高云程、扬州市人防办指挥与通信处处长尹江声、镇江市人防办主任夏如祥、镇江市人防办人秘处处长朱向前、盐城市人防办工程管理处处长冯志生、泰州市人防办主任周兆明、泰兴市人防办主任于鼎九、宿迁市人防办副主任田林超、省人防办计划财务处助理调研员左宁平（女）为人防系统先进工作者。

三、1949～1977 年江苏防空大事记

1949 年

1 月 24 日　徐州市成立防空委员会。

2 月 9 日　苏北军区南通警备司令部发布防空布告，规定防空监视哨位置、防空警报器及讯号，要求城市居民构筑防空地下室，并要求驻军协助与指导群众构筑掩体。

3 月 19 日　苏北军区南通警备司令部发布布告，补充规定夜晚敌机临空全城灯火管制办法。

3 月 23 日　如东随军担运团各大队举行防空演习。

5 月 3 日　第 24 军抽调干部、战士为骨干，吸收国民党首都区民防司令部部分士官，组成南京防空司令部，司令员为皮定均。是日，接管国民党政府首都区民防司令部。

6 月 28 日　南京防空司令部改组为南京市警备司令部防空处，汪佑志任处长兼政委。

7 月 23 日　南京警备司令部防空处发布《防空警报信号》和《防空注意事项》。

10 月 29 日　解放军某部在常州境内击落国民党飞机 1 架，驾驶员解人傅等 8 人被生俘。

12 月　南京市组织防护队，共有队员 1297 人。

12 月　南京市警备司令部防空处改编为华东军区防空处，暂归特种兵纵队领导。

1950 年

1～2 月　针对国民党空军对华东地区的严重破坏和封锁，各地掀起全面的反轰炸运动，苏南各城市相继建立防空治安委员会，设立防空治安指挥部作为委员会的办事机构，领导组织进行消极防空。

2 月 14 日　无锡市警备司令部决定成立无锡市防空治安委员会，下设警备治安、联络、消防、总务 4 个股。发布“防空需知”，号召广大群众做好防空袭准备。

3 月 1 日　《新华日报》发表《南京市人民紧急动员起来，与美制匪机展开顽强斗争》的社论。

3 月 2 日　苏州市成立防空治安委员会。

3 月 3 日　南通市公安局召开各分局局长及派出所所长会议，研究防空中的纠察工作。决定各镇组织 50 人左右的人防纠察队，协助军警在空袭时维持秩序。

3 月 6 日　常州市成立防空治安委员会，下设警备、宣教、消防、救护、善后等 5 个组。

3 月 8 日　南通防空司令部成立，下设治安、宣传、消防、救护、设计等 5 个科。

3 月 12 日　南通市防空司令部召开中西医护士大会，组织救护队。

3 月 14 日　台湾当局 B－25 重型轰炸机 1 架，由台湾桃园机场起飞，经杭州、南京，沿津浦线飞至徐州，被解放军空军飞机击毁，机上人员 6 人被俘，1 人烧死。

3 月 28 日　华东军区命令，以华东军区防空处为基础，组成华东军区防空司令部，撤销华东军区防空处番号。各军区（主要在苏南及苏北）建立防空情报站和对空监视哨。

3月 镇江市成立防空治安委员会，各工厂、学校、医院、街道成立分会。

4月 中央燃料工业部部长陈郁在第一次全国电业会议上，给南京下关发电所颁发嘉奖令，称赞该所在反轰炸斗争中所取得的成绩，堪为“全国电业的模范”。

11月12～19日 南京、徐州市及苏南、苏北行政公署派人参加中央在北京举办的防空训练班学习。

11月15日 苏南防空筹备委员会成立，由苏南军区、苏南行政公署及无锡市政府等机关领导11人组成，统一领导全苏南防空工作。下发《防空紧急通知》《防空准备工作方案》，对防空组织、防空区域划分、防空防毒教育、构筑防空洞（防空壕）、人员物资疏散、灯火管制、消防、通信保障、交通保障等做出具体规定。

11月18日 徐州市成立人防委员会。

1951年

2月26日 华东军区命令，华东军区防空司令部在南京设立防空指挥所，其番号为中国人民解放军华东军区南京防空指挥所。

2月26日～5月28日 中央人民防空干部训练班在北京举行。江苏省和南京、徐州市派人参加。

2月27日 新海连市（今连云港市，下同）警备司令部、新海连市政府发出通报，对防空袭提出具体要求。

3月8日 新海连市政府、警备司令部成立防空委员会。

6月28日 南京防空指挥所参加华东军区防空司令部举办的防空演习。

1952年

1月15日 中共南通地委、南通军分区司令部联合下达《关于构筑防空瞭望台的补充指示》。

1月 南京市人防筹备委员会成立，并制定《南京市人民防空工作计划草案》。

2月 美军开始在华东5省部分地区撒布带有细菌的蚊、蝇、蜈蚣等昆虫，江苏沿海部分群众因此染上麻疹、伤寒、犬热病。华东军区决定加强城市防空、要地防空和人民防空，开展反细菌战斗争。经军民两年多的努力，将美机多次投撒的带菌昆虫和物品及时扑灭销毁。

5月 南京市人防筹备委员会接管华东军区南京防空指挥所之通信警报设备。

1953年

2月25日 中央致电江苏省委、南京市委，对加强人民防空建设提出具体要求。

4月底 根据华东军区司令部关于在全区普遍建立防空监视哨的指示，江苏建立1170个防空监视哨，沿海地区20公里1个，重点哨位由当地驻军建立，其余均由民兵组建。

11月28日 中共新海连市委成立市人防委，公安局防空科作为市人防委办公室。同时，成立新海连市人防委连云港分会。

1954 年

5 月 19 日　华东局批转华东人防委《关于贯彻第一次全国人防工作会议决议的执行计划》，要求江苏省，南京、徐州、新海连市尽快建立人防委，整编各级人防办事机构。规定在省公安厅治安处内设 3 人的工作组，设组长 1 人、工作人员 2 人。南京市在市公安局设人防处，设处长 1 人，科长 3 人，其他干部 11 人，通讯、警报人员 7 人。徐州、新海连市在市公安局设人防科，各设科长 1 人、其他干部 8 人。

6 月 19 日　省公安厅根据中央人民防空委员会关于各级人防机构的防空情报由军防系统负责提供的通知精神，指示各市人防部门立即主动与当地防空部队、对空勤务部队建立空情接收专线电话，制定接收制度。

7 月　南京市人防委成立。

9 月 6 日　公安部发出通知，颁发各省、市人防具体机构和编制表，明确在 11 个省和 55 个城市设有人防机构。江苏为三级省，在省公安厅设人防科，编制 5 人。南京市为一等市，在市公安局内设人防处，编制 23 人；人防处下设秘书、业务组织、工程技术、宣传教育 4 个科；徐州市为二等市，在市公安局内设人防科，编制 10 人。新海连市为三等市，在市公安局内设人防科，编制 5 人。全省共计 43 人。

10 月 22 日　省公安厅在第四次全省公安会议上传达第一次全国人防工作会议精神，并结合本省具体情况拟定实施计划上报省委。

11 月 6 日　常州市成立市人民防空指挥部。指挥部下设办公室和宣传、保卫、警备、伪装、消防、救护 6 个组。

11 月 19 日　省军区司令部发出《积极配合做好人民防空》的通知，要求南京、无锡、苏州、常州、徐州、镇江、南通、新海连 8 市已建防空组织的应加强工作，尚未建立人防组织的，应建议地方党委迅速建立。各分区和县、市兵役局必须积极配合做好人防工作，拟订防空细则，布置贯彻。

11 月 20 日　省委发出《关于加强人民防空工作的紧急通知》，决定成立省人防委及其办事机构。华东局常委、省委副书记、书记处书记惠浴宇任主任，省军区第一副司令员饶子健、省公安厅厅长洪沛霖任副主任。在省公安厅内建立人民防空处，作为人防委的办公室。《通知》要求：各级党委统一领导人民防空工作；加强对敌机骚扰情报的掌握；敌机空袭情况下实行灯火管制；加强人防宣传。

12 月 9 日　省委批发省公安厅《关于贯彻第一次全国人民防空工作会议决议的实施计划》。该《实施计划》对建立健全人民防空组织，在重大工业建设中及结合城市建设贯彻人防工程技术措施，在群众中进行防空常识的宣传教育等问题做出具体部署。要求各地、市、县委研究执行。

12 月 13 日　中央人防委发出通报，转发江苏省公安厅《关于贯彻第一次全国人民防空工作会议决议的实施计划》。

12 月　清江市（今淮安市）成立防空治安委员会，由军、政、警、邮联合组成，委员会办公地址设在市公安局内。防空业务由公安局兼管。

1955 年

2 月 10 日 中共无锡市委决定成立无锡市人防委。

2 月 23 日 省委批转省公安厅《关于人民防空工作情况的检查和今后意见的报告》，要求各地、市委研究贯彻执行。《报告》要求各地、市迅速建立与健全组织机构，加紧进行防空工作宣传教育，做好灯火管制和伪装工作，修建或添置必要的防空设备，各沿海地区的专、县领导机构要注意加强人防工作，采取措施避免敌机空袭时造成混乱，减少损失。

2 月 23 日 南通市成立人防委。下设办公室、宣传组、保卫组、救护组、伪装组、警报组、通信组。

4 月 省人防委办公室及南京、徐州、新海连、苏州 4 市人防委办公室调通至部队的空情接收专线电话，建立值班与空情传递制度。南京、徐州、新海连、常州 4 市人防办，利用市区电话网，与有关部门及重要厂矿开通专线电话，收集和传递防空情报。

5 月 常州将市人防指挥部改为市人防委。

9 月 6 日 徐州市人防委颁布《徐州市人民防空暂行办法》和《徐州市人民防空暂行组织条例》。

是年 南京市红十字会举办两期共 1900 余名群众参加的急救人员训练班，平时为医务工作服务，空袭时为防空急救人员。

1956 年

2 月 4～20 日 南京市人防委先后颁发《南京市市、区人民防空组织暂行草案》《关于工厂企业、机关、学校人民防空组织暂行方案草案》《南京市防空期间灯火管制暂行办法》《南京市空袭期间交通管制暂行办法》4 个文件。

2 月 镇江市成立人防委。

3 月 22 日 省公安厅发出《关于徐州市人民防空工作情况的通报》。肯定成绩，指出存在问题。

3 月 27 日 中共新海连市委决定建立市人防指挥部，统一指挥全市人防工作。

6 月 11～13 日 省人防委在南京召开人防工作座谈会，传达中央防空工作座谈会会议精神，讨论制订 1956 年防空工作计划，交流经验，研究措施。

6 月 27 日 省公安厅发出《关于 1956 年人民防空工作计划的通知》。要求继续做好以加强指挥系统为中心的反空袭斗争的各项预防措施和战斗准备。

6 月 省公安厅组成调查规划小组，在南京市试点制订 5 项防空设施建设规划。对供水、供电、下水道、电信、指挥所、瞭望台、警报等各项设施进行调查，制订防空规划草案。此后，省公安厅分批召集各市人防干部到南京学习，全省开展制订防空规划。至年底，镇江市全部完成，南京、徐州、新海连市接近完成，苏州、常州、无锡市部分完成，南通市起步较晚，刚开始进行。

10 月 南京、徐州、新海连市根据省委“关于先行组成规模较大的城市防空通信网”的指示，在市区电话网、工业企业电话网、有线广播网基础上，将人防办电话交换机与有关单位电话交换机直达专线连通，初步形成全市范围的防空通信网。

11月9日　新海连市人防委颁布《新海连市人民防空组织暂行方案》，规定各区成立人防指挥分部，各(场)矿、企业、学校成立人防指挥所，受市人防委(指挥部)或所在地区分指挥部直接领导。

11月　省人防委翻印《居民防御原子武器常识》，分发南京、徐州、无锡、苏州、常州、南通、新海连、镇江等市机关、团体、学校、工厂、企业单位。

11月起　省人防委根据中央人防委要求，在南京、徐州、无锡、苏州、常州、南通、新海连、镇江等市轮流放映美军原子弹轰炸广岛的影片。观众包括机关、团体、学校、工厂、企业单位领导，科长以上党员干部，人防专兼职工作人员，以及与人防工作有关的公安、卫生、计划、建筑、红十字会等单位的科员。

12月18日　省人防委发出《关于做好1957年结合基建贯彻人防工程技术措施准备工作的通知》。

是年　省城市建设厅成立防空工程技术指导处和专业设计小组。南京市在工厂、学校、医院、机关等单位成立97个人防指挥机构和4140人的消防、治安纠察、防疫救护、抢修等人防专业队伍。

1957年

2月22日　常州市人防委拟定《常州市人民防空组织暂行方案(草案)》。

4月　南京市在玄武湖公园举办防空展览会，观众达20万人次。

6月10日　南京市人防委向省人防委、中央人防委呈报《关于如何保证人防工程质量与平时利用、维护、保养工作的报告》，总结1956年该市人防工程建设经验。

10月5日　省公安厅在省公安学校举办全省人防专兼职干部训练班，培训内容为现代空中杀伤武器、防空工程技术措施和消除空袭后果等。

12月21日　省公安厅请示修建防空指挥所和工作掩护室，经与财政厅联系，同意在省地方财政经费中开支。

是年　徐州、无锡、新海连3市各新建1座市人防指挥所，并初建1套防空专线通讯网。

是年　省和镇江市先后举办人防专兼职干部训练班，121名专兼职干部受训。

1958年

2月2日　省人民委员会(以下简称“省人委”)向各市人委发出《关于江苏1958年结合基本建设贯彻人民防空工程技术措施的通知》。规定凡新建、扩建规模较大的重要工厂企业，均应参照《工厂人民防空工程技术措施规范》，结合基建贯彻人防工程技术措施。

2月28日　省邮电管理局、省公安厅转发《国家邮电部、公安部关于颁发人民防空因公使用长途、县内、市郊电话办法的通知》，规定省、市两级人防部门的电话代号，自3月10日起，江苏传递、查询防空情报时，正式使用“飞天”代号。

3月4日　省人委发出《关于转发省公安厅1958年人民防空工作计划的指示》，要求南京、徐州、新海连、无锡、苏州、常州、南通、镇江等市人民委员会督促所属有关部门研究执行。

9月11日 国务院批转公安部《关于撤销各级人民防空机构的请示报告》。省人防委及其办事机构随即撤销。

1962年

1月4日 南京市委、南京市人民委员会决定恢复南京市人防委。

6月12日 省军区、省公安厅发出关于战备治安工作的指示，要求各市加强城市警备和城市防空措施，建立和组织防空委员会，以应付台湾当局可能发起的空袭。

6月29日 徐州市人民委员会决定恢复市人防委。常州市恢复市人防委。

7月2日 连云港市人防委发出《关于防空工作意见》，重申健全防空组织机构，成立市人防委员会，并随着地名的更改，原新海连市人防委更名为连云港市人防委，下设办公室。

7月3日 无锡市恢复人防委。

7月19日 省人委转发《南京市人防委召开各兼职处会议的情况简报》。南京市人防委下设宣传教育、治安消防、通讯警报、电火管理、修建、防毒救护、物资供应、交通运输8个处，均由党委和政府的有关部局兼任。明确各兼职处具体职责。

8月 镇江市恢复人防委。南通市恢复人防委。

1963年

7月13日 泰州市防空领导小组成立。下设办公室，设在市公安局。

7月31日 国家计委、财政部、公安部批复江苏省计委、财政厅、公安厅：同意修建防空指挥所和工作掩护室，所需经费22万元从当年战备经费中拨付，所需材料由地方自行解决。

1965年

5月5日 省公安厅向省人委、省编委提出《请求批准人民防空机构编制》，建议省人防办暂定编制10人。5月10日，省编委批复省公安厅，同意省人防委临时行政编制10人。

5月6日 省人委发出《关于加强人民防空工作的通知》，决定恢复省人防委，由省委书记处书记、常务副省长李士英任主任，省军区司令员段焕竞、南京军区副参谋长邓仕俊、省公安厅厅长洪沛霖任副主任。

5月7日 苏州市恢复人防委。

5月21日 无锡市人防委办公室成立，市公安局不再兼管人防工作。

5月26日 省委、省人委批转省人防委《关于加强人民防空工作的意见》，要求各地认真研究执行。《意见》明确人防工作指导思想、工作步骤和要求，明确主要工作内容：进行宣传教育，加强民兵工作，调查处理危险品，调查清理防空设施，制订战时人员疏散掩蔽方案，做好空袭时水电、通讯、消防、防毒和救护准备，加强重点单位防空措施，制订空袭时社会治安、灯火管制和交通管制方案，有重点地贯彻人防工程技术措施等。

9月22日 省人防委召开第二次会议，对防空备战工作做出部署。

11月21日 省委批转《南京市委关于防空备战工作情况的报告》。要求各级领导确立长期备战思想，把备战宣传，防空专业队伍组织训练，易爆、易炸、剧毒危险物资疏散，城市人口疏散等工作一项一项抓紧落实，反复落实。要求各地对防空备战工作进行一次认真的检查和讨论，并向省委做出报告。

12月4日 省人防委转发《国务院关于防空备战疏散城市人口的批复》。规定城市疏散人口去向。

12月19日 镇江市举行民兵防空备战演习，参演单位53个399人，演练了38个消除空袭后果项目。

12月26日 常州市举行民兵防空备战表演。表演项目为：高楼救护、扑灭细菌弹和战地救护、高压输电线路倒杆抢修、通信电话线路和自来水管道抢修、消防基本功和几种燃烧弹的扑救等。空军罗墅湾机场派出飞机配合表演。参演民兵共700人，参观领导和群众共5000人。

1966年

2月19日 省委、省人委批转省人防委《1966年人民防空工作计划要点》。要求各地加强对防空工作的领导，健全各级防空机构，深入开展防空备战教育，有重点、有步骤地做好重点企业和其他企事业重要部位防护工作，制订人口疏散准备方案。

3月29日 省人委决定增补省军区参谋长刘林为省人防委副主任。

4月 省人防委根据省委指示和第四次省人防委会议关于“省级机关的防空疏散地点，必须尽快挂好钩”的决定，组织实地勘察和调查了解，研究制订省级机关人口疏散意见。

5月10日 省人防委向省委、省人委报送《关于省级机关人员疏散初步意见的报告》。主要内容是确定疏散地点的依据、疏散地点的分配原则及具体分配方案。

1968年

12月7日 南京市革委会批转南京军分区《关于成立南京市防空工作领导小组的报告》，并由原市防空委员会8名工作人员组成办公室，负责日常防空工作。

1969年

8月27日 中共中央、中央军委转发《军委办事组关于加强全国人民防空工作的报告》，明确人防工作常设机构由公安部门转到军队。

9月20日 省革委会发出《关于加强人民防空工作的通知》，决定成立省人防领导小组。省军区政委、省革委会副主任吴大胜为组长，南京军区副司令员段焕竞、省军区司令员黄朝天、省军区参谋长刘林为副组长。领导小组下设办公室，设在省军区，承办日常业务工作。

10月23日 省革委会发出《关于建立防止敌人突然袭击警报系统的通知》，规定全省警报信号的接收、管理和音响警报信号设置。

10月25日 根据南京军区规定,省和各地(市)人防领导小组办公室和人防警报网零时起建立昼夜值班制度。

12月 省卫生局在镇江市举办为期20天的“三防”和战地救护训练班。

1970年

3月4～6日 省人防领导小组组织召开全省地、市人防工作负责人和省革委会、省军区有关部门负责人会议,学习研究贯彻执行全国人防领导小组“二·二六”指示措施。3月13日,省革委会下发《关于贯彻执行全国人民防空领导小组“二·二六”指示的会议纪要》。

6月21日 省军区政委省革委会副主任吴大胜听取南京市人防工作汇报。

6月21～26日 省人防领导小组在南京召开全省人防工作会议,传达贯彻全国人防领导小组6月16日关于“进一步抓好人民防空工作”的指示,检查分析中央2月26日指示执行情况,参观南京人防工作先进单位。

7月23～28日 省革委会、省军区在南京召开全省人民防空、城市民兵战备工作现场经验交流会,推广南京市防空建设经验。省军区司令员黄朝天、省革委会副主任吴大胜到会并讲话。

7月～12月 省军区在清江市(今淮安市)举办“三防”(防化学武器、防核武器、防细菌武器袭击)电动模型展览,4.5万余人分期分批参观展览。

1971年

1月31日～2月3日 省人防领导小组在南京召开全省人防工作会议,总结交流1970年全省人防工作的情况和经验,部署1971年工作任务。

4月17～27日 江苏省大丰县革委会、人武部在总参谋部召开的“三防”现场经验交流会上介绍“实行平战结合开展群众‘三防’工作”经验。

7月25～8月24日 第二次全国人防会议在北京召开。会议确定江苏省开展人防工作的重点城镇是南京、徐州、连云港、苏州、无锡、常州、南通、扬州、镇江、泰州、清江、盐城等12个市县。

9月20日 徐州市委、市革委会组织全市防空疏散演习。全市居民40.38万人参加演习。

1972年

2月12～14日 省人防领导小组办公室在南京召开人防工程建设座谈会。

9月24日 省委常委会听取省人防办工作汇报,要求人防建设规划要周密、细致,要突出南京、无锡、徐州、苏州4个重点,把南京作为重点中的重点。重点工程要群众运动和专业队伍相结合。

10月9～15日 全省人防工作会议在南京市召开。传达南京军区人防会议精神和省委关于人防工作指示,交流经验,讨论今后工作任务,参观南京市部分人防工事。

10月 省人防办下发《关于保证修建人防工程质量的意见》。

10月 省人防办编印的《人民防空防原子、防化学、防细菌战伤救护参考材料》出版,并分发各市。

12 月 2 日　省财政局、省人防办下发《关于人民防空工作所需经费、材料解决办法的通知》，规定全民所有制企业、行政事业单位、集体所有制单位、城市街道居民和公共防空设施所需经费、材料解决办法。

1973 年

5 月 31 日　省人防办、南京市人防办共同研究确定南京市狮子山人防工程战术技术要求，作为该工程设计施工的依据。

8 月 19～23 日　省人防领导小组在镇江召开全省人防工作会议，分析上半年全省人防工作形势，交流开展人防工作经验，研究下半年完成任务措施。

9 月 18 日　省委调整省人防领导小组成员：省军区司令员黄朝天任组长，省委常委、省革委会副主任蒋科，省军区副司令员刘林任副组长。

10 月 17 日　省委召开专题会议，听取南京市山区人防工程建设情况汇报。会议议定：进一步统一对人防工作的认识，加强对人防工程建设的领导；根据南京所处的地位、作用，充分利用地形，因地制宜地进行勘察规划；要平战结合，打防结合，先打主坑道，由点到面，然后互相沟通；要精心设计、精心施工，解决好边设计、边施工的矛盾，认真抓好工程质量；要注意安全，采取有效措施，防止发生各种事故；防空的重点在南京，同时要兼顾徐州、苏州、无锡、常州。

11 月　南京、常州、苏州、无锡、南通、徐州、连云港 7 个省辖市设收讯机 14 部，直接参加南京军区警报网接收警报信号。收讯机全部设于邮电部门，以专线电话向市人防办传递接收的空情警报信号，人员、设备及业务训练均由各市邮电部门负责。

1974 年

1 月 27 日　省革委会办公会议决定：省军区副司令员李国厚任省人防领导小组组长。

3 月　省革委会、省军区下发《关于一九七四年人防工作的意见》，要求各级党委把人防工作列入重要议事日程，切实抓紧抓好。

6 月　省人防办上半年在 12 个人防重点城镇组织巡回放映《对原子武器防护》影片 320 余场次，受教育干部群众 50 余万人次。

7 月 11 日　省委办公会议议定，人防工作要认真总结经验，进一步搞好全面规划，抓住重点，集中力量打歼灭战。要构筑永久性工事，做到防战结合，在战争初期保存有生力量。要充分利用有利地形，反复勘测，精心设计，精心施工，特别注意洞口的坚固。所有工事都必须严格按照全国人防领导小组规定要求施工。人防经费材料必须专款专用，专材专用。要把有限的经费材料，重点用于人民防护工事，不要首先用于搞地下指挥所、地下商店等建筑。集体所有制单位纯积累提成 4%作人防经费的规定，应坚持执行。全省的人防工作重点在南京市，已经施工的 9 座山，要继续抓紧搞好，然后相互沟通。省人防领导小组办公室迁至南京，由省革委会办公室安排办公用房。

10 月 10 日　当天下午和 11 日上午，省委常委会和省军区常委会召开联席会议，听取省委副书记杨广立、省军区副司令员李国厚和省人防办主任车洪声关于全国人民防空和城市防卫座谈会议精神汇报。就贯彻会议精神提出要求：① 认真传达学习毛主席、周总理关于人民防空和城市防卫问题的重要指示，提高对人民防空和城市防卫工作重要意义的认识。② 抓紧拟定人防和城防战备建设规划。③ 加强人民防空和城市防卫工程建设。把人防、城防工作与经济建设一并考虑，人防工程与城市建设和基本建设相结合，南京市的天上三线（电话线、电灯线、高压电线）要逐步转入地下。新建、改建民用和军用建筑，都要搞地下防空设施。④ 健全人防领导体制，讲究实效，不要图形式。省委同意省军区关于人防办事机构的报告，省人防办列为省革委会部、委、办一级编制。各市的人防办列入市革委会编制。人防、城防工作列入各级党委议事日程，军地共同努力抓好、抓紧、抓落实。

10月30日 省革委会下发《关于省、市人民防空领导体制问题的通知》。决定：省人防领导小组由省委副书记杨广立任组长，省军区司令员黄朝天、副司令员李国厚任副组长。省人防办列入省革委会正式编制，下设秘书、作训、设计、工程、物保5个组，编配干部46人，军队干部配1/5，另编保障勤务人员33人。市（县）人防办列入市（县）革委会正式编制，并作为部委一级机构。

11月15～28日 全国人防工程技术现场经验交流会在湖南省衡阳市召开。江苏省共14人参加会议。省人防办介绍“无锡市关于在水网地带构筑人防工事防水的体会”。

12月24日 省邮电管理局向省委做出《关于全省人民防空无线收信台和有线警报网问题的报告》，对人防有、无线通信管理体制，无线警报台现状，有线警报专用线等提出建议。

12月26日 上午，省委常委会听取省人防办主任车洪声关于全国人防工程技术现场会会议精神的汇报。省委第一书记彭冲指示：人防工程建设要统一规划。指导思想是能打、能藏、能生活、能生产、能疏散。南京的规划要请大军区有关单位一起看地形，搞规划，搞好后请大军区一起讨论修改后再确定。省要审查项目，经费要分级管理，批准权限要集中。1975年省里拨600万元。省人防办要全面检查南京市人防工程建设，检查情况向省委汇报。全省其他地方也要检查。各级人防办要精干。

1975年

2月13日 省人防办由镇江市迁至南京市马鞍山路1号办公。

3月22日 南京军区和省委在南京召开南京市人民防空、城市防卫工作会议。省委第一书记彭冲、南京军区司令员丁盛、南京军区政治委员廖汉生参加会议。

4月20～23日 南京军区副司令员廖容标在省军区副司令员、省人防领导小组副组长李国厚陪同下检查徐州、连云港市人防工作。

5月26日 省委批复南京市委：基本同意《南京市人民防空、城市防卫工程规划》。

6月2日 美国太阳报记者爱德华等51人参观南京战斗机械厂人防工程。

9月15～21日 全省人防工程技术经验交流现场会在无锡市召开。南京军区人防领导小组副组长廖容标参加会议并作指示。全国人防领导小组委派军委工程兵和防化技校专家到会指导。会议听取无锡市人防办、无锡国棉一厂、纺织机械厂经验介绍，与会人员参观无锡、苏州市人防工程。

9月20日 徐州地区革委会、徐州市革委会、徐州警备区颁发《关于维护人防城防工事安全的通告》，规定人防工程的保护范围。

9月22～24日　南京军区副司令员廖容标检查常州、镇江市人防工作。

10月1日　零时起，省人防办100门供电式电话交换机开通。同时，租用邮电部门的11对长途专线正式启用。自此，全省人防有线电警报通信网组成，平时兼作省、市人防办公室业务工作电话网。

10月6～10日　省委书记吴大胜在省军区副司令员李国厚等陪同下，检查南京市人防工作。

10月16日　徐州市人防办在卧牛山人防工程工地召开"光面爆破"新技术现场会。

12月3～4日　省委常委会听取省和南京市人防工作汇报。会议对人防、城防工程建设规划部署以及发动群众问题做了具体研究。省委第一书记彭冲做总结讲话。

12月18日　国务院、中央军委转发总参谋部《关于在各级人民防空办公室编配军队干部的规定》，规定江苏省人防办编军队干部10人、各市及辖重点城镇的地区编军队干部55人，合计65人。

是月　全省12个重点城镇城市防卫预案和人防工程规划拟制完毕。

1976年

1月8～15日　省委在南京召开全省人民防空、城市防卫工作会议。

3月29日　省革委会发出《关于加强人防、城防工程建设的通知》。

5月27日　省军区司令部、省人防办发出《关于民兵防空专业队伍建设有关问题的通知》。

6月15～24日　省人防办在徐州举办坑道掘进光面爆破训练班。南京、连云港、无锡、镇江、徐州市坑道掘进作业手和施工技术人员138人参加训练。

7月13日　省革委会转发省人防领导小组、省计委、省财政局《贯彻〈关于在基本建设和城市建设中加强人防战备工程建设的几点意见〉的补充规定》，自1976年8月1日起试行。

9月25～29日　经省委批准，全省人防、城防战备工作会议在南京市召开。省委第一书记彭冲、书记吴大胜到会讲话。

10月4日　省委领导在南通地委书记胡奠南等陪同下视察南通东方红印刷厂至南通电影院地下通道工程和城东片人防工程。

1977年

3月8～14日　省委在南京召开全省人防工作会议。传达贯彻全国人防业务会议精神和国务院、中央军委《关于进一步加强人防工程建设计划管理的通知》。

3月16～7月13日　省人防办在全省组织巡回放映《唐山地震后人防工事考察》和《走访地下城》两部影片。共放映642场，657400人次观看。

5月5～8日　全省人防工程施工技术现场会在徐州市召开。推广徐州矿务局采用光面爆破、锚喷支护新技术进行人防工程建设和徐州市交通局、城管局、徐州地区机关采用机井降水，暗挖施工构筑人防工程的经验。

5月17日　省人防办下发《关于江苏人防工程设计中一些问题的意见》。这是全国第一部省级人防工程设计规范。

7月13日　省委发出加急电报《关于确保完成今年人防工程建设任务的通知》。要求各地采取有效措施，确保今年国家下达江苏人防工程建设任务的完成。

9月3日　省委召开全省地、市委书记人防工程建设座谈会。省委书记胡宏，省委常委、省军区政委钟国楚，省人防领导小组副组长、省军区副司令员李国厚出席会议并讲话。会议要求各级党委切实加强对人防战备工作的领导，充分发动群众，千方百计确保年内完成12万平方米人防工程建设任务。

9月7日　省委常委听取人防、城防、空防方案汇报。会议着重讨论解决人防工作存在问题。会议认为：江苏人防建设与其他省份比较，差距较大，需要加快人防建设。现在条件逐步在改善，可以逐年加快人防建设速度，不要再落后，而是追上去。规划有了，要加强领导，搞好队伍，抓好落实。人防工程要考虑平战结合，仓库、医院不仅战时用，平时就要用。主要工程不做则已，要做就把质量搞好。省委指挥所可以搞，出入口要考虑汽车进出，用斜井。人防工程没有设计不行，设计要搞好，要专门搞个设计部门。施工要逐步专业化、机械化。

9月15日　省人防办向省委呈报《关于构筑省委指挥所工程的报告》。

10月2日　省革委会、省军区发出加急电报《关于贯彻南京军区和南京军区人防领导小组城市三防战备工作会议精神的通知》。要求各地提高对搞好城市三防战备工作意义的认识；抓紧拟制好城市三防战备计划，完善人防工程建设总体规划，保质保量地完成今年人防工程建设任务。

10月10日　南京军区传达中央军委副主席叶剑英指示：要求北京、上海、天津、广州、武汉、南京等城市将人防工作现状和建议于11月15日前书面报告叶副主席和全国人防领导小组。11月15日，中共南京市委向叶剑英副主席和全国人防领导小组送交《关于人防工程建设情况和今后意见的报告》。汇报该市1969～1976年人防工程建设取得的成绩，存在的主要问题，加强人防工程建设的措施。

10月21～29日　省人防办组织南京、徐州、连云港、无锡、镇江等5市的人防办领导及有关技术人员共20人，检查5个市23条坑道，交流光面爆破施工技术推广情况。

10月22日　省人防办发出《关于开展技术革新运动的通知》。

12月21日　省委决定省人防办建立党组。省军区副司令员李国厚兼任省人防办党组书记，省人防办主任车洪声任党组副书记。

四、江苏遭空袭史实

江苏第一次遭受空袭发生于北伐战争时期。1927年4月，北伐军攻克南京后，直鲁军①飞机1架在浦口和南京抛掷炸弹数枚。

抗日战争时期，日本军队飞机（以下简称“日机”）对江苏省境所有的大中城市和50多个县城及重要集镇进行狂轰滥炸，造成重大人员伤亡和财产损失。尤其是日军对南京、徐州两市的空袭更为惨烈。据国民政府内政部统计处《各省市县被日寇空军侵袭所受损失统计》中记载：自1937

① 直鲁军：“直”指北洋军阀直系孙传芳部，“鲁”指山东军务督办、奉系张宗昌部。

年8月15日至12月13日，日机共空袭南京118次，投弹1357枚，死亡430人，受伤528人，房屋全毁34所、1607间。据《徐州人民防空志》记载，从1937年9月19日至1938年5月19日，日军出动飞机1100余架次，投弹2700余枚，炸死炸伤徐州市民2400余人，炸毁房屋9000余间。

解放战争时期，国民党军飞机对解放区的城镇及重要军事目标、重要交通要道进行空袭。

中华人民共和国成立后，台湾当局飞机对江苏的部分城市进行空袭和骚扰，造成重大人员伤亡和财产损失。

（一）北伐战争时期

1927年

4月5日上午11时，直鲁军飞机1架在浦口抛掷炸弹后，飞至南京抛下炸弹数枚。是为江苏历史上首遭空袭。

4月10日，南京城内多次发现直鲁军飞机临空，并有炸弹掷下。

4月12日，直鲁军飞机1架，在浦口投弹。同日，直鲁军飞机1架，在浦口空中被击落。是为江苏历史上首次击落飞机。

4月24日，直鲁军飞机向南京投掷炸弹。

5月5日下午1时，直鲁军飞机1架，飞至南京夫子庙一带乱掷炸弹，贡院门口、小西湖、堂子巷街心各落弹1枚，新市场游艺场空地落弹2枚，炸伤市民数人。

12月10日下午2时许，国民政府军冯玉祥部与直鲁联军在徐州以西激战之际，冯军飞机1架飞抵徐州车站附近上空投弹3枚，轰炸直鲁联军张宗昌部队。

（二）抗日战争时期

1932年

2月2日晨8时，日机6架由沪飞昆山青阳港盘旋投弹，炸毁蒋家花园，未伤人。经驻军猛烈开枪射击，始逸去。下午2时，日机5架空袭青阳港，投掷炸弹10枚，53号青阳铁桥被炸，枕木被毁。

2月17日11时20分，日机6架入侵苏州上空侦察扫射。

2月18日9时，日军侦察机3架、驱逐机3架侵入苏州葑门外机场上空，进行侦察和机枪扫射。

2月22日下午4时半，日军战斗机、驱逐机各3架飞苏州南部上空，轰炸无辜平民及葑门机场。

2月23日晨8时20分，日军轰炸机9架，盘旋于苏州老六团飞机场，以重磅炸弹及机关枪向下轰击，约历20分钟。机场周围共被破坏14处，炸毁3架待装修飞机。

2月26日下午4时，日机5架飞昆山投弹，4时30分至苏州城南上空盘旋，两机低飞射击并投弹8枚落葑门外机场南空地，炸死、炸伤士兵各1人。

3月2日，日机1架飞昆山火车站投弹1枚。日机数架轰炸太仓县城南码头和城内武陵桥等热闹街市，造成大批房屋倒塌，死亡14人，伤10余人。

3月4日9时30分，日机2架至苏州飞机场上空射击，继至老五团驻地射击，又至萃英中学周围盘旋，机枪击坏永仁堂屋顶一角。

4月20日10时30分，日机1架至常熟支塘西投弹2枚落入农田，至古里村射击数发，未伤人。

1937年

7月29日，日机1架轰炸泰县溱潼，投弹1枚，伤数人，亡3人。

8月13日，日机3架轰炸宿迁县城。

8月14日8时，日机6架向京(宁)沪路吴县唯亭一带侦察轰炸，投弹1枚。

同日，日机3架轰炸睢城(睢宁)南关，死、伤数人。

8月15日，日军攻击机20架从日本九州大村机场起飞在苏州上空遭国民政府军飞机拦截。同日，日机1架轰炸苏州东善长巷，投弹1枚。

同日，日本海军第一联合航空队的木更津航空队，以台湾为基地，出动新式96式陆基轰炸机27架，分2次空袭南京。明故宫飞机场落弹2枚，光华门外落弹5枚，中正路(今中山南路)落弹1枚。除轰炸外，还对大行宫及中山东路等处行人俯冲射击。死伤百余人。空袭中，6架日机被击落。

8月16日，日机2批24架次轰炸苏州城区，阊门外兵营以及城内道前街、西善长巷、学士街一带均遭轰炸，房屋损毁，死亡500余人。国民政府军4架战机起飞应战，击落日机2架。

同日，晨6时40分左右，日机1架轰炸无锡第十区皋桥，投弹5枚，1人炸死，2人受伤。7时30分，日机2架在无锡东亭镇及鸭城桥投掷炸弹。下午，日机1架轰炸无锡蠡桥，投弹1枚。

同日，上午11时许，日机侵犯镇江，在大港镇上空被国民政府军飞机拦截，3架日机被击落。是日晚，江苏高等法院暨检察处遭日机轰炸，房舍被毁。

8月17日上午9时许，日机10架空袭南通，在美国教会设立的南通基督医院及其周围投弹6枚，1枚命中病房立即起火焚烧，死医师1人、练习医师1人、护士2人、工人4人、病人30余人。崇英女子中学新落成的健身房被炸毁，被炸毁的还有溥尔祺牧师之住宅1座。

同日，日机3架空袭淮阴县城，投弹多枚。

同日，日机9架空袭无锡横林车站附近的运兵列车，投弹6枚，炸毁铁路一段，炸伤农民3人，炸毁民船3艘。下午，日机2架在无锡五里湖宝界桥投弹2枚。

8月18日，日机9架轰炸昆山县城和正义铁路桥，投弹30枚。娄江上4艘难民船被炸毁，100余人遇难，商店170余家被毁。

同日下午4时左右，日机18架空袭南京。先在下关一带轰炸，然后进入城区上空，向小营高射炮连阵地投弹，高射炮连存放弹药和器材的木棚以及小营营房内不少房屋都着火燃烧起来，机场和新街口等处也陆续传来爆炸声音。

8月19日，日机21架分2次空袭南京。上午轰炸南京兵工厂，下午轰炸国民政府参谋本部、中央军官学校、中央大学及考试院等地。是日，有3架日军飞机被击落，另有2架日军飞机在飞赴南京途中被国民政府军飞机击落。

同日，日机1架轰炸江阴，投弹1枚。毁东南乡学社一角。

8月20日，日机12架空袭苏州，在城内外投弹30多枚，学士街女职中落弹2枚，朱家园顾家花园落弹2枚，景德路及城隍庙落弹2枚，毁房20多间。火车站投弹甚多，毁机车4辆、客车3节，死伤难民100多人。

图附录4-1　1937年8月，日军空袭炸毁后的南京居民住宅区

同日，日机50架空袭南京，在城中及城南居民稠密区投弹，炸死平民15人、伤6人，毁房屋50余间。日机2架被击落。

8月21日，日机3架轰炸仪征十二圩，投弹4枚，伤4人，亡1人。

同日，日机1架轰炸扬州城区，投弹1枚。

8月22日，日机3架空袭南京，掷下数弹，旋即遁去。

8月23日，日军轰炸机8架飞临常熟上空，投下重磅炸弹10余枚，亡数十人。益琴布厂、聚丰园损失较大。

同日，日军连续出动飞机300余架次，轮番轰炸靖江八圩港和长江对岸的海军舰队、江阴黄山港、电雷学校及黄山炮台。

8月24日，日机轰炸南京飞机场，并炸毁位于灵谷寺附近的南京短波广播电台工地，该台负责人、青年工程师蒋德彰牺牲。

8月26日，日机20余架分2次空袭南京，投下炸弹及烧夷弹数十枚，毁国民政府中央大学、实验中学校舍80余间，烧毁民房400多间，死100余人、伤数百人。

同日，英国驻华大使许阁森率陆军武官傅瑞泽等4人分乘2辆汽车由京(宁)赴沪，车行至无锡附近遭2架日机空袭，英大使受伤。

8月29日下午，日军轰炸机13架，飞往南京轰炸，被国民政府军驱逐机越江至扬州上空截阻，未能进入市区。

9月1日，日军飞机轰炸常熟城，投弹2枚，毁房数十间。

9月16日，11时30分，日机1架飞抵徐州上空侦察。夜9时余，发现日机向徐州飞来，市防空指挥部即发防空警报并对市区实行灯火管制，半小时后解除。

9月17日，日机数架轰炸海州，炸毁东海师范部分校舍和多处民房，炸死居民2人。

9月19日，日机2次出动72架空袭南京，国民政府中央广播电台、首都(南京)警备司令部、兵工厂及李家苑、中华路、评事街等多处中弹，空袭毁民房多间，炸死炸伤平民10余人。国民政府军飞机起飞拦击，击落日军飞机7架，被称为“九一九大空战”。

同日，日机9架轰炸苏州，在火车站等地投弹多枚。死数人，伤30余人，毁车站一号月台及附近小茶馆。

同日，下午1时50分，日机12架轰炸徐州火车东站，投弹29枚。炸死2人，伤4人，炸毁房屋40余间，炸毁守车1辆、路轨2节。

9月20日，日机80架从上午10时至下午1时，分批对南京进行狂轰滥炸：上午，轰炸国民政府、参谋本部和无线电电信所；下午，轰炸雨花台、富贵山炮台、大校场机场及城南、城中居民区，炸死平民15人、伤16人，毁房50余间。国民政府军飞机击落日机5架。

图附录 4-2 1937 年 9 月，被日军空袭炸毁的富贵山山坡上的居民住宅

同日，日机 33 架，分 3 批轰炸徐州火车北站、东站和南天桥等地。炸死炸伤居民和士兵 12 人。

同日下午 4 时许，日机 12 架空袭苏州，在火车站等处投弹 30 余枚，死伤百余人。

同日，日机 10 多架轰炸连云港码头、车站、仓库和民房。车站、码头、港口陷于瘫痪。

9 月 21 日，日机 24 架空袭徐州，投弹 32 枚，毁铁轨数节，空车数节。在黄河滩避难之难民，被炸死 11 人。

9 月 22 日，日机 72 架分 2 批空袭南京。航空署、防空委员会、国民党中央党部、北停车场、炮台等多处中弹，下关难民收容所草棚部分被炸毁，死、伤 200 余人。江边英商和记洋行船只被炸毁，损失严重。日机被击落 4 架。

9 月 22～23 日，日军第二联合航空队先后出动飞机 85 架次袭击江阴，对驻守江面的中国主力舰队进行轮番轰炸。“平海”“宁海”两主力舰被炸沉没，“应瑞”舰受重创。江阴北门外利用纱厂轧纱间受损，治记米厂中 1 枚燃烧弹。

图附录 4-3 江阴西城门遭日军轰炸

9 月 25 日，中秋节，日机 96 架分 5 批次空袭南京(第一次 31 架、第二次 32 架、第三次 6 架、第四次 12 架、第五次 15 架)，投弹 500 枚。国民政府中央通讯总社、中央广播电台、卫生署、中央医院、广东医院、下关电厂、中央大学以及居民区等近 40 处遭轰炸，死、伤平民 600 余人。

图附录 4-4 1937 年 9 月，南京中央医院洗衣房被炸毁

9 月 25～29 日，日军连续出动飞机 200 多架次，对驻江阴中国海军第一、第二舰队舰艇进行狂轰滥炸，“逸仙”“楚有”“建康”号舰被炸沉。

9 月 27 日，日机 20 架 2 次空袭南京，在下关投弹 5 枚。在津浦铁路局、浦口投重磅炸弹 10 余枚，铁路局房屋、轨道遭严重破坏，浦口小学、小河南码头、合成街等处被炸。死、伤 20 多人。大厂镇的永利錏厂被炸。

9 月 28 日，日机轰炸南京飞机场。日机 2 架，在镇江与南京被国民政府军驱逐机击落。

同日，日机轰炸无锡城区，投弹 30 枚。伤亡 280 余人。

9 月 28～29 日，日机 24 架轰炸徐州火车东站、铜山火车站、津浦路、大马路、二马路、南马路及平山口等处，投弹 30 余枚。死、伤居民 30 余人，毁房数十间。

9 月 29 日，日机 1 架轰炸常熟城区，投弹 1 枚，亡 1 人。

10月1日，日军轰炸机20架，分别轰炸淮阴、徐州、海州等地。

10月3日晨7时半，日机6架由沪飞昆山，在火车站一带投弹20余枚，月台及停站之客车中弹，旅客伤亡30余人。

图附录4-5　1937年10月，被日军轰炸并遭破坏的南京城内飞机场机库一部

同日下午1时15分，日机4架轰炸徐州北茅村，投弹2枚。1时25分，在铜山七区安全乡投弹数枚，津浦路轨被炸坏一段。

10月4日，日机8架轰炸徐州津浦路旧运河铁桥，投掷重磅炸弹12枚，炸毁难民车2辆。

10月4日，10月5、6、12、13、14、16、18、19日(10余架次)，20、21、22、23日(20余架次)，24、26日(12架次)，日机连续空袭南京，轰炸的主要目标是飞机场。10月21日轰炸永利錏厂，燃起大火。

图附录4-6　1937年8月16日至11月15日，苏州火车站遭日机多次轰炸，站房被炸

10月6日，日机8架轰炸无锡，投弹30余枚，致火车站一带铁路货栈、商店、民房，以及通勤路、陈白头巷等处平民房屋、新仁堆栈被焚毁，炸毁客车1列，死、伤平民369人。

同日，日机25架分3批轰炸苏州。第一批5架，在车站投弹10余枚，炸毁火车站房屋数间，篷车数辆，死伤40余人。第二批8架，在火车站投弹27枚，并开机枪扫射，死旅客26人，伤50余人。第三批12架，至周泾港火车站投弹19枚，毁客车数辆。

同日，日机4架轰炸徐州柳泉火车站，投弹8枚，炸毁机车头1辆，站台、路轨及民房略有损伤。

10月7日7时，日机2架飞临常熟，在福山投弹5枚，炸死农民2人、伤7人，毁房10余间。

同日，日机6架侵入太仓，在岳王镇投弹10多枚，炸死平民29人、伤30余人。

10月8日下午2时20分，日机3架轰炸徐州三堡火车站，投弹6枚，路轨被炸毁。同日，日机3架在铜山第七区闸桥乡南投弹6枚。

10月8、16、18、20日，日机轰炸无锡西门、周山浜工业区、惠山等地，投弹40枚。伤亡320人，大批工厂厂房、民房被毁。

10月10日，日机3架轰炸陇海线邳县车辐山火车站，投弹4枚。同日，日机3架在徐州东闸口投弹4枚。

10月11日，日机9架飞临苏州上空，向火车站投弹10余枚，炸毁空客车1节及篷车2节，炸死平民1人、伤5人。日军1架飞机被击落。

同日，午后2时，日机8架轰炸太仓县城，投弹50枚，毁民房甚多，死伤居民数人。

10月12日，日机2架空袭常熟城区，投弹40枚。亡100人，毁房100间。

同日，日机2架5次空袭苏州，先后投弹11枚，致难民船3艘被炸，死6人，伤20余人。

图附录4-7　1937年10月，被日军炸毁的无锡申新三厂织布车间

同日，日机2架空袭戚墅堰，投弹4枚。戚墅堰机车车辆厂、铁路桥等被炸，伤亡数人。

10月13日，日机轰炸苏州。分别在尹山、唯亭火车站投弹18枚。伤11人，炸毁房屋10余间，炸毁空车1辆。

同日，日机轰炸常熟浒浦镇，投弹1枚，毁房数十间。

同日，日机65架空袭常州火车站、新丰街等地，投弹40枚。伤亡近200人。毁车厢4节，毁房数间。

同日，日机6架空袭镇江城区。大华饭店、镇江浴室、交通银行等被炸起火，炸死炸伤平民90人。

同日下午3时许，日机6架在徐州三堡火车站投弹10余枚，在九里山投弹5枚。

10月14日，日机6架2次轰炸苏州。在市郊和沿京沪路轨及相门外苏嘉路火车站等处投弹10余枚。

同日，日机5架空袭常州城区、戚墅堰等地。投弹17枚，伤亡甚多。毁机车1辆。

同日，日机轰炸丹阳，投弹1枚，伤亡甚多。

同日，日机5架轰炸镇江铁路西火车站，机车房被炸毁，死伤6人。

10月15日，日机轰炸苏州吴江县平望镇，投弹1枚。

同日，日机7架空袭戚墅堰，投弹11枚，机车房被毁。

10月16日，上午9时，日机3架轰炸无锡火车站，投弹7枚，炸死5人，伤8人，车站行李房被炸毁。同日，日机在无锡永孚润丝厂投弹数枚，炸死6人，炸伤10多人。

10月17日，日军多次轰炸苏州。首次在外跨塘火车站投弹数枚，毁站房及空车1节，其后出动重型轰炸机3架以驱逐机2架掩护，向平门外火车站及刚到站的客车投弹10余枚，车站站房、月台及附近民房被炸毁，部分车厢被焚，幸旅客及早下车躲避，故死伤较少。尔后，又2次在外跨塘以东投弹数枚。

10月18日上午8时25分，日机6架轰炸无锡，分别在火车站、周山浜投弹7枚，炸伤4人。

同日，9时20分，日机4架轰炸徐州火车北站以西地区，投弹11枚，炸毁车皮4节。

同日，日机1架，9次轰炸苏州，投弹50余枚。

10月19日上午8时许，日机4架在徐州杨楼西闸口外投弹6枚，炸毁车皮1辆，炸死平民及开车工人10余人。下午2时，日机3架飞抵徐州运河火车站投弹2枚，在炮车火车站又投弹数枚。另有日机4架在徐州利国镇投弹2枚。

同日，上午10时55分，日机12架轰炸无锡，投弹19枚，其中1枚击中周山浜附近汤家桥一简陋地下室，室内30余人死亡；另2枚毁坏民房10余间，并致庆丰纺织厂电力方棚间及工人膳堂被炸毁。

同日，日机轰炸常州城区，投弹2枚，炸伤2人。

10月20日，日机4架轰炸武进县奔牛镇，投弹5枚。日机3架在无锡火车站投弹6枚，毁天桥 1 座，客车 2 节，炸死旅客 3 人、伤 7 人。下午 2 时，又有 4 架日机在无锡、常州、丹阳一带窥察，并在常州西投弹 5 枚。

10 月 21 日，日机 1 架轰炸苏州虎丘，投弹 1 枚。

同日，日机 19 架轰炸常州地区，投弹 9 枚，亡 1 人，破坏机车 2 辆、毁车厢 2 节。

同日，日机 4 架飞抵徐州地区上空，其中 3 架在利国乡轰炸，又到茅村投弹 2 枚。

10 月 22 日，日机 1 架轰炸苏州，投弹 1 枚。

同日，日机 6 架空袭常州城区，投弹 30 枚，火车站部分被毁。

同日上午 10 时许，日机 3 架飞抵今新沂市新安镇，3 次投弹 22 枚，炸毁桥梁 1 座，电线炸断，致东去列车暂停运行。

10 月 23 日，日机 1 架轰炸苏州，投弹 1 枚。

同日，日机 10 架空袭武进县新安镇，投弹 28 枚，毁民房数十间及铁路桥 1 座。

10 月 26 日，日机 2 架轰炸苏州，在平门外火车站附近投弹 14 枚，炸死 1 人，炸伤 5 人，毁铁轨 2 条、篷车 2 节，毁平房 5 间。

图附录 4－8　1937 年 10 月，被日军炸毁的常州大成三厂劳资协进社

10 月 27 日，日机 1 架轰炸苏州，投弹 1 枚。

10 月 28 日上午 9 时，日机 6 架在常州火车站附近投弹 30 余枚，路轨受损，电话线全断，附近大成纱厂第二工场锅炉间、刮纱间被炸毁，中兴煤矿公司及仓库均着火，新丰街毁民房 70 余间，死平民 6 人。

图附录 4－9　1937 年 10 月，被日军焚毁的无锡茂新面粉厂

同日，日机 10 架空袭无锡。在火车站、通运路、东梁溪路、新仁栈及周山浜、祝家浜、北新桥等处共投弹 59 枚，炸毁房屋 170 余间，炸死 8 人，炸伤 17 人。

10 月 30 日，日机 3 架飞抵徐州津浦线三堡、曹村间投弹 7 枚，致路轨损伤，炸毁民房 30 余间，伤一老妪腿部。

同日，日机 6 架轰炸昆山县城，投弹 10 枚，亡 8 人，毁房 100 余间。

同日，日机 5 度轰炸苏州外跨塘宋庄一带，投弹 23 枚，毁房数间。

10 月，日机 1 架轰炸海州，投弹 1 枚，炸死平民 6 人，刘阁相馆被毁。

同月，中国海军第一、第二舰队所属“青天”号测量舰，“湖鹏”“湖鹗”号鱼雷舰，“江宁”“绥安”号炮舰等舰艇，被日机分别炸沉于江阴龙梢港、鳗鱼沙、鲥鱼港、炮子洲等处。

11 月 2 日上午 8 时 45 分，日机 12 架轰炸苏州，在火车站和铁路沿线投弹 10 余枚。

同日，日机轰炸武进县新安镇，投弹 1 枚。

11 月 4 日，日机在无锡县八士镇东街投下 3 枚炸弹。炸死 8 人，炸伤 2 人。

同日,日机轰炸苏州,投弹1枚。

11月5日,日机轰炸苏州,投弹1枚。

同日,日机15架轰炸扬州西郊,投弹30枚,伤亡多人。

11月6日,日机1架轰炸苏州,投弹1枚。

同日,日机1架轰炸靖江县城,投弹1枚,毁16间监狱房。

11月8日,日机1架轰炸昆山茜墩镇,投弹3枚,亡1人,伤1人。

同日,日机6架轰炸常州,投弹30枚,伤亡200人。

同日,日机1架轰炸靖江八圩港,伤亡多人。

同日,日机6架飞抵津浦铁路徐州至宿州间西寺坡火车站轰炸扫射,301次沪平(北京)列车中弹,毁车厢7节,死伤旅客200余人。

11月10、11、15(20余架次)、22日(分3批10余架次),日军飞机空袭南京,轰炸的主要目标是飞机场。

11月10日,日机8架轰炸无锡县西门外工业区和惠山军用医院,投弹140余枚,人员物资损失惨重。另据《密勒氏评论周报》增刊《中国之毁灭》,日军于10月10日一日之内投弹至少有160颗,全城工厂与商业区尽成瓦砾,军民死伤无数。

同日,日机10余架轰炸苏州,西园电气厂、苏纶纱厂、女子师范、振华女中、齐门、晏春桥、平门外火车站均被炸。投弹百余枚,伤亡平民百余人,毁房200余间。

同日,日军飞机轰炸常州戚墅堰,投弹1枚。

11月上旬,日军飞机1架轰炸吴县渭塘镇北,投弹30枚,亡300人,炸沉难民船4艘。

11月12日,日机20架3次空袭无锡,投弹30枚,习艺所圣公会美国人李克乐医师住宅、历史博物馆、县立中学、孔庙、无锡师范学校附属小学中弹,空袭毁民房60余间,平民死伤甚多。

11月13日,日机9架轰炸常熟梅李、谢桥、支塘、古里等地,投弹40枚。梅里镇五分之三房屋被毁。谢桥民房被毁过半。古里十分之九房屋被毁。亡300余人。

11月13～15日,日机轰炸苏州,士兵、平民大量伤亡,多处建筑被毁。

图附录4-10 1937年11月13～15日,日军飞机投弹千余颗,古城苏州被炸成为一片火海

11月14日,日机整日在苏州狂轰滥炸,城区内外中弹不可计数。日机在闹市区投燃烧弹,房屋数处起火,入夜未熄。受损害者多系民房及平民,东大医院被炸毁,红十字会医院主任奥地利人艾丁格说:“红会疗伤所一处为500磅之炸弹击中,致完全毁灭,仅地上留一大穴和一大腿以表示该疗伤所之遗址。”

同日,日机3架轰炸常州钟楼地区,投弹3枚,伤亡20余人。

11月16日,日机4架在江阴县长泾镇投弹6枚,长泾中学大会堂、教室和停泊在泾水河里的2艘货船被炸毁,造成9人死亡,10人受伤。

同日,日机1架轰炸宜兴,投弹1枚。

同日,日机轰炸今张家港市塘桥镇,投弹1枚,致6人亡,3人伤。

图附录 4-11　1937 年 11 月，常州北大街钟楼及附近店面遭日军炸毁

图附录 4-12　1937 年 11 月，日军轰炸后的苏州石路地区，房屋已成断壁残垣

11 月 20 日，日机轰炸金坛县城，投弹 1 枚，伤亡 2 人。韩家祠堂被炸。

11 月 21 日，日机轰炸苏州，投弹 40 枚。全城严重受损，景德路、观前街、护龙街一带，被炸成废墟。高师巷、养育巷区域宦富巨宅，家藏多珍贵古董、书画，悉被炸毁，损失无法估计。

同日，日机 10 余架轰炸江阴县，江阴城内吴汀鹭住宅、县政府、利用纱厂等悉数被炸毁。南菁中学、顾家埭、善门路、大宜春、小桥头，以及同生泰、日新恒等各大商号，尽成一片瓦砾。

同日，日机 3 架轰炸宜兴，平民死伤甚多。

11 月 22 日，日机 1 架轰炸今张家港市杨舍镇，投弹 1 枚，毁民房数间。

同日，日机 10 架轰炸常州大成二厂，投弹 8 枚，工厂被毁。

同日，日机 10 架轰炸丹阳，投弹 10 枚。

同日，日机轰炸镇江粮米仓巷、二马路口美孚火油公司、华清池等处，死伤多人。

11 月 23 日，日机 1 架轰炸常熟电气厂，投弹 1 枚。

图附录 4-13　1937 年 11 月，日军空袭后的丹阳县城一角

同日午后 2 时，日机 2 架空袭淮阴，在北郊投弹 2 枚，在北门外投弹 1 枚，炸毁房屋 10 余间，炸死平民 4 人、伤 8 人。

同日，日机 10 余架轰炸江阴，投弹 20 余枚。炸毁旅馆、戏院各 1 处，致民房坍塌数栋，死伤平民 50 余人。

11 月 24 日，日机 14 架空袭南京，在光华门外投弹数枚，在二郎庙、游府西街、碑亭巷等处投弹 10 余枚，毁民房 10 间，死、伤平民 10 余人。

同日，日机轰炸金坛县城，投弹 1 枚。

11月25日，日机9架空袭金坛县城，投弹3枚，伤亡50余人，毁民船4艘。

11月中下旬，日机3架次分别轰炸江阴青阳镇和塘头桥，投弹9枚，炸死炸伤平民10余人。

11月26日，日机轰炸镇江南门桥，炸中南门月城，炸死数十人。

11月27日，日机空袭镇江，投弹140余枚，义渡码头、拖板桥、粮米仓、松花巷、镇江中学、镇江师范和沿江一带多处中弹，居民死340人、伤156人。停泊在西门桥至中山桥河道中的100余艘民船全被炸毁。

同日，日机轰炸溧阳城，投弹1枚，毁房9间。

11月29日，日本海军航空队轰炸溧水县城。上午10时左右，日军侦察机1架从东南方向窜入县城上空，盘旋2周后离去。11时许，日军飞机9架，分3组对县城轮番轰炸，投下140余枚重磅炸弹和燃烧弹，兼以机枪密集扫射。炸死1200人，炸毁、烧毁房屋近5000间，炸伤人员、被损坏的财物，难以计数。

同日，日机空袭丹阳县城，南门大街、东门大街被炸，大火数日未熄，烧毁民房9006间，其中楼房103间，全城房屋所剩无几，72人被炸死，伤者甚多。

同日，日机轰炸金坛，投弹1枚。

12月3日，日本陆军航空队的野中、阿部两部队空袭南京大校场飞机场，并与苏联志愿飞行大队歼击机展开空战。

12月4日，日机轰炸高淳县东坝镇，投弹80余枚，炸死、炸伤平民100余人，毁房700余间。同日，还轰炸了淳溪镇，致平民死伤3人，毁房3间。

12月5日，日机10余架猛炸南京贫民区，在逸仙桥一带投掷硫黄弹及爆炸弹20余枚，炸死14人，伤20余人，毁房50余间。

同日，日机1架轰炸靖江县城，投弹1枚。

12月6日，日机30余架轮番轰炸南京，在浦口投弹10多枚，炸死20余人。日军飞机还对集中于车站之空地的2000余难民投弹、扫射，尸身累累，惨不忍睹。同日，大批日机多次轰炸南京东南淳化镇，每次出动飞机20架以上，共投弹300余枚，镇内民房变成一片瓦砾，平民死、伤200余人。

12月7日，日本陆军航空队的野中、瀑、神崎、川村等部队空袭南京军事阵地。日本海军航空队也猛烈轰炸南京市内外的军事阵地。

图附录4-14　1937年12月，在日军空袭下化为废墟的南京下关一带

12月8日，日本陆军航空队与海军航空队猛烈轰炸守卫南京的国民政府军阵地。

12月9日，日本陆军航空队与海军航空队猛烈轰炸南京城墙。

12月10日，日军地面部队对南京实行总攻击，日本海军和陆军的航空队联手对南京实施轰炸和扫射。

12月11日，日机轰炸南京"安全区"，投弹10枚，炸死30多名市民。

12月12日，日本海军飞机轮番轰炸南京下关一带，金陵海关黄浦号趸船附近落弹12枚，在南京长江上游15英里的江面上炸沉美国警备艇巴纳号和商船。

同日，日机和日本军舰轮番炮击仪征十二圩，炸毁居民瓦房38间、草房153间，炸死炸伤居民100多人。

12月13日，日机轰炸南京明故宫飞机场附近阵地、乌龙山炮台、浦口阵地等处。12月29日，日机轰炸赣榆县青口镇、石桥、白石头、墩尚、沙河等地。

1938年

1月2日，国民政府军飞机向南京大校场飞机场投弹，2架日军轰炸机被毁。

1月5日，国民政府军飞机袭击南京与芜湖的日军军用机场。

1月7日，国民政府军飞机1架袭击扬州南门外日军，投弹3枚。日军伤10人，亡多人，日军装甲车数十辆被炸毁。

1月15日上午7时，日机3架空袭徐州，炸死、炸伤平民10人，毁房数间。

1月26日晨，国民政府军轰炸机13架轰炸南京光华门日军机场，炸毁日机20余架。

1月27日上午11时至下午2时，日军重型轰炸机2架，4次飞抵徐州上空，在东澜投弹5枚。

1月28日，日机4架空袭徐州，投弹8枚，伤3人。

1月，日机轰炸今连云港新浦区，市化街一家6口人全部被炸死。

2月2日，日机轰炸丰县县城，西关大街一少年被炸死。

2月14日，日机轰炸溧阳县南渡镇，炸死100人，炸伤数百人。

2月，日机5架轰炸今新沂市新安火车站，投弹数枚，伤亡数人，毁房数间。

3月8日，日机1架轰炸今滨海县五汛港，投弹4枚，伤亡3人，毁房20多间。

3月10日晨，国民政府军飞机轰炸南京日军机场，日机被毁10余架。

3月13日，日机轰炸溧阳城，投弹1枚。

3月17、18日，日机6架2次轰炸赣榆县石桥，炸毁房屋300余间，炸死3人。

3月18日，日军飞机2架轰炸徐州火车站和飞机场，投弹数十枚，炸毁车站和机场的部分设施。

3月26日，日军飞机11架，由晨至午3次飞抵徐州轰炸。在中正街一带投弹数十枚，宝兴面粉厂亦落弹，炸毁路轨数节，民房20余间，市民被炸死6人，受伤者甚多。

3月27～29日，日机轰炸江浦县桥林、陡岗、汤泉、龙山等地，桥林落弹30多枚，陡岗落弹10多枚。

3月28日，日机12架侵入徐州上空，在徐州火车站及城内公安街投弹数十枚，死、伤平民10余人。

3月30日，日机轰炸徐州贾汪矿区，炸毁房屋20余间，炸死矿工和平民14人，伤数十人。

同日中午12时，日机1架轰炸盐城，在察院桥一带投弹8枚，炸死平民19人。在新西门外投弹50余枚，炸死平民25人，毁房1650间。

3月31日，日机3架轰炸今大丰市刘庄，投弹22枚，炸死炸伤5人，炸毁民房51间。

4月7日，日机轰炸江浦县汤泉，在朱家菜园、东天巷、桃园等处投弹及低空扫射，死数人，毁房屋17间。

4月22日，日机6架轰炸宜兴，投弹32枚，伤30人、亡150人。

4月25日，日机1架轰炸赣榆县吉口，投弹1枚。

同日，日机2架轰炸今金湖县城，投弹2枚，伤1人，亡1人，毁民房20余间。

同日，日机3架飞至盐城西门和北门外一带投弹，炸死炸伤居民多人。

4月26日，日机轰炸盐城北闸、西门，致使盐城西大街起火，昔日店铺林立的西大街，烧成一片焦土废墟。

同日，日机11架次轰炸今建湖县上冈镇，炸死平民12人。

4月28日，日机2批49架轰炸徐州火车东站、北站和二马路、南天桥、北闸门、少华街等处，投弹200余枚，炸死平民百余人，炸伤300余人。

图附录4－15　1938年5月，徐州街区被日军轰炸后的情景

同日，日机1架轰炸今建湖县上冈镇，投弹1枚。

5月2日，日机1架轰炸泗阳县，投弹3枚，伤亡30人。

5月3日，日机3架轰炸宜兴张渚镇，投弹16枚，炸死平民37人，烧毁房屋10余间。

同日下午1时30分，日机21架，分2批轰炸徐州北关外河堤、陇海北站外小街及铁路公寓、火神庙等处，投弹70余枚，炸死平民70人，毁民房200余间。下午2时20分，日机6架在马场湖、朱庄、平山口、西阁街、北站等处投弹24枚，炸死炸伤9人，炸毁房屋100余间。下午3时30分，日机30架轰炸徐州火车站，铁轨几处被炸断，仓库大半被炸毁。

5月4日，日军海军航空队轰炸徐州、砀山、归德（今河南商丘）之间的火车站，炸毁车站设施、线路和货车群。

5月6日下午3时，日军高桥、坂本2支飞行队轰炸邳县西10公里处南涝沟西侧的中国军队重炮阵地。另一支飞行队空袭南涝沟西8公里处的后王家，投下几十枚炸弹。

5月7日，日机5架轰炸泗阳城，投弹5枚，毁民房数间。

图附录4－16　1938年5月，日军猛烈空袭徐州后，市区满目疮痍　　（由日本战地记者拍摄）

同日，日本海军航空队轰炸陇海线要地运河附近中国军队的军用物资和军用货车群，炸毁军用货车群和铁道线。多发炸弹击中龙池集站约100节货车车厢。还轰炸了炮车火车站中多辆货车和运送军用物资的部队。

5月9日,日本陆军飞行队轰炸徐州机场附近的中国军队阵地。

5月10日,日机31架,分5批次轮番轰炸徐州南天桥东西两侧及津浦路、顺河街、铁茶乡一带,投弹230余枚,多为重磅及硫黄弹。焚毁民房4000间,死伤平民300余人。

5月11日,日机38架6次狂炸徐州火车东站、北站和东马路、北马路、双沟等地,投弹200余枚,毁房千余间,死伤平民百余人。

图附录4-17 1938年5月,日军大规模空袭徐州城的全景 (由日本战地记者拍摄)

5月12日,日机54架轰炸徐州火车站附近之平民区及小商店。共投弹200余枚,致车站东南北三面2里以内民房商铺千余,尽付一炬,死伤200人以上。

5月13日晨,日机54架在徐州火车北站投弹100余枚,附近民房全部被炸毁,炸死炸伤平民逾100人;另有日机97架在津浦、陇海2条铁路沿线轰炸。同日,日本海军航空队70余架飞机轰炸停靠在徐州火车北站的100多节货车车厢以及堆放在那里的军用物资、车站设施和线路,投掷数百枚炸弹,炸毁这些货车及军用物资。日军另一支航空队轰炸邳县运河火车站,炸毁站内的军用列车和车站设施。同日,日机先后2次轰炸徐州电厂的露天煤场、锅炉房、办公室,有的被炸塌,有的被烧毁,发电机组不能发电,入夜全城漆黑一片。工人许希贵被炸死。

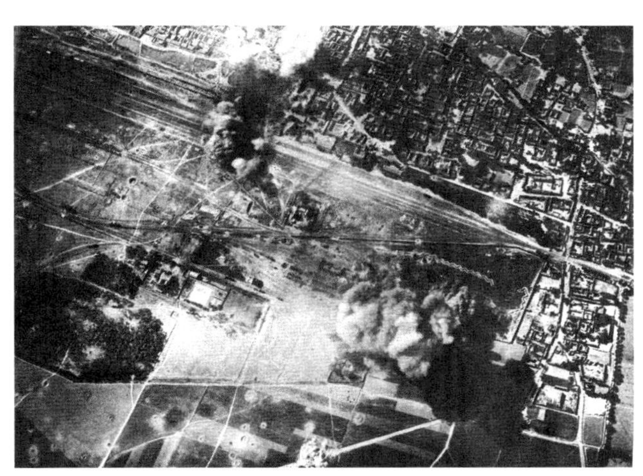

图附录4-18 1938年5月,被日军轰炸后冒着浓烟的徐州北停车场 (由日本战地记者拍摄)

5月14日,日机12架轰炸徐州北关外之河堤及黄河北堤,投弹30余枚,多为烧夷弹,死伤无辜平民30余人,炸毁民房10余间。同日,日机54架空袭徐州。据《江苏省志·军事志》记载:"投大小烧夷弹280余枚,是日适东南风大作,又因竟日警报,无法施救,被炸之惨,燃烧之广,为徐州遭日军飞机空袭以来最严重的一次,死、伤平民700多人,受灾约千户,毁房屋达3000余间,燃烧区域为大同街、六安街、卧佛寺等地。日机还在法籍教士之天主堂投下7弹,毁房10余间,该堂收容之避难平民伤7人,死1幼童。徐州中学、铜山中学、徐州女师、徐州报社、省民众教育馆中弹多枚,被炸的还有电灯公司、电话局、电报局、交通银行、天成公司、花园饭店、三阳医院等。卧佛寺一带的贫民数百家尽罹浩劫,未及逃去者碎尸于炸弹,葬身于火窟。"

同日,日机10余架轰炸沛县县城。南门外"端记杂货店"和居民的数十间房屋被炸起火而烧光,10余人被炸死炸伤。

5月15日,日机120架次轮番轰炸徐州,在公安街的民众教育馆、快哉亭公园和公园附近一伤兵医院投下大量炸弹,许多人中弹死伤。街上的房子不是被炸塌就是起火,有烧得满脸焦黑的

图附录 4-19　1938 年 5 月 14 日，被日军轰炸后的徐州城内已是火的海洋，大片房屋被烧毁（由日本战地记者拍摄）

人被从破屋中拉出。伤兵医院许多伤兵缠着绷带、夹着木拐相互搀扶着逃出医院。

5 月 16 日，日军坂本、高桥、铃木部队的飞机以大编队的队形对邳县土山镇附近道路上和田野里撤退的国民政府军实施轰炸或用机枪扫射。

5 月 17 日，日机 34 架轮番轰炸徐州，火车站受害最大，第五战区长官司令部被炸。

5 月 19 日，日机 30～40 架轮番轰炸徐州，火车站一带被炸严重，电线杆多被炸断，电信、交通受阻。日机还向守卫徐州城的国民政府军实施低空扫射。同日，日军坂本部队在铜山县潘塘镇，对撤退中的一支国民政府军进行轰炸和扫射。同日，日军占领徐州后，国民政府军飞机数架轰炸徐州日军。

图附录 4-20　1938 年 5 月 19 日，被日军轰炸后的徐州大同街（由日本战地记者拍摄）

同日，日机 18 架，轰炸宿迁城，投掷燃烧弹 64 枚，县城一片火海，大火连烧 3 日，毁房 6000 余间，死、伤平民 20 余人。

5 月中旬，日机 1 架轰炸赣榆县城、海头、沙河、墩尚等地，投弹 3 枚，亡 30 余人。

5 月 20 日，日机 4 架轰炸灌云县板浦镇，投弹 40 余枚，城中的当铺、盐运公司和城北的育婴堂被炸毁，炸死 40 人。

5 月 22 日，日机 6 架次轰炸赣榆县墩尚集市，炸死 7 人，炸伤数十人。

5 月 23 日上午 10 时许，日机 3 架空袭淮安县城，投弹多枚，南门城楼被炸塌，炸死平民 1 人，炸伤 2 人。

同日，日机轰炸六合县六城镇、竹镇。

5 月 24 日上午 9 时，日机 12 架空袭淮安城，从南门口至镇淮楼，一里多长的大街被炸成瓦砾场，众多尸体血肉模糊、五官难辨。躲在原漕运总督院部旧址（现体育场）一个防空洞里的 100 多人全被炸死。

同日，日机 15 架次轮番轰炸赣榆县沙河集市，炸毁房屋数百间，炸死炸伤数十人。

同日，日机 12 架轰炸睢宁县城。

5 月 25 日，日机 3 架轰炸宿迁，投弹 3 枚。

5 月 26 日，日机轰炸江浦县星甸镇，投下多枚炸弹和燃烧弹，炸死 20 余人，炸伤、烧伤 80 余人，毁房 360 多间。

5 月 28 日，日机连续轰炸赣榆县城、海头、沙河、墩尚等地，炸死平民 20 多人。沙河大集死、伤 10 多人，大火 3 日未熄。

5 月 30 日，日机轰炸泗阳里仁。

5 月，日机 6 批 11 架次，轮番轰炸今泗洪县双沟镇，投掷炸弹、燃烧弹数百枚，死伤居民 600

多人,毁房600余间。

5月,日机1架轰炸今连云港花果山三元宫,投弹3枚,三元宫部分被毁。

6月3日,日机空袭高邮县城,炸死平民20多人。

同日,日机1架轰炸涟水县高沟镇,投弹2枚,伤2人。

6月15日下午,日机轰炸淮安县城,百善巷、缪家巷、大沟巷等处被炸,死伤居民数十人。

6月21日,日机4架先后轰炸今新沂市南涧、王庄,投弹6枚,炸死平民10人,炸毁房屋30余间。

6月22日,日机2架轰炸赣榆县黑林,并对平民疯狂扫射,致23人死亡,31人受伤。

同日,日机1架轰炸今海安县李堡,投弹1枚。

6月25日,日机9架轰炸驻淮安苏嘴的国民政府军33师,炸死该部100多人、赶集平民50人、苏嘴村民25人。

同日,日机12架轰炸阜宁县板湖,当日正逢集,人员集中,日机投掷40多枚重磅炸弹、数枚硫黄弹,炸死143人,炸伤226人,炸毁房屋212间。

同日,日机6架轰炸阜宁县益林、东沟,炸死平民107人。

6月29日上午9时,日机5架轰炸宜兴张渚镇,毁民房102间,死8人,伤13人。10时,日机5架轰炸宜兴善卷,毁民房82间,死12人,伤2人。下午1时,日机5架轰炸宜兴张渚东霞埠,毁民房5间、民船4艘,死4人,伤7人。

7月4日,日机轰炸高淳县东坝、下坝、固城等镇,死伤100多人,毁房50余间。

7月11日,日机2架轰炸泰兴城区,投弹5枚,军民亡10人,毁房11间。

7月16日,日机1架轰炸今海安县曲塘,投弹1枚。

7月19日,日机1架轰炸今大丰市小海,投弹3枚,伤亡7人,毁民房29间。

7月28日,日机1架轰炸高邮县城,投弹3枚,炸死平民10多人。

7月,日机轰炸东台西新桥口、九龙港、西溪等处,炸死平民27人,炸毁民房71间。

8月6日,日机1架轰炸睢宁双沟,炸死平民8人,伤7人。

8月11～19日,日机连续轰炸六合县竹镇、马集镇、八百、瓜埠、六城镇等,平民死伤1000余人,毁房2000多间。

8月13日,日机3架轰炸涟水县高沟镇,投弹5枚,炸死4人,炸毁民房40间。

8月17日,日机3架轰炸涟水县,投弹5枚,亡4人,毁民房40间。

8月20日,日机5架空袭启东吕四,投弹20余枚,平民死伤40多人,毁民房113间。

8月21日,日机2架轰炸今海安西寺,投弹6枚,伤亡8人。

8月23日,日机3架轰炸今海安曲塘,投弹1枚。

8月28日,日机1架轰炸高邮三垛镇,平民死伤13人。

9月13日,日机4架轰炸启东吕四,投弹1枚,伤亡4人。

9月14日,日机2架轰炸启东吕四,投弹1枚,伤亡3人,炸毁大生棉纺二厂。

9月25日,日机2架轰炸涟水县高沟镇,投弹4枚,炸死2人,炸毁民房7间。

9月,日机1架轰炸沭阳县城,投弹1枚,毁民房1栋。

10月16～30日,日机20余架4次空袭昆山县城,投弹数十枚,毁房百余家,死伤多人。

10月24日,日机2架轰炸金坛县儒林镇,投弹3枚,伤亡14人,毁房9间。

10月25日,日机轰炸金坛儒林镇湖头村,投弹1枚,亡4人,毁房3间。

10月27日,日机1架飞太仓县朝阳门外柏家宅投弹数枚,炸死平民12人,伤5人。

10月30日,日机2架轰炸丰县政府所在地中山村,炸死2人,伤4人。

11月20日,日机轰炸常熟,投弹1枚。数十间房屋被毁。

11月,日机1架轰炸灌云县大伊山,投弹3枚,伤亡33人,大生药店被炸。

12月14、15日,日机2次轰炸溧阳城,各投弹1枚。

1939年

2月26日,日机轰炸泗阳里仁、丁集、松张口、前庄圩等地,投弹数十枚,炸死炸伤平民10余人。

2月27日,日机9架轰炸沭阳县,投弹9枚,亡41人,毁民房30余幢。

同日,日机5架轰炸泗阳县城中小学、周家糟坊等处,炸死居民19人。同日,日机5架轰炸泗阳县城厢镇,9架轰炸钱集乡,炸死炸伤平民41人,炸毁民房30余幢。

2月,日机8架轰炸今灌南县新安镇,投弹30枚,数十人被炸死,炸毁民房800余间。

3月初,日机1架轰炸今滨海县东坎,投弹1枚,伤亡13人。

3月上旬,日机轰炸今响水县小尖街、今滨海县蔡桥小街和八滩,先后投掷炸弹30多枚,炸死36人,炸毁房屋431间。

3月15日,日机轰炸盐城冈门,投弹10余枚,平民死伤100多人,毁民房300余间。

4月5日,日机5架轰炸东台城寺街、彩衣街,投弹3枚,伤亡40人。

5月16日,日机1架飞临盐城冈门北孙家巷上空投弹10余枚,并用机枪扫射,平民伤亡80多人。

6月7日,日机在宜兴县官林镇北街投弹30余枚,炸死平民61人,伤27人。

6月14日,日机3架轰炸泰州城,居民死18人,伤19人,毁房121间。

6月19～22日,日机连续轰炸宜兴县,徐舍、美栖里、丰义、下新桥、官林、义庄、湖头等处多次被炸。死伤平民200余人,毁民房300余间,毁民船36艘。

6月21日,日机4架,轰炸今新沂市,投弹6枚,伤10人,毁房30余间。

6月22日,日机3架空袭高邮,投弹3枚,炸死平民50余人,毁房数十间。

6月24日,日机8架轮流狂炸宜兴县徐舍、美栖、白茫潭、宜丰桥等处,投弹180余枚,国民政府四、六两区区公所均被炸毁。

6月28日,日机4架轰炸宜兴张渚镇,投弹10余枚,并用机枪扫射,死6人,伤3人,毁民房10余间。

6月29日,日机轰炸宜兴张渚镇,投烧夷弹70余枚,毁民房102间,死8人,伤13人。

同日,日机轰炸宜兴善权寺、徐舍镇等地,毁房95间,死28人,伤11人,毁渔船6艘。

同日,日机轰炸溧阳城,投弹1枚。同日,日机轰炸南通县石港镇,投弹12枚,炸死居民21人,炸毁民房13间。

7月1日,日机1架轰炸高邮,投弹3枚,炸死炸伤平民40多人,毁房数十间。

7月2日,日机分批轰炸宜兴张渚镇,烧毁民房30余间,毁民船四五艘,死伤20余人。

7月7日,日机7架轰炸宜兴张渚镇,投弹50余枚,毁民房70间,死伤10余人。

7月11日，国民政府军飞机1架空袭驻泰州日伪军，投弹30枚。日伪军伤亡100多人。

7月23日，日机3架轰炸泰州城区，投弹3枚。17人伤，7人亡。毁民房72间。

7月25日，日机3架轰炸宜兴官林镇，投弹40余枚，死女孩1人，毁民房60余间。同日，日机轰炸宜兴张渚镇，投弹多枚，炸死10人，毁民房69间。

7月31日，日机轰炸溧阳城，投弹1枚。

8月7日9时许，日军轰炸机2架在南通县三余镇投弹12枚，炸毁房屋数十间，炸死炸伤群众50余人。

8月10日，日机轰炸溧阳城，投弹1枚。

8月14日，日机1架轰炸南通县石港镇，投弹1枚，伤亡10人。

8月～10月，日机轰炸宝应，投弹33枚。伤亡70多人，毁房560余间。

9月13日，日机4架轰炸涟水县，投弹13枚，毁民房5间。

9月15日，日机2架轰炸涟水县，投弹5枚，毁民房3间。

9月23日，日机2架轰炸涟水县，投弹11枚，亡12人，毁民房30间。

9月26日，日机1架轰炸涟水县，投弹1枚，亡1人，毁民房13间。

9月30日，日机3架轰炸涟水县，投弹8枚，伤3人，亡1人。

9月，日机3架轰炸涟水县，投弹数枚，伤亡3人。

10月3日，日机3架轰炸盱眙县，投弹3枚。

10月15日，日机2架轰炸涟水县，投弹2枚，毁民房数十间。

10月24日，日机轰炸金坛县儒林、湖头村等地，炸死平民10人，伤7人。

同日，日机轰炸宜兴韶巷、贯庄、丰义、臧林等地，死24人，伤22人，毁民房69间。

11月9日，日机6架空袭高邮临泽镇，投弹10枚，毁房800余间。

11月14日，日机轰炸江阴县华士镇振华小学，死4人，伤7人。日机还用机枪扫射，致小菜场附近2人死亡。

11月16日，日机在江阴县华士镇投弹6枚，炸坏房屋5处，炸死18人。

12月上旬，日机1架轰炸扬州，投弹1枚。

12月29日，日机2架在宜兴县张渚镇滥施轰炸，死伤35人。

1940年

1月15日，日机3架轰炸泰州城区，投弹3枚。伤30人，亡10人，毁民房40间。

1月17日，日机轰炸姜堰、泰州，光孝寺二殿被炸。

2月21～28日，日机5次轰炸溧阳城，各投弹1枚。

2月23日，日机5架空袭宜兴县张渚镇，投弹30余枚，死68人，伤81人，毁民房35间。

3月1日，日机数架，飞宝应县射阳湖、曹甸等地轰炸，炸死炸伤平民100余人。

4月1～22日，日机6次轰炸溧阳城，各投弹1枚。

4月，日机1架轰炸沭阳县丁集，投弹1枚，伤亡10人。

9月6日，日机4架轰炸今洪泽县黄集，投弹2枚，伤10余人，亡5人。东半街成废墟。

9月9日，日机1架轰炸今洪泽县岔河、仁和、新集等地，投弹30枚，街道房屋毁坏过半。

9月10日，日机数架，轰炸今洪泽县岔河、高良涧等集镇。投弹3枚，死伤平民100余人，毁房数千间。

9月12～14日，日机3次轰炸溧阳城，各投弹1枚。

9月15日，日机2架轰炸盱眙，投弹2枚。

1941年

1月11日，日机8架轰炸东台县城泰山寺、大圣寺、北门外等处，炸死居民50人，炸毁房屋155间。

1月17日，日机在今姜堰下坝、南岱岳寺、三家庄、南街等处投掷炸弹，炸死平民10人，伤3人，炸毁民房10间。

2月6日，日机18架飞盐城新西门河南美孚油栈及万寿宫一带投弹，炸死平民45人，货栈被毁。

2月16日，日机1架轰炸兴化县城，投弹1枚。

2月20日，日机14架轰炸兴化县的中堡庄、长安村，炸死平民64人，炸伤100人，炸毁房屋236间。是日，日机还轰炸了兴化县西鲍镇，炸死平民15人。

2月21日，日军轰炸机8架飞盐城南洋镇，投弹数十枚，炸毁房屋100余间，炸死新四军伤病员及平民55人，伤35人。

4月18日，日机6架飞盐城冈门上空投弹10余枚，炸死平民3人。同日又有日军飞机8架飞大冈投弹数十枚，死伤平民数百人，毁房300余间。

7月20日，日机3架轰炸阜宁县凤谷村，炸死炸伤平民46人。

7月22日10时左右，日机9架轰炸今海安县李堡，投弹50余枚，炸毁房屋100多间，炸死炸伤平民100多人，炸毁民船30艘。下午，日机9架轰炸李堡东北边的六排公司，炸死多人。

11月4～15日，日机3次轰炸溧阳城，各投弹1枚。

1942年

2月，日军飞机轰炸兴化县乌巾荡，民国江苏省政府疏散人员船只中弹，死伤130多人。

2月28日至10月30日，日机3次轰炸溧阳城，各投弹1枚。

8月14日下午1时许，日机轰炸南通县石港镇，投弹10枚，炸死炸伤居民15人。

11月14日，日机3架轮番轰炸扫射洪泽湖上民船，死伤船民30余人。

是年冬，日机1架飞到今姜堰华港镇的玄天庙上空投掷炸弹，炸死5人，兴建于清代的玄天庙被炸毁。

1943年

9月5～6日，日机2次轰炸溧阳城，各投弹1枚。

1944年

3月8日，日机2架轰炸今泗洪县青阳镇、界头集、金圩子渡口、半城(今雪枫镇)等地，投弹数十枚，伤亡平民14人，毁民船1艘。

3月20日，日机2架空袭半城(今泗洪县雪枫镇)，投弹16枚，炸毁民房10多间，伤亡平民

25 人。

3 月 21 日，日机 3 架轰炸今滨海县东坎，投弹 8 枚，炸死小学生和居民 46 人，炸伤 34 人，炸毁民房 29 间。

3 月 24 日，日机 2 架空袭今泗洪县青阳镇、界头集、金圩子渡口、半城等地，投弹数十枚，青阳镇死居民 9 人、伤 3 人，界头集伤亡 2 人，金圩子渡口被炸毁民船 1 艘。

5 月 10 日，日机 11 架轰炸今响水县陈家港，炸死平民 35 人，炸毁民房 150 间。

7 月 17 日，日机 4 架轰炸赣榆县柘汪镇，投弹 3 枚，伤 2 人，亡 1 人。毁民房数十间。

11 月 11 日，美军李梅少将所率第 20 轰炸机总队 B29 式超级空中堡垒轰炸南京、上海之日军目标。轰炸南京之目标为码头与装卸设备。日机被击落 2 架，击毁 7 架，受创 11 架，超级空中堡垒 1 架失踪。

11 月 13 日，日机 2 架轰炸东台县弶港镇，投弹 3 枚，伤亡 16 人，毁民房 11 间。

11 月 22 日，国民政府军 B24 中型空中堡垒多架轰炸南京、上海之日军军事目标。

12 月 7 日，午后 2 时 50 分左右，美军 P51 式飞机 10 余架袭击南京，对日军机场进行扫射。

12 月 25～26 日，美军战斗机连续袭击日军的长江船运及设备，在南京击沉日军炮舰及货船各 1 艘。

1945 年

1 月 6 日，美军 B29 式超级空中堡垒 12 架，自上午 8 时半起至下午 4 时止，分批袭击南京。所炸者大半为下关区。

1 月 26 日，中美混合机队轰炸日军南京机场。

3 月 14 日，日机 9 架轰炸涟水县高沟镇，投弹 9 枚，炸死 6 人，毁民房百余间。

3 月 29 日，中国战区美军司令部第 14 航空队 P51 式飞机轰炸南京机场，炸毁日军战斗机 2 架，击损 14 架。

4 月 2 日，日机 3 架轰炸泗阳县城，投弹 3 枚，伤亡 10 余人。

5 月 12 日，日机 1 架轰炸沭阳县，投弹 1 枚。

5 月 22 日，从菲律宾基地起飞的美空军轰炸机袭击南京，引起长江一带大火。

5 月 30 日，国民政府空军第四大队飞南京后，以一部低空向明故宫机场及前中央军校旧址扫射，一架大型运输机起火焚烧。另外一部在上空巡逻，发现日军驱逐机 2 批共 30 余架，当即攻击，击落 10 架。中国飞机安全飞返。

6 月 5 日，国民政府空军第四大队空袭南京大校场、明故宫机场暨中央军校旧址，扫射日军营房、厂房。

8 月 3 日上午 10 时 20 分，驻渝（重庆）美军空军 P－38 型飞机 1 架率 B－25 型飞机 12 架，联合编队，飞抵徐州轰炸日军军火库。误将炸弹扔到城南关的“晓市”市场上，炸毁房屋数十间，炸伤 1000 多人，死约 700 人。

（三）解放战争时期

1946年

1月6日,国民党军飞机1架轰炸淮安县,投弹1枚,亡5人,伤10人。

3月30日,国民党军飞机1架轰炸宝应朱马湾运河大堤,投弹1枚。

5月27日,国民党军飞机1架轰炸高邮邵伯运河东堤,投弹1枚。

6月14日8时,国民党军飞机1架,在今新沂市草桥火车站东2里处上空对火车扫射,伤3人。

7月16日,国民党军飞机3架轰炸今新沂市新安镇火车站,投弹2枚,炸死7人。

8月24日,国民党军飞机1架轰炸扬州,投弹1枚。

8月26日,国民党军飞机1架轰炸扬州运河大堤,投弹1枚。

9月17日,国民党军飞机1架轰炸淮阴县,投弹1枚。

10月19日,国民党军飞机10架轰炸涟水县,投弹5枚。

10月24日,国民党军飞机1架轰炸涟水县,投弹1枚。

12月,国民党军飞机1架,轰炸东台南洋头港,投弹4枚,伤亡10人。

1948年

2月5日,国民党军飞机2架轰炸今洪泽河口,投弹2枚,伤5人,亡4人,毁民船7艘。

5月11日,国民党军飞机2架轰炸今滨海东坎,投弹1枚,伤亡6人,毁民房8间。

11月9日,国民党军飞机3架轰炸徐州贾汪,炸死10余人。

11月15日,国民党军飞机3架飞抵邳县东部、宿迁县北部地区上空投弹,其中1架被解放军击落于今泗洪县半城乡伏庄北。

11月16日,国民党军飞机7架,10次轰炸今新沂市新安镇,投弹30余枚,炸死平民49人,伤15人,宿北独立团某连一个炊事班全被炸死。炸毁房屋809间。

11月25日,国民党军飞机1架轰炸淮阴县汤集,投弹1枚。

1949年

1月8日,国民党军飞机2架,在徐州陇海火车站上空盘旋扫射,投弹4枚,炸死铁路工人2人,炸伤1人。

1月13日,国民党军轰炸机6架轮番轰炸徐州津浦、陇海两火车站附近,滥炸达2小时之久,投弹近百枚,炸毁房屋174间,炸死33人,炸伤29人。

3月2～14日,国民党军飞机14架分5批次轰炸泰县城区,投弹33枚。伤21人,亡13人。毁民房126间、船12艘。

3月6日,国民党军飞机2架轰炸泰州城区,亡1人,击坏汽车3辆。

3月9日,国民党军飞机1架轰炸扬州广陵,投弹1枚。伤亡8人。

3月16日,国民党军飞机1架6次轰炸扬州,投弹25枚。伤8人,亡13人。毁民房125间、船 15 艘。

3 月 31 日，国民党军飞机 1 架轰炸南通唐闸，投弹 1 枚，伤亡 8 人。

4 月 28 日 10 时许，国民党军飞机 5 架空袭南京，下关发电所煤场落弹 1 枚，炸死炸伤工人各 1 名。儿童福利院被炸，炸死儿童 5 名，炸伤儿童 10 余名。

5 月 2 日，国民党军飞机轰炸镇江，在电厂附近投弹 2 枚，炸死行人 1 名。洪源号商店（经销煤油）油桶被炸起火，电厂机组冷却水管道炸坏，全市停电达半月之久。

5 月 13 日上午 11 时 40 分，国民党军飞机 2 架空袭南京，在下关大马路民调会粮食库投弹 3 枚，炸毁房屋 20 余间，致市民轻伤 15 人、重伤 5 人。

5 月 14 日，国民党军飞机 2 架空袭南京下关地区，炸毁大马路两旁的 2 根高压电线杆，致使该地区电源中断。

5 月 16 日下午 4 时 50 分，国民党军飞机 1 架侵入南京下关地区上空。

7 月 3 日，国民党军飞机 4 架空袭常州城区及武进县，投弹 46 枚，炸死 13 人，炸伤 17 人，炸毁房屋 10 间。

7 月 16 日，国民党军飞机 4 架空袭戚墅堰，投弹 30 枚，伤亡 2 人。

7 月 17 日，国民党军飞机 2 架空袭戚墅堰，投弹 11 枚。毁房 8 间。

7 月 19 日，国民党军飞机 5 架空袭南京，在下关、上新河、中华门外等地投弹 42 枚，炸死 8 人，炸伤 34 人。其中，下关电厂中弹 13 枚，厂房、设备多处受损。

7 月 26 日，国民党军飞机轰炸戚墅堰机车车辆厂，投弹 1 枚，

7 月 31 日，国民党军飞机 2 架在南京下关投弹 2 枚，炸死 3 人，炸伤 12 人，炸毁草房 4 间。

8 月 1 日，国民党军飞机 2 架空袭南京浦口镇，炸伤 4 人。

8 月初，国民党军飞机 1 架轰炸镇江宝盖山隧道，三野炮兵第 11 团战士伤数十人，牺牲 30 人。隧道被炸塌，列车受损。

8 月 4 日，国民党军飞机 2 架空袭南京下关、上新河等地，死 3 人，伤 5 人。下关电厂中弹 9 枚，厂房和设备遭受严重破坏。

9 月 21 日，国民党军飞机 3 架空袭南京，在下关投弹 7 枚，在浦口投弹 2 枚，共炸死 9 人，炸伤 33 人，浦口电厂设备微有损坏。

9 月 22 日，国民党军飞机 4 架空袭南京，投弹 12 枚，在燕子矶炸沉民船 1 艘。

（四）中华人民共和国成立后

1949 年

10 月 29 日，台湾当局飞机 10 架，2 次轰炸常州、戚墅堰，投弹百余枚，伤亡 2 人，毁部分厂房。

11、12 月，台湾当局飞机对沪宁、津浦等铁路实施轰炸扫射，共毁机车 2 个，长江航轮被击毁 5 艘，火车轮船被扫射多次，伤旅客甚多。

12 月 6 日，台湾当局飞机 2 架，在浦口、宝塔桥共投弹 8 枚，炸死 27 人，炸伤 36 人，炸沉民船 7 艘。

1950 年

2 月 19 日，台湾当局飞机 B24 型 2 架，B25 型 1 架，于 10 时 30 分在南京市下关投弹 6 枚，炸毁民房 20 余间，炸死平民 14 人，伤 41 人。

2 月 20 日，台湾当局飞机 B24 型 3 架，于 10 时半侵入南京上空，投弹 18 枚，下关公用二号码头落弹 5 枚，1 枚未炸，九家圩落弹 8 枚，1 枚未炸。炸死 8 人，炸伤 47 人。毁房 47 间。

2 月 27 日 9 时，台湾当局飞机 1 架空袭南京浦镇，投弹 2 枚，炸毁铁路 3 段、电线杆 2 根，伤 1 人。

2 月 28 日，台湾当局飞机 4 架于 4 时 30 分和 10 时 47 分，2 次轰炸南京下关，投弹 23 枚（其中 2 枚未炸，3 枚落入江中），炸死 45 人，伤 39 人，炸毁房屋 102 间。下关电厂的送煤机马达受损。

3 月 2 日，台湾当局飞机 1 架轰炸镇江码头，投弹 2 枚。伤 10 多人，毁民船 4 艘，重创登陆艇 1 艘。

3 月 3 日 11 时 40 分，台湾当局 B－25 重型轰炸机 1 架飞抵徐州市区上空，在铜沛路北西阁里投下 4 枚炸弹，炸死居民 11 人，伤 10 人，炸毁民房 85 间，炸死骡子 1 头。

3 月 14 日，台湾当局 B－25 重型轰炸机 1 架，在徐州上空被解放军空军飞机击毁，空勤人员 6 人被俘，1 人被烧死。

1952 年

3 月 21 日，美国空军飞机 4 架在海安县曲塘、仇湖、大公、丁所等地散布细菌和各种带毒昆虫。

1954 年

9 月 27 日，台湾当局飞机 1 架，在苏州上空散发传单和宣传品。

1956 年

5 月 15 日，台湾当局 C－46 运输机 1 架，窜入江浦、宝应、淮安、涟水、阜宁、滨海等 6 县。14 个区 24 个乡发现空投的大批传单。其中淮安县最多，共 3 麻袋。

6 月 11 日 22 时许，台湾当局 C－46 运输机 1 架，窜入如东、如皋、泰兴、扬中、丹徒、镇江、南京（郊区）、六合等县市并经安徽、河南省折回，沿陇海铁路由新海连市向东逸去，沿途投撒大批传单，以泰兴、镇江为最多，达数麻袋。

10 月 29 日夜，台湾当局飞机 1 架飞入新海连、赣榆、灌云等市、县，投撒传单和“救济小包”。

12 月 6 日晚，台湾当局飞机 1 架飞入如东县，投撒大批传单、书刊、伪造的《人民日报》等共有 12 种之多。

12 月 14 日晨 4 时，台湾当局飞机 1 架飞入泗洪、淮安、阜宁、盐城、射阳、建湖、大丰等县，沿途投撒传单。泗洪、淮安、阜宁、射阳、建湖、大丰等地发现不同形式和内容的传单 12 种。

1957 年

3 月 28 日 23 时许，台湾当局飞机 1 架飞入滨海、灌云、沭阳、睢宁、丰县等地进入山东后又回窜至江苏赣榆、东海，至次日 2 时 40 分经滨海县出海。沿途投撒大批传单。滨海、灌云等 7 个县 9 个区都发现传单。沭阳、睢宁收集传单 3 麻袋。

5 月 24 日 23 时许，台湾当局飞机 1 架飞入射阳、滨海、阜宁、涟水、沭阳、宿迁等县后进入安徽泗县等地复回窜至高邮、泰州、泰县、海安、东台，至次日 1 时 30 分入海。沿途投撒大批传单和“救济小包”。仅高邮、泰州、阜宁的 5 个区 7 个乡就搜缴传单 6 麻袋，“救济小包”37 个。

7 月 25 日 20 时 50 分，台湾当局大型飞机 1 架由射阳县河口方向飞入滨海、灌云、沭阳、宿迁、睢宁等县，后进入安徽泗县等地，于 22 时 37 分又飞入高邮、泰县、东台等县境，沿途散发大批传单和所谓救济物资，仅高邮县一个区就收缴传单 300 余斤。

8 月 23 日 20 时 23 分，台湾当局大型飞机 1 架从新海连市北部飞入大陆，经山东沂蒙山区、河南商丘、安徽蒙城等地进入泗洪、泗阳、涟水、阜宁、盐城、东台等县，于次日零时 24 分入海返回。前后活动 4 小时，投下大批传单。

9 月 25 日 23 时，台湾当局飞机 1 架飞入射阳河上空，经滨海、阜宁、淮安、盐城、宝应等县进入安徽嘉山地区，后于次晨 1 时许又飞至江浦、江宁、溧水、高淳、句容、丹阳、丹徒、扬中、泰州、海安等地，至 2 时 27 分从如东县小洋口入海而去，共骚扰江苏省 17 个县、市。沿途投撒大批传单、书刊和“救济小包”。宝应、阜宁、滨海等 8 个县、市的 18 个区、乡收缴传单、书刊 900 余斤，“救济小包”14 个。

1958 年

8 月 22 日，台湾当局飞机 1 架在苏州上空散发传单和宣传品。

五、江苏抗日防空袭记事

江苏地处东南沿海，南京为国民政府的首都，是全国政治、军事、文化中心。因此，江苏成为日军全面侵华战争的首要进攻目标，也是最早开展抗日防空袭的省份。

1931年“九一八”事变后，国民政府参谋本部制订《南京防空计划草案》，南京开始有组织的防空袭准备。

1932年，上海“一・二八”淞沪之战期间，日军空袭苏州、昆山、常熟等地后，江苏各地先后开始防空准备。1937～1945年，日军大规模空袭南京和省内各大中城市及50多个城镇。南京市及全省各市、县建立防空组织、制订防空计划、设置防空情报哨所、组建防空专业队伍、举办防空演习、组织防空疏散、构筑防空工事、开展防空宣传教育等，为减少日军空袭损失发挥了作用。

（一）建立防空组织

1932年上海“一・二八”抗战后，由国民党南京市党部组织成立南京市人民自卫指导委员会，其职责是负责首都民间防空业务。8月下旬，国民政府参谋本部审核《南京方面之防御方案》，规定在南京警备司令部内特设防空校官1员，专司防空工作。江苏省政府指令省会（当时在镇江）的防空工作由省政府保安处司理。

1933年，驻徐州的国民政府中央陆军第三军成立徐州防空司令部，由编余师长陈学顺任司令，下设防空科、总务科，至“七七事变”时解散。

1934年11月，南京市防空学会成立。会长由南京市市长石瑛兼任。下设防空学术组和人民防空组，从事防空知识及技术的研究，并负责防空宣传。12月4日，江苏省防空学会成立，会长由陈果夫兼任，省保安处处长项致庄任总干事。该会设研究、调查、宣传、会员资格审查4个委员会。该会宗旨：研究防空设备、宣传防空学识、提倡防空运动。时有基本会员38个，其他会员319个。1935年3月，南京市及江苏省的防空学会改为防空协会。防空协会的职责亦由学术研究改为防空业务推行机关。省防空协会下设总务、研究、训练、宣传4个组，负责防空设计、防空宣传和组织训练。

图附录5-1　1937年，铜山（徐州）防空指挥部袖章

1936年，南京警备司令部内增设防空处。5月1日，南京市在全国率先成立防护团，团长由南京市市长马超俊兼任。其任务为办理一切消极防空业务，并协助防护平时水灾或地震等灾害，隶属于南京市防空协会。9月，省保安司令部增设第五科，专管省会防空事宜，对外称省会防空处。

1937年7月17日，首都（南京）防空司令部成立，下设积极防空、消极防空、防空情报和总务等4个处，并将军事委员会防空处所管辖之中央防空情报所和南京市防护团划归其领导。司令由谷正伦兼任，副司令黄镇球、王固磐（兼），办公地点在首都警察厅。同月，江苏省省会镇江防空司令部、铜山（当时铜山与徐州并称）防空指挥部、第五战区防空指挥部、无锡县防空指挥部相继成立。是年年底，江苏省政府迁驻淮阴，淮阴的战略地位突显重要，日军飞机多次轰炸淮阴、淮安。当时，在江苏省第七区专员公署和淮阴、淮安等县政府领导下，协同保安队和驻军及时组织防空监视、发放警报、构筑防空壕和避难所、进行防空救护等工作。

（二）制订防空计划

1931年，国民政府参谋本部制订《南京防空计划草案》。该计划主要内容有首都防空区域的范围、敌机来袭的方向判断、防御兵器的配置、监视哨所的设置、防空通信警报、防空工事构筑，以及消除空袭后果的消防、救护等。

1932年9月，国民政府参谋本部根据日本海军于"九一八事变"周年之际，可能对长江一带进行骚扰的情报，制订《南京临时防空计划》。该《计划》包括：积极防空方面，防空部队和高射炮部队随时做好迎战准备。通信勤务方面，以杭州、上海、海州、徐州为第一线，用无线电通信；溧阳、苏州、崇明、蚌埠、芜湖为第二线，用长途电话电报通信。在南京设中央总通信所统辖全部通信事项，隶属于统帅机关。防空监视哨、情报所实行昼夜巡视，见有敌机侵入，其飞行方向、飞机多寡，立即报告。警报勤务方面，由中央总通信所秉承统帅机关之命令发出警报；当敌人空袭时，实行灯火管制。这是南京也是全国最早的防空袭预案。

1934年3月13日，省政府第640次会议通过省会公安区域及附近江面施行《灯火管制规则》。灯火管制分两类：一是警戒管制，凡区域内之室外灯皆熄灭，轮、帆船桅灯和船尾灯以及其他船只、车辆的外灯亦一律熄灭，室内各类以及车、船内灯均须用不透光的黑布遮蔽，或采取其他不漏光处置；二是非常管制，凡区域内的室外灯、室内灯、车船灯等一律熄灭。此规则由省会警备司令部通知电力公司直接实施。在非常管制时期，电力公司将全部照明电源线切断；公安局禁止一切车辆灯火，维持治安；火车站站长通知区域内各站将车内、外灯一律熄灭；水警区督促轮船局，监督船内各类及捕鱼灯一律熄灭。是年冬，大照电气公司奉命加放路灯专线，直接控制市内1400余盏路灯的启闭。

1935年12月，南京市政府制订《南京防空计划》。该防空计划中对敌情预测、敌机空袭方向的判断是：一为敌航空母舰停泊海州附近，沿运河经镇江空袭南京，或经淮安、六合空袭南京；二为敌航空母舰停泊吴淞口外，沿京（宁）沪铁路及长江空袭南京；三为敌航空母舰停泊杭州湾外，沿京（宁）杭国道空袭南京。三种可能性中，以第二种可能性为最大，因其路线较近，又宜于昼夜施行空袭。作战各时期之指导大要为：一是准备防空实施之时期，成立防空指挥部，构成防空通信网，完成各防空部队阵地工事，各项准备均须完毕。二是实行防空时期，各防空部队进入阵地，完成射击准备，防空监视哨人员就位，南京宣布戒严，进入战时状态。三是敌机实施空袭时期，所有防空机关、部队及参加防空人员，均按预定计划，沉着施行，努力服务。

1936年6月，南京警备司令部与南京市政府制订《南京市防护建设初步计划》。该计划由绪言、方针、要领、防区划分与组织、设备概要、经费筹措、实施程序及完成期限、结论、附表等9个部分组成。此计划是在 2 次防空演习之后，南京市防护团刚刚成立之际研究制订的，内容比较充实，但所需经费太大，计划用 4 年半时间完成，未能抢在南京沦陷前实现。

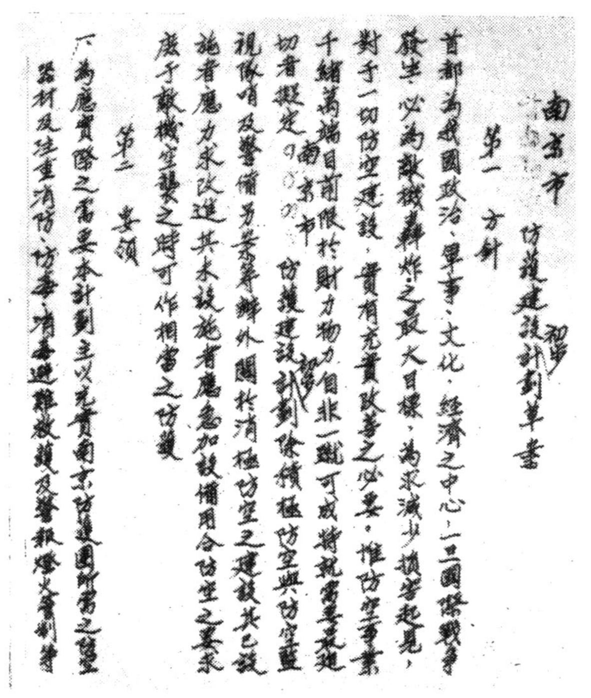

南京市防護建設初步計劃草案

第一 方針

首都為我國政治、軍事、文化、經濟之中心，一旦國際戰爭發生，必為敵機轟炸之最大目標，為求減少損害起見，對于一切防空建設，實有充實改善之必要。惟防空事業千緒萬端，目前限於財力物力，自非一蹴可成，將就需要最迫切者擬定南京市防護建設初步計劃，除積極防空與防空監視偵聽及警備另案籌辦外，關於消極防空之建設，其已設施者應力求改進，其未設施者應急加設備，用合防空之要求，庶于敵機空襲之時，可作相當之防護。

第二 要領

一、為應實際之需要，本計劃主以充實南京防護團所需之設置器材及注重消防、防毒、消毒、避難、救護及警報、燈火管制等

图附录 5－2 《南京市防护建设初步计划草案》影印件

（三）设置防空通信警报网

1. 防空通信

1932 年，国民政府在南京设中央总通信所，统管防空通信。与一线情报所使用无线通信沟通，与二线情报所使用长途电话和无线通信沟通。军事防空及民间防空组织各自架设电话线，在可能范围内架设复线，以保通信畅通。

1934 年，各防空监视哨所将获得的空情报告，分别通过交通部、军政部、航空学校、省政府和津浦铁路的电台、电报、电话上报。11 月，首都防空演习的通信，由南京警备司令部附设的中央通信所承担。首次使用无线通信手段。除中央通信所配备 15 千瓦和 50 千瓦电台各 1 部外，交通部、军政部、航空学校和津浦铁路等 4 个单位的电台，以及通信兵团 19 千瓦电台都参加演习。中央通信所（后改为中央防空情报所，设在南京市香林寺）开设 50 门军用电话交换机 1 部，并利用交通部长途电话机 1 部，京（宁）沪铁路特种电话机和津浦铁路专用电话机各 1 部，市内自动电话机 9 部保障演习期间的有线通信。次年京（宁）杭镇联合防空演习时，仍沿用原有无线通信设备，并在江苏东台和浙江长兴使用当地邮电局无线电台传递空情。省政府保安处设长途专线直达中央防空情报所，承担联合防空演习监视、警报、指挥联络等通信保障任务。

1937 年 8 月，各县、乡（镇）电话线路连接防空监视队（哨），传递防空情报。南京鸡鸣寺防空地下室与南京警备司令部（都天庙）、参谋本部（富贵山）、军政部（明孝陵）、雨花台指挥所、方山指挥所和蒋介石之间通过有线通信联络。

2. 防空警报

（1）空情监视

1932 年 9 月，国民政府决定在杭州、上海、海州（连云港）、徐州等地设立第一线情报所，在溧阳、苏州、崇明、江阴、东台、淮阴、蚌埠、芜湖等地设第二线情报所。各情报所设立防空监视哨，昼夜监视。

1934 年 8 月，南京周边共设上海、杭州、芜湖、蚌埠、铜山、东海、镇江、淮阴、苏州、昆山、崇明、无锡、丹阳、江阴、吴兴、溧阳、宜兴、金坛、幕府山、句容、南通、常熟等 22 个监视哨和镇江火车站、苏州火车站、江阴等 3 个分哨，专司所在地区上空的空情监视。每哨设哨长 1 人，哨兵 4～6 人。所需兼职人员由当地宪兵司令部、要塞司令部、县政府、公安局、保安团（队）和其他机关派遣。

1936 年 1～10 月，全省先后建立对空监视队 11 个，对空监视哨 79 个。

1937 年，全省已在太仓县浏河，句容县天王寺、城外飞机场、东昌街，泰兴县黄桥、宣家堡、季家市、口岸、龙稍镇、天星桥，宿迁县新安镇、窑湾等地设置对空监视分哨。对空监视队长、哨长、哨兵均经过监视业务的训练。多数哨所建有瞭望台，配备望远镜。对空监视队、哨经费列入县、地、市预算，由保安司令部统一计划。

（2）警报发放

1932 年 8 月，国民政府决定首都（南京）防空袭警报命令由统帅部统一发布，中央总通信所负责传递，南京市警备保卫团、商团暨学生军警报班，利用天文台和工厂的汽笛、警钟等音响器材，按命令发放。防空警报分为预先警报、正式警报、危险中止警报。平时试鸣警报，须于 8～10 日之前登报通知。

首都防空演习和京（宁）杭镇联合防空演习时，警报的发令权属军事委员会防空处处长。1937 年“七七事变”后，南京市的防空警报发令权属首都防空司令部。苏州、徐州、无锡、镇江等地的空袭警报均由各地防空指挥机关发令施放。

（3）警报信号

全省警报信号不统一，警报类型不同，信号也不一样。1934 年 3 月 13 日，《江苏省灯火管制规则》规定警报施放方法：可用汽笛或断续瞬间熄灯，乡村鸣警钟，水网地区由轮船施放汽笛进行报警。

1935～1937 年，南京市明确规定电（汽）笛、警钟按音响节律区分预备警报、紧急警报和解除警报。

1937 年，徐州防空指挥部规定的防空警报信号为：防空警报，声响一长两短，时间 3 分钟；空袭紧急警报，连续短声，时间 2 分钟；解除警报，连续长声，时间 3 分钟。

（4）警报网点

1933 年，徐州防空司令部利用宝兴面粉厂的汽笛作警报。1937 年，徐州防空指挥部在大同街钟鼓楼上安装 1 台防空警报器。由设置在钟鼓楼的防空监视哨（哨长及监视员均为市公安局警员）按防空指挥部指令，采取手工合闸的方法施放。

1934 年，南京市设警报点 18 处。次年 11 月，对警报网点进行调整和增加，全市共设 42 处。1936 年，又一次进行调整增设。分为市内警报、市外警报 2 种。市内警报又分为“主要警报”和“补（辅）助警报”。主要警报：在津浦铁路浦口火车站等地安装电笛警报器 33 处，安装警钟 34 处。辅助警报:在首都警察厅所属各分驻所装置小钟1具,计64具,在防护团警报班各配备手摇警报器1具,计78具。市外警报是以首都为中心周围60公里左右之重要地区及铁路车站,如镇江、汤山、句容、土山镇、湖熟镇、秣陵关、板桥镇、江宁镇、江浦、六合、仪征等处分别配置电笛或警钟。京(宁)沪铁路由南京至镇江,津浦铁路由南京至滁州,宁芜铁路由南京至芜湖等路线各车站原有响器者,概编为警报之用。同时,南京市防护团按所属的13个区团设置警报班,全市共设78个班,1353人。

省会镇江及其他市、县或乡(镇)除安装少数警报器外,多以警钟、汽笛、铜锣(铃)等为防空警报报警器材,传递报警信号。

(四)组建防空专业队伍

1. 南京市防护团

1935年5月1日,南京市率全国之先成立南京市防护团。防护团下设总务、消防、消毒、警报、警务、交通管制、灯火管制、避难管制、救护、工务、配给等11个股。团以下按警察区域设13个区团。区团长由警察局长兼任,副团长3人,分别由宪兵队长、区党部常务委员、自治区长兼任。区团以下按警察分驻所设81个分团,分团长由分驻所巡官或分队长兼任。每个分团按照实际需要编班。至1937年7月,南京市防护团共有736个班,13641人。8月,日军轰炸南京后,防护团员不敷分配,乃扩编组织,每班增扩2班,10月,全团在编团员2万余人。

1936年9月,由军事委员会防空处、南京警备司令部、军政部兵工署、首都警察厅、市卫生事务所抽调13人,以指导员名义,分赴南京市防护团各区团协助指导训练。训练分为一般训练、技术训练、其他训练、检阅4种。一般训练的对象为各区团的各种班,训练内容为基本的军事动作与防护勤务,每期训练时间2个月;其他训练包括干部训练、情报人员训练、实施演习、国术4种。干部训练的对象为各区团干事、各分团分团长、团副等。第一期干部训练班于1937年5月开课,7月毕业。此后未再续办。由于战前注意训练,当日军飞机空袭南京时,每次防空警报发出后,市防护团全体团员均出动服务,秩序井然,精神振奋,尤其对于交通、灯火等管制工作,极具功效。据《南京市防护团非常时期工作概况》记载:防护团"随时冒险出动,或扑灭火灾,或救护死伤民众,一月余来,本团干部及团员因而殉职以及受伤者,已三十人"。

2. 其他地方防护组织

1936年12月,由省政府保安处组建镇江防护团,其任务是担负省会非常时期的治安、消防、救护等防空勤务。防护团下辖消防队(以救火会16个单位组成)、担架救护队(500人编5个大队)、防毒队(100人)。同年,铜山公安局配备80人的专业消防队和4个义务消防队,负责城区的消防灭火工作。

1937年8月,全省防空重点地区昆山、太仓、无锡、武进、丹阳、金坛、句容、镇江、江宁、江都、仪征、徐州、宿迁等地的防护团成立。另于重要的区、乡镇分别组建防护分团或防护队,并进行临战防空业务训练。无锡的医疗救护队、童子军、红十字会、卫生事务所等积极参加伤员救治工作。9月,铜山县立医院、基督医院及私人诊所组成医疗救护队,负责救护被日机炸伤的市民。淮阴、淮安等县始建防空队,淮阴县以公安局救火联合会、医业公会等团体为主,建立治安队、救火队、救护队和消毒队、抢修队等，人数不多。次年，日机轰炸淮阴、淮安后，两县重视对防护团进行救护、消防、对空监视、灯火管制、警报、防毒、警卫等临战训练，防护团人数有所增加。其他市县防护团、队组建后，也都组织了相应的业务技能训练。

（五）举行防空演习

1. 首都（南京）防空演习

1934 年 11 月 21～22 日，国民政府军事委员会组织首都（南京）防空演习，为全国首次防空演习。21 日上午进行防空部队对空作战、高射炮对空射击演习，下午进行施放烟幕演习，夜间进行灯火管制演习。22 日进行消除空袭后果演习。消防大队、救护大队、交通管制大队、防毒大队、灯火管制大队、工务大队（含道路、自来水、电灯、电话等抢险抢修工程队）参加演习并较好完成各自演习任务。演习期间，中央通信所、25 个防空监视哨和分哨、各警报点为演习提供了可靠、畅通的通信警报勤务。此次演习动用 70 万民众。直接参加演习的民众团体、童子军预备队、消极防空各大队、人民自卫指导委员会和警备部队共 6314 人，出动军队、警察 10393 人，总计 16707 人。全国 21 个省、市派出代表 60 人观摩演习。

2. 京（宁）杭（州）镇（江）联合防空演习

国民政府军事委员会组织的京（宁）杭镇联合防空演习，于 1935 年 11 月 23～24 日在南京举行救护预演和参演各队总检阅。正式演习于 11 月 28～30 日在南京、杭州、镇江三地同步举行。演习第一日，演习监视哨所勤务及能力，夜间施行非常灯火管制。演习第二日，演习各种积极防空和消极防空动作。演习第三日，演习消极防空各种动作以及警备勤务。演习结束后，防空委员会整理编撰《民国二十四年度京杭镇联合防空演习记事》。《记事》分为筹备、实施、编成、讲评 4 部分，还收录有国民政府领导人题词手迹。

图附录 5－3　参加京（宁）杭镇联合防空演习的消极防空部队接受检阅

图附录 5－4　镇江大市口演习现场：楼房遭空袭起火后，救护人员紧急施救由窗口跳下的居民

3. 镇江等地的防空演习

1935年11月17日，为做好京(宁)杭镇联合防空演习，省会(镇江)防空演习指挥部，在镇江省立公共体育场预演消极防空诸动作，晚8时预演灯火管制。

1936年11月1～3日，苏州救火联合会联合常熟、无锡、江阴、武进举行五县联合防空演习，总指挥部设在苏州，用长途电话联系。3日，江苏省省会(镇江)总体动员，举行防空演习。30日晚，海州各界举行防空演习，各机关派人参加，演习主要内容为灯火和交通管制。

1937年4月18日，盐城县防空支会为宣传防空知识，于晚8时至8时30分实施灯火管制演习。7月6日晚8时，江苏省防空委员会在镇江举行灯火及交通管制演习。同日，徐州、昆山、太仓、常熟、句容、江阴、海州等地也相继进行灯火管制、交通管制演习。

（六）组织防空疏散

1937年7月，国民政府军政部决定，在南京的中央各机关办公地点疏开，在城内或城外，准备民房秘密办公；炸药危险物等，尽量搬迁疏散；南京有百余万人口，亦可先将妇孺迁移他处。8月，日军开始空袭南京、苏州、无锡、南通等地。国民政府第324次会议作出工厂内迁的决定，要求无锡、南通有关工厂，南京金陵兵工厂、中央修械所等兵工单位迅速内迁。但因江苏很快沦陷，只有无锡公益铁工厂、常州大成纺织三厂等几家自筹内迁。9月，南京国立药学专科学校西迁至汉口。10月，中央大学1500余名学生、1000名教职工及家属，携图书、仪器共1900余箱，迁往重庆。11月25日，南京私立金陵大学分3批西迁至成都华西坝。金陵兵工厂4300余吨的设备与材料于11月底装运完毕，西迁汉口。该厂员工由厂里发给每人路费10元，各自设法分别去汉口集中。12月至次年2月，南京中央大学附属实验学校、市立安徽中学、私立钟英中学等陆续迁往安徽屯溪、歙县等地。同年秋，日机对徐州的空袭愈来愈频繁。为减少市区人员伤亡，第五战区司令长官李宗仁下达疏散命令，市民有亲的投亲，有友的靠友，迁往原籍乡下，或向市郊农村疏散。省立徐州中学(一中前身)初中部迁往铜山县侯集，高中部迁往萧县龙泉寺；铜山师范学校(二中前身)分别迁到城西北、城东南创办铜山中学各分部；私立昕昕中学(四中前身)迁到城南杨庄集(现属安徽省宿县)；徐州私立培正中学(五中前身)迁到铜山黄集；徐州艺术专科学校迁到徐州城北拾屯乡。

为躲避日军空袭，全省各地城镇居民有的采取就地疏散，进入地下室、城门洞掩蔽；有的跑到城郊山林掩蔽；也有的举家搬到乡村暂住。

（七）构筑防空工事

1932年兴建的苏州北局国货公司(今人民商场)、江苏银行(今人民银行苏州支行)大楼底层都筑有防空半地下室，此为江苏境内防空工程建设之始。

1936年5月，首都防空司令部地下指挥所竣工，是为全国首个防空地下指挥工程。8月，南京市防护团对该团所属1至13区团辖境内的露天避难所进行调查，全市共有190个。

1937年3月，国民政府军事委员会防空处对中央在京(宁)机关和南京市已建地下室和坑道进行调查，全市共有 20 处。其中设有防毒通风设备的 4 处。最大的是朝天宫故宫博物院地下室，可容纳 2600 人。9 月起，各地根据江苏省政府电令，指导并协助民众掘筑 6 尺深、2 尺宽之简易防空壕沟，上盖木板厚填土层，有的市县达到每保有 2 处防空壕。省内主要公路约 2 公里修有 1 处防空壕沟。南京沦陷前，全市共建成永久性地下室 38 处、防空壕 200 处、露天避难所 125 处。省政府在省会镇江动用部分地方财力（镇江县政府支款 5000 元），在政要人员的办公、住处修建钢筋混凝土的防空地下室，少数商店、富户处修建砖砌结构防空地下室，共 30 多处、580 平方米。一般民居则靠简易的防空掩体隐蔽。防空壕遍及全城，仅省句路（今中山西路）一段，就掘壕 40 多处。徐州遭日军空袭期间，一些企业和市民开始在市内修筑防空地下室、防空洞或防空壕。徐州陇海铁路办事处从 1937 年至 1938 年间，先后在工务段、机务段、铁路宿舍等处修筑 12 个防空地下室。

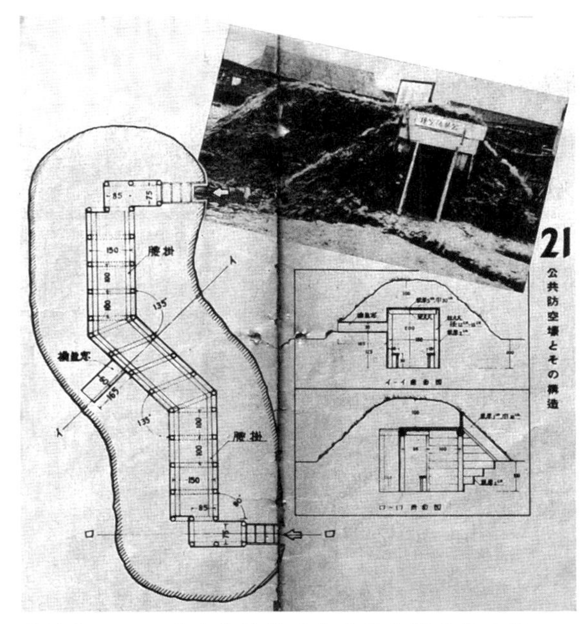

图附录 5－5　南京市修筑的公共防空壕及构造图

省内各市县修筑的防空工事虽然简陋，但在日机空袭时，曾发挥过一定的防护作用。如 1937 年 9 月 21 日，《国民日报》报道日机空袭徐州：“中正街 140 号宝记烟行落弹 2 枚，炸坏民房数间，幸行内人员均已避入防空壕，并无死伤。”再如 1937 年 10 月《人报》在《无锡附郭被炸记》中记述：“十八日上午八时二十五分，敌机六架又袭车站，在五千公尺之上空，作水平式投弹凡七，除三枚坠周山浜左近外，余均落车站前，盖因敌机防我有备，未敢低飞，一因人民均匿防空壕内，故仅伤及四人，足见消极、积极防空，均属有益也。”又如日本《支那事变画报第 14 辑》中报道：1937 年 9 月 20 日，日机空袭南京富贵山，山坡上的居民房屋被炸毁，但躲藏在防空壕内的人员无恙。

图附录 5－6　徐州沦陷前修建的防空洞（壕）

（八）开展防空宣传教育

1. 宣传

1932 年 6 月 4～26 日，省会镇江，省民众教育馆在伯先公园举办防空展览。展品共分飞机识别、航空常识、陆地防空、躲避空袭等 14 类，展出各种图片、图表 200 余幅，模型 4 件，参观者达 4

万余人。

1934 年 11 月 13～19 日，首都各界防空宣传周举行。活动内容有：① 由 39 名“党国要人”逐日分别在广播电台、娱乐场所和学校作防空演讲。② 由中央政治学校、警官高等学校和中央军官学校各派出 200 名宣传员，组成 120 个宣传分队，每队 5 人，分别在指定地点宣传。③ 印发宣传材料。计有《首都各界防空宣传周委员会告同胞书》1.5 万份，《宣传大纲》3000 份，《防空演习意义》5 万份，《防空常识》2 万份，《首都防空演习市民应注意及准备事项》14.5 万份，传单 50 万份，画报 7500 份，《中国领空形势图》1000 份，《防空演习警报须知》《灯火管制、救护须知》《防毒须知》《消防常识》《民间防空常识图说》等小册子 9 万份。还编写了《防空演习歌》《灯火管制歌》《消防常识歌》《防毒歌》等 4 首防空歌曲。宣传周活动结束后，编印《防空宣传汇编》1100 册，分送各机关、学校、团体和图书馆。④ 在南京市各主要道路悬挂大幅布制标语，在其他街巷和公共汽车上张贴纸制标语 4500 张，在夫子庙、新街口、下关、五洲公园（今玄武湖公园）分置木制大型民间防空油画 8 幅。11～12 月，省民众教育馆举行防空常识宣传报告。

图附录 5－7　防空展览会会场大门

图附录 5－8　防空展览会办公室

1935 年 2 月 18～24 日，省会镇江举办防空宣传周。宣传周期间，《新江苏报》出版防空宣传特刊 6 期，在新西门、银山门等闹市绘制防空壁画，张贴或悬挂各种纸布标语；印制防空告民众书及各种标语、传单数万份，由警察局乐队沿途张贴、散发；请名人、专家演讲；在电影院放映防空常识影片及幻灯片，唱防空歌曲，呼宣传口号；学校、机关组织防空宣传队 48 个，在各交通要道口宣传。同年 5 月，防空学校创办《防空月刊》。省保安处处长项致庄赴镇江女子职业中学（今市三中）做《防空必要及其方法》的演讲。6 月 6～19 日，国民政府军事委员会防空委员会在南京举办首都防空展览会。防空展品共 16 大类 757 件，分别陈列在 3 个展览室内。第一展览室陈列积极防空方面的实物、模型、图表、照片，室外搭设席蓬设置飞机、高射炮等防空兵器。第二展览室展出防空监视、防空情报、防空通信、防空警报等方面的物品。第三展览室陈列消极防空方面的实物、模型、图表、照片，并在空地上建筑地下室模型及防毒室、救护室、伪装室，还在地下室模型之旁，设被炸死的尸体模型。展出 14 天内，每日观众 4 万～12 万人，累计达 80 万人次。上海、天津、青岛 3 市和湖

图附录 5－9　防空宣传——讲演

南、湖北、察哈尔、安徽、甘肃、河南、山东、福建、陕西、江苏等10省均派代表来南京观展。展览会期间，还在中央广播电台逐日请中央名人及防空专家讲演防空问题。在学校、团体、戏艺场所讲演防空问题的有70多人。首都(南京)学生开展防空讲演竞赛。由大中小学生及民众团体组织防空宣传队284个，于展览会期间分别在指定地段作街头宣传，散发防空宣传品。在各大电影院、民众教育馆会堂及公共体育场露天放映防空、防毒方面的电影130余场，观众达30多万人次。在各主要街道及防空展览会场内，悬挂飞机空袭及民众恐怖情形的大型壁画数十幅。6月19日下午，举行防空展览会闭幕典礼及飞机表演，到会群众达20万人，突破历次群众大会记录。首都防空展览会结束后，国民政府军事委员会决定扩大宣传，赴各地巡回展览。次年先后徐州、镇江、无锡、苏州等地巡回展出。11月，为搞好京(宁)杭镇联合防空演习的宣传，成立京(宁)杭镇联合防空演习宣传委员会，下设总务、编撰、出版、训练、讲演、艺术、电影、新闻8个组。镇江组织机关、团体、学校470人编成12个分队进行宣传，印制宣传品13种，同时撰写防空演习宣传稿发各报刊载。

1936年6月19日，由国民政府军事委员会组织的防空巡回展览会在徐州北关省民众教育馆布展就绪。当日安排各机关、学校参观，预展各项器材、设备极为完善。20日展览会开幕，由2架飞机进行飞行表演。7月，由全国防空主管机关编印的宣传小册子《我家的防空》分发至重要城镇，每户1本，以资普及防空思想，且于举行防空演习时亦能有所遵循。9月23日，由国民政府军事委员会组织的防空巡回展览会在镇江省立体育场开幕，南京空军总站派3架飞机飞临会场上空作特技表演。展品共2000余件。展览期间，省会各报专辟防空特刊，放映防空、防毒救护电影，制作炸弹模型6具，置于各公园及交通要道处，安排著名人士在广播电台宣讲防空常识，组织学生宣传队45个，计443人分赴各地宣传。为唤起省会军、警、学生研究防空，提高其对于防空的兴趣，还举行军、警、学生防空演讲竞赛会等。展览会举行5天，观众30余万人，观看防空电影者亦达20余万人。27日防空展览会闭幕，不举行闭幕典礼，而以警报三长声为闭幕申告，以此警报民众战争将临，人人应准备战争，寓意深长。

图附录5-10　竖立于南京新街口广场的大型炸弹模型

1937年年初，《苏北日报》设专栏宣传防空防毒知识，共刊出20期左右。4月，南京市防空协会组织防空演讲会，分别在中央广播电台和各机关、学校演讲。演讲使公务员、学生、民众深切了解了防空意义，并灌输了防空知识与技能。5月，南京市防空协会为启发学生之防空思想，灌输民众防空知识，会同市党部、市社会局等机关举办南京市中等以上学校学生及民众防空演说竞赛会。竞赛会分为大学、高中、初中和民众4个组进行。大学、高中、初中学校的3个组由学校选送代表，每组在决赛中各录取5名。民众组由工人福利会、市商会、市农会、妇女团体各选送4名代表，经决赛录取4人。同月，南京市防空协会以市民对防空兵器及救护、消防、防毒、避难等设备未能完全了解，特购置大批防空兵器模型及救护、消防、防毒用具，全部运至防空展览室，供市民参观。6月15日，由南京市防空协会主办的《防空》半月刊出版发行。

8月22日，江苏省第二行政督察专员公署针对日军飞机空袭肆行发出训令，要求民众“务须极尽防空之能事，忍痛一时，各安生业，不可过分惊扰”。8月26日，《中央日报》发表南京市防空协会《非常时期人民对于防空的应急简要设施》一文。内容包括警报、避难设施、灯火管制、消防、防毒消毒、救护等。徐州警察局针对日军空袭市区的紧急情况，部署下属分局负责向商店和居民宣传防空方法，并组织保甲长学习交通及灯火管制的有关规定。是年，省会镇江在省民众教育馆开设防空展览室，常年向公众开放。

2. 教育

1933年10月，国民政府航空署举办人民防空研究班，召集南京的中央机关公务员48人，实施民间防空教育，12月30日毕业。学习期间，重点授予消极防空之学识技能，是为中国消极防空教育之起点。

1934年1月，国民政府创建防空学校后，江苏省开始组织防空教育与训练。在省保安队干部训练所增设防空情报训练班，并将防空与国防、防空(原则)、都市防空编成、灯火管制、消防、救护、避难及警备与交通管理等纳入教育大纲。挑选保安各团队军官、军士训练之，以造就各县防空情报机关之干部，至1936年10月，毕业军官99人，军士103人，保送中央防校34人。

1935年12月，苏州在吴县图书馆举办防空干部训练班。由公安局、保安队、水上省公安2区各抽20人，苏州救火联合会抽40人参加训练。训练注重灯火管制、交通管制方面的知识与技能。同月，江苏省童子军理事会通令各县设立防空训练班，实施防空训练。凡各县童子军服务员及初级训练合格之童子军均得入班受训。

1936年4月7日，《江苏省各县公务员军事训练实施办法》将防空防毒常识、消极防空及灯火管制、救护等列入各县公务员军事训练之内容。同年，国民军事训练委员会召集南京市所有壮丁、店员及高中以上男女学生予以必要的训练，而以防空训练为主要课目，先后有30余万人参加训练。8月2日，南京在首都医院举办民众救护训练班开学，11日完成预定训练课程，经考试合格者80余名，发给证书。训练班将毕业学员名册，送呈首都各界抗敌后援会登记，以备将来调用。8月25日，南京市清洁总队在社会局协助下，组织救护队480人进行救护常识和担架方法训练。参训人员训练结束后仍回原单位工作，必要时召集或通知就近服务救护工作。10月23日，江苏省立苏州中学举行野外教学及行军演习，将防空救护列为教学及行军演习科目。

1937年9月，徐州红十字会组织社会青年志愿者和立达女子中学学生志愿者进行护理训练。经过短期注射、包扎等基本护理技术训练后，即参加抢救、护理因日军空袭受伤的市民和士兵。

后　　记

第一轮修志时，在《江苏省志·军事志》中专设"人民防空"一章。第二轮修志时，根据省政府办公厅《第二轮江苏省志编纂工作方案》的部署，省民防局负责编纂《江苏省志(1978～2008)·民防志》。编纂期间，我们搜集到中华人民共和国成立前江苏遭空袭和各地开展抗日防空袭的历史资料和图片。为完整记述江苏防空历史，保存珍贵历史资料，经省民防志编委会研究并征得省地方志编纂委员会办公室同意，在完成《江苏省志(1978～2008)·民防志》的同时，另编一部《江苏省民防志》，作为江苏省志丛书之一。丛书正文内容与《江苏省志(1978～2008)·民防志》基本相同，但在彩页中增加了部分图片，在附录中增加了《1949～1977 年江苏防空大事记》《江苏遭空袭史实》和《江苏抗日防空袭记事》。编纂工作从 2007 年开始，至 2018 年出版，历时 11 年，大体分为三个阶段：

一、组织准备阶段(2007.4～2008.9)。2007 年 4 月，江苏省人防办成立《江苏省人民防空志》编纂委员会及其办公室。编委会主任由省人防办主任张永康担任，13 个省辖市人防办主任及省人防办各处处长为成员。袁崇德任主编兼办公室主任。2008 年 2 月，省人防办召开修志工作会议，研究编纂方案和纲目，落实编辑人员和资料收集人员，并要求由各省辖市人防办、省人防办机关各处明确 1 名工作人员为编志联络员，负责协助相关资料搜集等工作。9 月下旬，召开编委会全体成员会议，审议纲目，全面部署修志工作并对编纂人员和联络员进行专业培训。10 月，省人防办发出《关于做好省民防志编纂工作的通知》，明确各市提供资料的内容和具体要求。

二、搜集资料及编纂阶段(2008.10～2014.3)。各编辑和资料搜集人员，先后到省档案馆、中国第二历史档案馆、南京军区档案馆、省公安厅和省民防局档案室搜集相关资料，查阅各市报送的资料。共搜集到各种文件、报纸杂志、报表等资料 3000 余万字。编辑人员按章节对资料进行分类整理，同时对存疑资料作必要甄别。资料搜集贯穿于修志全过程。由于历史原因和档案归集的问题，有些事件有因无果，无法查询，在一定程度上留下遗憾。

2010 年，编纂人员开始相关章节的试写。2012 年，省民防局党组确定由纪检组长蒋宪平分管修志工作，调整编志办人员，由尚华宁任主编，袁崇德任执行主编，邓卫东任办公室主任。聘请叶小龙(徐州市人防办退休干部)、袁学飞(南通市人防办退休干部)、江水(无锡市人防办副调研员)为编纂人员。2013 年 2 月，编委会审议调整志书纲目，全书由概述和组织机构、防空指挥、通信警报、防空工程、平战结合、核事故应急管理、经费物资、法制建设、科技和学术研究、宣传教育培训等 10 章、1978～2008 年江苏民防大事记、附录组成。各章节分工是：

概述由袁崇德、江水编纂；第一章组织机构，由袁崇德、魏恒平、江水(准军事化建设)编纂；第二章防空指挥，由袁学飞编纂；第三章通信警报，由袁学飞编纂；第四章防空工程，由袁崇德编纂；第五章平战结合，由叶小龙编纂；第六章核事故应急管理，由叶小龙、陈伟时、魏恒平编纂；第七章经费物资，由袁崇德编纂；第八章法制建设，由袁崇德、叶小龙编纂；第九章科技和学术研究，由江水编纂；第十章宣传教育培训，由叶小龙编纂；1978～2008 年江苏民防大事记由江水、叶小龙、袁崇德、尚华宁编纂；附录由袁崇德、叶小龙编纂；彩页及志文插图由尚华宁、叶小龙、刘雪宁编排；刘雪宁负责图片修版。

三、审查修订阶段(2013.12～2017.6)。2013 年 11 月，各章初稿完成后，第一步，由各编辑互审。第二步，印发相关业务处室审查修改。第三步，请专家审改。省民防局聘请吉祥、姚金汝、朱兰霞三位修志专家为本志特邀编审。由执行主编根据专家和相关处室的意见，对全书文字实施修改完善。副局长、编委会常务副主任杨建国参与了概述的修改。第四步，2016 年 9 月，将《江苏省志(1978～2008)·民防志》样书(含丛书的全部内容)分别报送省民防局领导、离退休老同志、省民防局机关各处、设区市民防局审查。2016 年 11 月，召开《江苏省志(1978～2008)·民防志》复审会议，与会专家进一步提出了修改意见。编辑人员对各方提出的修改意见进行了认真细致的修改、补充和核实。2017 年 8 月，《江苏省民防志》通过终审。

《江苏省民防志》主要记述的是人民防空工作。2006～2008 年，省、市人防办虽然增挂民防局牌子，并对人防向民防转变进行了探索，但并未明确相关民防职能。1999 年，省政府决定由省人防办承担省核事故应急协调委员会办公室的日常工作，因此，志文专辟“核事故应急管理”一章。

志书编纂过程中，得到中国第二历史档案馆、南京军区档案馆、省军区、省公安厅、省档案馆等的大力支持。各设区市民防局和省民防局各处室及时提供大量历史资料。省、市联络员付出辛勤劳动。车洪声、李向群、陶克明、马仲培、黄良清、王思香、胡明礼、刘雪宁、孔筠等提供了珍贵的口碑资料和照片资料。在此表示衷心感谢！

由于编纂人员经验与水平有限，漏误失当在所难免，敬请读者批评指正。

《江苏省民防志》编辑办公室